デヴィッド・ハーヴェイ
David Harvey

資本主義の終焉

資本の17の矛盾とグローバル経済の未来

大屋定晴・中村好孝・新井田智幸・色摩泰匡 訳

作品社

資本主義の終焉
――資本の17の矛盾とグローバル経済の未来

目次

【凡例】

一、本書の底本は以下のとおりである。
David Harvey, *Seventeen Contradictions and the End of Capitalism*, London: Profile Books.

二、▼と数字は原注の合印であり、当該の見開きの左端に掲載した。

三、◆は訳注の合印であり、当該の見開きの左端に掲載した。また、［ ］内で括った割注も訳注である。

四、本文中の〔 〕内は、訳者が補足した語句である。

五、引用文中の〈 〉内はハーヴェイ自身による語句の補足であり、〈……〉は引用文の省略の意味である。また、引用文中の傍点は、とくに指示がないかぎり原文のものである。

六、既訳書のある文献からの引用については、既訳書の訳文を参照したが、必ずしもそれにしたがっていない。

七、読者の便宜を考えて、小見出しを原著より多くし、改行も増やしている。また、各章のタイトルや見出しの表記は、内容に即して変更している場合がある。

刊行されたほぼすべての拙著に対する
その的確な助言と支援とに感謝を込めて、
ジョン・デイヴィーに本書を捧げる。

〔はじめに〕

21世紀資本主義は、破綻するか、ヴァージョン・アップするか

危機と資本主義

危機《クライシス》／恐慌は、資本主義の再生産になくてはならない。資本主義のさまざまな不安定要素が前面に現われ、つくり直され、再調整され、こうして資本主義の新たな姿《ニューヴァージョン》がつくりだされるのは、まさにこの危機の渦中なのである。

多くは破壊され、打ち捨てられ、新しいものに道を空ける。かつて生産現場であった景観は産業廃棄場と化し、古い工場は破壊されるか新用途へと転換され、労働者階級の居住区は中産階級化《ジェントリフィケート》される。別の場所では小規模農場や農地が、工業化された大規模農業やピカピカの新工場に置き換わる。ビジネス・パーク〔企業オフィス集積地域〕、研究開発施設（Ｒ＆Ｄ）、卸売倉庫や集配センターがこの土地に広がると、その周囲には郊外型の分譲住宅が立ち並び、縦横に走るハイウェイがそれらを結びつける。中心都市では高層オフィスビルや象徴的文化施設がその高さや魅力をめぐって競いあい、巨大ショッピングセンターが郊外でも都心でも次々と出現し、なかには空港と兼用になっているものさえある。それらを介して観光客や企業重役の一

群が、もとからコスモポリタン的であった世界のなかを、絶えまなく駆け回る。アメリカを先駆けとする高級ゴルフコースやゲーテッド・コミュニティ◆は、今や中国やチリやインドにも見られるし、それとは対照的に、公式にスラム街とか貧民街《ファヴェーラ》とか貧困地区《バリオ・ポブレ》と認識されているスクオッター居住区◆もあちこちに広がっている。

しかし危機において物的景観の大規模な再編以上にわれわれの目を惹くのは、思想や認識、諸制度や支配的イデオロギー、政治的忠誠心や政治過程、政治的主体性、技術や組織形態、社会的諸関係、日常生活を特徴づける文化的慣習や嗜好などに劇的な変化が起こることである。危機は、世界に関する、そしてそこにおける自分の場所に関するわれわれの精神的諸観念を根底から揺るがす。そうなるとわれわれは、新たに出現しつつあるこの世界のなかで不安に満ちた参加者や住人となり、強制や同意を介して新たな状況に適応せざるをえなくなる。と同時に、われわれはその行為や考え方や振る舞い方を通じて、この混乱した世界にささやかな影響を与えるのである。

危機のただ中にあっては、出口がどこにあるのかを理解するのは困難である。危機は、単発的な出来事ではない。その引き金となった要因が明らかであっても、危機として現われ出た地殻変動が収まるまでには何年もかかる。一九二九年の株式市場暴落とともにはじまった長期恐慌がようやく解決したのは一九五〇年代であり、一九三〇年代の世界恐慌と一九四〇年代のグローバル戦争を世界が経た後のことであった。同様に、一九六〇年代後半の国際為替相場の乱高下や、一九六八年の多くの都市の（パリやシカゴからメキシコシティーやバンコクにいたる）街頭での諸事件は、危機の存在をはっきりと示すものであったが、一九八〇年代半ばまでその解決は実現されなかった。その間に、一九七〇年代前半には、一九四四年創設のブレトンウッズ型国際通貨システムが崩壊し、一九七〇年代の労働闘争の荒れ狂う一〇年を経て、レーガン［当時アメリカ大統領］やサッチャー［当時イギリス首相］、コール［当時西ドイツ首相］、ピノチェト［当時チリ大統領］、さらには中国の鄧小平の下で、新自由主義化の政治《ポリティクス》が台頭し確立されたのである。

後知恵の恩恵にあずかるとすれば、危機が全面的に勃発するはるか以前に、来たるべき問題の無数の兆候が存在したことを見抜くのは難しくはない。たとえばアメリカでは、一九二〇年代に貨幣資産や貨幣所得の不平等が著しく進行しており、一九二八年に不動産市場の資産バブルがはじけたことは、一九二九年の崩壊の前兆であった。それどころか、ある危機から脱出する仕方それ自体のうちに、次の危機の種子が宿っているのである。一九八〇年代にはじまったグローバルな金融化は、地理的な可動性と分散化とを促すことで労働紛争を解決する一手段であった。だがそれは、その後も絶えず規制緩和され、債務まみれとなっていき、ついには二〇〇八年九月一五日の投資銀行リーマン・ブラザーズの倒産へと行き着いた。

袋小路に追い込まれたグローバル資本主義

本書を執筆している時点〔二〇一四年一月〕で、あの出来事からすでに五年以上が経過しているが、それをきっかけとした金融崩壊は今なお跡を絶たない。過去に照らしてみれば、新たに復活再生した資本主義——そのようなものが可能だとすれば——がどのようなものになるのかに関して、その何らかの明白な特徴をこの時点で予想するというのはいささか乱暴かもしれない。だがそろそろ何が問題であったのかについてのさまざまな対立しあう診断が出てきてもおかしくないし、事態を正すための多くの提案が出されて当然だろう。驚かされるのは、新しい思考や政策がほとんど見られないことだ。大きく世界は二極化されている。一方の極（ヨーロッパやアメリカなど）では、新自由主義的で◆サプライサイド型のマネタリスト◆

◆**ゲーテッド・コミュニティ**　住民以外の出入りを制限するために、区域全体をゲートや塀で囲った高級住宅地。
◆**スクオッター居住区**　土地や家屋の所有権があいまいな状態で、特定の地域に貧民層が集住し、空き家に住んだり、自分たちで家を建てたりしている地域。
◆**サプライサイド**　サプライサイド経済学。供給側（サプライサイド）強化による経済成長をめざし、政策手段として、法人減税、規制緩和、「小さな政府」化を主張する。

的救済策が続いており、深化している。そこでは病への適切な治療薬として今なお緊縮政策が重視されている。他方の極（中国など）では、ある種の――たいてい薄められた――ケインズ主義的なデマンドサイ◆ド型の債券発行型金融拡大が復活している（ただし、ケインズがこの政策の重要要素として強調した、低所得階層への所得再分配は無視されている）。いずれの政策に従ったとしても、億万長者クラブに好都合な結果となる。今やこのクラブこそが各国内で、あるいは世界という舞台で（ルパート・マードック◆のように）ますます強大な権力を振るっている金権政治《プルトクラシー》を構成しているのである。世界の億万長者上位一〇〇人（北アメリカとヨーロッパの伝統的に豊かな中心地だけでなく、中国、ロシア、インド、メキシコ、インドネシアの出身者もいる）は、二〇一二年だけで二四〇〇億ドルものお金を自分の金庫に納めたのである（オックスファ◆ムの計算では、世界の貧困を一夜で終わらせるのに十分な額だ）。これとは対照的に、大多数の人々の福利は、最良の場合でも停滞するばかりであり、むしろ急速に悪化する可能性の方が高い。そして最悪の場合、それは（たとえばギリシアやスペインでは）破局に向かっている。

今回の場合、制度面での大きな違いだと思われるのは中央銀行の役割であり、アメリカ連邦準備制度理事会が世界で指導的な――悪く言えば暴君的な――役割を果たしていることである。だが中央銀行の創設以来（イギリスの場合は一六九四年にまで遡る）、その役割は銀行家を保護し救済することであって、人々の福利に配慮することではなかった。二〇〇九年の夏にアメリカは統計上は危機を脱し、ほぼあらゆる所で株式市場がその損失額を回収することができたが、この事実は、連邦準備制度理事会の政策と切り離すことができない。これは、世界の中央銀行家――何よりも銀行と金権支配層《プルトクラート》の権力を守ることを使命とする人々――の独裁の下で管理されるグローバル資本主義の前兆なのだろうか？　もしそうであるなら、世界の大多数の人々の生活水準の下落や経済停滞という現在の諸問題については、ほぼ何の解決の展望も得られないと思われる。

現在の経済沈滞に対して技術的回避《フィックス》の展望を云々するお喋りも多い。新たな技術と組織形態の組み合わせは常に、危機からの脱出を促すうえで重要な役割を果たしてきたとはいえ、それが決定的役割を担ったことは一度もない。今日の期待の的は「知識基盤型」資本主義である（医用生体工学と遺伝工学と人工知能とがその最前線である）。だがイノベーションは常に諸刃の剣である。結局のところ一九八〇年代には、オートメーション化による産業空洞化がもたらされた。たとえばアメリカ最大の民間雇用主は、ゼネラルモーターズのような〔製造業〕企業（一九六〇年代には高賃金の組織労働者を雇用していた）から、今ではウォルマートのような〔小売り〕企業（そこには膨大な低賃金未組織労働者がいる）に取って代わられた。もし現在の爆発的イノベーションがその方向を一つでも指し示しているとすれば、それは、労働者にとっては、雇用機会が減少するということであり、資本にとっては、知的所有権から搾りだす使用料《レント》がますます重要なものになるということである。ただし、あらゆる人が使用料で暮らしを立てようとして、誰も製造業に投資しなくなってしまったら、まったく異なったタイプの危機へと資本主義が向かうのは明らかである。

低成長、経済停滞、高失業率といった危機が唸りをあげたり、債券保有者の権力に対して国家主権が敗北したりしても、実行可能な脱出策は定められないとか、過去との根本的断絶は不可能だなどと思うのは、何も資本主義的エリートや、その取り巻きである知識人ないし学者連中だけではない。伝統的な左派勢力

◆マネタリスト　ミルトン・フリードマンなど、経済の貨幣（マネー）的側面を重視する経済学者のことで、貨幣供給量や中央銀行が経済変動で決定的役割を果たすと主張した。マネタリストの理論を、マネタリズムと呼ぶ。

◆デマンドサイド　デマンドサイド経済学。経済変動において需要側（デマンドサイド）の役割を重視し、需要創出のために、公共投資などの財政政策の役割を強調する。ジョン・メイナード・ケインズが確立したケインズ経済学の別名。

◆ルパート・マードック　オーストラリア系のアメリカ人実業家（一九三一年～）。世界的なメディア企業を所有しており、21世紀フォックスなどを傘下に置く。

◆オックスファム　オックスファム・インターナショナル（Oxfam International）。一九四二年にイギリスで設立された国際NGO。貧困や災害に対する支援活動を一〇〇カ国以上で展開している。

（政党や労働組合）も、資本の権力に対する確固たる対抗行動を仕かけていないのは明らかだ。そうした左派は、三〇年間にわたる右派からのイデオロギー的・政治的攻撃に打ち負かされてきた一方で、民主的社会主義は不信の目で見られている。一九八九年以降の、現存する共産主義の不名誉な崩壊と「マルクス主義の終焉」は、事態をさらに悪化させた。急進左派の残存勢力は今ではおおむね、何らかの制度的ないし組織的な対抗手段の外部で活動しており、小規模な行動やローカルな運動が最終的には何らかの十分なマクロ的オルタナティブに結実するに違いないと思い込んでいる。この種の左派は、リバタリアン◆的で新自由主義的でさえある反国家主義的倫理に奇妙にも同意するが、それを知的に育んだのはミシェル・フーコーといった思想家たちであり、ほとんど理解不能なポスト構造主義◆の旗の下にポストモダン◆的諸断片の再構築に従事してきたあらゆる人々である。ポスト構造主義は、アイデンティティ・ポリティクス◆は支持するが、階級分析は避けている。アウトノミア◆的・アナーキスト◆的・ローカリスト◆的な展望と活動とが、いたる所で目立つようになっている。ところが、こうした左派が権力を取らずに世界を変えようとすることによって、ますます強大化する金権支配的資本家階級は、野放図に世界を支配する能力を誰からも挑戦されることなく維持できるのである。この新興支配階級を支えているのが治安・監視国家であり、それは、「反テロリズム」の名の下にあらゆる形態の反対運動を鎮圧するためにその警察権力をためらいなく行使する。

本書の研究手法

以上が本書を執筆した背景である。私が採用した研究手法は、カール・マルクスの方法には従うが、彼の処方箋には必ずしも従っていないという点で、多少とも非伝統的である。そのせいで読者が、本書で提示される議論を真面目に受け取らなくなるのではないかと心配している。しかし、経済的思考や政策や政治力学における現在の空白状況から逃れうるとすれば、知的不毛のこの時代にあっては、探究手法や精神的観念のあり方に異質なものが必要になるのは明らかである。何といっても資本という経済エンジンが大きな困難に陥っていることは、やはり間違いない。それは、ただプスプスと音を立てながら回りつづけて、やがて停止するにいたるか、何の前触れもなくあちこちで偶発的に爆発するか、そのいずれかをさまよっている。やがてどこかで万人にとっての豊かな生活が実現されるとの展望が語られる一方で、いたる所に危機の兆候があふれている。資本主義が苦境に陥る仕組みについて――その理由についてはなおさら――首尾一貫した認識をもっている人は誰もいないのかもしれない。だが、資本主義が苦境に陥るのはいつものことであった。マルクスがかつて述べたように、世界恐慌は常に「ブルジョア経済のあらゆる矛盾の現実的総括および暴力的調整」である。[▼1]これらの諸矛盾を解明することができれば、われわれをひどく悩ま

◆**リバタリアン**　福祉国家の再配分政策を含めたあらゆる国家干渉に反対して、個人の不可侵の権利を擁護する自由論者のこと。

◆**ポスト構造主義**　一九六〇～七〇年代にフランスで生まれた思想運動。その論者は多岐にわたるが、隠喩、主体、合理性といった古典的概念を批判しつつ、全体主義、差別主義、啓蒙思想などを否定する傾向にあった。

◆**ポストモダン**　モダニズム（近代主義）がその成立の条件を失った後（ポスト）の時代という意味。一九七〇年代後半からこのように考える思想運動がアメリカやフランスで流行した。これを「ポストモダニズム」と呼ぶ。この運動は、マルクス主義、啓蒙主義を含む知的伝統に異議を唱えた。

◆**アイデンティティ・ポリティクス**　ジェンダー、性的指向、人種、民族、障がいなど、特殊な独自性（アイデンティティ）を理由にして、社会的不公正の犠牲にされる集団を擁護する政治活動。

◆**アウトノミア**　アントニオ・ネグリに思想的に代表されるマルクス主義の一潮流。ヨーロッパを中心に、学校、工場、街頭において自治権の確立をめざす社会運動を展開した。

◆**アナーキスト**　国家や権威の存在を不要と考え、国家のない社会秩序の創造を推進する思想家や活動家。日本では「無政府主義者」とも言う。

◆**ローカリスト**　中央による画一的・普遍的統制に対して、各地方の独自性や特徴を重視し尊重する人々。「地域主義者」とも言う。

せている経済的諸問題に関しても多くのことが明らかになるはずである。間違いなく、それは真面目に取り組むに値する。

資本主義の政治経済の解明にこの独自の思考様式を適用するだけでなく、そこから導きだせそうな結論や起こりうる政治的帰結についても、スケッチしておくべきだと私は考えた。これらの結論は一見したかぎりではもっともらしく思えないかもしれないし、ましてや実行可能だとか政治的好みに合うとは思えないかもしれない。だが、いかに異質に見えるとしてもオルタナティブ〔代替案〕を打ちだすことは決定的に重要であるし、必要なら状況がそれを求めるかぎりで、このようなオルタナティブを採用しなければならないだろう。このようにして、これまで考慮されたことも着手されたこともないさまざまな可能性の領域へと窓を開くことができるのである。資本が現在どの地点にいるのか、それはどこへ向かうのか、そして資本に対して何をなすべきなのか？——こうしたことの考察のために開かれた一つのフォーラム——一種のグローバルな会合——が、われわれには必要なのだ。この小著が、多少なりともその討論に資するものと期待したい。

二〇一四年一月、ニューヨーク市にて

▼1 Karl Marx, *Theories of Surplus Value*, Part 2, London, Lawrence and Wishart, 1969, p. 510.〔カール・マルクス『マルクス資本論草稿集』⑥、大月書店、一九八一年、七一五頁〕

［序章］

〝資本〟がもたらす矛盾について

現在というものを走査《スキャン》しレントゲン撮影して、それらのうちに潜在的なものとして含まれている未来を映し出す方法がなければならない。さもなければ人々の希望は実のないものと成り果ててしまうだけだろう。

（Terry Eagleton, *Why Marx Was Right*, p. 69.［テリー・イーグルトン『なぜマルクスは正しかったのか』河出書房新社、二〇一一年、七三頁］）

世界市場恐慌では、ブルジョア的生産の諸矛盾と諸対立が一挙に露わになる。そうなると弁護論者たちは、破局となって爆発する相対立する諸要素の核心がどこにあるのかを研究するのではなく、そのかわりに、破局そのものを否定し、そして破局の規則的な周期性に相対しながら、もし生産が教科書どおりに行われていたならば、けっして恐慌にはならないだろう、と主張しつづけることで満足するのである。

（Karl Marx, *Theories of Surplus Value*, Part 2, p. 500.［カール・マルクス『マルクス資本論草稿集』⑥、大月書店、一九八一年、七〇三頁］）

「矛盾」とは?

英語で矛盾という概念が用いられる場合、基本的に二つのパターンがある。最も一般的で最も自明なのはアリストテレス論理学に由来する使われ方である。つまり、二つの命題が完全に対立すると判断される場合、両者ともに真であることはない。「すべてのクロウタドリは黒い」という命題は「すべてのクロウタドリは白い」という命題と矛盾する。一方の命題が真であるなら、他方は真ではない。

もう一つの使用法が出てくるのは、特定の状況やある実体、ある過程、またはある出来事のなかで、一見対立しあう二つの力が同時に存在する場合である。たとえば多くの人が体験することだが、職場で働くという要求と、家庭で充実した私生活を築こうという要求とのあいだには葛藤がある。とりわけ女性たちは、仕事でキャリアを積むことと家庭内でさまざまな義務を果たすこととのあいだでどうやってうまく両立させるべきか、このことに関して年中絶えず助言を受けている。われわれはいたる所で、このような葛藤に取り囲まれている。たいていの場合、われわれはこれらの葛藤に日常的に何とか対処しており、おかげで過度のストレスを感じたり、疲れ果てたりしないですんでいる。葛藤を内部化することで、それを取り除こうとさえ切望するかもしれない。たとえば仕事と生活の場合、競合しあうこの二つの活動を同一空間に配置して、時間上分離させないようにするかもしれない。しかしコンピュータ画面にかじりついて締め切りに間に合わせようと奮闘している真っ最中に子どもが台所でマッチ遊びをするとすぐ気づかされるように、このことは必ずしもその葛藤を取り除く助けにはならないのである(この理由からよくわかることだが、生活と仕事については空間と時間をきっぱり分けてしまう方が気が楽なのである)。

〔資本主義的に〕組織された生産が求める競争主義的な要求と、日常生活を再生産するうえでの必要とのあいだには常に葛藤が存在する。しかし、これらの葛藤は剝き出しではなくしばしば潜在的なものであり、葛藤として自覚されないまま、人々は日常の仕事をこなしている。さらに言うと、対立しあっているもの同士が必ずしも明確に分離しているとはかぎらない。それらは透過的でありうるし、互いに浸透しうる。たとえば仕事と生活の区別はしばしば曖昧になる（私にとっては大問題だ）。内部と外部との区別は何らかの明確な境界にもとづいているのだが、実際にはそのような境界は存在しないのかもしれない。それと同じで、明確な対立項を見定めるのが困難な状況も少なくはない。

しかしながら矛盾がより明白なものになる場合も起こりうる。矛盾が先鋭化し、対立しあう欲望間の緊張に耐えがたいと感じるまでひどくなる。仕事上の目標と充実した家族生活という場合、外的諸事情が変わって、かつてはやり過ごせた葛藤が危機になることがある。たとえば仕事上の要請が変わるかもしれない（時間または職場の変更）。家庭の事情が突如悪化するかもしれない（突然の病気、あるいは、放課後に子どもの世話をしてくれていた義理の母がフロリダに隠居する）。人々の内面の感情も変わりうる。突然の啓示を受けて「こんな人生はまっぴらだ」と結論づけ、すっかり嫌気がさして仕事を投げだすなどである。新たに獲得された倫理的・宗教的原理は、世界での異なる存在のあり方を求めるかもしれない。ある住民を構成する異なる諸集団（たとえば男性と女性）や違う諸個人は、似たような矛盾に対して感じ方も反応の仕方もまちまちであるかもしれない。矛盾の圧力がどの程度受け止められ、どのように感じられるかに関しては、主観的契機が強力な役割を果たす。ある人にとって手に負えないものが、別の人にとっては大したものではないかもしれない。理由もさまざまであり事情も異なるが、潜在していた矛盾が突如激化して暴力的危機をもたらすかもしれない。いったん解決されれば、矛盾は同じくらい突然静まるかもしれない（ただし、そこにいたる跡――時には傷跡――が残らないことはめったにない）。いわば瓶から飛びだした魔神を再び瓶のなかに封じ込めるのだが、その際たいてい、矛盾の根源にある相対立する諸力間の根本的な再調整がなされる。

矛盾はけっしてすべて悪いわけではないし、矛盾という言葉を使うことで何か自動的に否定的な含意を示唆したいわけでもない。矛盾は個人的・社会的変化の豊かな源となって、これらの変化のおかげで人々は以前よりもずっと豊かな生活を手に入れることができるかもしれない。必ずしも矛盾に屈するわけではないし、矛盾に迷い込むわけでもない。矛盾は創造的に活用できることもある。矛盾から抜けだす手段の一つがイノベーションである。人々の観念や実践は新しい事情に適応することもあるし、経験から学んで、はるかに善良でより寛容な人間になることができるかもしれない。疎遠になっていたパートナーたちもお互いの長所を再発見し、ともに協力しあって、仕事と家庭とのあいだの両立危機を乗りきることができるかもしれない。あるいは助けあいの持続的な絆が新たに形成され、住んでいる近隣区域で他人とともに介護や育児が行なわれることによって一つの解決策が見いだされるかもしれない。この種の適応行動は、個人レベルだけでなく、マクロ経済的規模でも生じることがある。たとえばイギリスは一八世紀前半に、ある矛盾した状況に陥った。生物燃料《バイオ》（とりわけ木炭）にも食料生産にも土地が必要となるが、エネルギーや食品の国際取引の余地が限られていた時期、二つの用途をめぐる土地利用競争が熾烈になり、イギリス資本主義の発展が急停止しかけたのである。この解決策は、エネルギー資源を石炭に転換し、その採掘のために地下に向かうことで、食物栽培だけに土地を活用するというものであった。間もなくして蒸気機関が発明されると、化石燃料資源が一般的となり、資本主義そのものに革命が促された。一つの矛盾は、しばしば「発明の母」になりうるのである。だが、ここで重要な点に注意を向けておこう。化石燃料への依存は一つの矛盾を軽減させたが、それから数世紀を経た今、化石燃料使用と気候変動とのあいだに別の矛盾が据えられている。矛盾には、解決されるのではなく、ただたらい回しにされるだけという厄介な性質がある。この原則によく留意してほしい。というのも、以下の叙述で何度もこれに立ち返るからである。

資本の矛盾はしばしばイノベーションをもたらし、その多くは日常生活の質を改善した。さまざまな矛盾が資本の危機へと急変すると、「創造的破壊」の瞬間がもたらされる。何が創造され何が破壊されるか、あらかじめ決まっていることはまずないし、創造されるものが万事悪く、良きものがすべて破壊されてしまうということも、めったにない。そして矛盾が完全に解消されることはまずありえない。危機は変革の瞬間であり、その際資本は、たいていは自らを革新して別の何かに変容する。そしてこの「別の何か」によって、資本の再生産は安定するのだが、人々の生活は良くなるのかもしれないし悪くなるのかもしれない。しかし資本の再生産が根底的な諸矛盾によって脅かされるとなると、危機は危険な瞬間でもある。

本研究は、アリストテレスの論理学的矛盾概念よりも弁証法的な矛盾概念に依拠している。▼1 だからといってアリストテレス的概念が誤りだと言いたいわけではない。二つの定義は――一見矛盾しているが――それぞれ自律しており、両立可能である。それらは、まったく違った事態を指し示すにすぎない。私見としては、弁証法的な矛盾概念は豊かな可能性を有しており、扱いにくいものではまったくないのである。

「現実」と「外観」の矛盾

だが手はじめに、あらゆるもののなかでおそらく最も重要な矛盾から、まずはじめなければならない。すなわち、われわれの生きる世界での現実（reality）と外観〔現象〕（appearance）との矛盾である。マルクスの有名な助言◆だが、われわれの課題は世界の理解ではなく、世界の変革でなければならない。しかし彼の膨大な著作類を見ると、マルクスは、大英博物館の図書館で途方もない時間を座りつづけて、世界を理解しようとしたと言わざるをえない。こうなったのは、思うに、一つの非常に単純な理由からである。その理由は「物神崇拝《フェティシズム》」という言葉で最も的確に捉えられる。物神崇拝という用語でマルクスが指示しているのは、われわれの周囲で実際に進行している事態がまとう多様な仮面であり、変装であり、歪曲である。彼の言葉によれば「もし事物の現象形態と本質とが直接に一致するものならばおよそ科学は余計なものだろう▼2」。世界のなかで首尾一貫した行動をとろうとするなら、表面上の外観の背後に迫らなけ

▼1 Bertell Ollman, *The Dance of the Dialectic: Steps in Marx's Method*, Champagne, IL, University of Illinois Press, 2003.

◆**マルクスの有名な助言** カール・マルクス「フォイエルバッハにかんするテーゼ」、『マルクス＝エンゲルス全集』第三巻、大月書店、一九六三年、五頁。

ればならない。そうしないと、人々を誤った方向に導くような表面上のシグナルにもとづいて行動することによって、概して悲惨な結果がもたらされることになる。たとえば太陽は地球の周りを回っているように見えるのだが、科学者たちは、かなり前から実際にはそうではないと示してきた（ただしアメリカの最近の調査によれば、依然として人口の二〇%が、太陽が回っていると信じているようだ！）。同じように医師も、種々の症状とその根底的原因には大きな違いがあると認識している。医者たちはその本領を発揮し、外観と現実との違いに対するその理解にもとづいて、見事な医学上の診断を下してきた。私は胸に激痛を感じたことがあり、心臓疾患だと思い込んだのだが、首の神経圧迫に関連した痛みだとやがて判明し、二、三の身体運動で治ってしまった。マルクスは、資本の流通と蓄積を理解するために、同じような洞察を生みだそうとした。彼の議論によれば、表面上の外観は根底にある現実を偽装している。マルクスの特定の診断に同意するか否かは、ここでは重要ではない（ただし、彼の知見に留意しないというのも馬鹿げたことだろうが）。重要なのは、次のような一般的可能性を認めることである。すなわち、われわれがしばしば直面するのは根底的原因よりも兆候なのであって、しばしば神秘的で多様な表面上の外観のもとで現実に起こっている事態を暴露せねばならないということである。

いくつかの例を挙げてみよう。毎年三%の複利的利率で一〇〇ドルの預金口座を開き、二〇年後に一八〇・六一ドルになるとしよう。貨幣には、自ら複利的に増殖する魔力があるように見える。何もせずとも私の預金口座は増える。自らの金の卵を産む不思議な能力が貨幣にはあるように思われる。だが、貨幣の増大（利子）は実際にはどこから生じているのか？

これだけが周りにある唯一の物神《フェティッシュ》というわけではない。スーパーマーケットは物神崇拝的な記号と変装に満ちあふれている。レタス一個が、半ポンド〔約二七五グラム〕のトマトの半値であるとしよう。だがレタスとトマトはどこから来たのか？ その生産者は誰で、スーパーマーケットに持ち運んだのは誰か？ あるいは一つの品物が別の品物より非常に高いのはなぜか？ さらに言えば「$《ドル》」や「€《ユーロ》」や「£《ポンド》」といった秘教的記号を販売品につける権利があるのは誰で、一ポンド〔約四五〇グラム〕あたり一ドルとか、一キロあたり二ユーロとかの数値をつけるのは誰か？　貨幣を持った客が、懐の金額に応じて自己の欲求や必要を満たせるように、商品が値札をぶら下げて、スーパーマーケットに魔法のように出現する。以上は、われわれにおなじみのことである。だが、品物の大半はどこから来るのか、それらは、どのようにして、誰の手で、いかなる条件の下で生産されるのか、あるいはその比率で正確に品物が交換されるのはなぜか、そしてわれわれが使用する貨幣とは現実には何なのか（アメリカ連邦準備制度理事会が追加の一兆ドルもの貨幣をまたたくまにつくりだしたという記事を読む際に特にそうだ！）――これらについての自分の無知には気づかない。

以上がもたらす現実と外観との矛盾は今のところ最も一般的で普遍的な矛盾であって、資本のより特殊な諸矛盾を解明しようとするときには、おのずと直面せざるをえないものである。このように理解される物神は、狂信とか、単なる幻想とか、我を見失っている状態とかではない（ただしそう見えるときもあるだろうが）。だからこそ、実際、商品の購買に貨幣を使うことができるし、われわれは、所持する貨幣がいくらで、スーパーマーケットでいくら買えるか以外にたいした関心がなくても、一生を過ごせるのである。自分の預金口座の貨幣も現実に増えている。ところが「貨幣とは何か」と問われると、その答えはたいてい困惑した沈黙である。われわれは、いたる所で神秘化と仮面に取り囲まれている。もちろん時には、バングラデシュの工場用ビルが倒壊して亡くなった一〇〇〇人以上の労働者が、自分の着ているTシャツを製造していたという記事を読むと、ショックを受けることになる。しかし、ほとんどの場合、われわれは自分の日常生活を支える財を生産する人々については何も知らない。

われわれは、さまざまな表面上のシグナルや記号や外観に満ちた物神的世界のなかをまったく申し分な

▼2　Karl Marx, *Capital*, Volume 3, Harmondsworth, Penguin, p. 956.［カール・マルクス、フリードリヒ・エンゲルス編「資本論　第三巻」、『マルクス＝エンゲルス全集』第二五巻b、大月書店、一九六七年、一〇四七頁。ハーヴェイの引用は、マルクスの原文と異なっており、ここはマルクスの文章から訳出した］

く生活を送ることができるのであって、その仕組みについてはさほど知る必要もない（発電について知らなくても、スイッチを入れて明かりを点けることができるのと同じである）。通常、何か劇的なことが起こってはじめて――スーパーマーケットの棚が空になったり、価格が乱高下したり、所持していた貨幣が突如無価値になったりして（あるいは明かりが点かなかったりして）はじめて――、われわれはより大規模でより広範な問題を問いかける。われわれの日常生活と生計手段にかくも劇的な影響を及ぼすことのできる「向こう側」で、すなわち玄関のドアやスーパーマーケットの荷降ろし場をはるか越えたところで、いったい何がどのようにして起こっているのか、と。ところが、この彼方の理由と仕組みこそが、日常生活とその維持ときわめて劇的な影響をもたらしている。

本書において私は、物神崇拝の背後を探り、資本主義を動かす経済エンジンに降りかかる矛盾した諸力を明らかにするつもりである。なぜそうしようとするのかといえば、私の考えでは、何が起きているかについて現在入手可能な説明の大半が、人々を大きく誤った方向に導くものであるからである。それらの説明は物神崇拝を再現するばかりで、誤解の霧を晴らすのに何の役にも立たないのである。

「資本主義」と「資本」の区別

とはいえ、ここで資本主義（capitalism）と資本（capital）との明確な区別をつけておこう。この研究は、資本主義ではなく資本に焦点を合わせる。ではこの区別をする意味は何だろうか？　資本主義という言葉でもって私が指示しているのは、社会生活の物質的・社会的・知的土台を規定し形成するうえで資本の流通過程と蓄積過程とが主導的《ヘゲモニック》で支配的になっている社会構成体のことである。資本主義は無数の矛盾に満ちているが、その多くは資本蓄積との直接的関係が特にあるわけではない。これらの矛盾は資本主義的社会構成体の特殊性を超えている。たとえば、家父長制といったジェンダー関係を基盤とする諸矛盾は、古代ギリシア・ローマや古代中国にも、内モンゴル自治区やルワンダにも見いだされる。人種差別は、住民のなかの何らかの部分集団の側が残りの集団に対する生物学的優位を主張することだと理解されるが、これについても同じことが言える（したがって人種は、遺伝子の発現によって規定されるわけではない。一九世紀中盤のフランスでは労働者階級と農民階級は生物学的に劣る存在だと公然とみなされた。エミール・ゾラの多くの小説がこの見解を長く記憶にとどめさせている）。人種差別とジェンダー差別は長期にわたってあったのであり、資本主義の歴史が極度に人種化されジェンダー化された歴史であることは疑うべくもない。それゆえ次の疑問もわいてくる。資本の諸矛盾に関する本研究において、人種やジェンダーの矛盾が（ナショナリズム、民族、宗教などのその他多くの矛盾とともに）根本的なものとして取りあげられていないのはなぜなのか、と。

　これに簡潔に答えるとすれば、このような諸矛盾を除外するのは、それらが資本主義内部に遍在しているとしても、資本主義の経済エンジンをなす流通・蓄積形態に特有なものではないからである。こう言ったからといって、それらの諸矛盾が資本蓄積に何も影響を与えないとか、同じく資本蓄積もそれらに影響（「感染」という言葉の方がよいかもしれない）を与えないとか、それらの諸矛盾を資本蓄積が積極的に利用しないということではけっしてない。たとえば、さまざまな時代と場所において資本主義が、極限（大量虐殺とホロコーストという戦慄すべき事態をも含む）にまで人種差別を推し進めたのは、明らかである。現代資本主義が、有色人種を頻繁に非人間化してきただけでなく、ジェンダー的な差別と暴力をも喰いものにしているのも、明らかである。人種差別と資本蓄積との交錯と相互作用は、きわめて明瞭であり、根強く存在する。だが、これらの考察は、資本が明らかにその活力を引きだしている一つの源泉を解明するものではあるが、資本という経済エンジンがどのように動いているのかについては特に何も教えてくれない。

　もっと長く答えるとすれば、私の目的と、その目的を追求するうえで私が選択した追跡手法とを十分理解してもらわなければならない。生物学者は、独特な生態系の発展力学《ダイナミクス》（と諸矛盾！）を分析するために、それが残りの世界から分離しているかのように扱う必要があるなら、そうするだろう。それとまったく同じく私は、資本の流通と蓄積を、進行中の他のあらゆることから分離しようとする。その主要な内的諸矛盾を解明するために、資本の流通と蓄積を一つの「閉鎖系」と見なすのである。要するに、私は抽象力を用いて、どのように資本主義の経済エンジンが動いているのかのモデルを構築しているのである。このモデルを使うことで、周期的危機が起こるのはいかにしてそしてなぜなのか、現在のような資本主義が存続するうえで致命的になりうる何らかの矛盾が結局のところ存在するのかどうか、解明しようというのである。

生物学者も喜んで認めるだろうが、研究のために分離した領域においても、外的な諸力や混乱（ハリケーン、地球温暖化と海面上昇、大気中の有害汚染物質や水質汚染）が生態学的《エコロジカル》再生産の「正常な」発展力学をしばしば圧倒するだろう。それと同じように、私の場合にも次のことが妥当する。すなわち、戦争やナショナリズム、地政学的闘争、多種多様な災害が、人種的・ジェンダー的・宗教的・民族的な無数の憎悪や差別とともに、まるごと資本主義の発展力学のなかに入り込む。潜在的には致命的な、資本の何らかの内的諸矛盾がその仕事を成し遂げるずっと以前に、資本主義が終局を迎えるとすれば、核戦争によるホロコースト一つあれば十分なのである。

したがって、資本主義の下でのあらゆる出来事が資本の諸矛盾によって引き起こされていると言いたいわけではない。しかし私が明らかにしたいと思っているのは、昨今のさまざまな危機を引き起こしてきた資本の内的諸矛盾、そこからの明確な出口など何もないかのように思わせ、世界中の何百万もの人々の生活と生計とを破壊してきた諸矛盾である。

私の方法を説明するのに、一つの別の喩《たと》えを使ってみよう。巨大クルーズ船が大洋を航海しているとしよう。この船は、さまざまな活動、社会的諸関係、あるいはさまざまな相互作用が展開する複雑で特殊な物理的場である。船旅が進むなかで、異なる階級やジェンダー、民族、人種が、時に友好的に、時に暴力的に対立しながら交流しあう。船長以下の従業員は階層的に組織されており、若干の従業員層（たとえば客室係）は、奉仕すべきうるさい客とも、自分の監督係とも対立している。そのクルーズ船の甲板や客室で何が起きているのか、そしてそれはなぜなのか、その詳細な描写をめざすこともできるだろう。甲板間で革命が勃発するかもしれない。大金持ちが上甲板に立てこもり、自分たちのあいだでだけ富を再分配する終わりなきポーカー・ゲームに打ち興じ、下の甲板での出来事をまったく意に介さないかもしれない。しかし、このすべてを取り上げることは本書での私の関心事ではない。この船の最深部に経済というエンジンがあって、日夜音を立てながら、クルーズ船にエネルギーを供給し、大海を横断する動力を与えている。この船でのあらゆる出来事は、このエンジンが動きつづけることにかかっている。それが壊れるか、爆発するならば、その船は航行不能となる。

明らかに、われわれのエンジンは、最近ガタピシと不隠な音を立てている。それは特に脆く見える。本研究では、その理由をはっきりさせたい。もしエンジンが本当に壊れてしまい、クルーズ船が海上で物憂げに力を失うなら、全員がひどく困ることになる。そのエンジンは、修理されるか、異なる設計にもとづくエンジンと交換されなければならない。後者の場合には、経済エンジンをどう再設計すべきか、そして、どのような仕様にするのかという問題が提起される。その際、古いエンジンのどの部分がうまく機能し、どの部分が機能しなかったのかを知ることは有益である。そうすれば、われわれは、古いエンジンの欠点を再現することなく、古いエンジンに匹敵する品質を手に入れることができるだろう。

しかしながら資本主義の諸矛盾が、資本という経済エンジンに潜在的破壊力をもって作用する急所もいくつもある。外部の出来事（たとえば核戦争、全取引を停止させる伝染病のグローバルな流行、下にいる技術者たちを攻撃する上からの革命運動、あるいは座礁に向けて操舵する不注意な船長）のせいで浸水してしまえば、それ自身の内的矛盾とは異なる理由から資本というエンジンが停止するのは明らかである。本書では、資本蓄積というエンジンのなかで特に外的影響に対して脆弱な重要箇所があれば、その都度指摘することにしよう。だが、その諸結果を詳細に追求するつもりはない。というのも初めに主張したように、本書での私の狙いは、全体として把握された資本主義の諸矛盾というよりも、むしろ資本の内的諸矛盾を分離し分析することにあるからである。

一部の人々のあいだでは、本書のような研究は「資本中心的◆（capitalo-centric）」だとして侮蔑的に退けることが流行している。私はこのような研究が悪いものだとはまったく思わない。もちろん、この種の研究から生じる解釈上の主張があまり過度に強調されないことと、その方向性が誤っていないことという前提のうえでの話だが、そうであるかぎり何の問題もない。それどころか、資本蓄積が直面した最近の諸問題について理解を深めようとするには、はるかに洗練され深みのある資本中心的研究を獲得することが必要不可欠であるとも考えている。さもなければ、大量失業や、ヨーロッパや日本での経済の下降スパイラルや、中国やインドその他のいわゆるBRIC諸国◆の不安定で偏った発展などといった現代の根強い諸問題をどう解釈できるのだろうか？　そうした現象を根底で引き起こしている諸矛盾に関する確かなガイドがなければ、われわれは道に迷ってしまうだろう。現在の危機的状況との関連で資本蓄積の経済エンジンの動作に関する解釈や理論が「資本中心的」だとして退けられることは、間違いなく近視眼的であり、場合によっては危険であり馬鹿げている。そうした研究がなければ、われわれは周りで起きている出来事を読み間違い、誤った解釈をすることになるだろう。誤った解釈が誤った政策を導くのはほぼ間違いないし、そのありうる結果として、蓄積危機も、それから派生する社会的窮状も、軽減されるどころか深刻化するだろう。私の考えでは、これこそ現代資本主義世界の多くの地域にまたがる重大問題なのである。つまり、誤った理論化にもとづく誤った政策が経済困難を増幅させ、その結果として社会的混乱と窮状を悪化させている。今日形成されつつある「反資本主義」運動（そう見なしうるもの）にとってはるかに重要なのは、自分たちが反対している対象〔資本主義〕の正体をより正確に理解することである。それだけでなく、今日において反資本主義運動に道理があるのはなぜなのか、来たるべき困難な将来に人類の多数が真っ当《ディーセント》な生活を送るべきだとすれば、反資本主義運動が必須となるのはなぜなのか――これらについても明確な論拠を表明することである。

　したがって本書で私が追求しているのは、資本主義の諸矛盾ではなく、資本の諸矛盾をより正しく理解することである。私が理解しようとしているのは、資本主義の経済エンジンが実際にどのように動いているのかであり、もしこのエンジンがガタガタと音を立てエンストを時に起こしているとすれば、それはいったいなぜなのかを理解することなのである。さらに私が示したいと思うのは、この経済エンジンが交換されるべきだとすれば、それはなぜなのか、そして何と交換されるべきなのか、である。

◆資本中心的　二人組のフェミニスト経済学者J・K・ギブソン＝グラハムの言葉。以下を参照。J. K. Gibson-Graham, *The End of Capitalism (As We Knew It): A Feminist Critique of Political Economy*, Oxford, Blackwell, 1996, p. 6.

◆BRIC諸国　二〇〇〇年代以降、著しい経済発展を遂げたブラジル、ロシア、インド、中国の総称。現在では、BRICSとして南アフリカも含めることもある。

第Ⅰ部

資本の基本的な矛盾

はじめに

最初の〔資本の〕七つの矛盾は基本的なものだ。まさに、それらがなければ資本は機能できないからである。

さらに言えば、これらの矛盾は相互に密接に結びついており、それゆえ、どの矛盾も、他の矛盾を変容させるか廃絶しないかぎり、実質的に変容させることはできないし、まして廃絶することはできない。たとえば住宅のような使用価値を供給する際の交換価値の支配的役割に挑戦することは、貨幣という形態とその役割とを変えることを意味しており、われわれにとっておなじみの私的所有権レジームを変容させるか、場合によっては廃絶することを意味している。したがって反資本主義的オルタナティブを探求することは、かなり手に負えない課題であるように見える。多くの戦線で同時に変革が起こらなければならないだろう。一つの戦線での困難は別の場所での強力な抵抗によってしばしば抑え込まれ、全般的危機が回避されることもある。

しかし矛盾が相互に結びついていることで、時に危険度が高まることもある。何か一つの矛盾が激化すると他の矛盾に伝染するかもしれない。二〇〇七〜〇九年に明白に生じたことだが、伝染が増殖し拡散すれば、その結果として全般的危機が起こる。これは資本にとって危険な状況であり、全面的な反資本主義闘争の機会をつくりだす。それゆえ、このような全般的危機をもたらす諸矛盾を分析することはこれほどまでに重要なのである。諸矛盾の進展につれておおむね起こりうると予期される事態を、とりわけ反体制運動や反資本主義運動が理解するならば、これらの運動は、より有利な立場に立つことができるだろう。すなわち、危機が形成され解決されていくなかで諸矛盾が（地理的にも部門間でも）たらい回しにされ深化していく状況に乗じることができるだろう（それに不意を打たれたり窮地に陥ったりするのではなくてだ）。

　新たな形態へと資本が再編される過渡的で攪乱的な局面が危機であるとするなら、それはまた、社会運動が深部の諸問題を提起し、それらの問題に実践的に取り組むことで、世界を異なった姿へとつくり変えることを追求する局面でもある。

［第1章］

使用価値と交換価値

　これほど単純なことはないだろう。貨幣を懐に入れて、スーパーマーケットに入り、いくつかの食料品と交換する。貨幣は食べられないが、食料は食べられる。だから食料は私にとって有用であるが、貨幣はそのような意味では有用ではない。その後、まもなく食料は使われ食べつくされるが、貨幣として受け取られたわずかな紙幣や硬貨は流通しつづける。スーパーマーケットが受け取った貨幣の一部は、賃金という形でレジ係に支払われ、レジ係はその貨幣を使ってさらに食料を買う。収益の一部は、利潤という形で店主に渡り、それは、店主によってあらゆるものに費やされる。収益の一部は仲買人に渡り、最終的には食料の直接生産者に渡る。直接生産者もそれを完全に費やす。それからまたこれが延々と続く。資本主義社会では、この種の商取引が毎日大量に行なわれている。食料や衣服、携帯電話といった商品が行ったり来たりする一方で、貨幣は人々（あるいは団体）の懐を経ながら流通しつづける。このようにして現在、世界の人々の大多数が日常生活を送っている。

　われわれが資本主義社会のなかで買うすべての商品には使用価値と交換価値がある。二種類の価値の違いは重要である。それらの相互対立が頻繁になると、一つの矛盾が構成され、時として恐慌〔危機〕を発生させることもある。使用価値は無限に多様である（同じ種類の商品であってもそうだ）が、交換価値は

(正常な状態では)一律に同質である(一ドルは一ドルであって一ドルでしかない。それが一ユーロであっても、ドルと交換される既知の比率がある)。

一例として、家屋の使用価値と交換価値を考えてみよう。使用価値としては、家屋は住まいを与えてくれる。それは、人々が家庭と情緒的生活を築くことのできる場所である。それは日常的・生物学的再生産の場である(そこでわれわれは料理をして、愛しあい、議論をし、子どもを育てる)。それは、不安定な世界のなかでプライバシーと安全を提供する。家屋はまた、ある部分集団への社会的所属や地位のシンボルとして、あるいは富と権力の痕跡として、個人的・社会的な歴史的記憶を思い起こさせるものとして、そして建築学的な重要物として、機能する。もしくは建っているだけで、美と気品の創造物として称賛され、旅行者が訪問におとずれる(たとえばフランク・ロイド・ライトの落水荘◆)。家屋は野心的な革新家の作業場にもなりうる(たとえば後のシリコンバレーの発祥地となった有名なガレージ◆)。地下室は、搾取工場《スウェットショップ》を隠すこともできるが、虐げられた移民の隠れ家としても、性奴隷を売買する拠点としても使用できる。このように家屋は実にさまざまな用途に振り向けることができるのであって、その多くの使用法を列挙しつづけることはまだまだ可能である。要するに、その使用の可能性は膨大であって、無限であるようにさえ見えるのであり、たいていの場合まったくもって独特なのである。

しかし、家屋の交換価値についてはどうか？　現代世界の多くの地域で家屋を使用する特権を得るためには、家屋を買うか、あるいは借りる必要がある。そのためには貨幣を注ぎ込まなければならない。問題はこうなる。その使用価値を得るために必要な交換価値はいくらか？　そしてこの「いくら《ハウマッチ》」は、われわれが自分の欲する特定の使用価値を意のままにする能力に影響を及ぼすのだが、それはいったいどのようにしてなのか？　これは単純な問題のようだが、実際にはその答えはかなり複雑である。

生産者にとっての使用価値と交換価値

昔々フロンティアの開拓者たちは、ほとんどお金をかけずに自分の家を建てた。土地は無料だったし、自分の労働を用いることで（あるいは今日は私の家の屋根をあなたが手伝い、来週はあなたの家の土台を私が手伝うというように、互恵にもとづく隣人同士の集団的援助を得ることで）、身の周りから多くの原料（材木や煉瓦用粘土など）が獲得された。唯一の貨幣的取引は、斧、のこぎり、釘、ハンマー、ナイフ、馬具などの入手に関わるものであった。この種の住宅建設方式は、発展途上国の多くの都市のいわゆるスラムを構成するインフォーマルな定住地に今も見ることができる。このようにしてブラジルの貧民街《ファヴェーラ》は建築された。一九七〇年代以降、世界銀行が「住宅自助建設」を奨励したことによって、このような住宅供給方式は、世界各地の低所得者層に適していると公式にみなされるようになった。ここでは交換価値は比較的わずかしか関わってこない。

家屋は「受注生産」も可能である。土地を持ち、建築家、請負業者、建築業者に支払いをして、所定の設計に従って家屋を建築する人もいる。その交換価値は、材料費、労賃、家の建設に必要なサービスへの支払いによって定まる。ここでは交換価値が支配的な要因ではない。しかし交換価値が、使用価値を生みだす可能性を制限することもある（ガレージを建てるお金がなかったり、貴族の大豪邸のように左右に翼廊をつけるつもりだったのが、途中で資金が尽きたために一方の翼廊をまるまる建設することができなかったりする）。先進資本主義社会では多くの人々が、このようなやり方で家屋の既存の使用価値にさまざまなものを追加していく（たとえば増築したり、テラスを造ったりする）。

◆**落水荘**　アメリカ・ペンシルベニア州ピッツバーグの南東八〇キロほどの場所に、フランク・ロイド・ライトの設計によって一九三五年に建てられた邸宅。
◆**有名なガレージ**　大手コンピュータ製造企業のヒューレット・パッカード社の創業地となったカリフォルニア州パロアルトのガレージ。同社は一九三九年にそこで創業した。現在、カリフォルニア州の歴史的建造物に指定されている。

しかしながら先進資本主義世界の多くの地域では、住宅は商品として投機的に建設され、支払能力があるのが誰であろうと、またそれを必要とするのが誰であろうと、市場で販売されることになる。この種の住宅供給は、資本主義社会では昔からよく見られた。このようにして一八世紀終わりに、バース、ブリストル、ロンドンにおける有名なジョージアン様式◆の住宅棟が建てられた。それ以来、こうした投機的建築という慣習にならって、ニューヨーク市のアパート区画とか、フィラデルフィアやリール、リーズといった工業都市の労働者階級向けテラスハウスとか、あるいはアメリカの典型的な郊外住宅地にある分譲住宅とかが建設された。交換価値は、家屋建設の基本的費用（労賃と原材料費）によって決まるが、この場合にはさらに二つの費用が追加される。第一に、投機的建築業者は必要な資本を初期投資し、必要な借入金の利子も支払うが、それらの費用に対する彼らの利潤が追加される。第二に、土地所有者から土地を入手するか借りるための経費である。交換価値は、実際の生産費に加えて、利潤、借入利子、地代／家賃《レント》を資本還元◆したもの（土地価格）によって決まる。生産者の目的は、使用価値ではなく、交換価値を手に入れることである。他人のために使用価値を生みだすことは、その目的のための手段になる。だが、こうした活動が投機的であるのは、ここで重要なのが潜在的な交換価値だからである。住宅建築業者は実際には儲けを上げるだけでなく、損失を出すこともある。もちろん彼らは、そういうことが起こらないよう、しかるべき対策を講じようとする（とりわけ住宅購入をお膳立てすること）。しかし損失リスクは常に存在する。交換価値が住宅供給のメカニズムにおいて支配的な地位に就く。

　必要不可欠な使用価値への要求が満たされていないことから、さまざまな社会勢力が時折り、慈善や温情的な義援金や公的財源を使ってさまざまな住宅計画を手がけ、下層階級の必需品を最小限の費用で提供した。こうした勢力は、労働力を飼い慣らして手の届くところに置くことに熱心な雇用主（たとえばキャドバリー◆）から、急進的・ユートピア的信念を抱いた人々（ロバート・オーウェン、フーリエ主義者、ジョージ・ピーボディ◆など）、そして地方政府や国民国家にいたるまで、多岐にわたっている。一九四九年のアメリカ住宅法前文に言われているように「真っ当な家《ディーセント》と適切な生活環境」への権利がすべての人々にあるのだが、このことが広く受け入れられると、使用価値への配慮が住宅供給をめぐる闘争の最前線に舞い戻ってくることになるのは明らかである。こうした政治的スタンスは、社会民主主義時代のヨーロッパの住宅政策に非常に強く影響し、北アメリカや一部の発展途上地域にも波及効果を与えた。言うまでもないことだが、住宅供給への国家の関与も、社会的住宅供給への関心も、長い年月のなかでしだいに強まったり弱まったりする。公的財源が縮小しつつあるなか、そこから手頃な住宅への助成金を支出すべきだと要求されると、国家の財政能力は逼迫することになり、それに乗じてしばしば交換価値への配慮が再びしのび寄ってくる。

そこで住宅建設をめぐる使用価値と交換価値との葛藤は、さまざまなやり方で対処されてきた。しかしこうしたシステムが崩壊し、二〇〇七〜〇九年のアメリカ、アイルランド、スペインの住宅市場で起きた類の危機をもたらす局面もあった。このような危機に前例がないわけではない。他にも、一九八六年以降のアメリカでの貯蓄貸付組合危機、一九九二年のスカンジナビア諸国での不動産市場の崩壊、一九八〇年代の日本の好景気が一九九〇年の土地市場の暴落によって終焉した例などがある。[1]

◆**ジョージアン様式**　イギリスのジョージ一世〜四世の時代（一七一四〜一八三〇年）に行なわれた建築・工芸様式。

◆**資本還元**　株式配当や国債金利、家賃収入など予想定期収入をもとに、一定の投資利回り率を前提に、投資元本（擬制資本）を求める計算過程のこと。たとえば、ある土地での予想定期賃貸収入総額÷平均銀行利子率＝土地不動産現在価格となる。こうして、擬制資本としての土地価格が求められる。

◆**キャドバリー**　イギリスの菓子・飲料メーカー。その創業者一族のジョージ・キャドバリー（一八三九〜一九二二年）は、自社従業員の生活に関心を向け、労働条件改善や住宅整備を行なった。

◆**ジョージ・ピーボディ**　アメリカの企業家（一七九五〜一八六九年）。ジョージ・ピーボディ商会（現在のJPモルガン・チェースなどの前身）を設立するとともに慈善基金を運営し、イギリスやアメリカで貧困層向けの住宅建設などを行なった。

消費者にとっての使用価値と交換価値

今や資本主義世界の多くで支配的となっている私的市場制度に関しては、議論すべき追加的論点がいくつかある。まず家屋は、即座に使いつくされる食料とは違って、何年にもわたって消費される「高価な買い物」である。私的個人には、家屋を即座に購入する貨幣が前もってないかもしれない。現金で家屋を買えなければ、二つの基本的選択肢がある。〔第一の選択肢として〕仲介業者――賃貸住宅管理業者――から家を借りることができる。この仲介業者は、投機的に建てられた住宅を購入し、それでもって家賃を稼ぐことをなりわいとしている。または〔第二の選択肢として〕、お金を借りて家を購入することもできる。つまり友だちや親類から借金するか、金融機関で住宅ローンを組むかのいずれかである。住宅ローンを組む場合には、家屋の全交換価値に加えて、ローンが残っている期間は毎月の利子も支払う必要がある。最終的に家屋を完全に購入者が所有することになるのは、たとえば三〇年後である。したがって、家屋は貯蓄の一形態、つまりその価値を（あるいは少なくとも、月々の支払いによって獲得した分の価値を）いつでも現金に換えることができる一つの資産になる。その資産価値の一部は、維持費（たとえばペンキ塗り）や劣化した部材（たとえば屋根）の更新の必要性に吸い取られるだろう。しかし住宅ローンを完済することによって、自分の自由になる純価値が時間の経過とともに増えることも依然として期待できる。

しかし住宅ローンで資金を調達して住宅を購入するというのは、きわめて奇妙な取引である。一〇万ドルの住宅ローンを年利五％で三〇年かけて完済すると、その額は約一九万五〇〇〇ドルである。だから、そのローンは実際のところ、一〇万ドルの価値の資産を獲得するために、九万五〇〇〇ドル余分に割増金を支払っているわけである。この取引はほとんど道理に合わない。購入者はなぜこうするのか？　もちろんその答えは、どこか住むところとして家屋の使用価値が必要であり、その完全な所有権を得るまでのあいだ、その家屋に住むために九万五〇〇〇ドル支払うということである。それは三〇年にわたって地主に、九万五〇〇〇ドルの地代を支払うのと同じである。違いがあるとすれば、ローンで買う場合は、家屋全体の交換価値を最終的には得られるということである。家屋が事実上、貯蓄の一形態、私にとっての交換価値の保管場所になる。

しかしながら住宅の交換価値は一定ではない。それは、多様な社会的諸条件と諸力にしたがって時間とともに変動する。まず周囲の家屋の交換価値と無関係ではない。もし周りのすべての家屋の質が悪化したり、「悪そうな」人々が引っ越してきたりすると、たとえ自分の家屋を最高度に維持していても、その価値は低下する可能性がきわめて高い。反対に近隣区域の「改善」（たとえば都市の中産階級化《ジェントリフィケーション》）は、たとえ自分自身が何も投資しなくても、自分の家屋の価値を増大させるだろう。住宅市場は、経済学者が「外部性」効果と呼ぶものによって特徴づけられる。住宅所有者は、そのような外部性を制御すべく、個人的にも集合的にもしばしば行動を起こす。住宅所有者たちの「お上品な」近隣区域に、刑期を終えた犯罪者のための社会復帰施設を建てる提案に対して、何が起こるか見てみたまえ！　その結果は、数々の「ニンビー」政治◆であり、好ましくない住民や活動の排除であり、住宅価値を維持し高めること（たとえば近隣区域に優秀な学校があることは大きな効果があるなど）をほとんど唯一の使命とする近隣組織である。人々は自分たちの貯蓄の価値を守るために行動する。しかし国家や投資家が、近隣の再開発予定地域で住宅を買収し、その住宅を朽ちるがままにすると、残った住宅の市場価値が台無しになるが、この場合も人々の貯蓄は失われる。

もし購入者がリフォームに投資をするならば、家屋の交換価値を明らかに増やすだけになるように注意

▼1　短い概説として以下の拙著を参照。David Harvey, *Rebel Cities: From the Right to the City to the Urban Revolution*, London, Verso, 2013.［デヴィッド・ハーヴェイ『反乱する都市』作品社、二〇一三年］

◆**「ニンビー」政治**　「自分の裏庭でさえなければよい（not in my back yard）」の略称で、ゴミ処理場や原子力発電所が自分たちの住む地域に来ることにのみ反対する住民運動のこと。

したいところである。この点については住宅所有者のための「指南書」がたくさんある（たとえば、最新式のキッチンを設置することは価値を増やすが、天井を鏡張りにしたり、裏庭に鳥小屋を造ったりしても価値は増えない）。

自宅の所有は、世界各地で、住民のますます多くの部分にとって重要なものとなってきた。住宅資産価値を維持し高めることは、ますます多くの住民にとって重要な政治的目標になり、主要な政治的争点になってきた。なぜなら消費者にとっての交換価値は、生産者が稼ぐ交換価値と同じくらい重要だからである。

交換価値の一方的追求と使用価値の喪失

しかし過去三〇年くらいのあいだに、住宅は投機の対象になった。私が三〇万ドルで家を買って、三年後にその価値が四〇万ドルに上がるとしよう。その場合、私は四〇万ドルを借り換えることによって、その差額を利用することができ、そして、この濡れ手に粟で手に入れた余分の一〇万ドルは、自分の好きなように使うことができる。ますます交換価値を高めていく住宅は人気商品になる。住宅は便利な「金のなる木」、個人用のＡＴＭになり、したがって総需要を押し上げ、そしてもちろんのこと住宅へのさらなる需要をも増大させる。マイケル・ルイスは『世紀の空売り』のなかで、二〇〇八年の崩壊にいたる前段階でどのようなことが起こったのかを説明している。彼の主要な情報提供者の一人である保育士は最終的に、ニューヨーク市のクイーンズ区に六軒の家屋を、姉と一緒に所有した。「一軒目を買ったあと、その家が値上がりし、貸し手がやってきて、二五万ドルの新規貸付を提案した」。その後、その家の値段も上がり、彼女たちは同じ試みを繰り返した。「五軒目を買い終えたころから、市場での下落がはじまり、ローンの返済がまったくできなくなった」▼2。

住宅市場での資産価値投機は大いに盛況を呈した。だが、この種の投機には常に「ポンジ」◆的要素がともなっている。お金を借りて家を買うと、その家の値段が上がる。そうなると、不動産価値が上昇するから住宅を購入したいと思うようになる人もますます増えることになる。彼らはもうけ話に乗ろうと、さらに貨幣を借りる（貸し主が気前がよい時期には、それも簡単である）。住宅価格はさらに上がり、さらに多くの人々や機関がこのゲームに参加する。その結果が、やがては弾ける「不動産バブル」である。このような住宅などの資産価値バブルが生じるのはいかにして、そしてなぜなのか？　それはどのくらいの規模なのか？　それが弾けるとどうなるのか？　これらの点は、さまざまな条件や力の組み合わせしだいである。さしあたり歴史的記録という証拠（たとえば一九二八年、一九七三年、一九八七年、二〇〇八年のアメリカ不動産市場の暴落）にもとづけば、そのような熱狂とバブルが資本主義の歴史の不可欠な一部分だということは受け入れざるをえないだろう。中国は、資本の手法をますます取り入れるようになるにつれて、住宅市場における投機的急成長とバブルにますますさらされやすくなってきた。この理由については、後で再び検討するだろう。

アメリカでの最も最近の不動産市場恐慌では、約四〇〇万人が差し押さえで家を失った。彼らにしてみれば、交換価値を追求したら、使用価値としての住宅を利用できなくなったのである。いまだに無数の人々が住宅ローン融資のなかで「アンダーウォーター」に陥っている。この言葉が指しているのは、ブームの絶頂期に家屋を購入した人が、現在では、家屋の市場価値よりも多額の借金を金融機関に負っているという状況である。所有者は実質的損失をこうむらないかぎり、所有権を放棄し引っ越すことはできない。ブームの絶頂期には住宅価格が高騰していたので、多くの人が借金を負わなければ使用価値を手に入れる

▼2　Michael Lewis, *The Big Short: Inside the Doomsday Machine*, New York, Norton, 2010, p. 34.［マイケル・ルイス『世紀の空売り』文春文庫、二〇一三年、一八〇〜一八一頁］

◆**ポンジ**　ポンジ・スキームのこと。金品を払う参加者が増えつづけることを前提に行なわれる詐欺行為。たとえば、出資金を運用し高額の配当金を還元するとうたいながら、集めたお金を運用せず、後から参加させる別の出資者からの出資金を以前の出資者に配当金と偽って渡す行為のことである。詐欺師チャールズ・ポンジに名称は由来する。日本では「出資金詐欺」と呼ばれ、「無限連鎖講」とか「ねずみ講」などとも訳される。

ことができなかったのだが、この借金は最終的には返済不能だと判明したのである。暴落後、金融上の損失の源泉がひと固まりの巨大な使用価値であったことは、きわめて悲惨な影響を及ぼした。要するに、交換価値の無謀な追求は、住宅という使用価値を入手しその後維持する多くの人々の力を破壊したのである。

同様の問題は賃貸物件市場でも起こった。ニューヨーク市では、住民の約六〇％が賃貸物件に住んでいるが、急成長の盛りに家賃の高騰で大儲けしようとしたプライベート・エクイティ・ファンド◆が、巨大な集合住宅型賃貸物件を数多く買い取った（強力な規制法規ものともしなかった）。これらのファンドは現在の使用価値を意図的に荒廃させて、自らの再投資計画を正当化しようとした。だが、やがてそのファンド自体が金融崩壊のなかで破綻すると、居住者に残されたのは、劣化した使用価値と高額な家賃であった。彼らは、所有者の義務関係もしばしば曖昧な抵当流れ物件に住みつづけることになったのである（差し押さえられた集合住宅で壊れた暖房を修理しようとしても、誰を呼べばよいのか、まったくわからない）。賃貸住宅物件の一〇％近くが、この種の問題にさいなまれている。交換価値の極大化を無慈悲に追求した結果、大部分の人々にとって住宅という使用価値を入手する能力が減退することになった。揚げ句の果てに住宅市場の暴落は、言うまでもなくグローバル恐慌の引き金となり、そこからの回復は非常に困難であることがわかった。

次のように結論できよう。資本主義の下での住宅供給は、使用価値の追求が支配的であった状況から、交換価値が前景に押し出される状況へと変化した。この奇妙な反転過程において、住宅の使用価値は、第一に貯蓄手段に転化していき、第二に、消費者にとっても、建設業者や金融業者、その他、住宅市場の活況から利益を得ることのできるあらゆる人々（不動産仲介業者、融資担当者、弁護士、保険代理業者など）にとっても、一つの投機手段に転化していった。住宅という必要不可欠な使用価値（標準的な消費という意味でのそれ）を住民の大多数に供給することは、亢進するこれらの「交換価値への配慮」の人質になっていった。ますます多くの人々に適切で手頃な住宅を供給するという点にしてみれば、その影響は悲惨なものとなったのである。

住民に適切な使用価値と生活に必要なものを提供するうえで国家が果たすべき役割とは何なのか、このことに関して世論の大勢と公共政策が転換したことが以上のことの背景にある。一九七〇年代以降、「新自由主義的合意《コンセンサス》」がなされ（あるいは押しつけられ）てきた。この合意においては、国家は、住宅、医療、教育、運輸交通、公益事業（水道、エネルギー、さらにはインフラ）といった多岐にわたる領域において公的供給を行なうという義務から撤退する。これらの領域を民間の資本蓄積と交換価値への配慮に開放するためである。住宅分野で起こったすべてのことが、こうした転換の影響を被った。民営化／私有化へのこうした転換がなぜ生じたのか、これは一個の独自の問題であり、ここで答えるつもりはない。ここで指摘しておくべきだと思われる重要な点は以下のことだけである。この種の転換が起こった結果、資本主義世界の多くの地域（全部ではないが）で住宅供給に対する国家の関与が（「使用価値と交換価値との矛盾」に対する対処の仕方に及ぼすその特殊な影響を含めて）、この四〇年間に根本的な変容をこうむったことである。

使用価値の民主主義的供給へ

私が住宅の使用価値と交換価値という事例を選んだ理由は明らかである。それは、市場における商品の使用価値と交換価値との単純な差異が対立と敵対に発展し、これがついには絶対的矛盾に高まって、住宅市場のみならず、金融・経済システム全体にわたる恐慌を引き起こしうるという、完璧な一例だからである。おそらくこのような展開を遂げる必然性があったわけではない（いやあったのか？――これは最終的には答えなければならない決定的問題だ）。しかし疑いえないのは、二〇〇〇年頃から、アメリカ、アイルランド、スペインで、ある程度はイギリスで、そしてその他世界各地で、この展開が見られたということであり、結果として二〇〇八年のマクロ経済危機（いまだに未解決の危機）がもたらされたということであ

◆プライベート・エクイティ・ファンド　主に非上場企業（未公開株式）を対象にした投資ファンド。

る。そして同様に否定できないのは、交換価値の側での危機によって、ますます多くの人々が住宅という必要不可欠な使用価値も真っ当《ディーセント》な生活水準も拒まれた、ということである。

交換価値への配慮が社会生活の使用価値的側面を支配するにつれて、同じことが医療や教育（とりわけ高等教育）にも起こっている。学校の教室からほぼすべてのメディアにいたるあらゆる場で、次のような物語を繰り返し聞かされる。使用価値を獲得する最も安価で効率の良い最善の方法は、利潤に貪欲な企業家の野心的意欲《アニマル・スピリット》を解き放ち、市場システムに参加させることなのだ、と。この理由から、以前は国家が無償提供した多様な使用価値が、民営化され商品化された――住宅、教育、医療、公益事業が、世界各地でこの方向に向かった。これがグローバルな規範であるべきだと世界銀行は主張する。しかしそれは、全般的に巨額利潤を得る企業家や富裕層には好都合なシステムだが、その他のほぼ全員には不利益をもたらしており、アメリカの住宅事例では約四〇〇～六〇〇万人が差し押さえに遭ったほどである（スペインやその他多くの国々での差し押さえ数は、これより数え切れないほど多い）。ここでの政治的選択はこうだ。あらゆるものを商品化し金持ちに奉仕するシステムか、市場という媒介を経ることなしに、万人のために使用価値を生産し民主主義的に供給することを重視するシステムか、である。

それでは、この矛盾の特質について、より抽象的、理論的に検討してみよう。諸個人、諸組織（会社や企業）、社会的諸集団、これらのあいだで行なわれる使用価値の交換は、複雑な分業と広範な交易網を特徴とする何らかの複合的な社会秩序においては明らかに重要である。このような状況においては物々交換は限られた有効性しかもたない。経済学で言う「欲望の二重の一致」という問題があるからだ。単純な物々交換を行なうためには、私の欲しい商品をあなたが持っていなければならないし、あなたの欲しい商品を私が持っていなければならない。物々交換の連鎖もあるが、限定されておりかなり厄介でもある。それゆえ、市場におけるすべての商品の価値を測る何らかの独立した尺度――単一の価値基準――の存在は、単に都合がよいというだけでなくて必要不可欠にもなる。そうなれば、何らかの価値の一般的等価物と交換することで自分の商品を売ることができる。そしてこの一般的等価物を使って、どこか他のところから、自分の欲しいものや必要なものを何でも買うことができる。言うまでもなく、この一般的等価物こそが貨幣である。だが、このことから、われわれは資本の第二の矛盾という領域にいざなわれる。貨幣とは何であろうか？

〔第2章〕

労働の価値と貨幣

交換価値は、諸商品がお互いとの関係で「いくら」に値するかを示す尺度を必要とする。この尺度は貨幣と呼ばれる。それでは、われわれが何も考えずに日々使っているこの「貨幣」とはいったい何であろうか？　われわれは、貨幣が十分にないと不安になり、もっと稼げる（時に不正で不法な）方法を企むのであり、それでいながら、所持している貨幣の範囲内で生活をやりくりしようとしばしば骨を折っている。貨幣は、あたかも商品世界の至高の神であり、われわれはみな貨幣にひれ伏し、その命に服従し、その全能の祭壇の前で跪かざるをえないかのようである。

資本主義的形態にある貨幣の基本的な技術的機能が何であるかは、よく知られている。〔第一に〕貨幣とは、流通手段または流通媒体である（直接的な物々交換を大きく制限する「利害の不一致」問題を解決しながら、交換を促進する）。〔第二に〕それは、市場の全商品の経済的価値に対して唯一の物差しを与えてくれる。そして〔第三に〕貨幣は価値保存手段も提供してくれる。しかし、貨幣が表わす／表象する（represent）のは何なのか？　そして、どのようにして貨幣は、その社会的・政治的な機能と意味を増殖させ、あたかも貨幣欲こそが社会的・経済的世界を動かしているかのように思わせるのだろうか？

貨幣と社会的価値、その不可分性と矛盾

第一に貨幣は、他人の社会的労働を請求できる手段である。つまり、市場における他人向けの商品やサービスの生産に費やされる労働、このような労働に対する請求権である（これが「商品」を、自宅の裏庭で自家用に栽培するトマトのような「生産物」から区別するのである）。この請求権は即座に行使されなくてもよい（なぜなら貨幣は価値を保存するからである）。だが、いつかは行使されなければならない。さもなければ貨幣はその目的と機能を果たしていないことになる。

複雑な社会、たとえば資本が構築したような社会において人々が大きく依存するのは、自分が生きるために必要なあらゆる使用価値を供給してくれる他人の労働である。これらの使用価値の多くが入手できるというのは当たり前のことだと思われている。スイッチを入れると電気がつく。ボタンを押すとガスレンジが点火する。窓が開閉する。靴とシャツがぴったり合っている。朝のコーヒーや紅茶がいつもある。パン、バス、車、鉛筆、ペン、ノート、本と、あらゆるものが手に入る。歯科医、医師、指圧師、理容師、教師、研究者、弁護士、知識と規則をこしらえる官僚——このすべてに値段がついており、お金で手に入れることができる！　しかし、これらの物とサービスは、直接的にも、間接的にも——たとえばある労働が鉄鋼に蓄積され、その鉄鋼が釘になり、その釘が家を建てるのに使われるというように——、人間労働を吸収している。われわれのほとんどが大なり小なり、直接的あるいは間接的に、財やサービスを他人に提供する活動に参加している。

貨幣が表象するものの根底にあるのは、こうしたすべての活動、こうしたすべての労働の社会的価値である。「価値」とは、世界中の無数の人々の労働活動のあいだに確立される一つの社会関係である。社会関係としての価値は、非物質的で目には見えない（本書の筆者である私と読者のあなたとの関係のようにである）。だが、より一般的には道徳的・倫理的価値がそうであるように、この非物質的な価値は社会的実践

に客観的な影響を及ぼすのである。社会的労働の場合、「価値」が証明するのは、シャツよりも靴が高いのはなぜかであり、自動車よりも家屋が高いのはなぜかであり、水よりもワインが高いのはなぜかである。これら商品間での価値の相違は、使用価値としてのその性質には（あらゆる商品がどこかの誰かにとっては有用でなければならないという単純な事実を別とすれば）まったく無関係だが、その生産に関わる社会的労働とは切り離しえない。

価値は、非物質的で目に見えないがゆえに、何らかの物質的表象（material representation）を必要とする。この物質的表象が貨幣である。貨幣は、社会的価値の非物質性の象徴と表象であるだけでなく、その具体的な現象形態（form of appearance）である。しかし、表象のあらゆる形態と同様に（地図が思い浮かぶのだが）、貨幣という表象と、それが表象しようとする社会的現実とのあいだには乖離《ギャップ》がある。この表象は、いくつかの点では社会的労働の相対的価値をうまく捉える。しかしそれは、他の点では捉えそこない、偽りさえする（地図というものが、われわれを取り巻く世界の特徴の一部を正確に表わすが、他の特徴については歪ませるのと同じである）。貨幣とそれが表象する価値とのこの乖離は、資本の第二の基本的矛盾をなす。

まず最初に言えることだが、貨幣は、価値を構成する社会的労働と不可分だが、同時にそれと区別されてもいる。貨幣は、社会的労働（価値）の非物質性をその物質的形態の背後に隠す。表象を、それが表象しようとする実在と見誤るのはあまりにもたやすいし、表象が偽る（それは、ある程度は常に偽るものなのだが）のに応じて、人々は偽りを信じ、それに従って行動することになる。いかなる商品のなかにも社会的労働が見いだせないのと同じように、社会的労働を表象する貨幣によって、とりわけ社会的労働という本質がわからなくなる。すぐ後でいくつかの事例を見ることにしよう。価値とその表象との不可分性は重要である。これは次の単純な事実に由来する。すなわち、もし貨幣がなければ、そして貨幣が促進する商品取引がなければ、非物質的な社会関係としての価値は存在しえなかった。言い換えると、物質的な表象（貨幣）や、交換という社会的実践の助けがなければ、価値は形成されえなかった。貨幣と価値との関係は、因果関係というよりも、弁証法的で共進化的である。つまり貨幣も価値も一緒に発生するのである。

しかし、その関係は人を惑わすものでもある。なぜなら社会的価値とその表象との「乖離」は、貨幣がとる形態に応じて、さまざまな潜在的矛盾に満ちているからである。商品貨幣（たとえば金や銀）は、明確な物理的性質を備えた具体的商品に根ざしている。他方、硬貨や銀行券、国家紙幣（銀行券は民間業者によって発行され、国家紙幣は国家によって発行される）、そしてより近年の形態である電子マネーなどは、象徴でしかない。「計算貨幣」があれば、一定期間の終わりに収支の純差額《ネット・バランス》を支払うだけでよく、売買の瞬間には現金を支払うことなしにすますことができる。無数の売りと買いをする会社にとっては、多数の貨幣取引の純差額は普通、総取引額よりもはるかに少ない。売りと買いは互いに相殺しあうからである。相殺しあった後に残る純差額分の請求だけが実際に支払われる。たとえば銀行は小切手を相互精算する（これは今日では電子的に行なわれるが、昔は手形交換所で手作業で――ニューヨークでは一日五回――行なわれていた。また各銀行が代理人を派遣して、小切手を振り出した銀行にその小切手を持ち込んだ）。一日の、あるいは精算期間の終わりには、膨大な数の取引が行なわれたとしても、銀行間の純移転はほとんどゼロかもしれない。そうなりうるのは、一つの銀行で振り出される小切手が、多くの他の銀行から預かる小切手によって相殺されるからである。計算貨幣は、それゆえ、必要な「現実」貨幣の実際の量を大幅に減らす。この種の貨幣は、生産と消費を促進するために使われる膨大な信用手段と貸し付けをも支えている（たとえば住宅市場では開発業者はお金を借りて投機的住宅を建設するし、消費者は、住宅ローン金融を利用してその住宅を買う）。信用貨幣はそれ自体、きわめて複雑な世界をなしている（他の貨幣とは根本的に異なる貨幣だと考える理論家もいる）。

以上のことから、貨幣の、かなり独特で一見すると同語反復的《トートロジー》な用途が生じる。貨幣は価値を測るものと見なされているが、それ自体が一種の商品になる。貨幣資本という商品に。その使用価値は、より多くの価値（利潤あるいは剰余価値）を生産するために使用できるということである。その交換価値をなすのは一定額の利子であり、事実上、この一定額の利子が、価値を測るものに価値を付与する（きわめて同語反復的な命題だ！）。これが、尺度としての貨幣を非常に特殊で奇妙なものにする。他の基準となる尺度、たとえばインチやキロは、それ自体を買ったり売ったりすることはできない（私が買えるのは数キロのジャガイモだけであり、純然たる数キロそのものを買うことはできない）が、貨幣はそれ自体、貨幣資本として買ったり売ったりできるのである（私は一定期間、一〇〇ドルの使用を買うことができる）。

貨幣の諸形態と物神《フェティッシュ》の二重化

貨幣の物質的表象をこしらえる最も単純な方法は、一商品を選びだして、それを他のすべての商品にとっての価値の代表物にすることである。さまざまな理由から貴金属、特に金と銀が、この役割を果たすのに最も相応しいものとして歴史的に出現した。それらが選ばれた理由は重要である。まず第一に、これらの金属は比較的稀少であり、蓄積されるにしてもその総供給量はほとんど変わらない。いつでも欲しいときに裏庭に行って金や銀を掘りだす、というわけにはいかない。貴金属の供給は相対的に非弾力的であり、それゆえ長期にわたって他のすべての商品に対する相対的価値を維持している（カリフォルニアのゴールドラッシュのような爆発的な生産活動が、いくらか問題を引き起こしたことはあるが）。世界の金の大半はすでに採掘されており、地上にある。第二に、これらの金属は錆びたり質が落ちたりしない（木イチゴやジャガイモを貨幣商品として選ぶときには、こうなるかもしれない）。これが意味するのは、それらは市場取引の期間をつうじて物理的性質が変わらないということであり、それよりはるかに重要なこととして、長期間の価値の保存として比較的安全に機能できるということである。第三に、これらの金属の物理的特性は知られており、その品質は正確に評価できるので、その尺度は簡単に標準化できる。それは、たとえば一九九〇年代のロシアで通貨システムが崩壊し、売買取引が多角的な物々交換システムの状態に陥ったさい、貨幣商品の一形態として登場したウォッカとは異なるのである（この場合、消費者の好みはまちまちだ）。[1] いわゆる自然界のこれらの諸要素の物質的・物理的特性が、社会的労働としての価値の非物質性を固定して表象するために用いられる。

しかし、価値の低い商品を交換するために日々使うには、商品貨幣は扱いにくい。それゆえ世界市場では硬貨や代用貨幣が、やがては紙幣が、それに次いで電子マネーが、はるかに実用的なものになった。もし街中でコーヒー一杯の代金を支払うために、正確な重さの金か銀を使わなければならなかったら、どうなるかを想像してみてほしい！　だから商品貨幣は、社会的労働を表象するための確固たる物理的基盤を提供したかもしれないが（イギリス通貨のポンド札には、金や銀との自由な交換をはるか昔に停止したにもかかわらず「持参人に支払う」ことを約束すると今も書いてある）、もっと柔軟で扱いやすい貨幣形態に急速に置き換えられた。だが、これは別の奇妙な事態をもたらす。当初、社会的労働の非物質性に物理的形態を与えるために必要だった貨幣が、象徴、代理物、そして究極的には、コンピュータ化された計算のなかの数値によって表象されるようになる。

貨幣商品が数値によって表象されるようになると、潜在的に人を誤った方向に導きかねない深刻な逆説が貨幣システムに持ち込まれることになる。金や銀は相対的に稀少で供給量が一定であるのに対して、数値としての貨幣表象は、利用可能な貨幣量がいかなる技術的限界もなく拡大することを可能にする。こうしてわれわれは、今日のアメリカ連邦準備制度理事会が量的緩和のような方策によって、何兆ドルものお金を即座に経済にもたらすのを目の当たりにしている。そのような可能性に対する限界は、国家の政策と規制とによって強制されるもの以外には存在しないように思われる。グローバルな貨幣の金属的基盤が一九七〇年代に完全に放棄された際、実際には、われわれは貨幣の創造と蓄積とが潜在的に無制限な世界に入り込んでしまったのである。さらには計算貨幣の増大と、はるかに重要なこととして信用貨幣の出現（借用証書の単純な使用にはじまる）とは、大規模な貨幣創造を国家機関よりむしろ、諸個人と銀行の手に託すことになる。このことから国家装置の側による規制の実施と介入が生じるのだが、それはしばしば貨幣システムを管理しようとする絶望的な試みになる。一九二〇年代ドイツのワイマール共和国で起きたようなインフレの驚くべき伝説的エピソードが強調してきたのは、政府発行紙幣の意義や質への信頼保持に関して、重要な役割が国家にあるということである。これについては、第三の基本的矛盾を考察する際に立ち戻ることにしよう。

これらの奇妙な事態全体がそもそも生じる理由の一つは、貨幣の三つの基本的機能が有効に働く要件が、それぞれまったく異なるからである。商品貨幣は、価値の保存には都合が良いが、市場で商品を流通させるとなると機能しなくなる。硬貨や紙幣は、支払手段や支払媒体としては優れているが、長期的な価値保存としてはあまり確実ではない。国家によって発行され強制的に流通させられる不換通貨（強制的というのは、この通貨で税金を支払わなければならないからである）は、発行当局の政策的気まぐれにさらされがちである（たとえば貨幣を印刷さえすれば、インフレで債務が消せる）。これらのさまざまな機能は、互いに完全に一致しているわけではない。しかし独立しているわけでもない。もし貨幣がまったくつかの間の瞬間しか価値を保存できないのであれば、それは流通媒体としても役立たないだろう。他方で、もし単なる流通手段としての貨幣を求めるのであれば、銀貨という「現実」貨幣とまったく同じように、偽造貨幣もその役目を果たせる。それゆえに金や銀は、価値尺度や価値保存には優れているが、商品流通が回りつづけるためには、今度は手形や紙幣／信用貨幣といった形態で表わす必要がある。したがって結局は、貨幣形態の基礎となるのは、社会的労働の表象の表象ということになる！　いわば二重の物神《フェティッシュ》があるのである（他人のための人間労働という社会性を隠蔽する仮面は二重となる）。

価格と価値の乖離

貨幣のおかげで、市場における商品には希望価格の値札を貼ることができる。需要と供給の条件しだいで、この価格は実現されるかもしれないし、されないかもしれない。しかし、この値札は別の一連の矛盾

▼1　この興味深い話は以下の文献で語られている。Paul Seabright (ed.), *The Vanishing Rouble: Barter Networks and Non-Monetary Transactions in Post-Soviet Societies*, London, Cambridge University Press, 2000.

をともなう。〔第一に〕個々の販売での現実の実現価格は、特定の時間と場所における需要と供給の個別的条件しだいである。この一回限りの価格と、価値の一般性とは直接には一致しない。これらすべての個々に実現された市場価格が、価値の一般性を表わす一定の平均価格へと収斂すると見込めるのは、完全に機能する競争市場においてのみである。ただし注意してほしいのだが、価格が、その変動の中心である価値から乖離することができるからこそ、価値であるものをより確実に表象することができるのである。しかしながら、市場過程は、この収斂を妨げる機会と誘惑を数多くもたらす。あらゆる資本家が熱望するのは、独占価格で販売し競争を回避できることである。だからこそ商品名のブランド化やロゴを付けての販売戦略がある。こうすることでナイキ社◆は独占価格を設定でき、この価格は確実に、スニーカー生産における統一的価値水準を永久に逸脱する。価格と価値とのこの量的な相違は一つの問題を投げかける。資本家が反応しなければならないのは、価格に対してであって、価値に対してではない。なぜなら資本家が市場で見ることができるのは価格だけであり、価値を確認する直接的手段を有していないからである。価格が価値から量的に乖離するにしたがって、基底にある価値にではなく、人を惑わす表象に対して反応しなければならなくなる。

　さらに言えば、いかなるものであっても、この価格と呼ばれる値札が貼られることを止める手立てはない。その値札の対象は社会的労働の生産物であろうとなかろうと関係がないのである。一区画の土地に値札が貼られれば、そこの使用から地代《レント》が搾りだせる。ワシントンのKストリート〔ロビイスト街〕のロビイストのように議会での影響力を合法的に買うこともできるし、あるいは一線を越えて高値を付ける人物に、良心やら名誉やら評判やらを売ることもできる。市場価格と社会的価値とのあいだには、量的相違ばかりか、質的な相違も存在する。女性売買や麻薬取引、武器の密売（現代資本主義で最も稼げる三つの事業）で大儲けすることができる。もっと悪いことに（そんなことが可能だとすればだが！）、貨幣が資本ではない場合にも、あたかも資本であるかのように使うことで、貨幣を増やすこともできる。貨幣が発するシグナルは、社会的労働の論理そのものから大きく逸脱する。莫大な擬制資本をつくりだすことも可能である――価値はまったく創造していないのに、貨幣的観点からは非常に高利益で利子をもたらす活動に対して、貨幣資本が貸し出されるのである。戦争を遂行するための国家債務は擬制資本の流通によって資金調達されるのが常であった——国家に金を貸し付ければ、国家が価値を破壊するだけで何の価値も創造しないのだとしても、国家の税収から金利をつけての返済を受けるのである。

したがって、ここには、さらにもう一つの逆説がある。創造的労働の社会的価値を表象するはずの貨幣が、擬制資本という形態をとって流通する。これによって結局のところ、金融業者と債券保有者とが私腹を肥やすのだが、その際、実にさまざまな非生産的（つまり価値を生産しない）活動から富が搾りだされることになる。これが信じられないのなら、近年の住宅市場の歴史を見さえすれば、私の言わんとすることも正確に理解できるだろう。住宅価値に対する投機は生産的活動ではない。ところが、二〇〇七〜〇八年まで大量の擬制資本が住宅市場に流れ込んだ。投資に対する収益率が高かったからである。安易な信用取引が住宅価格の上昇を招き、回転率の高さは、住宅取引を通じて法外な手数料を稼ぐ膨大な機会を与えた。住宅ローン（擬制資本の一形態）を債務担保証券（ＣＤＯ）◆へとまとめることによって、世界中で売りさばくことのできる債券（擬制資本のもう一つの形態）が創出された。擬制資本のこれらの手段は、その多くが結果として価値のないものであったのだが、格付機関に「住宅と同じくらい安全」な投資だと認定されて、世界中の無邪気な投資家に売り込まれた。これは擬制資本の暴走であった。この行きすぎの報いを、われわれはいまだに受けている。

◆ナイキ社　アメリカに本社のある世界的なスポーツ関連商品販売企業。
◆債務担保証券（ＣＤＯ）　貸付債権や公社債などから構成される金銭債権を担保として発行される証券化商品。

社会的権力としての貨幣

それゆえ貨幣形態を中心にして生じる諸矛盾は複合的である。すでに記したように、表象物は対象を表象すると同時に偽りもする。金と銀が社会的価値の表象物である場合、特定の状況の下で生産されるこれらの貴金属が、すべての諸商品に凝固した価値の一般的尺度になっている。実際、一個の使用価値（金という金属）が交換価値一般を表象するのに用いられており、こうして、本質的に社会的なものであるもの、それを表象するものが、社会的権力の一形態として私人によって領有されうるところとなる。この最後の矛盾（社会的なものの私的領有）は、資本の諸矛盾にとって、深刻であるだけでなくいくつかの点で破壊的な結果をもたらす。

貨幣は、私人が社会的権力を領有し排他的に利用することを可能にする。まずはこの事実によって貨幣は、人間のほとんどありとあらゆる不道徳な振る舞いの中心に位置づけられる——貨幣権力に対する渇望と貪欲とが、不可避的に資本主義という政治体の中心的特徴になる。実にさまざまな物神崇拝的な行動や信念もこのことを中心にしている。社会的権力形態としての貨幣に対する欲望は自己目的となり、単に交換促進のために必要とされたはずの貨幣の正確な需要－供給関係を歪ませる。これが資本主義的市場の合理性とされるものを台無しにする。

貪欲が人間行動に生まれつきともなうものなのかどうかについては、もちろん議論の余地がある（たとえばマルクスはそうではないと信じていた）。しかし確かなことは、貨幣形態の出現とその私的領有の可能性とによって、高潔さや高貴さからは縁遠い人間行動をはびこらせる空間が創出されたということである。富や権力の蓄積（こうした蓄積は、前資本主義社会の有名なポトラッチ〔北アメリカ先住民の贈答慣行〕の仕組みでは儀礼的に惜しみなく振る舞われた）は、黙認されたばかりか歓迎されたのであり、称賛すべきものとして扱われた。それゆえにイギリスの経済学者ジョン・メイナード・ケインズは、一九三〇年に「孫たちの経済的可能性」

について書いた際、次のような期待を表明した。

富の蓄積がもはや高い社会的重要性をもたないようになると、道徳律に大きな変化が生じることになる。われわれは、二〇〇年にわたって悩ませられてきた多くの似非《エセ》道徳律から解放されることだろう。この似非道徳律のために、われわれは最も忌み嫌うべき人間性の一部を、最高の美徳だとして崇め奉ってきたのである。われわれは金銭的動機の真の価値をあえて評価できるようになるだろう。財産としての貨幣愛――人生の享受と現実のための手段としての貨幣愛とは区別されたそれ――は、ありのままの存在として、多少いまいましい病的なものとして、また、震えおののきながら精神病の専門家に委ねられるような半ば犯罪的で半ば病理的な性癖の一つとして、見られるようになるだろう。このようになると、資本蓄積を促進するうえできわめて有益であるがゆえに、それ自体いかに忌み嫌うべきもので不公正なものであろうとも、現在どんな犠牲を払っても維持されている――富と経済的賞罰との配分に影響を与えるような――あらゆる種類の社会的慣習および経済的慣行を、ついに自由に放棄することができるようになる。▼2

貨幣権力の解体に向けて

それでは、ここまで述べてきた貨幣の諸矛盾に対する批判的回答はいかなるものだろうか？　投機的擬制資本の流通は、不可避的に崩壊へといたり、資本主義社会全般に（そしていっそう悲劇的なことに、そのなかの最も弱い立場の人々に）甚大な犠牲を強いる。そのかぎりにおいて、行き過ぎた投機とそれを助長す

▼2　John Maynard Keynes, *Essays in Persuasion*, New York, Classic House Books, 2009, p. 199.〔ジョン・メイナード・ケインズ『ケインズ全集第九巻　説得論集』東洋経済新報社、一九八一年、三九七頁〕

るように進化した貨幣形態（概して擬制的なそれ）に対する徹底的な批判と攻撃が、政治闘争の焦点になるのは必然的である。これらの投機的形態が、社会的不平等の拡大を強め、富と権力の分配を支えることで、台頭しつつある寡頭支配層《オリガーキー》――あの悪名高き一％（実際にはそれよりはるかに悪名高い〇・一％）――が世界全体の富と権力を実質的に支配するようになる。そのかぎりでは、このことがまた階級闘争の方針を明確に規定するものとなるし、それは人類の大多数の将来の福利にとって決定的である。

しかしこれは氷山の一角にすぎず、しかもより分かりやすいそれにすぎない。繰り返すが、交換価値が貨幣と不可分であるのと同じくらい、貨幣は価値と不可分である。この三つの結びつきは強固である。もし交換価値が、社会のなかで使用価値を生産し分配する誘導手段としての役割を弱めていき、最終的に姿を消すなら、貨幣の必要も、そして貨幣の使用（資本としての使用）とその所有（社会的権力の至高の源泉としての所有）とに結びついた貪欲という病理も、すべて姿を消すだろう。交換価値のない社会秩序、したがって貨幣なき社会秩序というユートピア的目標を明確に打ちだしつつも、中間的諸段階を提示することも絶対に必要である。交換を促すが、社会の富と権力との私的蓄積を抑制するような、そういう擬似的な貨幣形態を案出することである。これは原理的には可能である。たとえばケインズは、その影響力の大きかった『雇用・利子および貨幣の一般理論』において、「風変わりな、不当に無視された予言者シルビオ・ゲゼル」を引き合いに出している。はるか昔にゲゼルが提案したのは、使われなければ錆びてしまう擬似的な貨幣形態を創造することであった。腐食する商品（使用価値）と、腐食しない貨幣形態（交換価値）との、根本的な不平等は是正されなければならない。

新聞はすぐに古くなってしまう。ジャガイモはすぐに腐ってしまう。鉄はすぐに錆びてしまう。エーテルはすぐに気化してしまう。ジャガイモ、新聞、鉄、そしてエーテルのような性質をもつ貨幣、それだけが新聞、ジャガイモ、鉄、エーテルなどの商品一般の交換手段に適した貨幣となるのである。▼3

このようにゲゼルは書いている。以前は不可能であったが、電子マネーを使えば、これは実行可能である。貨幣の錆びる期限を電子マネーのアカウントに設定することは容易にできるし、そうすれば一定期間を過ぎると未使用の貨幣が無効になる（航空会社の未使用のマイレージのようにである）。こうなると、流通手段としての貨幣と尺度としての貨幣との結びつきが、そしていっそう重要なことには、価値保存（それゆえ私的な富と権力の主要な蓄積手段）としての貨幣との結びつきが切断されてしまう。

明らかなことだが、この種の戦略は、経済の他の諸側面における広範な調整を必要とするだろう。もし貨幣が錆びるなら、将来の必要のために蓄える目的での貨幣使用も不可能であろう。たとえば年金投資基金はなくなるだろう。これは、思われるほどには、恐るべき展望ではない。まず年金投資基金はいずれにせよ価値を失いやすい（積立不足、運営ミス、株式市場価値の暴落、あるいはインフレのためにである）。今や多くの年金受給者が気づきつつあるように、貨幣にもとづいた年金基金は不安定《コンティンジェント》であり、安全ではない。他方で社会保障制度は、将来を見越して貨幣を蓄えておくことには原則として依拠しないような形態での年金権である。現役労働者が上の世代の人々を養う。このような手段によって将来の所得を保障する方が、貯蓄して投資利益を期待するよりも、はるかに優れている。将来の経済的安全確保のために私的貯蓄を可能にするような貨幣形態の必要性は、すべての人々に対する最低所得保障（あるいは集団管理された共用使用価値に対する最低限のアクセス）によって完全に取り除かれるだろう。

▼3　Silvio Gesell, *The Natural Economic Order* (1916): http:www.archive.org/details/TheNaturalEconomicOrder, p. 121.［シルビオ・ゲゼル『自由地と自由貨幣による自然的経済秩序』ぱる出版、二〇〇七年、四一六頁］ゲゼルの見解についてのさらなる議論としては、以下を参照。John Maynard Keynes, *The General Theory of Employment, Interest, and Money*, New York, Harcourt Brace, 1964, p. 363［ジョン・メイナード・ケインズ『ケインズ全集第七巻　雇用・利子および貨幣の一般理論』東洋経済新報社、一九八三年、三五四頁］; Charles Eisenstein, *Sacred Economics: Money, Gift and Society in the Age of Transition*, Berkeley, CA, Evolver Editions, 2011.

この結果として、真に重要な点に焦点が向かわざるをえなくなるだろう。それは、社会的労働を通じて使用価値を引き続き産出しつつ、他方では使用価値の生産を組織する主要な手段としての交換価値を廃絶することである。たとえばマルクスの考えでは、貨幣システムの内部改革それ自体では資本の力の解体は保証されないし、貨幣形態を手直しすることが革命的変革の最先端になりうると信じるのは錯覚である。この推測について彼は正しかったと私は考えている。だが私見では、マルクスの分析は次のことも明らかにしている。つまり、資本に対するオルタナティブをいっそう発展させようと思うのなら、交換を組織するあり方を根本的に再編し、最終的には貨幣の権力を解体することが、十分ではないが必要な条件として求められるだろう。しかも、その解体が、社会生活ばかりか、ケインズの示すように、世界に関する精神的・道徳的諸観念にも及ぶことが求められる。貨幣のない経済を構想することは、資本主義に対するオルタナティブがどのようなものであるかをある程度具体的に想像する一手段である。この展望の実現可能性は、電子マネーや貨幣代用品のもつ潜在的可能性を前提とすれば、それほど遠い未来のことではないかもしれない。ビットコイン［仮想通貨の一種］のような新種のサイバー通貨の出現は、今や新たな貨幣形態を開発する途上に資本自身があることを示唆している。それゆえ左派が、この最終的な目標をめぐって政治的展望と政治的思考とを形づくるのは、時宜を得た賢明なことである。

われわれが次のような、特に危険な直接的問題を考察する場合、この種の代替的貨幣をめぐる政治力学はいっそう必要不可欠だと思われるようになる。貨幣の現代的形態は、二重の物神という地位を得ている――貨幣は社会的労働の非物質性を表わす具体的表象物（金や銀など）であるうえに、この具体的表象物を抽象化した表象（コンピュータ画面上で記憶された純粋な数値）でもある。貨幣が単なる数値という形態をとると、その潜在的な量には限界がなくなる。こうして貨幣形態にある資本にとっては、その終わりなき無限の成長が可能であるばかりか、そうなることが望ましくもあるという幻想がはびこるようになる。これとは対照的に、社会的労働の発展と価値増大に関係する諸条件を簡単に調べてみると、永遠の複利的成長が不可能であるとわかる。後に見るように、この対立関係は、資本の最も危険な三つの矛盾の一つ、すなわち複利的成長の矛盾の根底にあるものである。

物理的な貨幣商品は、物質的に入手できなければならないのだが、相対的には稀少なものである。このことに貨幣が――いかに弱々しくとも――制約されていたときには、無限の貨幣創造には物質的制限が存在した。世界の貨幣供給にすえられた金属的基盤が一九七〇年代初めに放棄されると、さまざまな矛盾が起こりうるまったく新たな世界が創造された。貨幣は、権限を有する者ならば誰によっても、無限に印刷できるだろう。人間は誤りやすいものだが、この人間がつくる機関の手に、たとえば中央銀行の手に、貨幣供給が委ねられたのである。この点で危険なのはインフレの加速である。一九七〇年代の終わりにかけて、特にアメリカにおいて、インフレが短期間に昂進した後、世界の中央銀行家（アメリカ連邦準備制度理事会のポール・ボルカーに率いられた）はただ一つの政策へとひたすら向かっていった。それは、いかなる犠牲を払ってでもインフレを抑制するという政策であり、このために雇用と失業に対する責任は放棄された。こうしたことは偶然ではない。ユーロを扱うためにヨーロッパ中央銀行が設立された際、その唯一の使命はインフレの抑制であって、それ以外の何ものでもなかった。二〇一二年からいくつかのヨーロッパ諸国を債務危機が襲うと、この使命は悲惨な形で実行された。こうして次のことが明らかになった。今日、資本がとらざるをえない貨幣形態には、矛盾する論理が埋め込まれているのだが、資本が自らの暴走を食い止めるために設立した諸機関においては、この論理はいつまで経っても理解できないということである。したがって、二〇〇七～〇八年に発生した恐慌が、まずは金融危機であったということも何ら驚くべきことではない。

[第3章]

私的所有と国家

商品は自分で市場に行くわけではない。個人的主体《エージェント》——買い手と売り手——が市場で出会い、商品を貨幣に交換し、あるいは貨幣を商品に交換する。こうなるためには買い手と売り手にはともに、保有する商品と貨幣とに対する処分と領有の排他的権利がなければならない。交換価値と貨幣がともに前提とするのは、商品と貨幣の両者に対する個人の私的所有権の存在なのである。

私的所有の概念

誤解のないように、まずは個人的領有（individual appropriation）と私的所有（private property）とを区別しておこう。われわれは誰でも生きている人間として、何かをいま現に使用しているあいだはそれを領有している。たとえば、私が食べ物を食べているあいだは食べ物を領有しているし、自転車に乗っているあいだは自転車を領有しているし、本書を執筆しているあいだはこのコンピュータを領有している。私が何らかの物を使用したり、何らかの過程を享受しているならば、そのあいだは他の誰もその物を使用したりその過程を享受したりすることはできない。しかし、使用している最中《さなか》にあっても他者を排除しない物はいくつか存在する。私がテレビ番組を視聴しても、他者の視聴を妨げるわけではない。他にも、しばしば共同で保有したり使用したりすることのできる財（「公共財」）は存在するが、たいていの場合、そこには種々の制約がある。他の多くの人と同じように私も道路を使うが、一本の道路を同時に使うことのできる人数には限界があり、路上では一定の活動が慣習か法律によって禁じられている（たとえばニューヨークの路上での排便）。だが多くの過程や物については、使用者（たち）と使用されるものとのあいだに排他的関係性が存在する。これは私的所有とまったく同じ意味ではない。

私的所有は、ある物ないし過程に対する排他的所有権を確立するのであり、その事物や過程が現に使われているか否かとは関係がない。そもそも商品交換が行なわれるうえで大前提になっているのは、交換当事者は交換に差し出す商品を現時点では欲していないか必要としていないことである。それどころか商品の定義そのものが、誰か他人の使用のために生産されるものということである。私的所有権は、所有するものを売り払う（譲渡する《エイリエネイト》）権利を与える。それゆえ用益権（現実の使用に付随する権利）と呼ばれるものと排他的で永続的な所有権とのあいだには、違いが生じる。この違いはこれまでもしばしば混乱の元になってきたし、とりわけ植民地主義の歴史においてはそうであった。たとえば先住民は、たいてい土地に対する用益権にもとづいて活動する（これは移動農業にはよくあることである）。植民地大国は例によって排他的所有権を押しつけ、これが多くの衝突の種になった。疲弊した土地からもっと肥沃で新鮮な土地へと、あるいは牛の群れを追って、転々と動き回っていた人々は、突如として、有刺鉄線と柵の存在によって移動を禁じられることになった。いつの間にか彼らは、伝統的に自由に使えると見なされてきた土地を使えなくなることがしばしばであった。なぜなら、土地は――たとえ使われないにしても――誰かによって永久に所有されたからである。これに大いに苦しめられたのが北アメリカ先住民である。現代のアフリカにおいては、資源に対する人々の慣習的で集団的な権利が、現在、排他的な私的所有権レジームへと大急ぎで転換させられている真っ最中である。この転換は、多くの人々が不当であると見なしているようなやり方によって遂行されている。たとえば、村の長《おさ》（彼は慣習的に村人たちの代表として土地を委託されているだけだ）と外国の利権集団とのあいだの一方的な合意によってである。こうした事態が一般に、アフリカの土地や資源の支配をめぐって諸外国や資本が行なう大規模な「土地争奪《ランド・グラブ》」と呼ばれるものなのである。

私的所有権と国家権力

私的所有権は、法的個人（juridical individual）として定義される一人の人格と、所有されるものとの社会的結びつきを前提としている。この人格が所有者であり、所有しているものに対する処分権〔廃棄権〕（rights of disposition）を持っている。驚くべき巧妙な法理によって明らかにされたのは、あなたや私のような個人だけではなく、法の下で法人（legal person）と定義される企業その他の組織にも、所有権が帰属するということである（多くの人がよく指摘するように、生きている人と同じように罪を犯しても、企業は投獄されることがないのだが）。こうした社会的結びつきがあることは、ほとんどすべてのブルジョア的憲法のなかで認められており、それによって、個人の人権や「人間の権利」の観念、そうした個人的権利の教義と法的保護といった観念が、個人の私的所有権という理想と結びつく。個人の人権と私的所有権との社会的結びつきが、統治に関するほとんどすべての〔社会〕契約説の中心に置かれている。

私的所有権は、原理的には永久に保持される。それは使用されていないからといって、失効も消失もしない。私的所有権は、相続によって世代から世代へと伝えられる。結果として、私的所有権と、錆びない貨幣形態とのあいだには、内的結びつきが存在する。永久に存続できるのは後者だけである。しかし銀行券や国家紙幣の相対的価値は減価（たとえばインフレによるそれ）にさらされ、それらの発展は、貨幣形態の永久性や安定性と、私的所有権のそれとの、当初保障されていた結びつきを掘り崩す。さらにジョン・ロックによって採用されたことで有名な無主物先占《レス・ヌリウス》◆の原理の下で、価値生産的な（つまり、生産的な社会的労働を商品生産へと適用させることをともなう）土地の私的所有権だけが、正統だと見なされる。価値（と剰余価値）を生産することができないという理由で、イギリス人が土地に対するアイルランド人の権利をまるごと略奪することが正当化されただけでなく、特に南北アメリカ全域や今日のアフリカの大半において「生産的」植民者に更地を与えるために、「非生産的」な先住民を殺戮し略奪することも正当化された。先進資本主義社会におけるこの原理の現代版が、収用権である。それを通じて、土地をより有効に活用するためなら、その土地の私的所有権を持ち主から奪い取ることが法的に正当化される。したがって土地と貨幣の私的所有権は、状況依存的《コンティンジェント》にしか永久ではないのである。

　私的所有権を押しつけることは、国家権力と法制度（通常、貨幣による課税制度と結びついている）とに依拠しており、これらは法的個人の諸権利と私的所有権の両者にともなう契約義務を法文化し、定義し、執行する。多くの証拠が示していることだが、私的所有権レジームが支配的になる以前、十全に資本が活躍できる空間を切り開くにあたって、国家の強制力は重要な役割を果たした。これは、ヨーロッパにおいて封建制から資本主義へと移行するさいに当てはまったが、後に一九八〇年以降、資本主義的活動のための経済特区を中国政府が華南地域に設けたさいにも妥当する。しかし、一定の政治体（村落共同体か、より広く一つの文化制度全体にわたるもの）にしばしば限られるものの、私的所有権と用益権とのあいだには、無数の共同所有権や慣習上の権利が存在している。これらの諸権利は、必ずしも万人に開かれているわけではないが、その政治体の構成員同士の共同利用と協同的統治形態を前提にしている。用益権の根絶と、悪名高い共有地《コモンズ》の囲い込み《エンクロージャー》過程とによって、個人化された私的所有権体系が支配するようになり、国家権力は、交換関係と交易の唯一の基礎としてこれを後押しした。これは、資本流通と資本蓄積に合致した形態なのである。

　しかしながら、物や過程が私有財産であるためには、明確な境界が引かれ、名称をもつことができ、特定できなければならない（土地の場合、これは地籍図の作成と土地登記所の設立にもとづく）。あらゆるものが、このような条件に適合的であるわけではない。売買可能な私有財産へと空気や大気が分割されるというのは、ほとんど想像不可能である。しかしながら注目すべきなのは、資本が、個人化された私的所有権の及ぶ範囲を生物学的過程の中心部にまで広げ、そして社会と自然界のその他さまざまな側面の奥深くにまでわたって、そこに所有権を確立しようとしたことである。たとえば自然過程に関する知識の所有権をめぐって激烈な闘争が現在進行中である。とりわけ知的所有権の分野は、現在、論争と対立に満ちあふれている。知識は、すべての人々にとって普遍的に利用可能なものであるべきなのか、それとも私的に所有されるべきなのか？

国家と私的所有の矛盾

個人化された私的所有権レジームは、資本が資本であるためのその基礎に位置している。この法的インフラを欠いては、交換価値も貨幣も現在のような形では機能しえないという意味で、それは必要条件であり必要な構造なのである。しかしこの権利レジームは諸矛盾に覆われている。貨幣の場合のように、その矛盾は単一ではなく複合的である。この理由の一つは、使用価値と交換価値との矛盾、そして貨幣とそれが表象する社会的労働との矛盾が、個人化された私的所有権レジームにまで波及しているからである。

矛盾の第一のそして最も明確な領域は、個人の私的所有権の「自由」とされる行使と、国家の強制的規制権力の集団的行使とのあいだにある。後者によって、個人の私的所有権およびそれを非常に緊密に編みあわせる社会的結びつきは定義され、成文化され、法的形態を付与される。個人の法的定義と、これに由来する個人主義文化は、交換関係の増大、貨幣形態の出現、資本主義国家の発展とともに発生した。しかしながら、最も狂信的なリバタリアンと最も極端なアナーキスト以外は、次のことに同意するだろう。個人化された所有権と法の諸構造を維持するためには、国家権力に似たものが存在していなければならないということである。フリードリヒ・ハイエクのような理論家によると、そのような構造こそが、強制なき

◆**無主物先占の原理**　所有者のない資産に対して、誰かが他人に先んじて所有の意思をもって占有することによって、所有権を取得すること。

個人的自由を最大限保障する。◆だが、これらの権利は施行される必要がある。そしてまさにここで、強制力と暴力の正統な行使を独占する国家は、私的所有権レジームに対するいかなる侵害も抑圧し取り締まることを求められる。資本主義国家は、獲得した暴力手段の独占を用いて、自由に機能する市場を介して表明される個人化された私的所有権レジームを保護し維持しなければならない。中央集権化された国家権力が、分権的な私的所有体制を保護するために使われる。しかし、強大な企業と機関にまで人格性や法律上の個人という地位が拡張されるなら、民主主義的に分散した所有にもとづいて万人の個人的自由が保障される完璧な世界というブルジョアのユートピア的夢想が堕落するのは明らかである。

市場交換の領域には数多くの問題が存在する。それゆえ国家は、私的所有と個人の諸権利を保護するという単純な「夜警」的役割を大きく越え出ることを余儀なくされる。まず、集合財と公共財（高速道路、港湾、水道、廃棄物処理、教育、公衆衛生など）を供給するという問題が存在する。物的・社会的インフラの分野は広大で必要不可欠であり、国家は、それらの財を直接生産するか、あるいはその供給を義務づけ規制するか、このいずれかで関与せざるをえない。これに加えて、保護すべき機関を管理するだけでなく、その安全を保障するためにも、国家装置そのものが構築されなければならない（したがって、軍事力や治安維持能力をつくりだし、徴税を通じてこれらの活動のための財源が調達されなければならない）。

国家は何よりも、多種多様な住民を、しばしば反抗的で手に負えない住民を統治し管理する方策を見つけださなければならない。多くの資本主義国家にとってそのための手段は、強制と力に訴えるというよりも、民主的な手続きと統治性《ガバメンタリティ》のメカニズムとによって同意を引きだすことに帰着した。このことから、私見では誤りであるが、民主化と資本蓄積のあいだには本質的な結びつきがあると考える人も現われた。しかしながら、一定のブルジョア民主主義が、資本主義における統治形態としては総じてより効果的で有効なものであったことは否定できない。だがこのことは必ずしも、資本が一社会構成体の経済エンジンという支配的地位に上りつめたことの結果ではない。こうした結果を生んだ原動力になったのは、より広範な政治的諸力の存在であり、集団的な統治形態を見いだそうとする長期にわたる努力のおかげである。その結果、個人の自由と自律を求める民衆と、専横になりがちな国家の専制的権力とのあいだの葛藤が有効に対処されたのである。

次に、市場の失敗にどのように対処すべきかというかなり普遍的な問題が存在している。市場の失敗が生じるのはいわゆる外部効果のせいであり、外部効果は、市場において（何らかの理由で）算入されない実質費用と定義される。外部性が最も顕著な分野は公害である。企業や個人は、自分たちの活動を通じて大気や水や大地の質に有害な影響を与えても、それによって発生する費用を支払わない。外部効果には他の形態（肯定的なものと否定的なものの両方がある）もあって、いずれもそれに対処するには通常、個人的行動よりも集団的行動を必要とする。たとえば、住宅の交換価値というのは外部効果の影響を受けやすい。近隣区域におけるある家屋に対して投資したり、あるいは投資を引き揚げたりした場合、そのことは隣接する周囲の住宅の価値に何らかの（肯定的ないし否定的な）影響を与えるからである。この種の問題に対処しようとする国家介入の一形態が、土地利用規制である。

ほとんどの人は、強力な否定的外部効果を生みだすこのような活動を管理し規制するために、国家やその他の形態の集団的活動が正当であると認めている。これらの事例においてはいずれも不可避的に国家は、個人の自由の行使と私的所有権を侵害せざるをえない。ここでは使用価値と交換価値との矛盾が、分権的な個人の私的所有権の自由な行使と、中央集権化された国家権力との関係にまで波及して、それに深い影響を与えるようになる。唯一の興味深い問題は、国家による侵害はどこまで進むのか、そしてこの侵害がどこまで進めば、同意の構築（不幸にもこの過程はナショナリズムの醸成をともなうが）よりも強制にもとづくようになるのか、ということである。いずれにせよ、このような機能を果たすには、国家は暴力の正統

◆**フリードリヒ・ハイエクのような理論家……保障する**　フリードリヒ・ハイエク「自由の条件」『新版　ハイエク全集』第Ⅰ期第五～七巻、春秋社、二〇〇七年。同「法と立法と自由」、『新版　ハイエク全集』第Ⅰ期第八～一〇巻、春秋社、二〇〇七～二〇〇八年。

な使用に対する独占権を有していなければならない。

この独占は、次の点でも露わになる。すなわち国家は、その前資本主義的な形態にあっても、資本主義的な形態にあっても、何よりも戦争を遂行するための機関であったのであり、世界を舞台にした地政学的対立関係に巻き込まれ、地経学的な戦略化に従事することを余儀なくされてきた。新たに出現し常に進化しつづけるグローバル国家間体制という枠組みの内部で、資本主義国家は、外交、貿易、経済の優位を求め、同盟関係の追求に関わる。その目的は、所有権保有者の居住領土内に富を集積しつづける力を強化することによって、国家自体の富と権力（あるいはより正確に言えば、その指導者と少なくとも一部住民の、富と地位と権力）を確保することにある。そのさい戦争――古典的には、他の手段による外交と定義される――は、地政学的・地経学的位置を決める決定的手段となる。そこでは、国家という領土的境界内に富や競争力や影響力を集積することが独自な目的になる。

国家と貨幣

しかし戦争を遂行し、このような駆け引きに従事するには、十分な経済資源が国家に必要となる。戦争の準備が貨幣にもとづくものになること、これこそ、一五世紀以降に財政軍事国家（と経済史家が称するもの）が構築されていったことの根底にある事情である。財政軍事国家の中核には、私の言葉で言えば「国家－金融結合体《ネクサス》」の構築がある。これはイギリスの場合、国家装置とロンドンの商人資本家との同盟関係のうちに最もはっきりと表わされた。一六九四年にイングランド銀行が設立されると、ロンドンの商人資本家は、貨幣システムを独占し管理する排他的特権を得たが、その見返りに国債を引き受けることで、国家の戦争遂行能力に事実上資金を提供したのである。イングランド銀行は世界初の中央銀行であった。それはその後、他の資本主義世界にとって従うべきモデルとなった。

このことは国家と貨幣との決定的な関係性を浮き彫りにする。私の考えでは、シルビオ・ゲゼルはそれを正確に理解している。

貨幣は国家を必要とする。国家なしには、いかなる貨幣も考えられない。それどころか、貨幣の導入とともに国家建設がはじまるとも言うことができるだろう。なぜなら貨幣は、国民の最も自然な、そして最も強力な結合手段になるからである。〈……〉貨幣の不可欠性と貨幣にたいする国家監督の不可欠性ということから、国家は貨幣にたいする無限の権力を手に入れる。国家のこの無制限な権力に比較すれば、鋳貨の金属含有量による保証などといったものは風によってすぐに吹き飛ばされてしまう塵芥の如き存在でしかない。それゆえに、貨幣に対する国家権力の誤った使用がなされた場合、貨幣素材によっても貨幣を守ることができない。それは、国家憲法を書いた羊皮紙をもちだしても独裁を阻止できないのと同じことである。貨幣をいかさま師、詐欺師そして盗賊から守ることができるのは、国家そのものだけであり、権力者（独裁者ないし国民議会）の意志だけである。それは、もちろん権力者が自らの権力を目的意識的に使用できるという前提条件のもとでしかない。しかしながら、残念なことに、これまでそのような前提条件が満たされたことはどこであれ一度もなかったのである。[1]

だが意外なことに、ゲゼルは「紙幣の確実性は金属貨幣のそれよりも大きい」と主張する。これはまさに次の理由による。「紙幣は、人民を一つの国家に統合する利害や理念によって保証されている。したがって紙幣は国家が滅びる場合しか滅びることがないのである」[2]。国家は、通常は暴力の正統な使用の独占によって特徴づけられるが、もう一つ重要な機能を獲得する。つまり国家には、貨幣と通貨に対する独占

▼1　Silvio Gesell, *The Natural Economic Order* (1916); http:www.archive.org/details/TheNaturalEconomicOrder, p. 81.［シルビオ・ゲゼル『自由地と自由貨幣による自然的経済秩序』ぱる出版、二〇〇七年、二六三〜二六四頁］

力がなければならない。

この議論に二点の但し書きをしておこう。第一に、この独占力は通常は国家に属しているが、個々の国家に必ずあるものというわけではない。国際通貨制度は、その性格上、階層構造的である。アメリカドルは、一九四五年から国際通貨制度の準備通貨として機能しており、アメリカはこの貨幣の排他的な鋳造権《シニョリッジ》（創出権）を有している。他国の通貨権力が制限されるのは、国際債務が、一般的にはアメリカドル建てになっており、ドルで支払う必要があるからである。個々の国家は、自国通貨を印刷することでこの国際債務を支払うことはできない。なぜなら、その直接の結果は、アメリカドルに対する自国通貨の価値引き下げとなるだろうからである。国際貿易に使われうる通貨は他にもある――ポンド（かつてのグローバルな準備通貨）、ユーロ、円、そして将来的には中国元もそうかもしれない。しかし、これらは今のところアメリカドルの地位を脅かしておらず、ドルを通貨バスケット（一九四四年のブレトンウッズでケインズが当初提案した類のもの）に置き換えようという時折行なわれる提案は、これまではアメリカによって阻まれてきた。何しろアメリカは、国際準備通貨に対するその支配権から相当の利益を得ているからだ。アメリカの帝国的権力は、ドル外交によって、直接的または間接的に行使されてきた。世界システムにおけるアメリカ国家の覇権《ヘゲモニー》はおおむね、世界通貨に対するその支配力と、貨幣を印刷して、たとえばその過剰な軍事支出をまかなう能力とによって維持されている。この事実に直面して、個々の国家は自国通貨を管理する役割を自ら放棄するかもしれない。たとえばエクアドルはアメリカドルを使用している。ユーロが誕生したさい、個々の国家は、その通貨に対する独占力を超国家機関（ヨーロッパ中央銀行）に引き渡したが、この機関を支配しているのはドイツであり、それに次いでフランスである。

第二の但し書きはこうである。通貨に対する国家のこの独占権は、直接民主主義的管理または国家的行政管理からは名目上独立している中央銀行の特権を介して、商人資本家と銀行資本家にいわば下請けに出されることがある。イングランド銀行、アメリカ連邦準備制度理事会、ヨーロッパ中央銀行の場合がそうである。これらの強力な機関は、民間銀行と国家との境界的空間にある。そうした機関は、国家政府の財務省とともに国家－金融結合体を形成する。この機関が、資本を規制し促進する「中枢神経系」として長い期間機能してきたのである。国家－金融結合体は、封建的組織のあらゆる特徴をもっている。というのも、その運営は通常目に見えず、謎に包まれているからである。その運営は、透明性のある開かれた組織よりも、バチカンやクレムリンによく似ている。それが人間の顔を見せるのは困難な時期においてだけである。たとえば、二〇〇八年九月のリーマン・ブラザーズの破綻後、行政府も議会もおびえて麻痺したかのように見えると、ヘンリー・ポールソン（財務長官）とベン・バーナンキ（連邦準備制度理事会議長）が国策を示そうと、そろって公共電波に出演したのである。「一九二九年や二〇〇八年のように、金融制度と『国家－金融結合体』が破綻したとき、誰もが資本主義の存続に対する脅威が存在することを認識し、それを再生させるためにはあらゆる手立てがとられ、あらゆる妥協が検討されなければならないと考えるのである」[3]。

矛盾の現代的深化

しかし資本主義国家と私的所有との関係は、いつでもすべて調和しているわけではない。絶対主義的で専制的な国家形態は、資本の種々の諸要求——たとえば移動の自由に関するそれ——に対して専横的に敵対したり拒んだりすることがある。こうした形態を弱めようと国家が一定の民主主義的形態を採用すると、それに応じて国家は、下からの民衆のさまざまな影響力に開かれることになる。時として起こるように、国家が組織労働者と左派政党に掌握されたならば、国家権力は、私的所有権としての資本の権力を抑制す

▼2　Ibid., p. 82.〔同前、二六五～二六六頁〕
▼3　David Harvey, *The Enigma of Capital*, London, Profile Books, 2010, pp. 55-7.〔デヴィッド・ハーヴェイ『資本の謎』作品社、二〇一二年、七八～八二頁〕

るために使われるかもしれない。そうなると資本はもはや、経済の多くの領域（労働市場、労働過程、所得分配などの領域）で自由に活動できなくなる。その自由を制限する本格的な規制の森のなかで資本は活動せざるをえなくなる。それゆえ時には、私的所有と国家との矛盾が絶対的矛盾にまで高まって、公と私を対立させ、国家と市場を対抗させる。この矛盾を中心にして、激しいイデオロギー的・政治的闘争が噴出しうるのである。

だがはっきりさせておきたいのだが、資本主義国家がいかなるものなのか、という一般理論についてここで論じつくそうとしているわけではない。ただ私は次の点に注意を向けたいだけだ。資本主義国家には、資本の再生産を何らかの形で援助する方向に作用するそういう諸側面や独自の諸機能といったものが存在するということである。とはいえ国家には徴税権力があり、またさまざまな政治的影響力や利害関係に国家は敏感である。このことから、時として国家権力は、民間企業の活動や利害よりも優先されるような経済的目標へと政治的に向きを変えることがある。社会民主主義政党による政治的支配（第二次世界大戦後のイギリスやその他いくつかのヨーロッパ諸国で確立されたそれ）の時期、あるいはさまざまな種類の統制経済型の政治体制（ドゴール下のフランス、リー・クアンユー下のシンガポール、そして、中国を含むその他多くの東アジア諸国に見られる体制）の下では、いくつかの国家機関が経済的な指導機関として創設ないし組織され、経済の管制高地に対する支配権を握ったり、あるいは種々の投資決定を誘導したりする。そこでは、さまざまな規模《スケール》（マクロ経済、都市、広域、地方など）での政府や自治体による計画化が中心的役割を担い、時に種々の民間活動や企業活動と競合するが、たいていはそうした活動と提携関係にある。そのさい、資本蓄積のかなりの部分は国家を介するが、必ずしも利潤極大化に向けられるわけではなく、社会的・地政学的目標に向けられる。新自由主義化と民営化の原理に最も傾倒している国家でさえも、軍産複合体は、政府と契約した民間の利権集団が自由に利益をむさぼる有利な餌場としてのその他の経済分野とは別扱いとなる。

これまで述べてきたのと正反対の政治的立場からすると、国家財政のこのような組織手法は、まさにリバタリアンが個人の自由と自律に根本的に矛盾すると見なすところのものだろう。それは、中央銀行家によって率いられた選挙手続きなき非民主的機関の手に、貨幣と信用に対する独占的管理を手渡してしまう。トーマス・グレコのような批評家は、それゆえ次のように論じている。

貨幣、銀行、金融の政治化（今日、世界中で流行している）は、権力と富が少数者の手のなかに集中することを可能にした。この状況は、社会、文化、経済、民主的政府、環境に極度の損害を与えてきた。各国政府は、事実上無制限の歳出権限を不法に自分のものとしてきたのであり、これによって政府は、ひいきの取引企業に富をまわし、大規模な戦争を遂行し、民主的組織や民衆の意志をくつがえすことができるのである。特権を与えられた大手民間銀行はついに人々の信用をひとつ残らずわがものとすることに成功した。このような信用独占のおかげで、大手民間銀行は、信用の不公平な割り当てを通じて、また高利（単なる「利子」だとされている）やますます法外なものとなる手数料を課すことで、さらには自分たちの利益増進の便宜をはかってくれる政治家に見返りを与えることによって、少数者が多数者を搾取することを可能にしたのである。[4]

リバタリアンの議論によれば、これは、最大限の個人の自由を特徴とする一七世紀以降における本来のブルジョア民主主義の実現可能性を台無しにするものであった。このような議論はけっして突飛なものではない。さらに言うと、これは複利的成長を強制するシステムでもあり、「環境破壊を招き、社会構造を引き裂くと同時に、権力と富の集中を進展させる。それが生みだす経済的・社会的不安定は、不況とインフレとが周期的に繰り返され、国内外で衝突が起こり、社会のまとまりが解体していくことのうちにはっ

▼4　Thomas Greco, *The End of Money and the Future of Civilization*, White River Junction, VT, Chelsea Green Publishing, 2009.

きりと示されている」。[5] この理由ゆえに、アメリカの政治的分布図における左翼も右翼も、連邦準備制度理事会や国際通貨基金（ＩＭＦ）のような組織を敵視しがちである。

一方での私的利益と個人の自由、他方での国家権力、この矛盾する両者の均衡は、近年、非民主的で独裁的で専制的な国家装置の側へと決定的に移行しており、社会的統制のますます進行する中央集権化と軍事化がそれを支援している。だからといって、個人的資産所有者の分権的権力が解体したとか、危機に瀕してさえいるということではない。それどころか、あらゆる種類の社会的対抗勢力、たとえば労働者や環境保護活動家たちからますます守られるようになるので、資産所有者の権力はむしろいっそう強化される。いずれにしても分権化はしばしば、集権的支配を維持するための最適戦略になる。中国は最近、この原理を意識的に適用してきたのだが、それは非常に有効であった。このことが歴然と示されたのが、他ならぬ商品市場で貨幣権力を行使する国家機構である。

これまでの章で住宅市場と不動産市場恐慌に何度も言及したので、それがこの文脈でどうなるのかについて、手短に説明しておこう。私的所有権は持ち家政策を支えるものであり、資本主義国家は、ますます多くの住民のあいだに自宅所有が広がるよう、実にさまざまな手段（積極的に補助金を出すことから、持ち家願望を掻き立てる広告やレトリックにいたるまで）を用いて系統的にそれを支援してきた。これは一面では、活発で実入りのよい資本蓄積の領域である不動産市場の継続的拡大を保証するものであったが、同時に、重要なイデオロギー的機能を果たすものでもあった。つまり、これによって、交換価値のメカニズムを通じて使用価値を供給する戦略への一般大衆の支援を強化するものであり、言い換えれば資本主義的手法に対する支持を強化するものであった。アメリカにおいて政府は――経済的理由ばかりでなく政治的理由からも――自宅所有を積極的に支援する政策をとったのだが、このことは結果としてサブプライムローン危機の助長に一役買った。サブプライムローン危機は、大きな民間投資機関をいくつか破滅させただけでなく、連邦住宅抵当公社《ファニーメイ》や連邦住宅貸付抵当公社《フレディマック》といった準公的機関も破綻同然にもなり、一時的な国有化によって救済せざるをえなくなったのである。

「共同的なもの」の民主的管理をめざして

では、この国家と私的所有との矛盾に対する政治戦略はどのようなものでなければならないのか？　均衡を回復し個人の自由を強化しようという単純な議論は（政治的分布図における左派であろうと右派であろうと、昨今ではその多くが賛成しているようだが）十分ではない。その理由の一つは、この均衡が恣意的な国家権力の側へと劇的に移行したからであり、また国家が善政を行なう担い手になりうるとの信頼もおおむね消え失せたからである。純粋な「夜警」的役割へと国家が回帰すれば、すでにおおむね無規制になっている資本の権力をいっそう解き放ち、資本がいかなる社会的・長期的な制約もなしにやりたいことをやるのをいっそう促すだけだろう。

オルタナティブな政治戦略のなかで唯一実行可能なものは、一方の個人的・私的利害と、他方の国家の有する権力や利害とのあいだの既存の矛盾を解消し、それを別の何かと取り替えることである。いわゆる「共同的なもの《コモンズ》」を再興し再生することに対して現代の左派が強い関心を抱いていることも、まさにこの文脈においてこそ大きくうなずける。共同的なもの《コモンズ》の集団的管理のための包括的プロジェクトへと私的所有権を吸収し、〔他方で〕民主的な集団的管理構造へと独裁的・専制的国家権力を解体することが、唯一価値のある長期的目標となる。

これらの目標が意味をなすのは、貨幣と信用とに適用される場合である。専制体制と貨幣の独裁へと向かう傾向を反転させたいのであれば、民主的に規制された共同的なもの《コモンズ》の一形態として貨幣と信用を再生することが必要不可欠である。集団的な自由と自律とを強化し民主化するためには、国家装置から貨幣創出活動を切り離すことが必要不可欠である。資本主義国家の権力は、暴力の合法的使用に対する独占と、

▼5　ibid.

貨幣業務と通貨に対する独占力という二本柱にある程度もとづいているのだから、後者の独占が崩壊すると、最終的には資本主義的国家権力の（「粉砕」というよりも）解体をもたらすだろう。国家の貨幣資源に対する権力がいったん奪われると、反抗的な自国民に対して軍事的暴力に国家が訴える能力も失われるだろう。これは発想としては信じがたいものと思われるかもしれないが、それに似たことは、次の事実によって部分的にすでに実現されている。つまりギリシア、イタリア、スペインといった国々では、自国民に国策を指図するのに、債券保有者の権力が利用されているのである。債券保有者の権力を民衆の権力によって置き換えれば、あまりにもあからさまなこの傾向も容易に反転されうるかもしれない。

すでに述べたように、〔通貨に対する〕国家権力とは、一般に国家に属するものであっても、個々の国家に必ず属するわけではない。ゆえに、このオルタナティブ政治が解体させなければならないのは、アメリカのドル帝国主義を支えるために出現し、世界システムにおけるその金融的な覇権《ヘゲモニー》を維持するのに役立ってきた、あらゆる国際金融機関（ＩＭＦなど）であろう。同様に、現在ギリシア国民の日々の生活を破壊し、またＩＭＦ（これは通常、他の多国間国家権力と、たとえばギリシアの場合はヨーロッパ中央銀行や欧州委員会と提携している）の介入によって被害をこうむっている他の多くの人々の生活をも破壊している規律装置、この装置をも解体して、各国人民の共同の富《コモン・ウェルス》を集団的に管理するための種々の仕組みや諸機関に置き換えなければならない。このような解決策は、現在の仕組みと比べると抽象的でユートピア的に見えるかもしれない。しかし、このような構想と長期的展望を念頭に置いておくことは、オルタナティブ政治にとって決定的に重要である。もし、人々の福利よりも資本の支援に専念し独裁化と軍事化の度合いを強めている警察国家の権力と、酷薄で無規制な私的所有権との矛盾のなかで溺れかけている文明を救いだしたいのであれば、革命的であろうと、改良主義的であろうと、根本的な目標課題を立てなければならない。

［第4章］

私的領有と共同の富《コモン・ウェルス》

社会的労働によって生みだされる共同の富《コモン・ウェルス》は、無限に多様な使用価値として供給されている。それは、ナイフやフォークから、建設用の更地、都市の全域、われわれが搭乗する飛行機、われわれが運転する自動車、われわれが口にする食料、われわれが住む家屋、そしてわれわれが着用する衣服までと、ありとあらゆるものにわたっている。この共同の富《コモン・ウェルス》を、あるいはその富に凝固させられた社会的労働を、私的に領有し蓄積することは、二つのまったく違うやり方から生じる。

第一に、今では違法と見なされかねない無数の活動が存在する。たとえば強奪、窃盗、詐欺、汚職、高利貸し、略奪行為、暴力、強制、そして疑わしく怪しげなさまざまな市場慣行（独占、市場操作、買い占め、価格操作、ポンジ・スキームなど）である。第二に、自由に機能する市場において、個々人が強制をこうむることなく取引しあうという条件の下で、法的に認可された交換を行なうことから、富を蓄積する場合もある。

資本の流通と蓄積を研究する理論家は、このうちの第一の種類の活動を排除するのが通例である。それは、「正常」で正統な資本主義的市場機能から外れた異常な出来事と見なされるからである。彼らは、社会的富の私的領有と蓄積とについては、第二の様式だけが正統で適切だと仮定したうえで、資本の流通・

蓄積モデルを組み立てるのである。

私の考えでは、経済学の教科書で吹聴されているこうした虚構《フィクション》は、教えるには都合がよいが、人を誤った方向へと根本的に導くものなのであり、われわれは、このような仮定をもう覆してかまわない。そして社会的労働とその生産物とを領有するこれら二つの形態には、共生関係があるということを認めた方がよい。私がこう主張するのは、一つには次のような単純な経験的根拠にもとづいている。すなわち、世界貿易のなかでとても重要な役割を果たしている麻薬カルテルや武器密売業者、あるいは、さまざまなマフィアやその他の組織的犯罪集団に向き合わずして、資本の世界を認識しようとするのは馬鹿げているからである。近頃のアメリカにおいて不動産市場が暴落した際には、無数の略奪的慣行を確認するのはきわめてたやすかった（これに加えて、銀行による組織的な違法行為——たとえば銀行ポートフォリオにおける資産評価の偽造——、資金洗浄《マネー・ロンダリング》、ポンジ型資金供与、利率操作なども最近暴露された）のであり、これらの出来事を偶発的な異常事態だとして棚上げするのは不可能である。

しかし、これらの明白な経験的理由以上に、略奪にもとづく経済が、基本的に資本が資本であるための核心にあると考えられる有力な理論的根拠が存在する。略奪は、私的な「人格」（つまり企業などの法人組織）によって共同の富《コモン・ウェルス》の大部分が領有され蓄積されるのを促し、しかもこれを持続させる。社会的労働によって生みだされる価値を、生産に際して直接的に略奪することは、このような略奪行為の一種でしかない（ただし主要なものではある）。

銀行家は原則、たとえば自分の利潤や莫大なボーナスの出所には関心を抱かない。その出所が、借り主を虐げて法外な家賃《レント》を搾りとる賃貸住宅管理業者への融資なのか、あるいは取引先から法外な料金をふんだくる商人からなのか、利用者を騙すクレジットカード会社や電話会社からなのか、住宅所有者から抵当物件を不当に差し押さえる住宅ローン貸付会社からなのか、あるいは労働者を冷酷に搾取する製造業主からなのか、そうしたことはどうでもよいのである。政治的左派に属している理論家たちは、マルクスの政治経済学についての自分なりの理解からそれぞれインスピレーションを得ているものだが、彼らは通常、これらの領有形態のうち、最後のもの〔製造業主による労働者の搾取〕を、ある意味、他より根本的なものとして重視してきた。だが資本の歴史的発展が示すところによれば、資本はこれ以外のありとあらゆる方法によっても共同の富《コモン・ウェルス》を領有できたのであり、この点で資本には計り知れない柔軟性があるということである。労働者は職場での階級闘争を通じて高い賃金を手にするかもしれない。しかし、この賃金も、賃貸住宅管理業者やクレジットカード会社や商人によって、たちどころに奪還されるかもしれない。ましてや税務署に奪われてしまうのは言うまでもない。銀行家が、莫大な利益を得る独自の詐欺行為を仕組むことさえある。そしてこの人物が逮捕されたとしても、ほとんどの場合、損害を被るのは銀行（つまりその株主）であって、銀行家自身ではない（銀行家が実際に刑務所に入ったのはアイスランドだけであった）。

私的領有と社会の解体

共同の富《コモン・ウェルス》が私的に領有されていくこの過程の核心には、すでに見たような〔一つの〕矛盾した状況がある。貨幣が社会的労働（価値）を表象し象徴するということだ。貨幣は社会的価値を表象するが、これとは逆に、そもそも貨幣を領有できるのは私人なのである。この事実が意味するのは、貨幣は（それが価値の保存手段としても価値の尺度手段としても首尾よく機能すると仮定すれば）私人の手で無限に蓄積できるということである。そして貨幣が社会的権力の貯蔵庫であるかぎりでは、一群の諸個人への貨幣の蓄積と集中は、次の二点に対して重要な意味をもつようになる。一つは、私利私欲が社会的に構築されるという点であり、もう一つは、資本主義的階級権力が、程度に差はあるものの、集団的まとまりをもって形成されるという点である。

資本主義以前の社会は、社会に対する危険性を認識していたがゆえに、共同の富《コモン・ウェルス》に対する見境のない私的な領有と活用とを制限する一方で、あらゆるものの商品化と貨幣化にも抵抗しようとした。こうした社会で非常によく理解されていたのは、貨幣化が、共同体を構築するそれ以外の諸手段を解体してしまい、その結果、マルクスが述べたように「貨幣が共同体になる」▼[1]ということであった。われわれは依然として、こうした移行によるさまざまな結果を耐え忍んでいる。だが、これらの古い社会がこの闘いについに敗北したからといって、われわれは、共同の富《コモン・ウェルス》の私的領有を抑制するさまざまな手段について検討することを思いとどまるべきではない。というのも、見境のない領有や投資が、環境的・社会的諸帰結を顧みることなく行なわれているという面からすれば、私的領有は巨大な危険性を示しており、資本そのものの再生産のための諸条件を脅かしてさえいるからである。

このような主張は、あまりにも自明であるかもしれない。しかしながら、貨幣計算の内側では、はるかに不吉なことが起こっている。「略奪による蓄積」（accumulation by dispossession）の政治力学と諸実践は、資本が資本であることを証明するものだが、貨幣計算は、このような政治力学や諸実践を実際に覆い隠してしまう。われわれは、貨幣の機能を検討した際、価値と価格が区別されることによって一つの乖離《ギャップ》がどのように生じるのかを理解した。つまり貨幣は、社会的労働という現実から乖離してしまい、社会的労働による生産物であろうとなかろうと、あらゆるものに対して虚構の値札を貼ることができる。開墾されていない土地であろうと、良心であろうと、貨幣のために売ることはできるのだ！　それゆえ価値と価格の乖離は量的であるばかりでなく（たとえば価格は、需要と供給の何らかの不均衡に反応して、即座に上がったり下がったりするかもしれない）、それは質的でもある（たとえば価格は、名誉や忠誠心や忠義といった非物質的な特徴にさえ付けることができるかもしれない）。資本が時とともにその範囲を広げ、その深みを増すにつれて、この乖離の隔たりも深まっている。

あらゆる著述家のなかでも、この現象の特徴を最もはっきりと理解し、それがもたらす「社会に対する危険」を認識した人物は、おそらくカール・ポランニーであろう。彼は、ハンガリーからの亡命者で社会主義的傾向をもった経済史家兼人類学者であり、マッカーシズムという苦難の絶頂期にあったアメリカで自分の研究と著述活動を行なうことになった人物である。後世に大きな影響を与えたその著書『大転換』は、一九四四年に出版されたにもかかわらず、今日においても画期的意義のある文献である。ポランニーの指摘によれば、資本を機能させ価値を生産するにあたっては、労働市場や土地市場、そして貨幣市場が必要不可欠である。

しかし、労働、土地、貨幣は明らかに商品ではない。〈……〉労働は人間活動の別名にほかならず、人間の生活そのものの一部なのである。したがってそれは、販売のために生産されたのではなく、まったく違う理由から生みだされるものなのである。また、その活動を生活の他の部分から切り離したり、蓄積したり、転売したりすることも不可能である。同様に、土地は自然の別名にほかならず、人間によって生産されたものではない。最後に、実際の貨幣は、単に購買力の印にほかならず、一般にけっして生産されたものではなく、銀行メカニズムあるいは国家財政メカニズムによって存在するようになるものである。これらのいずれも、販売のために生産されたものではない。労働、土地、貨幣を商品とするのは、まったくの擬制《フィクション》なのである。▼2

労働、土地、貨幣を商品にするというのは擬制なのだが、この擬制が大手を振ってまかり通ることができるようになると、ポランニーの見解では「社会は壊滅することになる」だろう。

市場システムが人間の労働力を処理するということは、それによって、「人間」という名札に結びつけられたその人自身の身体的、心理的、道徳的特性を、市場システムが処理することを意味しよう。

▼1 Karl Marx, *Grundrisse*, Harmondsworth, Penguin, 1973, p. 223.［カール・マルクス「一八五七～五八年の経済学草稿」、『マルクス資本論草稿集』①、大月書店、一九八一年、二四四頁］

▼2 Karl Polanyi, *The Great Transformation: The Political and Economic Origins of Our Time*, Boston, Beacon Press, 1957, p. 72.［カール・ポラニー『大転換』東洋経済新報社、二〇〇九年、一二五頁］

人間は、文化的な諸制度という保護膜を奪われ、社会的にむき出しの存在となることに耐えられず、朽ち果ててしまうだろう。すなわち人間は、悪徳、堕落、犯罪、飢餓による激烈な社会の解体の犠牲となって、死滅するのである。自然は元素にまで分解されてしまい、街や景観は冒瀆され、河川は汚染され、軍事的安全性は危地に陥れられ、食料と原料を生産する能力は破壊されるだろう。〈……〉〈そして最後に〉貨幣の不足と過剰は、未開社会における洪水や旱魃のように、事業にとって災厄となることが明らかになる。〈……〉いかなる社会も、そのなかにおける人間と自然という実体や、あるいはその企業組織が、市場システムという悪魔の挽き臼による破壊から守られていなければ、むき出しの擬制によって成立するこのシステムの影響に一瞬たりとも耐えることができないだろう。▼3

これがポランニーの結論である。さまざまな保護制度が、かつての数十年単位の闘争を通じて、多大な努力とともに創設された。ところがその多くが、この数十年にわたる新自由主義的な政治力学と諸政策によって廃止されるにつれて、今やわれわれは、わが物顔の資本が生みださざるをえない「悪魔の挽き臼」の最悪の特徴にますますさらされることになる。ポランニーの恐れていた崩壊が多数生じているが、この点についてはは数々の証拠が、われわれの周囲に見受けられる。だが、それだけではない。ますます多くの人間が、自ら構築してきた文明の根底にある野蛮さを嫌悪し、それから背を向けるにつれて、強烈な普遍的疎外感も、はるかな脅威として迫ってくる。こうした事態については本書の結論で論じるつもりだが、それは、資本主義と資本の両者の存続を脅かすような、最も危険な――おそらく致命的でさえある――三つの矛盾の一つなのである。

労働、土地、貨幣の商品化がどのように歴史的に実現してきたかは、それ自体、長きにわたる痛ましい物語である。これを概説したものが、マルクスが『資本論』で簡潔に叙述したいわゆる「本源的蓄積」の歴史である。◆労働、土地、貨幣を商品に転換することは、暴力、不正行為、強奪、詐欺などにもとづいていた。共有地は囲い込まれ、分割され、私有財産として競売にかけられた。金や銀は、資本の歴史上、最初の貨幣商品になったが、それらは南北アメリカから盗みだされたものである。労働者は自分の土地から強制的に立ち退かせられて、「自由な」賃金労働者という地位に追いやられた。彼らは、まったくの奴隷や年季奉公人ではなかったが、資本によって自由に搾取されることができた。このような略奪は、資本が創設される際の基盤であった。しかし、はるかに重要なことを言えば、こうした略奪が無くなることはけっしてなかった。それは、植民地主義が呈した卑劣な特徴の核心にあったばかりではない。まさに今日でもなお、土地、水、天然資源のアクセスをめぐる略奪の政治力学と諸政策――その大部分は、企業と国家の癒着した権力によって支配されている――が、世界的な不安の巨大なうねりのなかで、その根底をなしているのである。アフリカ、ラテンアメリカ、そしてアジア各地で起きているいわゆる「土地争奪《ランド・グラブ》」（中国で現在進行中の大規模略奪など）は、略奪による蓄積という政治が、ポランニーには想像すらできなかった形で猛威を振るっているという、まさにそのもっとも明白な兆候なのである。アメリカでは、土地収用戦術がとられたのと併せて、住宅に対する差し押さえが残酷なまでに続発した。それは多くの人々から使用価値を奪っただけでなく（何百万人がホームレスになった）、ようやく手にした貯蓄も資産価値も奪い去った。これらが住宅市場に埋め込まれていたからである。年金や医療保障、教育権、福祉手当などが失われたことは言うまでもない。このすべてが指し示しているのは、徹底的な略奪の政治経済学が資本主義世界の中心地においてさえも健在であるということだ。これらの略奪の諸形態は今や、ますます実行されつつあるが、そのご立派な口実となっている緊縮財政政策が、病んでいる資本主義を健常だとされる状態に引き戻すために必要とされるのは、皮肉な成り行きである。

▼3　Ibid., p. 73.［同前、一二六～一二七頁］
◆いわゆる……歴史　カール・マルクス、フリードリヒ・エンゲルス編「資本論　第一巻」、『マルクス＝エンゲルス全集』第二三巻ｂ、大月書店、一九六五年、第二四章。

資本主義的な憲法原理と「略奪による蓄積」

ポランニーは次のように述べている。自然を切り離し、「そのための市場を創るということは、われわれの祖先がなしたあらゆる所業のうちでおそらく最も異常な出来事であったといえよう▼4」。だが「労働を、人間生活においてなされるそれ以外の活動から切り離して市場の諸法則に従わせるということは、人間のありとあらゆる有機的な存在形態を壊滅させ、それをタイプの異なる、個別細分化された、個人主義的組織に置き換えることであった▼5」。この最後の帰結は、ここで検討している矛盾の構造がどのように動いているのかという点にとって、重要な意義をもつようになっている。明らかなことだが、私的所有と国家との矛盾した統一――資本の第三の基本的矛盾――が重視されてきたのは、この統一が、「略奪による蓄積」を促す基本的手段としてではなく、略奪というこの暴力の結果を、事後的に正当化し、制度として合理化したからである。土地、労働、貨幣は、文化的生活と生命体とからなる広大な流れのなかに埋め込まれていたが、それらは対象化され、粉々にされ、その流れから切り離されてしまった。ひとたびこうなると、土地、労働、貨幣を再び一つにまとめることができたのは、憲法上の権利と法の保護の下においてであった。そしてこうした権利や法は、私的所有に対する個人的な権利原則にもとづくものであり、それは国家によって保障されたのである。

たとえば土地は、社会的労働によって生みだされる商品ではない。しかし、イギリスにおける囲い込み《エンクロージャー》運動の核心、あるいはそれ以外の場所でのさまざまな植民地化の実践の核心は、土地を分割し私有化し商品化することにあった。こうして土地市場は、より強力な金利生活者《レンティア》階級の側にとっては、資本を蓄積し富を抽出する主要な活動領域になりえたのである。同じように、いわゆる「天然」資源も、それ自体は社会的労働による生産物ではないにもかかわらず、買い占めることができるものである。自然の商品化には一定の限界がある。というのも物によっては、私有化も囲い込みもしにくいからである（たとえば大気や海の流れなど）。海で獲った魚はたやすく商品化できるが、その魚が泳ぐ水は別問題になる。ただし用益権に関しては、さまざまな市場が創設可能である。たとえば大気汚染や海洋汚染についての汚染権取引市場であり、あるいは特定海域における排他的漁業権（アルゼンチンが領有権を主張する南大西洋で、スペインのトロール船が排他的に漁業を営むなど）についての賃借市場などである。

土地、労働（工場内分業と社会的分業がともに拡張することを通じて）、貨幣権力（擬制的貨幣と、とりわけ信用貨幣資本）を囲い込み、そのすべてを商品として区分けすることは、こうして国家と私的所有との矛盾は、本の働きに法的基盤が与えられる移行過程にとって決定的であった。こうして国家と私的所有との矛盾は、自然との関係についての概念を変えてしまう。つまり、自然に対する流動的で生き生きとした見方は、ハイデガーがかつて不平を述べたような、自然を「一つの巨大なガソリンスタンド」[6]と解釈する考え方に置き換わる。先行するさまざまな生産様式では共同所有制と慣習上の諸権利がより特徴的であったが、これらに結びついた文化的な諸前提もまた国家と私的所有の矛盾によって一掃されたのである（強調しておくが、こう言うからといって、このような諸権利と諸慣行が埋め込まれた社会秩序に対して懐かしむようになることを正当化するわけではない）。そうなると世界における多種多様な存在や生命体は、普遍的で自明で個人化された「人間の権利」という一原理にまるごと置き換えられて、価値の生産へと専念させられる。この「人間の権利」は事実上、先住民の略奪と結びついた忌まわしい暴力の痕跡を、普遍主義的で中立的な法的原理のなかに覆い隠してしまう。しかしながら今日にいたっても、この事態に敵対する人々や反対者――こうした人々はテロリストだと見なされつつある――は、ブルジョア的な郊外住宅地という小規模

▼4　Ibid., p. 178.〔同前、三二五頁〕
▼5　Ibid., p. 163.〔同前、二九七頁〕
▼6　Martin Heidegger, *Discourse on Thinking*, New York, Harper Press, 1966, p. 50.〔マルティン・ハイデッガー『放下』理想社、一九六三年、一九頁〕

ユートピアに住んでいるのではなく、刑務所のなかにいる可能性の方が高いのである。

このように構築された世界では、いくつかの真理が自明のものとして際立っている。そのなかでも最も重要なのは、この世のありとあらゆるものが原則的には――そして技術的に可能であればどこにあるものでも――商品化され、貨幣化され、私有化されなければならないということである。われわれは、住宅、教育、医療、公益事業がどのようにしてこの方向に向かったかを解説した際、そうなる理由をすでに明らかにした。今ではこれらに加えて、戦争行為や政府活動自体もその対象に付け加えることができる。というのも、こうした分野の業務もますます民間企業に委託されつつあるからだ。それゆえ十分な貨幣に恵まれた人々は、ほとんどあらゆるものを買い占める（あるいは盗む）ことができ、逆に、不十分な額の貨幣しか持たなかったり、破壊的な狡猾さや政治的・軍事的競争力に欠けたりしている大半の人々は、排除されることになる。だが今では、遺伝子配列、汚染排出枠、あるいは将来の天候に対しても所有権を設定し、それを買い占めることが可能になっている。この事実は、ポランニーの警告に鑑みれば、確実に、われわれをひるませるはずだ。しかしながら困難は次のことにある。ここまで述べてきた事態が、「自然」でゆるぎのないブルジョア的秩序に埋め込まれているように思えるために、営利活動が、それとはまったく無関係な社会的・文化的活動領域にあっても、社会的生活を相変わらず支配できるはずだと理解されているばかりか、そのことが必然的だとも思われるということである。交換価値はどこにあっても主人であり、使用価値はどこにあっても奴隷である。この文脈において、民衆の多くは、基本的な使用価値に対して十分にはアクセスできないために、反乱を起こさざるをえなくなる。

「略奪による領有と蓄積」への反抗

それゆえ、この不可避の反乱に結びついた構造的批判と組織的反抗の対象は、「略奪による領有と蓄積」という現在進行中の政治力学である。この〔略奪の〕政治力学は、私的所有権という普遍的な法的原理と不可解な関係にあり、それと矛盾することも明らかである。というのも私的所有権という原理が、国家と個人とにあるさまざまな諸関係を規制するとみなされることによって、強制的略奪、窃盗、強奪、そして詭策が犯される余地はなくなるはずだからである。この数年の金融市場や住宅市場で起きた出来事からすれば、資本主義的な憲法原理や法体系に適合するということは、嘘であるか、せいぜいのところ、混乱のもととなっているさまざまな擬制にもとづいているかのようである。しかしながら、われわれには、この嘘がそもそも何であるかについて、正確に判断できるような良識が欠けている。その結果、「略奪による蓄積」という問題は通常、さまざまな市場行動を十分に活用したり実行したり規制したりできていないという問題に還元されてしまう。

このように整理することから、さらに二つの洞察が得られる。第一に、共同の富《コモン・ウェルス》をかくも略奪し盗みだす諸個人が、集団的行動によって共同の富《コモン・ウェルス》の再生産を確実に果たすとすれば、その実現を保証するものは何なのか？　短期的な私欲のために活動する私的個人や私企業は、自分自身の再生産条件をしばしば掘り崩すし、最悪の場合には破壊してしまう。農家は、肥沃な土地の消耗を引き起こす。雇用主たちが、労働者を働かせて死にいたらしめたり、消耗させるあまり仕事の効率を下げさせたりするということも、よく知られている。こうした難問は、環境被害や環境悪化という問題領域で特に深刻である。それを示す一例が、二〇一〇年に起きたメキシコ湾原油流出事故でのＢＰ〔イギリスに本拠を置く国際石油資本〕の責任問題である。第二に、諸個人に対して、適切な市場行動ルールを順守させるとすれば、それはどのように動機づけられるのか？　適切な市場行動をとっても、それによって得られる利潤が少ない場合、そして不正行為に対する莫大な罰金を考慮してもなお不法行為、強奪、窃盗、詐欺による利益率の方がはるかに高い場合、ルール順守の動機はどこから来るのか？　近年、ＨＳＢＣ、ウェルズ・ファーゴ、シティバンク、ＪＰモルガンなどといった金融機関に巨額の罰金が科せられたり、あるいは金融界では違法行為が続いているとの証言も行なわれたりしているが、これらが示唆しているのは、この第二の疑問もまた、共同の富《コモン・ウェルス》の再生産にとって現在進行中の問題になっているということである。

土地、労働、そして資本など、商品ではなかったものが貨幣化され商品化され私有化されるのだが（このすべてが法の枠外にある強制的諸手段によって遂行され、しばしば維持されている）、この状況に対して「客観的」だがまったく擬制的な法的調停を行なうという活動が、資本主義的な憲法原理の偽善性の根底にある。われわれは、この点を明確に把握できて初めて、この憲法原理（とその諸法典）がその根底において不法性を組み込んでいる可能性をも理解できるのである。これらの〔法的〕擬制と物神崇拝《フェティシズム》とによって、ある個人は他よりも系統的に優遇されることになり、こうして資本主義的階級権力を構築する基盤が形成される。この事実は、もはやまったくの偶然というわけではなく、むしろ資本の構築する政治経済体制全体の根本的な存在理由となっている。これらの擬制や物神崇拝と、資本主義的階級権力との内的関係が最も明らかになるのが、労働力が商品化され貨幣化され私有化されているという決定的事態にほかならない。われわれは今やここに向かわなければならない。

［第5章］

資本と労働

一部の人間が他の人間の労働力を領有し搾取する――このことは、人間が組織をつくるうえでの久しい特徴であった。組織化のために権力が行使されることによって、さまざまな社会的諸関係が構築された。それは、奴隷制や農奴制において誰かが強制をこうむったり、女性（時には児童）が単なる資産として売買されたり、神権政治的な諸社会において崇拝者が自発的に同意して神やら神々やらに献身したり、あるいは尊ぶべき指導者や家長、君主、地方領主などの名の下に、服従を誓った家臣たちが戦争に駆りだされたり、たとえばピラミッドの建設に動員されたりするなど、さまざまであった。このような支配、領有、搾取の社会的諸関係は、人種化され、民族化され、ジェンダー化されることがあり、また文化的・宗教的帰属や生物学的に劣等だとされる人間を目標に定めることがあるということも長らくの慣行であった。そうした社会的諸関係が貨幣化され商品化されうることは明らかである。奴隷は直接的に売買できたし、女性の取引は持参金《ダウリー》（家畜の牛などといった重要な商品や貨幣で測られたそれ）をともなったし、宗教上の信念や人格上の忠誠心にもとづく武装集団は傭兵部隊に置き換わった。その上、莫大な借金をしだいに負わせること（負債懲役制度［債務返済のための奴隷労働］や小作農などと類似した形態）は、社会的権力、政治的権力、貨幣的権力を持った人々が、他人の労働やその労働生産物を領有するより狡猾な手法であったのであり、そして今もそうなのである。

しかし資本が扱うのは、商品としての労働力であり、これがこの生産様式を独特なものにしている。労働者はその商品の担い手であり、いわゆる「自由」な労働市場においてその労働力を資本家に売るのである。たしかに労務取引は、資本主義の出現に先行していた。そして資本が生産や消費の遂行手段ではなくなったとしても、このような労務取引が長く存続することはまったくありうることである。しかし資本は次のことを学んできた。すなわち、資本が自らの再生産の基盤を――できれば永続的に――創りだせるのは、労働力を系統的かつ継続的に使用することを通じてであり、そうすることで、一定の生活水準での労働者の生存に必要とされるものを超えるような、剰余を生みだせるからであった。この剰余が、貨幣的利潤の根底をなしている。

資本の拡大再生産と階級闘争

このシステムの特筆すべき点は、詐欺、窃盗、強奪、あるいは略奪に依拠するものには見えないということだ。なぜなら労働者は、その「公正な」市場価値（「人並みの賃金」）を受け取れると同時に、資本の存続に必要な剰余価値の創出のために働かされうるからである。この「公正」さが論拠とするのは、次のようなこじつけである。労働者は、自分の労働力を商品として提供可能なのだから（この商品には、価値と剰余価値を生みだせるという、資本にとっての使用価値がある）、その労働力に対する個人的な私的所有権を持っており、労働者は「自由」なのだから、自分が望む者に対してその労働力を売却できる、と言うのである。当たり前だが、労働者が、土地へのアクセスや生産手段へのアクセスさえからも「自由の身となる」ことは、資本にとっては大変好都合である。そうなると労働者は、生活のために自分の労働力を売るより他はない。資本家は、労働者を働かせる際には、市場での労働力価値を上回る額の商品価値を、労働者に確実に生産させることができる。要するに、資本が創造され再生産されるとすれば、労働者は、自分が獲得するよりも多くの価値を付け加えなければならない。この付加された価値は、利潤として資本の懐に入り、資本がこの価値を保存できるようになると、貨幣権力が絶えず増大しながら集中することになる。労働力の商品化は、資本流通の内部で厄介に見える一つの矛盾を解決できる唯一の方法である。適切に機能する市場システムでは、強制、詐欺、強奪は禁じられているのだから、交換は公平という原則にもとづくはずである――われわれは使用価値を交換しあうのであり、その際、諸使用価値の価値はおおよそ同じになるべきである。ところが、これは次の見込みと矛盾する。つまり、うまく機能している資本主義体制では、あらゆる資本家が利潤を稼ぐのが当然なのだから、あらゆる資本家はより多くの価値を持つことになるはずだということだ。では市場システムが原則として、交換における平等にもとづいている場合、どこから追加の価値が生じて、利潤を保証するのか？　商品自体にある価値を超えて、より多くの価値を生みだすことができるような商品が存在しなければならない。この商品が労働力である。そして資本は、この商品に依拠することで自らを再生産する。

この結果として、社会的労働――われわれが他人のためにする労働――は、疎外された社会的労働へと変質する。労働（work and labour）は、商品の交換価値を生産するためにもっぱら組織される。そして資本は、この交換価値がもたらす貨幣的収益にもとづいて、階級支配のための社会的権力を築くのである。要するに労働者たちは、自分たちの労働を通じて、自分自身を支配する諸条件を再生産する以外、何もできない立場に置かれる。これが、資本の支配下における自由が、労働者に対して持っている意味なのである。

労働者と資本家の関係は常に、個人的な契約関係であるが（それは労働力の私的所有という特徴のおかげである）、その一方で、労働市場でも、労働過程でも、資本と労働の一般的階級関係が生じており、このことが――すべての私的所有関係と同様に――不可避的に、裁定者、規制者、執行者である国家と法律とを必要とする。こうした事態が生じるのはどうしてなのか――これを見てとることは難しくはない。こうなるのは、複数の個人的な私的所有権のあいだに、そして私的所有権と国家権力とのあいだに、系統的な矛盾が存在するからである。労働者たちが、個人的あるいは集団的に訴え闘うことで、より多くのものを求めるとしても、このことを阻むものは何もない。そして資本家たちが（こちらも個人的あるいは集団的に）奮闘して、労働者に対して公正な市場価格以下しか支払わなかったり、労働力の価値を――労働者の生存に必要だとされる生活用品の総量を減らすか、既存の生活用品の費用を引き下げるかによって――切り下げたりしたとしても、このことを阻むものもやはり何もない。これらの争点をめぐって闘う権利は、資本にも労働者にも存在するのであって、マルクスの有名な言葉だが「同等な権利と権利とのあいだでは力がことを決する」[1]。

資本が労働者との闘争で成果を挙げると、それに応じて資本の利潤も増大する。労働者が成功をおさめると、それに応じて労働者の生活水準が高まり、労働市場における選択肢も増えていく。同じように資本家は通常、労働過程において自分に提供される労働に対して、その強度を強めたり、その生産性を上げたり、その時間を延長したりしようとするし、あるいはこれらのすべてを一挙に実現しようと奮闘する。その一方で労働者は、労働時間とその強度をともに軽減しようと努めるとともに、労働活動に内在する物理的な危険要因をも取り除こうとする。これらの関係のなかでしばしば必要とされるのが、国家の規制権力――たとえば立法行為によって、一日の労働時間に上限を設定すること、あるいは危険な労働条件の下に置かれたり有害物質を浴びたりしないよう制限を設けること――なのである。

資本と労働の階級関係と資本のその他の諸矛盾

資本と労働との矛盾した関係がどのような形態をとり、いかなる結果をもたらしたかは、大いに研究されてきた。しかも、これらの諸形態や諸結果は、改良主義的政治闘争にとっても、革命的な政治闘争にとっても、その必然性を明確化する上で決定的な役割を長らく果たしてきた。したがって、本書の大多数の読者は、これに関することについて広く精通していると思われる。そこで、ありがたいことだが、この点については簡単にすましてもよいだろう。左翼的信条を抱いている一部研究者（特にマルクス主義者）にとっては、資本と労働のこの矛盾こそが、資本の主要な矛盾である。この理由から資本と労働の矛盾はしばしば、有効な政治闘争を一つ残らず支えてきた支柱であり、反資本主義的な革命組織と革命運動を生みだす温床だとみなされている。また一部の人は、資本と労働の矛盾を、あらゆる恐慌の唯一の根本要因として引き合いに出す。たしかに場所と時代によっては、いわゆる恐慌形成の「利潤圧縮」理論が顕著に作用したと思われる場合があった。労働者が資本よりも非常に優勢になると、賃金水準は上昇しそうだし、資本の側の利潤は縮減するにいたるかもしれない。このような条件下における資本の典型的な反応は、〔資本の側の〕ストライキであり、投資も再投資も拒否し、労働者を規律化する一手段として故意に失業をつくりだすことである。この種の議論は、一九六〇年代後半から一九七〇年代にいたるまでの北アメリカ、イギリス、そしてヨーロッパでの状況に当てはまるだろう。▼2 ただし二〇〇八年の恐慌以後の展開が示しているように、資本が労働者に対して、あまりに容易に主導権を握る場合には、同じくらい頻繁に新たな困難に陥るのである。

しかし資本と労働の矛盾は、それだけでさまざまな危機を――分析的にも、究極的には政治的にさえも――説明できるわけではない。この矛盾は、資本のその他の諸矛盾（たとえば場合によっては使用価値と交換価値との矛盾）との関係のなかに埋め込まれており、それによって左右される。この観点からすると、反資本主義運動の政治的任務は、その性格も考え方も変わらなければならない。なぜなら、職場において

▼1　Karl Marx, *Capital*, Volume 1, Harmondsworth, Penguin, 1973, p. 344.〔カール・マルクス、フリードリヒ・エンゲルス編「資本論　第一巻」、『マルクス＝エンゲルス全集』第二三巻ａ、大月書店、一九六五年、三〇五頁〕

▼2　Andrew Glyn and Robert Sutcliffe, *British Capitalism: Workers and the Profit Squeeze*, Harmondsworth, Penguin, 1972.〔アンドリュー・グリン、ボブ・サトクリフ『賃上げと資本主義の危機』ダイヤモンド社、一九七五年〕

資本と労働の関係を根本的に変革しようとしても、この可能性の条件に対してはしばしば、周囲を取り巻くさまざまな制約――たとえば資本は通常、その目標を追求し、かつその利権を守るために、貨幣権力を蓄積するものだが、この貨幣権力が莫大な規模で集中しているかどうかなど――が限界を設けているからだ。たとえ、オルタナティブな政治的展望が究極的には、資本と労働の矛盾をやがては抑え込み、疎外なき（疎外の対極にある）労働条件の確立をめざすことにあるのだとしても、その他の諸矛盾に取り組まなければ、これらの目標の達成は不可能である。たとえば、貨幣形態にある矛盾や、社会的富の領有が私的に可能であるという矛盾への取り組みは、こうした目標と結びつくのである。

　われわれが資本と労働の矛盾を考察すると、間違いなく次のような政治的展望が提示される。それは、労働市場と職場の双方において資本による労働の支配を克服し、その代わりに連合した《アソシエーティッド》労働者たちの組織によって、自分たちの時間、自分たちの労働過程、自分たちの生産物を集団的に制御しよう、というものだ。他人のための社会的労働は消失するわけではないが、疎外された社会的労働は消失する。このようなオルタナティブ（労働者協同組合、自主管理《アウトゲスティオン》、労働者管理、そしてより最近では連帯経済といったもの）を何かつくりだそうとする試みには長い歴史があるが、この同じ歴史の示唆するところによれば、この〔労働者による自主管理型の〕戦略は、先ほど述べた理由のために限定的にしか成功できないのである。同様に、生産手段の国有化と中央集権的計画とによる国家組織型オルタナティブも、等しく問題含みであったことがわかってきたし、最悪の場合には、人を誤った方向に導きかねないまでに空想的なものであった。これらいずれの戦略もうまく遂行できないのだが、その理由は――私の考えでは――、資本と労働の矛盾が、資本のその他の諸矛盾に結びついており、それらのなかに埋め込まれているからである。もし、非資本主義的な労働の組織化が、たとえば交換価値の生産を依然としてめざすとすれば、そして貨幣の社会的権力を私人が領有できることに対して、何らの歯止めもかけられないとすれば、連合した労働者も、連帯経済も、中央計画型の生産も、最終的には失敗してしまうか、あるいは、自らを自己搾取する共犯者に転化する。疎外されざる労働条件を確立しようという衝動だけでは、不十分なのである。

資本と労働の矛盾が闘いぬかれる複雑な領域については、いくつかの不幸な誤解も存在する。左派の思考には、労働市場と職場を、階級闘争の二つの中心領域だとして特別視する傾向がある。したがって、労働市場と職場こそが、資本主義的組織形態に対してオルタナティブを構築する特別な場である。これらの場において、プロレタリアートの前衛は自己を鍛え上げ、社会主義革命への道へと導くとされる。われわれがこのすぐ後で――資本の流通のなかでの生産と実現との矛盾した統一について検討する際に――わかることだが、労働市場や職場以外にも、さまざまな闘争領域が同じくらい重要になることがあるし、場合によっては、こちらの方がもっと切実な意義を持ちうるのだ。

たとえば、アメリカの勤労大衆は通常、自分の所得の約三分の一を住宅に支出している。すでに見たように、住宅供給は通常、投機的になりがちな交換価値の動きによって引き起こされるものであり、それはまた、地代《レント》（土地と不動産物件の両方から得られる）、利子（たいていは住宅ローンへの支払いという形態をとる）、固定資産税、そして住宅建設に用いられた産業資本に対する利潤を抜きとる場である。この市場はまた、多くの略奪的活動（たとえば訴訟費用の抽出）によって特徴づけられている。労働者は、労働市場や生産点で遂行されたさまざまな闘争を通じて、賃金について大幅な譲歩を勝ちとるかもしれない。だが、労働者がその後、投機に起因する住宅市場という状況下において使用価値としての住宅を探し求め、そこで略奪的な諸実践に不可避的に直面してしまうと、自分が勝ちとった賃金のほとんどすべてを返済せざるをえなくなるだろう。生産領域で労働者が勝ちとったものは、家主や商人（たとえば電話会社）、銀行家（たとえばクレジットカードによる負債）、法律家、あるいは仲介業者によって盗み返されてしまい、おまけに残ったお金もそのかなりの部分が税務署に持っていかれる。こうした住宅の事例と同じように、医療、教育、上下水道その他の基本的サービスが民営化され、商品として供給されるようになると、労働者の手にする可処分所得は減り、資本の側が価値を奪い返すことになる。

しかし、これで話はおしまいというわけではない。このような諸実践のすべてが一つの集合的な場をつくりだし、そこでは「略奪による蓄積」の政治力学が支配的となって、労働者階級（これはいかようにも定義されうるが）など、生活の不安定な諸集団から所得と富を抜き取る主要な手段になる。既得権（たとえば年金権、医療、無償教育、または十分な社会的賃金を支える適切なサービス）を奪い返すことが、露骨な略奪の様相を呈してきたが、それは新自由主義の下で合理化され、今では、財政再建の名の下に実施される緊縮財政政策を通じて強化されつつある。したがって階級闘争にとっては、この「略奪による蓄積」に対抗する組織をつくりだし（たとえば反緊縮運動を形成すること）、より安価でもっと実質のある住宅や教育、医療、社会サービスに対するさまざまな要望を実現しようとすることは、労働市場や職場において搾取に反対して闘うのと同じくらい重要なのである。ところが、「階級意識を担い社会主義への展望を体現するのは工場労働者である」という図式に取りつかれている左派は、階級的諸実践のこの別世界を、自分たちの思考とその政治戦略にほとんど組み込むことができていない。

資本と労働の矛盾と資本主義

ここにおいて、資本の諸矛盾と、資本主義の諸矛盾との複雑な相互作用も、より完全に見えるものとなる。私はもっと後で、この問題により詳細に立ち入るだろう。しかしここで、資本と労働の矛盾に関する議論を締めくくるにあたって、この矛盾が、資本の他の諸矛盾との関係に埋め込まれていることに触れないばかりか、それが資本主義の諸矛盾と、特に人種差別やジェンダーその他の差別と結びついた諸矛盾とも、明らかに絡みあっていることにも言及しないというのは、馬鹿げているし、戦術的にも軽率であろう。たとえば人種や民族、あるいはその他の分割線にそって、労働市場や住宅市場を細分化し隔離することは、資本主義的な社会構成体全般に蔓延しているよく知られた特徴である。

資本と労働の矛盾が、資本にとって中心的で基本的な矛盾であるのは間違いないが、この矛盾は——資本だけの観点に立ってさえも——、それ以外のあらゆる諸矛盾を何かしら従属させているような、主要な矛盾というわけではない。資本主義の観点からすれば、資本によって形成される経済エンジンの内部に生じているこの中心的で基本的な矛盾は、果たすべき重要な役割を担っている。だが、この矛盾が具体的に現われる際には、人種、民族、ジェンダー、宗教的帰属など、その他の社会的差異というフィルターに媒介され、それらを通じて絡みあうのであり、このようにして、資本主義の内部闘争という現実の政治力学は、資本と労働の関係という観点だけから見えるものよりも、はるかに複雑な事態に転化する。

以上のように述べるからといって、私は、資本の数々の矛盾のなかにあって、資本と労働の矛盾が有している重要性を貶めたいわけではない。というのも、それはそもそも、無二の特徴を帯びた重要な矛盾だからである。何しろ、労働者の身体にとっても、ライフ・チャンス［個々人がその一生において自分の生活の質を改善できる機会のこと］と福利とを労働者に依存しているあらゆる人々にとっても、資本の力が直接的に影響するのは職場のなかにおいてであり、労働市場を通じてであるからだ。多くの人々がこうむるこうした華々しい疎外体験（労働過程におけるしばしば残酷な待遇と、労働者家族が体験する生々しい飢餓状況）は常に、大衆的疎外状況をもたらす主要な場なのであり、したがって革命的な怒りが炸裂する発火点にもなる。しかしながら私の考えでは、この点を強調しすぎたり、それが資本のその他の諸矛盾から自律して独立に働くかのように捉えたりすることは、資本に代わる――それゆえ資本主義に代わる――オルタナティブを求める真の革命的活動に対して、悪影響を及ぼすのである。

［第6章］

資本は過程なのか、物なのか

かつて物理学者たちは、光を粒子として描くべきか、波動として描くべきか、果てしない論争を繰り広げてきた。

一七世紀にアイザック・ニュートンは光の粒子説を展開したが、同時代にクリスティアーン・ホイヘンスは光の波動説を擁護した。その後、世論は二つの規定のあいだで揺れ動いたが、量子力学の父であるニールス・ボーアが現われると、いわゆる「粒子と波動の二重性」は相補性原理によって解決された。この解釈によれば、光は粒子でもあり波動でもある。われわれの認識を完全なものにするためには、いずれの記述も必要であるが、二つの記述を同時に使う必要はない。しかしながら、この二重性は相補的というよりも同時的だと見なす物理学者もいた。そして、二重性がそもそも内在しているものなのか、それとも観察者の限界を反映しているのかについても、かなりの論争があった。いずれにしても明らかなのは、この種の二重性が、自然科学の多くの分野においてその理論構築の基本として、今では受け入れられているということである。

もう一つの例を挙げれば、心と脳の二重性は、現代神経科学の考え方の根底にある。したがって自然科学が、ある種の弁証法的思考法にそもそも敵対しているとか、あるいは矛盾という考え方とは無縁であるなどとは言わないでほしい（とはいえ、取り急ぎ付け加えておくと、さまざまな自然科学に示されている弁証法的思考法の特徴は、エンゲルスやその後のスターリンが支持したような硬直的で無意味なヴァージョンの弁証法とはまったく異なっている）。主流派経済学が、科学の地位に憧れたにもかかわらず、その先例に従わなかったのは、実に不憫である！

資本は、過程と見られるべきか、それとも物と見られるべきか？　私は、両方として見なければならないと論じたいし、この二重性がどのように働くかについては、相補的解釈よりも同時的解釈を支持している。ただし説明のためには、ある観点がしばしば、他の観点よりも優先されなければならない。一方には、過程や流れとして流通しつづける資本があり、他方には、資本がとっている異なる物質的諸形態（この主要なものとしては貨幣形態、生産活動形態、商品形態）があるが、この両者の統一は、矛盾した統一をもたらす。したがって、われわれが研究する際に焦点としなければならないのは、この矛盾の特徴であり、またこの同じ矛盾が、不安定さと危機をもたらすとともに、創造性と変化をもたらす場になりうるのはどのようにしてなのか、である。

過程としての資本、物としての資本

お行儀のよい正直な資本家が、適切に管理された資本主義国家によって市場行動に課せられる法的義務をすべて尊重しながら活動するという、単純な流れのモデルを考えてみよう。この資本家は、ある一定量の貨幣をもって一日をはじめる（この貨幣が借金であるか、無条件に所有していたものなのかは、ここでの問題ではない）。そうした貨幣は、さまざまな生産手段（土地の使用、そこに埋蔵されているあらゆる資源の使用、投入される半製品、エネルギー、機械など）を購入するために使われる。この資本家は手近な労働市場を見いだし、一定の労働期間（たとえば週給で、週に五日、一日八時間）を定めた契約の下に、労働者を雇う。これらの生産手段と労働力の獲得は、生産という契機に先行している。しかしながら労働力はたいてい生産の後で賃金を受けとるのだが、他方、生産手段への支払いは普通、生産に先立って行なわれる（信用購入でなければ、である）。明らかなことだが、労働者の生産性は、資本家によって計画された技術（たとえば機械）や組織形態（たとえば労働過程内部における分業、協業の諸形態）、そして労働過程での強度ないし効率によって左右される。この生産過程がもたらす成果が新たな商品である（その多くは物だが、サービスや運輸交通といった過程であることもある）。この商品は市場に持ち込まれ、一定の価格で消費者に売られるのであり、これによって資本家の手に入る貨幣量は、最初の投資額に、利潤としての追加額を足したのと等しいものになっていなければならない。

この日の終わりに手にする利潤が、この過程に関与して苦心惨憺しようとする動機である。その翌日には、この資本家は自分の暮らしを維持するために、この過程を最初からもう一度繰り返していく。しかし、この二日目になると、資本家は通常、その前日に稼いだ利潤を一部取りだし、それを生産拡大のために使うのである。このように行動する理由はさまざまだ。貨幣権力を増やしつづけようとする熱情や貪欲さもその一つだが、前日の利潤の一部を拡大のために再投資しないと、競争相手の新興資本家が自分を廃業に追い込むのではないかという恐怖からでもある。

この過程については非合法な場合もいくつかある。最初にあった貨幣は、強奪や暴力を通じて集められてきたのかもしれない。土地や資源に対するアクセス権は強制されたものかもしれない。投入要素は、開かれた市場で公平に買われたものではなく、盗まれたものかもしれない。労働者に押しつけられる契約条件は法定基準を逸脱しているかもしれないし、その一方で、実にさまざまな権利侵害——賃金未払い、労働時間の延長の強制、契約不履行とされる行為に対する罰金制度——が横行していることもある。労働過程の諸条件は、耐えがたいものになっていたり、危険でさえあったりする可能性がある（有害物質にさらされたり、人間的能力の妥当な範囲を超えて、労働強度の増大が強制されたりする）。虚偽表示、独占価格の設定、欠陥商品の販売、さらには危険商品の販売など、これらを通じて市場をごまかす行為がすっかり蔓延してしまっている可能性もある。競争相手がはじき飛ばされて、独占価格が請求されることもある。これらすべてが起こりうるという認識から、国家は監視したり介入したりしてきたのである。この事例が、職業安全衛生に関するさまざまな規制法や、消費者に対する製品安全保護措置などなのである（こうした保護措置は、ロナルド・レーガンやマーガレット・サッチャーに象徴される新自由主義体制の下で、著しく弱められたが、このような事態が広がったのもここ三〇年ほどのことだ）。

　われわれが資本主義世界を目にすると、そのほとんどいたる所で違法行為が蔓延しているという証拠は明らかである。合法的な資本流通のための基準を規定することは、違法活動が行なわれた現場に大きく左右されるように思われるし、場合によっては、それによって決まるかのようである。したがって、この合法性と違法性という二重性も、どのように資本が作用するのかに対して影響を与えるものである。明らかなことだが、国家権力は、個々人の行動に対する一つの制約として必要とされる。国家なき資本主義など考えられはしない（第3章参照）。しかし、国家介入のあり方を左右するのは、国家装置に対して働く階級的な統制力や影響力である。近年、ウォールストリートによって犯された違法行為は、国家装置の側での放置政策と共謀関係とが一定程度結びついていなければ、起こらなかっただろう。

　しかし、ここでの中心的な論点は、過程としての資本の定義である。つまりそれは、価値の不断の流れのことなのだが、そこにおいて価値は、さまざまな契機《モメント》／瞬間を経て、ある物質的形態から別の形態へとさまざまに変容していく。資本は、ある瞬間には貨幣形態をとり、別の瞬間には生産手段（土地や資源を含む）の在庫であったり、工場の門を通って歩いてくる一群の労働者であったりする。工場のなかでは、資本は具体的労働に関与し商品を製造するのだが、こうして出来上がった商品には、潜在的でまだ実現されていない価値（社会的労働）や剰余価値が凝固している。この商品が売れると、資本は再び貨幣形態に戻る。この不断の流れのなかにおいて、過程と物とは、互いにその条件《コンティンジェント》となる。

流通制限の克服と商業・金融業者の権力

過程と物との二重性は、資本に特有というわけではない。私としては、この二重性が、自然界にある普遍的な条件であると主張したい。そして人間も自然の一部である以上、過程と物との二重性は、あらゆる生産様式の下での社会活動と社会生活にとっても一つの普遍的条件である。私は、過程として生活していると同時に、物のような属性ももっている。この属性を通じて、私が誰であるか（名前と番号！）を定める。しかし資本はこの二重性に直面して、これを駆使するのだが、その際、独自のやり方を示す。この点にこそ、われわれはよく注意しておく必要がある。資本は、価値の不断の流れとして存在しており、われわれが確認してきたさまざまな物理的状態（ならびに、まだ考察していないその他の物理的状態）を経ていく。この流れが不断であることが、資本が存在できる一つの主要条件である。資本は不断に流通するか、さもなければ死ななければならない。その流通速度も重要だ。もし私が、自分の資本をあなたのそれよりも速く流通させられるのであれば、一定の競争上の優位を得ることになる。競争上の圧力は大きく、したがって資本の回転期間は加速せざるをえない。加速への傾向は、資本の歴史において容易に認識できる。さまざまな技術的・組織的イノベーションが考案され、その結果、物事は加速させられ、物的距離による制限は取り除かれてきたが、これらのイノベーションの一覧表は長大なものである。

しかしながら、ここまで述べてきたことは、ある契機から別の契機へのさまざまな移行に問題がないということを前提としている。だが、この前提は現実には当てはまらない。私が貨幣をもっており、鉄鋼業を営もうとすれば、鉄鋼をつくるための諸要因（労働力と生産手段）のすべてを速やかに手に入れなければならない。しかし、鉄鉱石も石炭もまだ地下に埋まっており、それらを掘りだすには長い時間がかかる。労働力を喜んで売ろうとする労働者が、すぐそばに十分いるとはかぎらない。溶鉱炉の建設も必要だし、これにも時間がかかる。しばらくの間、私が鉄鋼生産に向けて準備した貨幣資本は休眠状態に陥り、何の価値も生みだせない。生産のために必要な諸商品に貨幣を変えようにも、この種のあらゆる潜在的な制限に悩まされることになり、そこで失われた時間は資本の減価となり、資本の喪失にさえなる。これらの制限がすべて乗り越えられて、ようやく資本は現実の生産に流れ込むことができる。

生産のなかに入ると、ここでもまた、ありとあらゆる潜在的な困難と制限が待ち構えている。鉄鋼を生産するには時間がかかるが、この時間に対して労働過程における強度が影響を及ぼす。労働時間の短縮のために、さまざまな組織的・技術的イノベーションが模索可能であるが、その一方でこの時間をゼロにするには、さまざまな物理的制限も存在する。その上、労働者は自動機械ではない。彼らは自分の道具を投げだしたり、労働過程で怠けたりするかもしれない。全従業員に対する管理と協調を確立することが、不断〔の流れ〕のために要求される。

鉄鋼が完成したとしても、それは売られなければならない。またもやこの商品は、買い手が現われるまで、しばらく市場にとどまる可能性がある。もし、市場にいる全員が、数年間はなくならないだけの鉄鋼をもっているのであれば、しばらく買い手が付かないし、この商品資本は死蔵資本になる。というのも商品資本は流通できないからである。生産者は、消費の回転時間を確実なものとし、それを加速させるということに常に関心を抱いている。それを実現する方法の一つは、急激に錆びてしまう鉄鋼を生産して、鉄鋼の迅速な更新を必要にさせることである。他方で、携帯電話や電子機器の場合であれば、消費の回転時間を短縮することは、はるかに容易である。計画的な陳腐化、イノベーション、流行の移り変わりなどが資本主義的文化のなかに深く根づいていく。

資本は、流通に対する制限を乗り越えるか迂回するかして、その回転時間を順調なものにして加速させようと必死になるのだが、それにつれて、実にさまざまな戦略や近道が生みだされる。たとえば生産者は、自分の商品の売却を待てないかもしれない。彼にとっては、製品価値の値引きを行なう代わりに、自分の商品を商人に引きとらせる方が、もっと簡単である（これによって商人は、剰余の取り分を獲得する機会を得る）。商人（卸売業者と小売業者）は、最終消費者に生産物を売る際の費用とリスクとを負う。商人は、自分が雇用した労働者を搾取しながら、規模の経済◆と効率性とを追求するのであり、こうして生産者と最終消費者を結びつける費用は、生産者が自分で販売を引き受ける場合よりも安上がりなものになることがある。そうなれば資本の流れは円滑になり、生産者はより確実な市場を確保する。しかし、この負の側面として、商人は、直接的生産者に対して少なからぬ権力を行使することになり、後者の側の利益率が強制的に引き下げられるかもしれない（これがウォルマート戦略である）。これを避けるために生産者は、売れ残っている商品を担保にして、信用貸付を求めることができる。だが、ここでも銀行家や金融業者、割引業者たちの自律的な権力が関与しはじめ、資本の流通と蓄積における積極的要因に転化する可能性がある。資本の流れを不断なものにしつづける社会的諸戦略は諸刃の剣である。こうした諸戦略は、流通過程を円滑に進めるという直接的な狙いには成功するかもしれないが、同時に、商人（たとえばウォルマート）と金融業者（たとえばゴールドマン・サックス）が集った活発な権力ブロックをつくりあげる。彼らは、資本一般の利益よりも、むしろ自分たちの特殊な利益を追求するかもしれない。

固定性と運動性との葛藤と金利生活者の台頭

この他に、より純粋に物理的な諸困難が、固定性（fixity）と運動性（motion）との葛藤を、資本の流通の内部において悪化させる。これらの困難の核心にあるのが、固定資本向けの長期的投資部門である。空間と時間のなかを資本が自由に流通するためには、さまざまな物的インフラや建造環境がつくりだされなければならないが、それらは空間のなかで固定させられている（道路、鉄道、通信用の電波塔、光ファイバーケーブル、空港、港湾施設、工場の入ったビル、事務所、住宅、学校、病院などの形態で、しっかりと土地に固定される）。それ以外の、より可動的なさまざまな固定資本（これも船舶やトラック、飛行機、鉄道機関車、機械設備、事務用品、さらにはわれわれが日常的に使用するナイフやフォーク、皿、調理器具までと、さまざまである）であっても、その耐用期間は長期にわたる。このすべての集合体は――サンパウロ、上海、マンハッタンなどの都市景観を見るとわかるように――まさに巨大なものになっている。その多くは不動

◆規模の経済　生産量の増加にともなって、平均費用が低下し、収益性が向上すること。

のものからなっているが、可動的な固定資本であっても、その耐用期間中に更新してしまうと価値は喪失せざるをえない。生産と消費の両方に用いられる資本には、その耐用期間が長期にわたり、時に物理的に不動なものが存在している。時を経るにつれて、こうした種類の資本が一体となって、不断に流れている資本よりも増大していくことは、資本蓄積における逆説の一つである。必要とされる固定資本が総量として増えていくのだから、資本は、時とともにそれ自身が硬直化してしまうという危機に永遠にさらされている。

固定資本と流動資本は、矛盾する関係にあるが、そのいずれも他方がなくては存在できない。流動資本の運動が加速するのであれば、流通を促すための一部資本は、それ自身の流れの速度を落とさなければならない。しかし不動の固定資本（たとえば港湾コンテナターミナルなど）は、使用されて初めて、その価値を実現できる。船舶が来ないコンテナ設備は無用であり、そこに投資された資本は失われる。他方で、船舶とコンテナターミナルが存在しなければ、商品は市場にたどり着けないだろう。固定資本は、資本の流通過程を支える物の世界を構成し、同時に流通過程は、固定資本に投資された価値に対して、その回収手段を提供する。

それゆえ、固定性と運動性というこの根底にある矛盾から別次元の困難が生じる。資本の流れを円滑に進めることを目的としたさまざまな社会的操作——たとえば商人資本家の活動がそうであるし、金融業者の活動はこの目的をはるかに強力に推し進める——は、土地に固定されるという物理的諸困難と結びつくのだが、そこから次のような可能性の余地が開かれる。それは土地所有者が、剰余の取り分を奪い取る可能性である。資本のこの独特な分派は、地代《レント》を抽出するために、土地に対する投資を決定するのであり、これと同時に、土地や天然資源や不動産物件に対して容赦のない投機売買を行なうのである。

一九三〇年代にまで遡ってみると、ケインズが嬉々として期待していたのは、彼が「金利生活者《レンティア》の安楽死」[▼1]と呼ぶ事態であった。こうした政治的展望は——ケインズはその矛先を、あらゆる資本所有者に向けていたが——もちろん実現されはしなかった。たとえば土地は、擬制資本の一形態としてはるかに目立ってきたが、土地に対する所有権証明書（すなわち将来の賃貸料からの所得取り分）は、国際的に売買されることがある。当たり前のことだが、今日における「土地」という概念には、過去から蓄積されてきたインフラや人間による改良のすべて（たとえばロンドンやニューヨークで一世紀以上前に建設された地下鉄用トンネル）が含まれたり、未償却の新規投資が含まれたりしている。金利生活者や土地所有者が経済活動を完全に支配する可能性は、今ではるかに大きな脅威である。とりわけ、彼らによる経済の支配は、今日では金融機関の権力によって支援されているが、こうした機関が享受する投資利益は、賃貸料《レント》、地価、不動産価格などの高騰から得られるものなのである。すでに述べてきたように、住宅市場では価格の急騰と暴落とが次々と生じたが、それらは典型的な諸事例である。興味深いのは、これらの〔金利生活者による経済支配の〕仕組みが消え去っていないことだ。それらは今では驚異的な「土地争奪《ランド・グラブ》」として、世界各地で（資源豊かなインド北東部からアフリカそしてラテンアメリカの多くの地域にわたって）進行している。というのも、さまざまな機関や個人は、土地所有権を設定したり、そこでのあらゆる埋蔵資源（〔天然〕資源および人工資源）に対して所有権を確立したりすることによって、自分たちの未来の経済状況を保証しようと努めるからである。これが暗示するのは、未来における土地や資源の欠乏であり、これに対する〔強権的〕管理体制の到来である（この欠乏が生じる条件は主に「予言の自己成就◆」によるのだが、このような事態は、石油会社が長年行使したような独占的・投機的権力にもとづいている）。

金利生活者階級は、その権力を固定性の支配に依拠させると同時に、運動性に対する金融権力を駆使し

▼1　John Maynard Keynes, *The General Theory of Employment, Interest and Money*, New York, Harcourt Brace, 1964, p. 376.［ジョン・メイナード・ケインズ『ケインズ全集第七巻　雇用・利子および貨幣の一般理論』東洋経済新報社、一九八三年、三七九頁］

◆**予言の自己成就**　根拠のない予言（噂や思い込み）を信じて人々が行動する結果、その予言通りの現実がつくられる現象のこと。

て、その商売の種を国際的に売りさばく。この模範的事例が、近年の住宅市場で起きた出来事である。ネバダ州の住宅所有権が、疑うことを知らない投資家たちに世界中で売り込まれたが、最終的に、この投資家たちは大金を騙し取られることになった。他方で、ウォールストリートその他の強奪的金融業者たちはそのボーナスと不正利得とを手にしたのである。

それゆえ問題は次のようになる。固定性と運動性との、そして過程と物とのこの葛藤が絶対的矛盾――とりわけ金利生活者階級の過剰権力という形態――に高まって、さまざまな危機をもたらすとすれば、それはいつであり、そしてなぜなのか？　この矛盾が局地的な緊張状態と危機とをもたらす場になりうるのは明らかである。もし商品がもはや流れないのであれば、この流れを促進するさまざまな物も無用になって放棄せざるをえなくなり、賃貸にもとづく収益構造も崩壊する。産業空洞化の長く苦痛に満ちた歴史は、デトロイトなど、さまざまな都市からまるごと活気を奪い去り、そうした都市を価値喪失の巣窟として放置した。それと同時に、深圳《しんせん》やダッカといった別の都市は、もし成功を得ることができれば、活動の中心地へと変貌する。このような所では、必要とされる固定資本への莫大な投資活動とともに、賃貸料が抽出され、不動産市場は活況を呈していく。資本の歴史には、さまざまな局地的急成長と局地的恐慌の物語が満ちあふれているが、固定資本と流動資本の矛盾、固定性と運動性の矛盾は、これらの物語に強く関わっている。この世界では、創造的破壊をもたらす力としての資本が、われわれの住んでいる物的景観のなかにおいて最も明らかになる。創造と破壊とがどのように均衡しているかは、しばしば判別しがたい。しかしながら、産業の空洞化、不動産価値や地代の乱高下、投資の引き揚げ、あるいは投機的建築活動などを通じて住民全体に犠牲が強いられており、この事態を全面的にもたらすのが、固定性と運動性のあいだにある根底的で永続的な葛藤である。この葛藤が、周期的にだが一定の地域に限って、絶対的な矛盾にまで高まり、したがって深刻な危機をもたらすのである。

それでは、以上の分析から引きだされるオルタナティブな政治的展望は、いかなるものになるだろうか？　土地所有者は、固定性を統制することで、地代を抽出する。一つの直接的で明確な目標は、この土地所有者の権力を廃絶することである。近年、いくつかの住宅ローンが債務担保証券（ＣＤＯ）にひとまとめにされて、世界中で売買されるようになったが、これによって金利生活者は、不動の土地資産や不動産資産に対する法的権原を、空間を横断して自由に売買することが可能になった。しかし、このような活動を行なう金利生活者の法的資格は抑制されなければならない。土地や資源、そして償却済みの建造環境は、それらを使用し、それらに依拠している住民にとって、一つの共有資源として分類されて管理されるべきである。土地不動産価格の高騰が近頃の特徴となっているが、こうした出来事から民衆全体が得るものは何もない。同様に、物的インフラやそれ以外のさまざまな固定資本形態に対する投資活動と金融的投機活動との結びつきも、否定されなければならない。その結果として、物的インフラの生産と使用とに対して金融的配慮はもはや影響しなくなるだろう。最後に、インフラ供給における使用価値の側面が前面に出なければならない。これによって、必要な物的使用価値を生産し維持するために社会秩序に残されている選択肢は、政治的集合体の側において合理的で計画的な諸実践という領域を探究する以外にはないということになる。このようにして、過程と物との、そして固定性と運動性との、実のところ常に複雑な諸関係は、終わりなき資本蓄積のために動員されるのではなく、むしろ公益のために組織化できるのである。

［第7章］

生産と資本増大の実現

資本は流れる際、二つの重要な検問所を通る。この二ヵ所において、資本は、その量の増大――この増大が利潤の根源にある――をどれくらい達成したかが記録される。労働過程では、あるいはそれに相当するところでは、労働を通じて価値が付け加わる。しかし、この付加価値は、市場での販売を通じて実現されるまでは、現実的ではなく、むしろ潜在的なものにとどまる。資本の不断の流通は、二つの契機のあいだを経ることができるかどうかにかかっている（そしてこの達成度は、利潤率として評価される）。その契機とは、第一に労働過程における生産であり、第二に市場における実現である。ただし、資本の流通過程内部において、この二つの契機のあいだに必然的に存在しなければならない統一は、矛盾した統一である。では、この矛盾がとる主要形態は、どのようなものだろうか？

生産と実現との矛盾した統一

マルクスは、資本を分析するその大作〔『資本論』〕の第一巻において、利潤の根底にある剰余価値がどのように生産されるかを研究している。この研究目的のために、市場における実現には困難がまったくないと仮定される。他の事情が同じであれば（もちろん、そうはけっしてならないこともわかっているのだが）、われわれは、資本には次のことをめざす強力な動機があると予期するだろう。それは、可能なかぎり労働者に対する支払いは少なくし、可能なかぎり労働者を長時間猛烈に働かせ、可能なかぎり労働者の再生産費用を（家事労働を通じて）彼ら自身に負担させ、可能なかぎり労働過程のなかで従順で規律ある状態に（必要であれば強制によって）労働者を保つということである。この目的をめざすうえで、訓練されたにもかかわらず未使用の労働力からなる広大な貯水池──マルクスが「産業予備軍」[1]と名づけたもの──を資本が手にしていることは、被雇用者が抱くさまざまな野望を牽制するのに、とてつもなく好都合である（場合によっては不可欠でさえある）。もし余剰労働力が存在しないのであれば、資本はそれをつくりだす必要があるだろう（だからこそ、この三〇年にわたって、一方では、技術誘発型の失業が生じ、他方では──たとえば中国において──新たな労働力供給に対するアクセスが拡充されてきたが、この二重の力は意味があったのである）。資本にしてみれば、次のことも重要であろう。労働者の側が集団的組織をつくりだそうとするのであれば、資本は可能であるなら、こうした組織を全部または一部阻止しなければならない。また、労働者が国家機構に対して政治的影響力を行使しようとするのであれば、資本はあらゆる可能な手段によって、こうした動きを抑え込まなければならない。

資本の側におけるこのような諸実践の最終的帰結を、マルクスは『資本論』第一巻で理論化した。これによると、一方の極では、資本に富の増大がもたらされ、他方の極では、現実に富を生産した労働者階級の側に貧困と退廃が蔓延し、その尊厳と権力がますます失われるのである。

マルクスは、『資本論』第二巻──左派の秀でた研究者たちによってさえ、ほとんど読まれていない巻であるが──では、実現のための諸条件を研究しているが、そこでは生産において困難がまったく起こらないと仮定される。ここから、暫定的ではあるが（第二巻は未完だからだが）、厄介な理論的結論がいくつか導きだされることになる。もし資本が、第一巻の研究に従って、剰余価値の生産と領有とを保証するために行なうべきことをすべて行なうとすると、労働力が市場で発揮する総需要は、制限されがちになり、場合によっては系統的に減少するだろう。加えて、労働者の社会的再生産に関わる諸費用が、その家庭に対して再び強要されるのであれば、労働者は市場では財やサービスを買わなくなるだろう。皮肉なことに労働者が、その再生産費用を自ら引き受ければ引き受けるほど、資本のために就労する意欲もなくなるだろう。さらに、大量の失業者予備軍が（所得に対する国の寛大な補助金に下支えされないのであれば）総需要を拡充させる要因にならないことは、賃金の低下（社会的賃金に対する国家拠出の削減を含む）が市場拡大の基礎をなさないのと同じである。

ここに一つの深刻な矛盾がある。

労働者は商品の買い手として市場にとって重要である。しかし、彼らの商品――労働力――の売り手としては、資本主義社会は、その価格を最低限に制限する傾向がある。――もう一つの矛盾。資本主義的生産がそのすべての潜勢力を発揮する時代は、きまって過剰生産の時代となって現われる。なぜなら、生産の潜勢力が充用される限界は、価値の生産だけではなく、価値の実現によっても設けられるからである。しかし、商品の販売、商品資本の実現、したがってまた剰余価値の実現は、社会一般の消費上の必要によって限界を画されているのではなく、その大多数の成員が常に貧乏でありまた常に貧乏でなければならないような社会の消費上の必要によって限界を画されているのである。[2]

▼1　Karl Marx, *Capital*, Volume 1, Harmondsworth, Penguin, 1973, p. 799.［カール・マルクス、フリードリヒ・エンゲルス編『資本論　第一巻』、『マルクス＝エンゲルス全集』第二三巻b、大月書店、一九六五年、八四〇頁］

▼2　Karl Marx, *Capital*, Volume 2, Harmondsworth, Penguin, 1978, p. 391.［カール・マルクス、フリードリヒ・エンゲルス編『資本論　第二巻』、『マルクス＝エンゲルス全集』第二四巻、大月書店、一九六六年、三八七頁］

窮乏している人々の側においては必要な使用価値への社会的需要があるにもかかわらず、市場においては総有効需要が不足するのだが、この不足は、資本蓄積の継続に対して深刻な制限を生みだす。それは利潤の低下を招く。労働者階級の消費力は、そうした有効需要の重要な構成要素なのである。

社会構成体としての資本主義は、この矛盾に永遠に捕われることになる。それは、剰余価値の生産のための諸条件を最大限生かすことで、剰余価値を市場で実現する可能性を脅かすか、あるいは、労働者に対して社会的な力をつけさせることで市場における有効需要の好調を保つ代わりに、生産における剰余価値の創出能力を脅かすか、そのいずれかになりうる。言い換えると、『資本論』第一巻の指示に従って経済が順調であるなら、第二巻の見地からは窮地に陥る可能性があり、また、その逆も起こる可能性がある。先進資本主義諸国の資本は、一九四五年から一九七〇年代半ばまでは、第二巻の指示（価値の実現条件を重視するそれ）と合致して、需要管理の立場をとる傾向にあった。だが次第に、剰余価値の生産において、さまざまな困難に遭遇することになった（とりわけ、労働者階級の運動がよく組織化されており、政治的影響力も強かったことから生じた諸困難である）。それゆえ一九七〇年代半ば以降になると、資本は（労働者との熾烈な闘争の後に）、第一巻の方に合致するサプライサイドの立場に移行した。こちらが強調したのは、剰余価値生産のための諸条件を洗練させることであった（実質賃金の引き下げ、労働者階級組織の粉砕、そして労働者からの全般的な力の剝奪を通じてである）。今日で言う新自由主義的反革命は、一九七〇年代半ば以降、剰余価値生産において顕著になっていた諸困難を解決したが、それは市場での実現に困難がもたらされるという代償を払ってのことであった。

この一般的な論述が著しく単純化したものであることは言うまでもない。だがそれは、生産と実現との矛盾した統一が歴史的に現われてくるのはどのようにしてなのかを的確に例証している。この事例では次のことも明らかである。さまざまな危機が、生産から実現へと向かい、その後再び生産に戻るように、たらい回しにされるのだが、このようにして危機の形成過程とその解消過程とが互いに結びついているのである。興味深いことだが、経済政策と経済理論のなかで、それぞれ平行移動が生じてきた。たとえば、ケインズ学派の需要管理政策（マルクスの第二巻の分析と大まかに合致している）が一九六〇年代の経済学的思考を支配したのに対して、一九八〇年前後からはマネタリズム的なサプライサイド型理論（第一巻の分析と大まかに合致している）が優勢になった。私の考えでは、生産と実現との矛盾した基本的統一という観点から、知識分野と公共政策の双方で生じたこの歴史を位置づけることが重要なのである。この観点こそ『資本論』の最初の二巻に提示されているものなのである。

しかしながら、生産と実現との矛盾を軽減できる方法も数多く存在する。まず賃金低下に直面しても、需要は増大することがある。労働力総数が増加したり（これは、中国が一九八〇年頃から潜在的余剰労働力を動員しはじめた際に起きた事態である）、ブルジョア側の顕示的消費が拡大したり、あるいは生産には従事しないが大きな購買力を有する人口層（国家公務員、軍人、弁護士、医者、教師など）が存在したり増大したりするからである。より効果的な方法を駆使すれば、この矛盾は無効となるかもしれない。つまり信用取引を使う場合である。信用を供給して、価値や剰余価値の生産と実現とを同等の規模で維持するということだが、こうした行為を妨げるものは原理的には存在しない。それを最も明らかに表わしている事例が、金融業者が、開発業者に融資して投機的分譲住宅を建設させると同時に、消費者にも住宅ローンを貸し付けてこの住宅を買わせる場合である。ただし問題は、この活動によって一種の投機的バブルがいともたやすく生じかねないことだ。この種のバブルが、二〇〇七〜〇九年には、まずはアメリカの住宅市場に暴落をもたらし、そしてスペインとアイルランドでも恐慌を引き起こした。建設事業での急成長、バブル、そして崩壊がいくつも起きてきたが、その長い歴史は、資本の歴史におけるこの種の現象の重要性を証明している。

だが、信用制度の介入は、建設的な場合もあったのであり、困難な時期に資本蓄積を持続させる積極的機能を果たしたことも明らかである。結果として、生産と実現の矛盾に代わって、貨幣と価値形態の矛盾が再び現われる。生産と実現の矛盾は、信用制度のなかに内部化される。信用制度は、一方では、常軌を逸した投機活動（住宅バブルを駆り立てたようなそれ）に関わりながら、他方では、生産と実現との矛盾した統一にまたがって資本の着実かつ不断の流れを維持するうえで、そこで生じる多くの困難を緩和するのである。信用制度が制限されると、生産と実現の潜在的矛盾は悪化する。その一方で信用制度が自由化され、その規制が緩和されると、特にさまざまな資産価値に対して、歯止めのない投機活動が襲いかかる。使用価値と交換価値の矛盾、そして貨幣とそれが表象する社会的労働との矛盾が依然として有効であるあいだは、この根底的な問題はけっしてなくなりはしない。金融恐慌や商業恐慌が頻発するのは、これらのさまざまな矛盾が相互に接続しあうからなのである。

実現の二つの基本的形態

多くの派生的矛盾が、生産と実現との関係性に付随する。付加価値は、生産活動において生みだされ、しかもこの付加価値の総量は、労働過程における生きた労働の搾取に大きく左右される。だが、これらが確実に行なわれるとしても、価値と剰余価値の実現は、資本の流れの連続性のおかげで、流通過程内部のさまざまな時点で可能になる。価値と剰余価値の生産を組織する資本主義的生産者が、こうした価値を実現するとは必ずしもかぎらない。商人資本家、銀行家、金融業者、土地不動産所有者、税務署員といった人物たちが導入されると、価値と剰余価値の実現が可能となる場所は、さまざまに異なってくる。そうなると、実現は二つの基本的形態をとることがある。

〔第一に〕たとえば商人資本家や金融業者は、資本主義的生産者に大きな圧力をかけることによって、直接的生産者の側の収益をごくわずかにまで切り詰める一方、自分たち自身には大きな利潤を取っておくことができる。これが、たとえば中国におけるウォルマートやアップル社の事業のやり方である。この場合、実現は、異なる産業部門で起きるだけでなく、海を越えた別の国において生じることにもなる（これによる富の地理的移転は非常に重要である）。

〔第二に〕生産と実現の矛盾に対処する別のやり方は、労働者階級が獲得してきたあらゆる剰余の取り分をその手から奪回することである。このための手段として、労働者階級に対して法外な価格が請求されたり、手数料や家賃《レント》や税金が強要されたりするのであって、その結果、この階級の可処分所得も生活水準も著しく低下する。このような実践は、社会的賃金を操作することを通じて行なわれることもある。たとえば年金受給権、教育や医療の提供、あるいは基本的サービスなど、さまざまな分野で勝ち取られたものがあるが、それらを後退させることが「略奪による蓄積」という政治的プログラムの一部をなしている。現在、緊縮財政政策が国家の側に対して広範囲から要請されているが、その狙いはこの〔略奪による蓄積の〕実現である。資本は生産点においては、敗北したり、労働者の要求に譲歩したりするかもしれない。だが資本は、生活空間における過剰抽出によって、譲歩したり失ったりしたものを取り戻すかもしれない（しかもそれ以上にもっと多くを手にするかもしれない）。高額な家賃や住宅費用、クレジットカード会社や銀行や電話会社による法外な料金請求、医療や教育の民営化、受益者負担金や罰金の強制——このすべてが弱い立場にある人々に金銭的負担を負わせることになる。多くの強奪的実践、恣意的な課税、逆進税、そして法外な訴訟費用などによって、これらの〔金銭的負担に対する〕費用が膨らまされる場合には、なおさらである。

その上、これらの活動は積極的に遂行されるものであって、周りに流されて起こるわけではない。都市の中産階級化《ジェントリフィケーション》、強制退去、そして時には暴力的撤去を通じて、高値がついている土地や立地条件から、低所得で弱い立場にある人々の排除が試みられたり、実際にそれが実行されたりしてきたが、こうしたことは資本主義の歴史における長年にわたる慣行である。それに対して、リオデジャネイロの貧民街《ファヴェーラ》で立ち退きにさらされている住民たち、ソウルで自分の手で建てた家を失った居住者たち、アメリカで土地収用措置を通じて転居させられた人々、そして南アフリカのバラック居住者たちは団結することになる。当然だが、ここでの生産は空間の生産を意味しており、ここでの実現は、地代や不動産価値に対する資産譲渡益《キャピタル・ゲイン》という形態をとる。それゆえ一般的には、開発業者と金利生活者が力をつけることになり、逆に、彼ら以外の資本の諸分派は力を失う。

したがって、生産と実現との矛盾した統一は、資本の運命にも労働者の運命にも及んでいる。この論理的帰結として、階級衝突および階級闘争のなかにある「矛盾した統一」は、労働領域と生活領域とに必然的にまたがることになる。だが全般的に左派は、この結論を無視はしないまでも軽視する傾向にあった。

この矛盾から引きだされる政治的展望は、生産と実現との関係を逆転させることである。実現は、全住民が必要とするさまざまな使用価値を見つけだし、それらを表明させることに置き換えられるべきであり、したがって生産は、これらの社会的必要を満たすために組織化されるべきなのである。このような逆転が一夜にして起こることは難しいかもしれないが、生活に必要なものの供給を徐々に脱商品化していくことは、実行可能な長期的プロジェクトである。経済活動においてそもそも支配的地位にあるべきは、交換価値の増大の永続的追求なのではなく、使用価値であるべきなのだが、この考え方とも今述べた事業は見事に一致する。これが無理難題に思えるのであれば、ヨーロッパにあった社会民主主義政権（特にスカンジナビア諸国のそれ）が一九六〇年代以降、資本主義を安定化させる手法として、需要管理型経済への再編を進めたことを思い起こすのが有益である。この再編によって、社会民主主義政権は――多少及び腰ではあったものの――生産と実現との関係を部分的に逆転できたのだが、こうしたことが反資本主義経済への移行には必要になるだろう。

第Ⅱ部

運動する資本の矛盾

はじめに

資本の基本的諸矛盾は、バラバラに孤立しているわけではない。これらの矛盾は結びつきあって資本蓄積の基盤構造をつくりあげている。

（一）使用価値と交換価値との矛盾は、貨幣の存在にもとづいている。

（二）だが貨幣は、社会的労働としての価値と矛盾した関係にある。

（三）交換価値とその価値尺度である貨幣とは、交換当事者のあいだにある一定の法的関係を前提とする。したがって個々人は私的所有権を与えられ、この権利は一定の法的・慣習的枠組みによって守られる。この土台にあるのが、個人化された私的所有権と、集団としての資本主義国家との矛盾である。

（四）国家は、暴力を合法的に行使できるという独占権をもっており、また主要な交換手段である国家紙幣の発行に対しても独占権をもっている。永続的な貨幣形態と永続的な私的所有権とは深く結びついている（互いに互いを含みあう）。私的個人は交換行為を通じて、自分のために社会的労働の成果（共同の富《コモン・ウェルス》）を合法的かつ自由に領有できる。

（五）こうした事態が、資本主義的な階級権力を形成するうえでの貨幣的基盤をなす。だが資本が資本自体を系統的に再生産できるようになるのは、労働力の商品化を通じてでしかない。平等にもとづいた市場交換から、どのように利潤の不平等が生じるかという問題は、これによって解決される。この解決によって、社会的労働――他人のための労働――は、疎外された社会的労働――資本の生産と再生産にのみ資する労働――に転化する。その結果が資本と労働の基本的矛盾である。

（六）これらの諸矛盾が運動しだすと、それは資本の不断の流通過程を描くと同時に、さまざまな物質的形態を経ることになる。すると今度は、資本の景観における固定性と運動性との葛藤が深まる一方となる。

（七）資本の流通の内部には必然的に、資本の生産と実現との矛盾した統一が存在している。

これらの諸矛盾は一定の政治情勢を規定する。これを土台にして、資本のつくりだす世界に対抗するオルタナティブが提示可能になる。このオルタナティブが政治的にめざすところは、交換価値ではなく使用価値であり、権力や富の私的蓄積を禁じる貨幣形態である。そして、国家と私的所有との結合体《ネクサス》を解体し、集団的に管理された複合的な共同所有権レジームをつくりだすことである。私的個人が共同の富《コモン・ウェルス》を領有できる事態は阻止されなければならないし、階級権力の貨幣的基盤は掘り崩されなければならない。資本と労働の矛盾は、疎外なき労働に従事する連合した《アソシエーテッド》労働者権力を重視することに置き換えられなければならないし、そうした労働者は他人の求める使用価値を生産できると同時に、自分の労働過程を自ら決定できなければならない。固定性と運動性の関係は、人間存在の普遍的条件であるがゆえに、その廃絶は不可能である。だが、この関係への対処は、金利生活者《レンティア》の権力に対抗するものでなければならないし、すべての人々に対して生活に必要なものの充足を継続的に保証できるものでなければならない。最後に「生産のための生産」が、疎外された熱狂的消費主義という強いられた世界をもたらす。これに代わるものとしての「生産」が合理的に組織されて、必要な使用価値を提供しなければならない。そうなることで、すべての人々が適度な物質的生活水準を達成できるのである。実現は、欲求と必要とにもとづく「需要」に転化すべきであり、生産はこうした「需要」に応えるものにならなければならない。

資本に対するオルタナティブがどのようなものになるのかについて、政治的かつ長期的展望を持って思案しようとする上で、以上がその一般的方針になる。この方針にもとづいて、それぞれ独自に提起される戦略や提案は判断されるべきである。

基本的な諸矛盾は、あらゆる場所と時代において変わることのない資本の特徴である。われわれが次に考察する諸矛盾において「変わることのない」ものと言えば、それらが不安定で絶えず変化にさらされていることだけだ。この特徴に注目すると、政治経済学が自然科学的モデルとは根本的に異なっていることが理解できる。自然科学的モデルにおいて解明される諸原理は、あらゆる空間と時間において真であると想定されている。ブライアン・アーサーの『技術の本性』は明快で教育上ためになる著作だが、彼がそこで述べているように、「基底となる法則」（あるいは私なりの言葉で言えば「基本的な諸矛盾」）が表明される手段は「時とともに変化しており、この諸法則がつくりあげるパターンも時とともに変わり、つくり直される。それゆえ新しいパターン、新しい一連の編成が生じるたびに、新しい経済構造が生みだされ、古い構造は消滅する。だがこの構造を形成するうえで、その根底にある構成要素《コンポーネント》――基底となる法則――は常に同一のものでありつづける」[1]。

運動する諸矛盾の場合、それぞれの矛盾の基本的な特徴がまず説明される必要があり、それを経てはじめて、この矛盾が現在とっている形態も一般的に評価できるようになるだろう。われわれは、この発展がたどる軌道をある程度理解することによって、ようやく未来における展望や可能性についても語ることができる。この発展は、あらかじめ定められたものではない。だがそれは偶然的で予測不能というわけでもない。むしろ発展上の変化が起きる速度は比較的緩やかになる傾向にあり――数年単位というよりも数十年単位での問題である（ただしそれが加速していることを示す証拠もあるのだが）――、だからこそ現在における諸困難だけでなく、さまざまな未来の展望についても語ることが可能になる。「運動」の意味を把握することは、政治的には必要不可欠である。というのも「不安定であること」や

▼1　W. Brian Arthur, *The Nature of Technology: What It Is and How It Evolves*, New York, Free Press, 2009, p. 202.［W・ブライアン・アーサー『テクノロジーとイノベーション――進化／生成の理論』みすず書房、二〇一一年、二五四～二五五頁］

「運動すること」は、さまざまな重大な困難を引き起こすと同時に、さまざまな政治的機会をもたらすからである。ある場所や時代においては意味のある政治的見解や戦略であったとしても、時と所を変えると必ずしも通用するというわけにはいかない。幾多の政治的運動が失敗してきたが、その理由は、とっくに賞味期限の過ぎた思想や展望に依拠しようとしたからである。われわれは、かなり昔の政治理論家から不毛な思想を取りだしてそれに同意したとしても、最新の政治戦略は構想できないし、現状に即した政治的展望も切り開けない。だからといって、過去の研究から学ぶべきものは何もないとか、過去の記憶や伝統を利用しても現代の創造的思考には役立たないとか言いたいわけではない。その意味はむしろ次のことにある。資本の現状に存在する諸矛盾は急激に展開しており、われわれは、それにもとづいて自分たち自身の未来の歌を書かなければならないということである。

［第8章］

技術、労働、人間の使い捨て

社会主義／共産主義に属している伝統的マルクス主義者の構想において解決の目標と想定される中心的矛盾は、次のようなものである。それは、生産力（たいていは技術的な潜在能力や技術力として理解されるそれ）が桁外れに増大しているにもかかわらず、資本が、この生産性を公共の福祉のために利用できないという矛盾である。なぜならこの生産性は、支配的な階級的諸関係に資するものとなっており、それに関連する階級再生産、階級支配、階級統治のためのさまざまなメカニズムに関与しているからである。この矛盾が放置される場合──とこの議論は続ける──、資本は寡頭支配的で金権支配的な階級構造を生みだすことになり、絶えず不安定なこの階級構造の下で世界人口の大部分はかろうじて生計を立てていくか餓死するかとなる。豊かさのなかで広がりつづけるこの不平等によって不満がつのると、大衆のなかから、自覚的に組織された反資本主義的革命運動（レーニン主義者の見解では前衛党によって指導されるそれ）が生まれ、階級統治は廃絶されるだろう。それに続いて、グローバル経済も再編され、資本の驚異的な生産性から期待されるさまざまな恩恵が地上のすべての人々に行き渡ることになるだろう。

この分析は、ひとかけらの真実以上のものを含んでいる──たとえばわれわれは今日、グローバルな金権支配を輩出する一歩手前にあるように見える。それは、革命的熱意に漂うほのかな期待という域を越えて、変化のメカニズムに関心を向けるものでもある。だが私には、このような定式はあまりにも単純であり、場合によっては根本的欠陥があるように思えてならない。しかし、資本によって実現される生産性の劇的な増大が一つの矛盾した運動の一面をなしており、その運動によって恐慌が勃発する危機にわれわれがさらされるということは明らかである。ところが、この反対命題《アンチテーゼ》〔この「生産性の増大」と矛盾した位置にある対極面〕が正確には何を指しているのかは必ずしも明らかではない。われわれがこれから取りかかるのは、まさにこの問題である。

技術革新に対する物神崇拝

技術について定義できるとすれば、それは次のようなものになるだろう。技術とは、人間の目的にかなう生産物をつくりだすうえで、さまざまな自然過程や自然物を使用することである。技術はその根底において、動的で矛盾した独自の対自然関係を規定する。このきわめて重要な矛盾は後ほど改めて詳述しよう（第16章参照）。ここで大事なのは、この矛盾の存在を認識し、その流動性と力強さを認めておくことだ。資本——それは、たとえば軍隊や国家機構、あるいは市民社会のその他さまざまな諸機関とは対立するものと捉えられる——にとって独自な直接的目的は利潤である。この目的は社会的には、資本の終わりなき蓄積になり、資本主義的階級権力の再生産になる。この目標に向けて資本は身を焦がさんばかりである。それを達成するために資本家は、技術のハードウェア（機械やコンピュータ）、ソフトウェア（機械を使うためのプログラミング）、それらの組織形態（特に労働者の使用を指揮し統制する機構）を改編しつくり直す。資本にとっての直接の目的は、生産性や効率や利潤率を上げることであり、そして新たな——可能であればより利益の上がる——生産部門を創造することである。

技術変化の軌跡を考察する際に覚えておくべきことだが、ソフトウェアと組織形態は、ハードウェアとまったく同じように重要である。一方には、現代企業における管理体制、信用制度、ジャスト・イン・タイム納品システムなど、さまざまな組織形態があり、他方でソフトウェアが、ロボット工学、データ管理、人工知能、エレクトロニック・バンキングなどに組み込まれている。これらは収益性にとって必要不可欠な要素であり、その点では、さまざまな機械に具体化されるハードウェアと変わりがない。最新の事例を挙げてみよう。クラウド・コンピューティングが組織形態であり、文書作成プログラムのＷｏｒｄがソフトウェアであり、私が執筆に使っているＭａｃのパソコンがハードウェアだ。これら三つの要素――ハードウェア、ソフトウェア、組織形態――はすべてコンピュータ技術のなかに結合されている。この定義に従えば、貨幣、銀行取引、信用制度、そして市場はすべて技術である。このような定義はあまりに大雑把だと思われるかもしれないが、私見では、こう捉えておくことが絶対に必要である。

当初、資本の技術は、さまざまな個別的生産者同士が競争することを通じて変化した（少なくとも理論上はそうであった）。競争関係にある資本主義的諸企業は、それぞれの効率や生産性を高めることによって、競争相手よりも大きな超過利潤を得ようと努めたのである。成功した者は繁栄し、残りは取り残された。しかし、優れた組織形態や機械、あるいはたとえば厳格な在庫管理によって得られた競争上の優位（より高い利潤）は通常、長くは続かなかった。競争相手の企業は新しい方法を即座に採用することができた（ただしこの技術の特許権が取得されたり、独占力によってそれが保護されたりした場合は当然、この限りではな

◆**ジャスト・イン・タイム納品システム**　必要な物を、必要なときに、必要な量だけ配送する物流システムのこと。「少量多頻度配送システム」とも言われる。

◆**エレクトロニック・バンキング**　コンピュータと通信回線とを介して、家庭や企業から金融機関サービスを利用すること。

◆**クラウド・コンピューティング**　コンピュータのソフトウェアや、サーバー・コンピュータといったハードウェアなどを、インターネット・ネットワークなどを介して共同利用するシステムのこと。これを使うと、たとえば同一データの保存、バックアップ、回復などが、インターネットにつながっているどのコンピュータからでも可能になる。

い）。それゆえ互いに追い越しあう技術革新《イノベーション》がしばしば、さまざまな部門を横断して生じてきた。

ここで私は疑念を表明しておこう。なぜなら資本の歴史は、競争よりも独占を志向する傾向を示しており、このことはイノベーションに対してあまり都合がよくないかもしれないからだ。だが、われわれが見いだすのはむしろ、競争という原動力の有無に関わらず、資本家たちがあらゆる資本主義的事業で効率と生産性の向上を一般に集団として強く求めるようになっており、これがいわば一つの文化になっていることである。生産性を全体的に改良しようとしたなら、供給網《サプライ・チェーン》◆の一点でのイノベーション――たとえば力織機による綿織物生産――は、その他のイノベーション――たとえば綿繰り機――を必要とする。ただし新しい技術にもとづいて経済活動の全領域を再編しようとすることは、時として時間を要するものになったし、今もなおそうなっている。さらに大事なことを言い添えておくと、個々の資本家や企業が製品イノベーションを重視するようになったのは、そのイノベーションが短期間でも独占利潤を稼ぎだす手段になるからであり、さらに特許法によって保護された場合、独占使用料《レント》をもたらす手段になるからである。

昔も今も、技術上の優位を探求するうえで、それに関わる主体《エージェント》は資本だけとはかぎらない。国家機構のさまざまな部門も常に深く関わっている。言うまでもなく最も目を惹くのは、軍隊組織が優れた兵器や組織形態を求めてきたことである。現実の戦争であろうと、戦争の脅威（軍拡競争）であろうと、それらは波状的な技術革新に強く関連してきた。資本主義の歴史の初期におけるイノベーションに対しては、この要因が支配的機能を果たしたかもしれない。しかし国家管理にはそれ以外にもさまざまな機能がある。たとえば租税の管理であり、土地不動産所有権や契約の法的書式の決定である。さらには統治、資金の管理、地図の作製、監視、治安維持、その他全住民を管理するさまざまな手続きなど、そのための技術をつくりだすことも含まれている。これらが新しい技術の開発に関わってきているのであり、その重要性は当初から資本主義的企業に勝るとも劣らなかった。軍事技術、医療技術、公衆衛生技術、エネルギー技術に関連する研究開発上の種々の協力関係が、国家部門と公的部門とのあいだに広がっている。公共領域と資本活動の双方に生じるイノベーションが互いに及ぼしてきた波及効果は枚挙にいとまがない。

資本主義における技術変化――資本はその一因になっており、またそれを旺盛に利用さえするのだが――は要するに、いくつかの異なる主体や機関の活動にもとづいている。資本にとってこれらのイノベーションは、資本の収益性を維持し増大させるうえで、その可能性が絶えず変化する一つの広大な領域をつくりだすのである。

技術変化の過程は時とともに、その性格を変えた。技術はビジネス〔営利事業〕のための一つの特殊分野になった。こうした事態が初めてはっきりと現われたのは、工作機械工業が台頭した一九世紀であった。蒸気機関とそのさまざまな副産物など、基礎技術が開発されて多くの産業に応用されることができた。蒸気機関の製造業者の収益性は、蒸気動力を用いるさまざまな産業（たとえば運輸交通業、綿工業、鉱業）の収益性よりも重要であった。ただしどちらの収益性も互いを欠いては実現されなかったのは明らかである。まもなく蒸気機関の応用だけでなく、それ以外のエネルギーや動力の応用についても絶えず新たな改良が発見されるようになった。

ほとんどあらゆる所において応用可能な基礎技術を探究することが重要になった――近年で言えば、たとえばコンピュータやジャスト・イン・タイム納品システムや組織論といった諸分野を考えてほしい。ありとあらゆる人々に応える広大なイノベーション開発ビジネスが生まれ、新しい生産技術、流通技術、統治技術、軍事技術、監視技術、管理技術、さらには新しい消費技術さえも提供された。技術革新は「巨大ビジネス」になった。ここで「巨大」という言葉の意味は必ずしも、大規模なグループ企業がいくつか存在することではない（とはいえ、こうした実例はアグリビジネス業界、エネルギー業界、製薬業界などに多く見られる）。むしろその意味は、イノベーションのためのイノベーションを追求する多種多様な企業が存在しており、その多くは小規模な新興ベンチャー企業からなっているということだ。資本主義的文化はイノベーションという力の虜になった。技術革新は、資本主義的欲望の物神的《フェティッシュ》な対象に転化した。

◆**供給網（サプライ・チェーン）**　原料段階から製品やサービスが消費者の手に届くまでの全過程のつながり。

この物神的な衝動は何が何でも新しい技術を追求するものだが、それはまた、一九世紀の半ば以降になると科学と技術の融合も促した。そのとき以来、科学の発展も、技術の発展も、弁証法的に互いを取り入れるものになった。科学上の認識は、まずは望遠鏡や顕微鏡のような新しい技術に必ず依拠するものだが、やがて新しい技術の方が科学的知見を組み込むようになり、それが技術革新ビジネスそのものの中心を占めるようになっている。

この広大なビジネスは、時に費用のかかる技術革新を、それを嫌がる人々にまでますますうまく押しつけるようになった。しかもそれは、しばしば国の規制の手を借りることによって、小規模企業よりも大企業を利する傾向にあった。なぜなら、規制を遵守する上でかかる費用は通常、経営規模に応じて減少するからである。一例を挙げると、ヨーロッパ連合におけるさまざまな規制が、税収管理や記録の保持という目的から、小規模な飲食店や小売店に対して現金取引における電子機器の導入を強制したが、それによってこれらの事業者はチェーン店よりも費用面において不利な状況に陥った。さまざまな新技術の普及にあたっては同意と強制が混在する。他方で、軍事技術を開発することは、いかがわしい生業《なりわい》以外の何ものでもない。これによって巨大な軍産複合体は、イノベーションのためのイノベーションを行なっているあいだは、延々と国家財政を喰いものにするのである。

「組み合わせ進化」と資本

技術発展の経路は、成り行きまかせでも偶然でもない。ブライアン・アーサーが『技術の本性』で指摘するように、新しい技術は「もっと新しい技術を構築する」ための礎石になる。

こうした新技術のいくつかが次に、さらに新しい技術を創造するために利用可能な礎石になるのである。このようにして当初の数少ない技術から、ゆっくりと時間をかけながら、多数の技術が形づくられる。そしてより単純な技術を構成要素《コンポーネント》にして、さらに複雑な技術が形づくられる。まとまった全体としての一群の技術は、それ自体が少数から多数の技術へと到達し、単純なものから複雑なものへと達する。技術は、自ら技術を創造すると言うことができる。

この過程をアーサーは「組み合わせ進化」と呼んでいるが、私見では適切な名称である。しかしながら新しい技術は「物質的に構築される以前に観念的に創造されて」いる。つまり、われわれが技術に関連する観念的で概念的な諸過程に注目すると、技術の発展は観念的問題の解決を実現したものだと理解される。ある問題が起こり認識されると、ある解決が求められる。この解決は絶えず新しい組み合わせの下で、それ以前にあったさまざまな解決を他の諸問題に結びつけることになる。この組み合わせは、しばしば他の点に波及効果を及ぼす。なぜなら、それはアーサーが「機会適所《ニッチ》」と名づけたものを創造するからである――あるイノベーションが、そうした領域を捉えるなら、ある場所から別の場所へと有益に応用されるだろう。▼1

イノベーションの中心地は自然発生的に発展する（いくつかの地域や都市や街区にはイノベーションに関して注目すべき実績がある）が、その理由は――ジェイン・ジェイコブズなどの論者がずっと以前に書いていたように――、無数の小規模ビジネスや分業を特徴とする一見混沌とした経済圏においてこそ、さまざまな技能や知識が偶然に共存する可能性が高いからである。アーサーは、このような技能や知識がイノベーションの出現にとって必要であると見なす。▼2 このような環境は歴史的に見れば、一次元的な企業城下町に比べて、新しい技術融合体をはるかに生みだしやすかった。しかし近年では、研究大学、研究機関、

▼1　W. Brian Arthur, *The Nature of Technology: What It Is and How It Evolves*, New York, Free Press, 2009, pp. 22 et seq. [W・ブライアン・アーサー『テクノロジーとイノベーション――進化／生成の理論』みすず書房、二〇一一年、三一、三三、二二一～二二三頁]

シンクタンク、軍事研究開発部門を一定の領域に設ける計画的組織が、基本的ビジネスモデルになっている。こうしたモデルを通じて、資本主義的企業や資本主義国家はイノベーションを推進することによって、競争上の優位を追求する。

だがアーサーの説明で奇妙なのは、技術が奉仕するはずの一連の人間の目的について批判的議論がことごとく回避されていることである。その他の点では技術発展の論理について教えられることが多いにもかかわらず、そうなのである。たとえばアーサーはF‐35ライトニングⅡという戦闘機の洗練された設計構造について軽やかに語るのだが、この戦闘機と戦争との関係や、地政学的支配という「人間の目的」についてては何も言及しない。アーサーにとっての戦闘機とは、解決すべき難解な技術的諸課題の一群を示すものでしかない。

同じように、経済の特殊資本主義的形態についての批判はまったく存在しない。資本が、利潤の極大化、終わりなき資本蓄積の促進、資本主義的階級権力の再生産を断固として推し進めることに対して、たしかに何らの疑問も投げかけられていないのである。とはいえ相対的に自律的な技術発展についてのアーサーの理論は、資本の経済エンジンがどのように機能するのかを理解するうえで、深い示唆を与えてくれている。そこにおいて少なからず浮き彫りになっているのは、さまざまな技術変化によって資本の永続化や再生産のために生みだされる現代の諸矛盾である。いくつかの重要な変化が起きつつあると言うのだ。

経済モデルが機械的なものから有機的なものに変わることは、経済理論に対する暗黙の意味を含んでいる。「秩序、閉鎖性、均衡といったさまざまな説明をとりまとめるための道具は、開放性、予測不能性、果てしない新しさなどに道を譲りつつある」[3]。ここでアーサーが無意識に繰り返しているのは、アルフレッド・ノース・ホワイトヘッドの鋭い見解である。つまり自然そのもの〔人間性〔人間的自然〕もその例外ではない〕の不変の目的は、新しさを果てしなく求めることである。それゆえアーサーは次のように続ける。

さまざまな技術が、生命体を連想させる特性を獲得しつつある。技術が環境を感知して反応するようになると、あるいは技術が自己集合し、自己構成し、自己修復し、そして「認知」機能をもつようになると、それはますます生命体に似通うものになる。技術は、精巧になり「ハイテク化」するほど、ますます生物学的なものになる。われわれが理解しはじめたのは、技術が機械構造《メカニズム》だけでなく代謝系〔物質代謝〕でもあるということである。▼4

このように機械的な喩《たと》えが有機的な（あるいは化学的な）喩えに変わるのだが、ここには重要な意義がある。アーサーが見ている「ニューエコノミー」◆は、啓蒙主義時代以来、世界に重ね合わされた機械的合理性よりも、もっと自然なものであるように見える。これはまさに、技術と自然の関係に関する古代の認識の仕方に復帰することにほかならない（おそらく「それを回復する」という方が良いかもしれない）。しかし、それは後ろ向きでも懐古的なものでもない。いわゆる「ニューエイジ」◆の文化的思考にあった感傷主義や神秘主義も避けている。アーサーの示唆によれば「新しい諸原理」が経済学の一部にならなければな

▼2　Jane Jacobs, *The Economy of Cities*, New York, Vintage, 1969.〔ジェイン・ジェイコブズ『都市の原理』鹿島出版会（ＳＤ選書）、二〇一一年〕

▼3　Arthur, *The Nature of Technology*, p. 211.〔前掲アーサー、二六七頁〕

▼4　Ibid., p. 208〔同前、二六三頁〕; Alfred North Whitehead, *Process and Reality*, New York, Free Press, 1969, p. 33.〔アルフレッド・ノース・ホワイトヘッド『過程と実在――コスモロジーへの試論』第一巻、みすず書房、一九八一年、三〇頁〕

◆**ニューエコノミー**　一九九〇年代にアメリカで主張された経済観。情報技術進歩や国際化により、景気循環が消滅し、インフレなき経済成長が続くと主張した。

◆**ニューエイジ**　心霊主義や神智学などを基盤として、一九七〇年代後半にアメリカ合衆国西海岸で始まった神秘思想潮流。

らないのであり、それは思考や論理に関する有機的な過程にもとづく《プロセスベース》諸形態である。これは皮肉にも――そしてそれを聞けばアーサーは間違いなく衝撃を受けるだろう――、マルクスがはるか以前に『経済学批判要綱』で先駆的に論じたような政治経済学である！　アーサーが主張するように、このようにして初めて把握可能になるのが「連結性、適応性、進化する傾向、有機的属性といった、現代技術の諸属性」であり、つまり「その不格好な生命力」なのである。[5]

重要なのは、資本という経済エンジンの「進化」的性格をどのように理解するかに対して、こうした技術の分析から読み取られるその含意である。

> 新しい技術の到来は、現在使用されている財と方法を改良するために新しい組み合わせを発見することによって、現行の技術を破壊するだけではない。それは、一連の技術面の適応と一連の新たな問題とを引き起こし、その上で、かつてない組み合わせを引きだす新しい機会適所《ニッチ》を創出し、またさらに別の技術――そして別の問題を取り入れていく。〈……〉したがって経済は常に、変化に対する果てしのない開放性の中に置かれており、果てしない新しさの中にある。経済は、果てしない自己創出過程の中に存在する。経済は常に満たされることがない。〈……〉経済は自己構築を果てしなく繰り返すのである。[6]

新しい技術上の組み合わせは古いものに取って代わり、そうなると経済学者ヨーゼフ・シュンペーターが「創造的破壊の烈風」と名づけたことで知られる諸局面がはじまる。[7]　全体としての生活のあり方や存在様式や思考様式が必然的に急激な変化にさらされ、結果として、古いものを犠牲にして新しいものが取り入れられる。その明らかな好例が、近年の産業の空洞化という歴史であり、それに付随する数々の急激な技術の再編である。技術変化は犠牲や苦痛を必ずともなうものであり、しかもその犠牲や苦痛が平等に分担されるわけではない。常に問いかけるべき問題は、創造から利益を受けるのは誰であり、破壊の矢面にさらされるのは誰なのか、である。

では、資本に特有な必要や要求は、この過程においていかなる機能を果たすのか？　奇妙なことにアーサーは、この独特な問題を無視している（それ以外の点では彼の研究は鋭いのだが）。私は次のように主張したい。すなわち、資本の歴史と論理には、重複しあう五つの技術上の支配的原則が存在する。この原則を簡潔に考察しよう。

一、協業と分業とを組織化することで、効率や収益性や蓄積を極大化すること。このような組織化はアダム・スミスのピン工場の例◆で簡略に示されたが、それ以降、時とともにその対象が広がってきた。今では、企業の最適経営に関する技術論や管理組織論で取り扱われている事柄の大半を網羅するものになっている。この点において、アーサーが語るような複雑性や流動性が増していることは、いたる所で目につく事態である。さまざまな関連技術は絶えず変わりつづけ、資本の現代的形態はますます、ソフトウェアや組織形態を重視してきている。指揮統制機構と市場調整メカニズムとを組み合わせることは、安定したものにはならないが、効率的だとされる。

二、あらゆる局面で資本の流通を加速させようとすること。この要求は、「時間による空間の絶滅◆」と

▼5　Arthur, *The Nature of Technology*, p. 213［前掲アーサー、二六九頁］; Karl Marx, *Grundrisse*, Harmondsworth, Penguin, 1973.［カール・マルクス「一八五七～五八年の経済学草稿」、『マルクス資本論草稿集』①～②、大月書店、一九八一～一九九七年］

▼6　Arthur, *The Nature of Technology*, p 191.［前掲アーサー、二五二頁］

▼7　Joseph Schumpeter, *Capitalism, Socialism and Democracy*, London, Routledge, 1942, pp. 82-3.［ジョセフ・シュンペーター『資本主義・社会主義・民主主義』東洋経済新報社、一九九五年、一二九～一三一頁］

◆**アダム・スミスの……例**　アダム・スミス『国富論』上巻、河出書房新社、一九六五年、第一篇第一章。

いう要求とともに、驚くほど幅広い技術革命を数多くもたらしてきた。生産や市場における資本の回転時間の短縮、あるいは消費財の使用期限の短縮――それは耐久財の生産から瞬間的なスペクタクル◆の生産への転換にいたった――が資本の歴史において必要不可欠になってきており、それを大きく推し進めるのが競争である。この点で最も目につくのは、自然の生産と技術との関係である。たとえば、飼育された羊が子羊を産む期間は三年から一年に縮まり、豚の繁殖も加速している。運輸や通信の加速化は、地理的距離による摩擦や制限を軽減させ、それによって資本の空間性や時間性は、社会的秩序の動的な――固定的ではない――側面を表わすものになる。文字通り、資本は、その独自の自然だけでなく、それ自身の空間と時間も創造する。さまざまな資本形態（生産資本、商品資本、貨幣資本）や労働力などの可動性もまた絶えず革命的な変革にさらされつづける。われわれは、この論点に後で戻ることにしよう（第11章参照）。

通信手段の革命的変化は、運輸交通手段のそれと並行してきたが、最近では信じられないほど急速に進行している。情報やニュースを瞬時に入手できるようになったことによって、この変化自体が、さまざまな政治力学や政策に対する大きな影響力に転化している。通信手段を統制することは、資本主義的階級権力の再生産にとって決定的な特徴になり、新しいメディア技術（特にソーシャルメディア◆）には、階級闘争の発展力学《ダイナミクス》を推し進める潜在的可能性があると同時に、それを妨げる危険性も秘めている。たとえば、カイロ、イスタンブール、その他世界中の都市で近年起きた暴動を見れば、このことはあまりにも明らかだ。

三、知識を生産し普及する諸技術――データや情報の保存と検索のための諸技術――は、資本が存続し永続化するうえで重要である。これらの技術は、投資決定や市場活動を導く価格シグナルやその他の情報形態を提供するだけではない。それは世界に関する精神的諸観念を維持し広めるものであり、これによって生産活動を促進し、消費者選択を導き、新しい技術の創出を促すのである。

資本の記憶装置は不可欠である。それはすでに巨大なものとなっている。この装置が急激に発展するには、同時に、それを制御し処理し操作する精巧な諸技術も急速に発展しなければならない。土地登記簿、契約書、司法判断、教育記録、医療記録などに含まれている基本情報は、長いあいだ資本が機能する上で必要不可欠なものであった。加えて、この種の情報は、国民経済の予測モデル――ただしこのモデルは多くの点で擬制的であるが――を作成可能にする原資料を提供する。この資料（失業状況、貿易赤字、株式市場の変動、成長統計、製造活動、設備稼働率など）によって、国民経済の健全性を評価することが可能になり、企業と国家機関の双方が戦略的決定を下すうえでの根拠が（善かれ悪しかれ）与えられる。世界銀行やＩＭＦといった諸機関は時折り、それ自体が生みだした大量の情報に飲み込まれているように思われる。一群の「専門家」が現われて、われわれがさまざまな動向を理解するうえで手助けしてくれる。ウォールストリートでのコンピュータ取引（さらに最近ではナノテクノロジー◆への転換）など、新しい情報処理技術の導入は、資本の活動に途方もない影響を与えている。

四、金融や貨幣は、資本が機能するうえで欠くことのできない活動領域を形成する（第２章参照）。正確な損益計算が可能になるのは貨幣的見地からのみであり、多くの経済的判断も貨幣的見地からなされる。

◆「時間による空間の絶滅」　カール・マルクス「一八五七～五八年の経済学草稿」、『マルクス資本論草稿集』②、大月書店、一九九七年、一九二頁。

◆スペクタクル　元来は、大仕掛けの見世物や、視覚的印象に訴える作品を意味する。二〇世紀フランスの思想家ギー・ドゥボールは、現代資本主義社会におけるスペクタクルを「イメージによって媒介された、諸個人による社会的諸関係」と定義した。スペクタクルは、「疎外」によってつくりだされるものであり、消費生活のすべてが転換されたメディア上の表象や情報であるとされる。詳しくは本書三一一頁以降参照。

◆ソーシャルメディア　ソーシャル・ネットワーキング・サービス（ＳＮＳ）やブログなど、広範な人々が参加可能な情報発信技術を用いて、利用者同士の情報交換によって成り立つよう設計されたメディア媒体。ツイッターやフェイスブックがその一例である。

◆ナノテクノロジー　原子や分子レベルの粒子を生成したり操作したりできる科学技術。

貨幣に関する諸技術は歴史的に長期間かなり変わらないものであったが、この領域におけるイノベーションの著しい進行が一九三〇年代以降にあったのは疑いない。近年になると、銀行取引や金融分野におけるイノベーションは飛躍的な成長を遂げる傾向を示しており、コンピュータ化、電子マネー、エレクトロニック・バンキングが出現し、ありとあらゆる新手の投資手段が広められてきた。自由に流通する擬制資本の創造が著しく加速するとともに、信用制度の内部において種々の強奪的活動が行なわれた。こうした事情が一因となって、略奪による蓄積と資産価値に対する投機活動とが次々と繰り広げられている。新しいハードウェアの可能性、新たな組織形態（プライベート・エクイティ・ファンド、ヘッジファンド、一群の複雑な公的規制機関）の創出、そして言うまでもないがソフトウェアの驚くべき発展速度は互いに影響しあっているが、これがかくも劇的に見られたのは貨幣の領域以外にはないのである。国際通貨制度や世界的金融システムに関わるさまざまな技術が社会に対する急激な圧力要因になっている。と同時に、これらの技術はまた、資本主義的な起業家たちに対して、今の時勢において重要度と「不格好な生命力」の点で比類のない活動分野も提供している。

五、最後に、労働に対する統制という問題がある。これは資本にとって必要不可欠な問題領域であり、この後すぐに詳しく取りあげることにしよう。

階級闘争と社会的労働の喪失

技術は、これまで起きてきたように発展しなければならなかったのか？　かつては新しい技術の展開が場所によって禁じられた（中国で技術的発見が展開されなかったことが最も顕著な一例である）が、この種の制約から技術革新を解放することが選択されたことは間違いない。〔一九世紀初頭のイギリスにおいて〕機械の導入に反対した機械打ち壊し《ラダイト》闘争から、核兵器の実現に対する物理学者たちの反抗にいたるまで、道徳的・倫理的理由から、新たな技術配備に反対する激烈な抵抗運動があったことも間違いない。現在でも、遺伝子工学と遺伝子組み換え作物の倫理性や不適切さについて熾烈な論争が巻き起こっている。しかしながら、このような問題は技術変化の発展軌道を阻むようには思われない。それゆえ私は、この種の矛盾を「運動する」ものと名づける――それは不変ではないが、絶えずその性格を改める。この理由から、技術変化の過程が今まさにどこにあり、その未来はどこに向かうのかを評価することが、きわめて重要になる。

たとえばアーサーは「このような技術の絶え間ない進化や経済の改良過程に終わりはないのだろうか」という問いを投げかけている。彼の答えによれば、原理的には終わりがある。しかし、それが現実に終わる可能性はまずありえない。技術発展を進める分散された原動力はあまりにも強力であり、果てしない新しさが発見されると見込まれる分野もはるかに広大である。それゆえ技術的・経済的発展が近い将来、終わることはありえない。

次の一〇年に技術が生じる道筋はおおよそ予測可能である。現行の技術もほぼ予想どおりに将来改良されていくだろう。だが総体的に見て、現行における生物学的種の集団からはるか先の進化を予測するのが困難であるように、未来の経済における技術の集合体を予測することも容易ではない。今後ありうる組み合わせについてはもちろんのこと、創出される機会適所《ニッチ》も予測不能である。組み合わせの可能性が指数関数的に増大するため、集合体が発展するにつれ、その予測不能性も増していく。今われわれが三〇〇〇年前にいるなら、その技術は現状と変わらないまま、一〇〇年間現役でありつづけると自信をもって断言できたかもしれないが、現代社会では、五〇年先の技術の姿を予測するのがやっとであろう。[8]

▼8　Arthur, *The Nature of Technology*, pp. 200, 186.［前掲アーサー、二五二、二三六頁］

それでは、終わりなき資本蓄積や収益性を脅かすかもしれない矛盾ないし諸矛盾は、こうした「組み合わせ進化」の過程のどこにあるのか？　私は次のように主張しよう。未来における資本の展望に対して、きわめて重要な矛盾が二つ存在する、と。第一の矛盾は、自然に対する技術の動的関係に関わる。これは本書第16章の主題になる。第二の矛盾は、技術の変化、未来の労働、および資本に対する労働の役割が、どのように関係しあうのかに関わる。ここでは、この第二の矛盾について検討することにしたい。

資本が収益性を維持し蓄積を続けるうえで、労働過程と労働者に対する統制は常に中心的機能を果たしてきた。資本の歴史のいたる所で見られるように、資本は、さまざまな技術的形態を発明し革新し導入してきたが、その主要な目的は、労働過程ならびに労働市場の双方において、資本による労働者の統制を強化することであった。この統制計画は、物理的な効率だけでなく、被雇用者の自己規律、市場に供給される労働者の資質、そして労働者の文化的習慣や精神構造《メンタリティ》——それらは労働者たちに期待される職務や彼らが期待する賃金などと関連する——までも網羅している。

多くの革新的実業家は労働統制を第一の目標に置いた。工作機械産業における革新で有名になったフランス第二帝政期［一八五二〜七〇年のナポレオン三世統治期］の実業家が公言したことだが、彼の三つの目標は、労働過程の精度の向上、生産性の向上、そして労働者たちの力の剝奪であった。恐らくこの理由から、マルクスは次のように論じたのである。技術革新は階級闘争における決定的な武器であり、数々のイノベーションが資本に採用されたのは、まさにストライキを打破するためであった。これにともなって資本の側に物神的信念が現われたことも確かである。つまり、絶えず収益性を向上させるための解決策は、労働者を規律づけその力を剝奪するような不断の技術革新であると信じられたのである。工場制、テイラー主義（それは労働者を「訓練されたゴリラ」の地位に意図的に降格させるものであった）、オートメーション化、ロボット化、そして生きている労働力の最終的排除は、つまるところ、この資本の欲望に応えたものである。ロボットは（空想科学小説での描写を除けば）不平を述べることもないし、口答えすることもないし、訴訟を起こすこともない。ロボットは病気にならないし、怠けることもないし、集中力を切らすこともない。それはストライキも起こさないし、賃上げも要求しないし、労働条件を気にすることもない。休憩も求めなければ欠勤もしない。

労働者と労働とを全面的に統制しようとする資本の幻想は、物質的な諸事情にもとづいており、とりわけ生産過程の内外で全面的に示されることになる階級闘争の発展力学に起因する。技術誘発型失業が賃金率の規制で果たしている機能、あるいは、労働力の維持に必要な商品を絶えず安価にすること（ウォルマート現象）によって低賃金労働を受け入れさせること、さらには、労働者の側の怠惰を助長するとの口実からごくわずかな基本的な社会的賃金さえも攻撃することなど――これらは階級闘争の一大領域をなしており、そこでは技術的な干渉や調停が決定的なものになる。それゆえアーサーの議論ははなはだ奇妙に思われる。なぜなら、組み合わせ進化が、あらゆる技術変化において非常に重要な機能を果たしているのは確かなのだが、そのことをアーサーが説明する際に、〔階級闘争という〕これらの基本的で明白な歴史的事実（チャーリー・チャップリンの映画『モダン・タイムス』で実に見事に風刺されている事実）にただの一度も触れていないからである。

したがって、ここにこそ中心的な矛盾がある。すなわち、もし社会的労働が価値や利潤の究極の源泉だとするなら、それを機械やロボット労働に置き換えることは、政治的にも経済的にも無意味である。しかし、われわれは、この矛盾を恐慌にまで高めるメカニズムをまったく明確に理解することができる。個々の経営者や企業は、競争相手よりも収益性を高めるうえで、労働節約型イノベーションを重視する。こうしたことは集団的には、利潤の可能性を掘り崩すことになる。

マーティン・フォードがその近著において議論の中心に据えたのは、まさにこの問題である。彼の主張はこうだ。技術発展の最先端が、機械システムや生物学的システムから人工知能へと移るにつれて、雇用機会に対する巨大な影響を目の当たりにする可能性がある。その影響は、製造業や農業だけでなく、サービス業や専門的職種にも及ぶことがある。所得や職は失われ、その結果、財やサービスに対する総需要も急減するだろう。この事態は経済に対して破局的影響を及ぼすだろう。大部分の人々が使い捨て可能な過剰人員になるのだが、こうした人々に対する再分配的な給付刺激策を実行するなど、国家が何とか介入しないかぎり、そうなるのである。

アンドレ・ゴルツも以前に――異なる政治的見方からだが――、まさにこれと同じことを論じていた。

ミクロ経済的論理の要求にしたがえば、こうした労働時間の節約は、そのような経済〔節約〕を実現した企業にとっては賃金の節約という形で現われるだろう。つまり、より低コストで生産することで、こうした企業は「競争力をつけ」、また（特定の条件のもとでは）売上げを伸ばすことができるはずである。だが、マクロ経済的観点から見れば、用いる労働がますます少なくなるために、分配する賃金もますます少なくなるのであり、このような経済は否応なく失業と貧困化の坂を転げ落ちることになる。この転落を押しとどめるためには、家計の購買力が、経済によって消費される労働総量に依存しないようにならなければならない。たとえ国民の供給する労働時間が減っても、増えつづける財の生産総量を購買できるだけの資力を国民が稼ぎださなければならない。つまり、労働時間短縮によって購買力が減少してはならないのである。[9]

フォードがその一般的主張を裏づけるために言及するさまざまな例証には、目を見張るものがある。明らかな経験的証拠によれば、コンピュータの能力と処理速度は不可避的に飛躍的な向上を示している。この三〇年かそこらで、それは二年ごとにおおよそ倍増してきている。コンピュータ能力の向上は、人間のような思考力を備えた技術を構築することに依拠するわけではない。この向上をもたらしているのは、コンピュータが「超絶的に速く」なり、ひたすら速くなりつづけているという事実からなのである。前述したように加速化は、資本に関連する技術革新の一つの重要な目標であり、コンピュータの世界もその例外ではない。コンピュータ処理能力が指数関数的に向上した結果、「けっして遠くはない未来に、伝統的な職種が一挙に、高度にオートメーション化される恐れがある」。この喪失分を補う速さで新技術が雇用を創出すると考えるのは「まったくの幻想にすぎない」。さらにまた、排除されるのは低賃金の日常業務だけであって高賃金の技術職（放射線科医、医師、大学教授、航空パイロットなど）ではないと考えるのも、見当違いである。「将来オートメーション化は、知識労働者、特に高給に恵まれている知識労働者に対して重くのしかかってくる」。フォードは次のように結論づける。「将来もたらされる結果について具体的な対応策も講ぜずに、何百万という規模でこれらの雇用が排除されつづけるならば、惨事が引き起こされるのは明らかである[10]」。

だが、われわれが目にするこの「惨事」とは、いかなるものなのか？　資本の立場から、生産的労働者としては使い捨て可能な過剰人口と見なされる人々は、世界人口のなかのますます大きな部分を占めつつあり、彼らは精神的にも肉体的にも生き残るのが困難になるだろう。資本が必要労働の範囲を決めるのであって、こうした人々は、必要労働において生きがいをもつ可能性からは疎外されてしまう。そうなると彼らはその範囲外で、生きがいのある生活をつくらざるをえない。その一方で、産出量は増大するはずだが、これに対応する需要の増大はどこから来るのか？　フォードを特に悩ませたのは、この問題である。

一歩前に進みでて、増えつづける生産物をわざわざ購入してくれるのは、何者なのか？〈……〉オートメーション化は例外なく襲いかかろうとしている――その矛先は、ほとんどすべての産業と広範な職種に及び、中学校卒業者であろうが大学院卒業者であろうが容赦はしない。オートメーション

▼9　André Gorz, *Critique of Economic Reason*, London, Verso, 1989, p. 200.［アンドレ・ゴルツ『労働のメタモルフォーズ――働くことの意味を求めて　経済的理性批判』緑風出版、一九九七年、三三四～三三五頁］
▼10　Martin Ford, *The Lights in the Tunnel: Automation, Accelerating Technology and the Economy of the Future*, USA, Acculant TM Publishing, 2009, pp. 70, 61-2, 73, 62.［マーティン・フォード『テクノロジーが雇用の七五％を奪う』朝日新聞出版、二〇一五年、九三、八二、九七、八三～八四頁］

化は先進国にも発展途上国にもやってくる。結局のところ、市場を成り立たせている消費者は、仕事をもつ人間か、こうした人間に頼って生活する人々である。こうした人間の大半が職を失ってしまえば、市場の需要はどこからもたらされるのだろうか？[11]

これは典型的なケインズ型の需要管理問題であり、資本にとっては、一九三〇年代のグローバル経済に吹き荒れたような恐慌の兆候を示している。生産と実現との矛盾した統一にもとづいて、フォードの主張を言い直すとどうなるだろう？　興味深いことに、マルクスは同じ困難を認識していたが、ただしそれは生産の観点から捉えられている。◆労働節約型の発明が応用されるにつれて、価値生産の主体《エージェント》——社会的労働——は量的に減少する傾向にあり、ついには社会的必要労働と価値生産を破壊することによって、収益性の土台も崩壊する。同一の帰結が、生産と実現との矛盾した統一の両面から生じる。いずれの場合でも収益性は損なわれ、終わりなき資本蓄積は瓦解する。フォードは付記のなかで、自分の議論とマルクスの議論とのあいだに、ある種の広範な類似があるかもしれないと認めているが、それがいったい何なのかは理解していないし、当然ながら、このようなマルクスとの関連からこうむる不利な帰結から距離を置こうと意を尽くしている。しかし、この矛盾した統一の内にあるこれら二つの見方のそれぞれから見ると、反作用を及ぼす諸要因やさまざまな解決策がどのような範囲で可能になるかは、まったく異なる様相を呈してくる。

たとえばフォードは、迫りくる将来の惨事に押しつぶされることから資本を守ろうと躍起になっている。実のところ彼は、消費主義の広がりに（どれほど愚かで疎外されたそれであろうと）賛意を示しているが、それというのも消費主義が、完全にオートメーション化された資本によって不断に値下がりする生産物を吸収するからである。フォードは、供給と需要の不均衡化軌道を、強制的な公的課税制度を創出することによって是正し、新技術のもたらす生産性の向上を回収しようとする。これらの〔課税によって得られた〕資金は、よりどころなき大衆に活動意欲を与えるために、購買力として再分配される。人々は、この資金を受け取る見返りに、創造的ないし立派な社会的諸活動に取り組み、公益に資することが期待される。この種の事業はすでに存在している。アルゼンチンやブラジルの貧困対策助成制度では、児童の就学証明を条件として、金銭が貧困家庭に再分配される。このような活動意欲を刺激する再分配制度を効率的に構築することは困難であるかもしれない。だがフォードの見解では、職の有無を問うことのない直接的な生活保護支給や直接的な所得保障からしばしば連想される依存文化を回避するには、こうした制度構築が決定的なのである。にもかかわらず、再分配と購買力の創出とは、財とサービスの不断の供給増大に応じて十分な需要をつくりだす唯一の手段である。アンドレ・ゴルツも同意するように、これは「社会的必要労働の量的減少に意味を与えることのできる唯一の方法」である。[12]

他方、マルクスは、労働節約型イノベーションが利潤率の傾向的低下を引き起こすと理解していたが、それとともに、この低下傾向を食い止めることができる対処法が多数あることも認識していた。たとえば、まったく新しい労働集約型生産部門を開拓すること、あるいは、労働節約を目的にするイノベーションと並行して、資本節約を目的とするイノベーションも進めること、現在雇用中の労働力の搾取率を上げること、何も生産しない消費者階級があらかじめ存在していたり、それを新たに形成したりすること、そして個別的な利益率が下がっているとしても、総労働力を著しく増加させ、生産される資本量を全体として増大させること、などである。ただし、価値生産の減少や利潤の低下を永久に阻止できるという意味で、これらの相殺要因だけで十分であるとマルクスが考えたかどうかは定かではない。

この種の発展の道筋は、これまでかなりの期間、利潤の低下をとどめるのに有効であった。中国やイン

▼11　Ibid., pp. 96-7.［同前、一二六頁］

◆**マルクスは……捉えられている**　カール・マルクス、フリードリヒ・エンゲルス編「資本論　第三巻」、『マルクス＝エンゲルス全集』第二五巻ａ、大月書店、一九六六年、第三篇。

▼12　Gorz, *Critique of Economic Reason*, p. 92.［前掲ゴルツ、一五八頁］

ド、そして東南アジアの多くの国々では一九八〇年前後以降、その農民層がグローバルな労働力に吸収された（トルコやエジプトやいくつかのラテンアメリカ諸国でも同様であったが、アフリカ大陸においては大量の労働者予備軍が依然として手つかずのままである）。この事態が、旧ソヴィエト圏の統合ともあいまって、人口成長による供給をはるかにしのぐ形で、グローバルな賃金労働力を大きく増大させた（その減少などありえなかったのである）。中国、バングラデシュ、ベトナムその他の地域で、おぞましい労働条件がつくりだされ、搾取率が上昇したことも明らかである。その一方で需要問題は主に、大規模な信用膨張によって対処されてきた。

したがって、生産か実現かのいずれかの観点に立つ場合には、パニックの直接的原因は存在しないかのようである。しかし、資本の長期的未来という観点に立つならば、われわれは、さながらグローバル資本主義における労働力吸収の「最後の辺境《ラスト・フロンティア》」に立っているかのように思われる。先進資本主義諸国ではこの五〇年にわたり、女性が労働力として大規模に編入されてきており、国際的に見ても、巨大な労働力予備軍が存在しうる地域はわずかしかない（こうした地域は、主にアフリカや南アジア、内陸アジアに残るばかりである）。近年に見られたような規模でのグローバルな労働力の膨張は二度と起こることがないだろう。それと同時に、オートメーション化はこの数年で加速し、人工知能がさまざまな日常のサービス（たとえば航空会社での搭乗手続きやスーパーマーケットでの会計処理）に応用されてきたが、他方で、これらは端緒についたばかりのようである。オートメーション化は現在、高等教育や医療診断といった分野でも見られるし、いくつかの航空会社は、パイロットのいない飛行機をすでに実験している。一方での価値の生産、他方での急速な労働節約型の技術革新――この両者の矛盾はますます危険な領域へと向かっている。この危機の行き着く先は、ますます使い捨て可能にされた人々が、長期にわたって雇用機会に接することができなくなるということだけではない。この危機は資本それ自体の再生産にも立ちはだかるのである（このことをフォードですらはっきりと認めている）。

たとえば、アメリカにおいて一九九〇年代初頭からはじまった直近の三つの景気後退がその後に残したのは、いずれも遠回しに「雇用なき回復」と言われる事態であった。最新の深刻な景気後退は長期的失業状態をもたらしたが、その規模は一九三〇年代以降のアメリカでは見られなかったものである。似たような現象はヨーロッパでも目にすることができるのであり、また中国における労働力の吸収――これが中国共産党の主要な政策方針の一つである――の余地は限界に達しているかのようである。近年の動向についての資料も、未来の展望に対する評価も、一つの方向を指し示している。つまり過剰人口が膨大にあふれだし、こうした人々が反抗しはじめるという可能性である。

資本の無法状態に抗して

このことはいくつかの重要な意味を理論的にも政治的にも含んでおり、それについては詳しく述べておかなければならない。貨幣（第2章参照）は、社会的労働という価値の表象である。価値は、交換価値にもとづく市場システムを通じて他人に提供される労働量として理解されている。もし、このような種類の社会的労働が消失する世界にわれわれが向かっているのだとすれば、表象されるべき価値も存在しなくなる。歴史的に成立した価値の表象――貨幣形態――は、貨幣自体以外のものを表象するという拘束を課せられてきたが、表象されるべき価値がなくなれば、表象もその拘束から完全に解き放たれる。新古典派の経済学者は（価値の問題で少しでも頭を悩ますものなら）、マルクスの労働価値論は間違いだと主張した。その理由は、資本が反応するのは貨幣シグナルだけであって、価値関係ではないからだとされた。彼らは、価値がもっともらしい概念であるとしても（多くの人々はそうとさえ思わないのだが）、それを苦にするのは無駄だと主張した。私見では、この見解は誤りである。だが、前述した展開がまさに生じるならば、価値論に反対する新古典派的議論はますます正しいものとされるだろうし、最も正統派のマルクス主義者でさえも価値論を放棄せざるをえなくなるかもしれない。こうなれば主流派の経済学者たちは間違いなく狂喜するだろう。彼らが理解していないのは、この展開の結果として、資本が完全な無法状態〔無法則状態〕

に陥るのを押しとどめてきた一つの制約条件が解体されてしまうことである。最近では、資本主義において略奪行為の蔓延という無法状態が起きてきた証拠が示されているが、これは社会的労働の規制的役割が弱体化している兆候である。この弱体化はしばらく前から起こりつつあった。一つの決定的なはじまりは、一九七〇年代初頭に国際通貨制度が金属的基盤を放棄した瞬間である。それ以来、社会的労働と世界貨幣との関係はせいぜい接する程度のものにすぎなくなった。これを立証しているのが、一九七〇年代半ば以降、長期的な連鎖反応のように金融恐慌と商業恐慌が世界中で続発していることである。

この四〇年にわたって貨幣形態はかなりの自律性を獲得した。世界各地の中央銀行によって創造される擬制的な国家紙幣が、その支配を確立した。このことからわれわれは、本章で描いてきた技術発展の方向と、貨幣技術の発展との関係について改めて考察せざるをえなくなる。ビットコインなどのサイバー貨幣は、時として、違法活動に付き物の資金洗浄《マネー・ロンダリング》◆のためにつくりだされたように思われるが、こうした貨幣が増えてきていることは、通貨制度が混沌状態に容赦なく陥るそのはじまりにすぎない。

技術の問題が提示する反資本主義闘争の政治的課題はおそらく、立ち向かうべきものとしては最も困難なものである。一方では――周知のように――、技術発展はそれ自体としては、アーサーが描くようなかなりの自律的な「組み合わせ」論理を特徴にしているとともに、巨大ビジネス分野の一つをつくりあげている。そこでは階級闘争や資本家間競争や国家間競争が「人間の目的」を追求する上で中心的機能を果たしているが、この「目的」なるものは、軍事的支配、階級権力、永続的な資本蓄積などの維持をめざしている。われわれはまた次のことも理解している。資本が無法状態に陥るのを阻止するうえで、社会的労働がその根底的な規制原理になるのだが、さまざまな資本主義的活動はしだいに、この原理の喪失というその瀬戸際に向かいつつあるということである。他方で――これもまた周知のことだが――われわれは、世界的な規模での自然環境の悪化、社会的不平等と窮乏化、人口動態の歪み、医療や教育や栄養摂取のグローバルな欠乏状況、そして軍事的・地政学的緊張関係などと闘わなければならないが、そのいずれの闘争も、現時点において利用可能な多くの技術を動員せざるをえない。この結果として、非資本主義的な社会的・生態学的・政治的目標は実現できるだろう。既存の技術群は、現状においては、階級支配を追求しようとする資本の精神構造や実践のなかにはまり込んでいるが、それは解放を実現する可能性も秘めている。この可能性は何らかの形で反資本主義闘争に動員されなければならない。

短期的に見れば、さまざまな職務や技能が脅かされつつあり、左派がこれらを防衛せざるをえないことは言うまでもない。しかし一九七〇年代、八〇年代に産業の空洞化に対する防衛戦が気高く行なわれたが、その悲惨な歴史が示すように、この闘いは初めから勝ち目のないものになるだろうし、新しい技術の組み合わせの出現に対しては抗しきれない可能性が高い。反資本主義運動は現在の危機的状況のなかにあって、その考え方を改めなければならないが、その場合に中心に置かれるべき見解は、資本主義の経済エンジンが機能するにあたって、社会的労働がしだいに重要ではなくなってきているというものである。左派が現在、防衛しようとしているサービス職や管理職や専門職は、その多くが消滅しかけている。世界人口の大部分は、資本の立場からすれば、ますます使い捨て可能な無用のものになりつつある。逆に資本が頼ろうとしているのは、信用制度における擬制資本の流通であり、貨幣形態を中心として構成される価値に対する物神崇拝である。一部の人々が他の人々よりも優先的に使い捨て可能だとされる事態は容易に予想できる。だからこそ、有色人種や女性が現時点において重荷の大半を背負わされている。この状況が近い将来もさらに深刻化することは間違いない。▼13

マーティン・フォードは、次のように正確に問題を提起している。このような状況の下で結果的に使い捨て可能になる過剰人口は、どのように生存することになるだろうか（どのように市場を提供するのかについては言うまでもない）？　この問題に対して、すべての反資本主義運動が、長期的に実行可能で想像力

◆**資金洗浄（マネー・ロンダリング）**　違法に得られた資金の出所や受益者の存在を、金融取引によって隠蔽する行為。

▼13　Melissa Wright, *Disposable Women and Other Myths of Global Capitalism*, New York, Routledge, 2006.

に富む打開策を立てる必要がある。新しい不測の事態に対応し、十分な使用価値の供給を実現するには、それ相応の組織的な計画や行動がとられなければならないが、われわれは、こうした計画や行動を慎重に考えぬき、徐々に実行に移す必要がある。これらが遂行されなければならないと同時に、左派はまた防衛戦も講じなければならない。左派は、「略奪による蓄積」という絶えざる強奪的諸実践に付随するさまざまな技術に対抗しなければならないし、あるいは、発作的に進行する熟練の解体、迫りくる恒常的失業状態、絶えず昂進する社会的不平等、加速する環境悪化などにも対抗しなければならない。資本が直面する矛盾は転化して、反資本主義的な政治力学のなかに必然的に内部化されるのである。

［第9章］

分業における矛盾

分業は本来、資本そのものの根本的特徴の一つとして位置づけられるべきものである。それが意味しているのは、複雑な生産・再生産活動を特殊でより単純な作業に分解して、それらをさまざまな諸個人が一時的ないし永続的に担えるようにすることであり、それを可能にする人間的能力のことである。多くの諸個人の特殊化された労働は、組織された協業によって一つの全体的労働に再結合される。それは、その時々の社会に影響を及ぼす内的および外的な諸条件に応じて変化し発展してきた。分業が提示する中心問題は、全体と部分との関係はいかなるものであり、全体の発展に責任があるのは誰なのか（そういう人がいるとして）、である。

資本はその歴史を通じて絶え間なく既存の分業を包摂していき、自己自身の目的にそってそれを劇的につくり変えていく。それゆえ私はこの矛盾を「運動する矛盾」というカテゴリーのなかに入れる。というのも分業は、資本の支配する世界においては絶えざる変革過程のなかにあるからである。現在の分業は、たとえば一八五〇年に一般的であった分業からはほとんど理解不能なまでに根本的に変化している。しかしながら、資本の下での分業の発展は、きわめて特殊な性格がある。なぜなら、この発展は、他のすべての場合と同様、何よりも競争上の優位性と収益性とを維持することに向けられており、そのことは――偶然の場合を除いて——労働や生活の質の改善とも、さらに一般的には人類の福祉の向上とさえも、必ずしも関係がないからである。生活と労働に根本的改良があるとしても——そして、たしかにそうしたことは明確に起こることなのだが——、それは副産物《コラテラル・エフェクト》であるか、不満を抱いた反抗的人々による政治的要求と圧力の結果であるかのいずれかである。結局のところ、生産された価値を実現しようとするなら、より効率的な分業によって絶えず安価となり増大していく物的生産物が、何かしらどこかで消費されなければならない。他方では、多くの巻き添え被害《コラテラル・ダメージ》（たとえば環境条件におけるそれ）が起きていることも考慮に入れなければならない。

分業における諸矛盾はそこら中に見られる。だが分業といっても、技術的分業と社会的分業という重要な一般的区別がある。「技術的分業」という言葉で私が言おうとしているのは、一連の複合的な業務や工程において、原理的には誰でも担うことのできる個々の分割された作業のことであり、たとえば機械の操作や床掃除がそうである。それに対して「社会的分業」という言葉で私が言おうとしているのは、しかるべき訓練を経ているか社会的資格を有する個人にだけ許される専門化した職務のことであり、たとえば医師やソフトウェアのプログラマー、五つ星レストランの接客係などがそうである。最後に接客係という事例を挙げたのは、既存の分業のあり方や職務の定義が、技術的な専門知識にもとづいているだけでなく、社会的・文化的・対人関係的な技能や自分の見せ方にも、しばしば左右されることを強調したいからである。

その他にも多くの種類の区分が存在する。注目すべき事例を挙げるなら、自然に起因するもの（たとえば出産）や、文化に起因するもの（たとえば社会における女性の地位）がある。あるいは都会（都市）と地方（農村）、精神労働と肉体労働、社会的分業（社会全般にわたるもの）と工場内分業（一つの会社や企業内部での分業）、ブルーカラーとホワイトカラー、熟練労働と非熟練労働、生産的労働と非生産的労働、家事労働（世帯内労働）と賃金労働、象徴《シンボリック》操作労働と物質的労働などである。さらに産業部門別の分類がある。第一次産業（農業、林業、漁業、鉱業）◆、第二次産業（工業、製造業）、第三次産業（サービス業、あるいは昨今顕著に肥大化した——頭文字を取ってFIRE産業と呼ばれている——金融・保険・不動産業）、そして、第四次産業部門（と一部の人が呼びたがるもの）がそれだ。この最後のものは、ますます重視されつつある文化産業や知識基盤型産業のことである。これでもまだ不十分なようで、国勢調査における産業別・職業別の分類は通常一〇〇項目以上に及ぶ。

分業と社会的闘争

このような種々の分類や二項的区分は葛藤や敵対関係の源になりうるのであり、したがって、危機の形成過程やその解消過程において一定の役割を果たすような矛盾に発展したり、そこに入り込んだりすることさえある。明らかに、種々の反乱運動を考察すると、それらの原因や参加者たちが、先に挙げた種々の二項的区分のいずれか一方に根ざしていたり、特定の産業部門を基盤としたりする場合もけっして少なくないことが分かる。言うまでもなく、社会主義理論において革命的変革の前衛として特別扱いされてきたのは伝統的に、全分業体系における工業プロレタリアート（「生産的」労働者）であった。鉱山労働者や自動車製造労働者や鉄鋼労働者、そして教員でさえも、革命的主体《エージェント》だと見なされたのに対して、銀行員、家事労働者、路上清掃員は、けっしてそうとは見なされてこなかった。

これらの二項的区分の大部分は大雑把な区別でしかなく、革命的変革に常にさらされ複雑さを増す世界を理解するうえで限られた手がかりを与えるものでしかなかった。とはいえまず最初に、これらの区別の技術的基礎と社会的基礎とがどのように交差しているのかを明らかにしておくことは、有益であるとともに重要である。なぜなら、分業の定義に関わるさまざまなカテゴリーには技術的判断基準と社会的判断基

◆鉱業　日本の標準産業分類では、鉱業は第二次産業に分類されるが、ここでは著者ハーヴェイは、コーリン・クラークの古典的な産業分類に従っている。

準とが混じりあっており、しばしば混乱と誤解を招くものだからである。

たとえば、熟練労働というものがジェンダー的観点から定義されてきた長い歴史がある。すなわち、女性が遂行してきたどんな職務も――それがいかに難しかったり、複雑であったりしても――女性にでもできるというただそれだけの理由で非熟練労働に分類されてきた。しかもなお悪いことに、しばしばいわゆる「自然的」根拠（器用な手先から、自然なものと想定された従順で忍耐強い気質にいたるあらゆるもの）にもとづいて、これらの仕事は女性に割り当てられてきたのである。それゆえ、第二帝政期パリの工場勤めの男性は女性の雇用に強く抵抗したのだが、それというのも女性が雇用されると、自分たちの労働が実入りの少ない非熟練労働と再分類されてしまうことを知っていたからである。当時におけるこの問題はその時代に特有のものであったとはいえ、現代のグローバル労働市場での賃金格差を規定する基本要因の一つが、この問題であることはほぼ間違いない。低賃金労働と貧困のどちらにおいても世界的規模で広範な女性化《フェミナイゼーション》〔女性の割合が高まること〕が起きているという事実は、この種の観点の重要性をはっきりと物語っている。そこには技術的基礎が何も存在しないのである。

家事労働（賃金労働に対置されるところのそれ）に割り当てられる役割をめぐる広範な論争にも、ジェンダーの問題は深く関わっている。これが資本主義における一つの重要な争点であり、疑いもなく世帯内での個人的な危機の多くに関わっているとはいえ、家庭内での種々の作業（料理、清掃、洗髪、爪切りやマニキュアの手入れなど）を徐々に商品化することで市場を拡大しようとする長期間続いてきた一般的傾向を別にすれば、家事労働が資本の発展に直接的に影響を及ぼすことはほとんどなかった。いずれにしても「家事労働に賃金を」というキャンペーン◆は、反資本主義的展望からはひどくずれているように思われるだろう。なぜなら、できるだけ多くの社会的給付を脱商品化する梃子として世帯内労働を利用するのではなく、むしろそれは、日常生活の親密圏への貨幣化や商品化の浸透を深めることにしかならないからである。

まさにここにおいて、資本の矛盾と資本主義の矛盾とが交差する。特定の職業がしばしば、たとえば住民内の特定の民族的・宗教的・人種的集団に強く――時には排他的にさえ――結びつけられてきた長い歴史がある。分業内のさまざまな区分の形成に関わっているのはジェンダーだけではない。これらの結びつきは今日なおもはっきりと続いており、ひどく複雑な過去の単なる残余ではない。多くのソフトウェア・プログラマーやソフト開発者（まったく新たな職種である）は南アジア出身者であり、フィリピンは、世界の多くの国々（アメリカからペルシャ湾岸諸国やマレーシアにいたるまで）に女性家事労働者を提供し輸出している。歴史的にも、また近年においても生じている大規模な労働移民は、特定職業と出身地とを受け入れ国で結びつける傾向にあった。かつて大英帝国に属していた地域からのさまざまな移民集団がいなければ、イギリスの国民医療サービス（ＮＨＳ）はたちどころに機能停止にいたることだろう。近年、東ヨーロッパ（ポーランド、リトアニア、エストニアなど）からの移民（特に女性）が急増しているが、これらの移民は、イギリスをはじめとする多くのヨーロッパ諸国で、いわゆる「娯楽」産業のさまざまな部門（ホテルの清掃からウェートレスやバーテンダーまでのあらゆること）に大量に雇用されてきた。メキシコおよびカリブ海諸国からの移民は、アメリカの東海岸と西海岸で主に作物収穫に従事している。

さまざまな人々をさまざまな職務に割り当てることは、賃金格差と結びついている。民族的・人種的・宗教的・ジェンダー的な偏見と差別は、全体としての労働市場の分割と分断のあり方や賃金の決定の仕方に深く関与している。たとえば不潔で不名誉だと見なされる仕事は、たいていは低賃金であり、最も不安定で最も不利な立場にある移民に委ねられる（しかも、いかなる法的地位ももたない人々である場合も多い）。熟練労働者の地位はしばしば、ソフトウェアを扱う能力を持った南アジア出身の移民に自然の成り行きで授けられる。はるかに不公平なのは、同じ職業や同一作業に従事しているのに、ジェンダーや人種や民族

◆「家事労働に賃金を」というキャンペーン　イタリアのフェミニズム活動家マリアローザ・ダラ・コスタらが、一九七〇年代のアウトノミア運動の中で行なった主張。家父長制権力下における性別役割分業によって、家事労働は資本主義社会に存在する奴隷労働となっており、賃労働として認知させることによって労働運動との連携を模索した。

によって賃金額が変わることである。

分業内での地位や技能の承認をめぐる闘争は、実質的には、労働者にとってはライフ・チャンスの格差をめぐる闘争であり、ひいては――そしてここに問題の核心があるのだが――資本家にとっては収益性をめぐる闘争である。資本の見地からは、労働市場が分割され断片化していて、激しい内部競争にさらされていることは有益なのであり、場合によっては決定的なのである。こうした労働市場は、団結し統一された労働者組織の形成を妨げる役割を果たす。資本家は分断統治政策を遂行できるように、たとえば民族間の緊張関係を助長し煽るのであり、しばしば意図的にそうする。分業内での地位をめぐって争いあう社会集団間の競争は、全体としての労働者からその力を剝奪する主要手段となっており、それによって資本は、労働市場と職場のどちらをもより強力かつ完全に統制することができるようになる。また労働組合組織の典型的な形態が地域別ではなく産業部門別となっていることも、労働者側の統一した行動を妨げる一要因である。労働組合自身が自組合員の利益にのみ奉仕するという水準から抜けだそうと努力している場合でさえそうなのである。

労働過程をめぐる階級的攻防

種々の技能やその区分の仕方やそこでの報酬額をめぐっては、全体としての資本主義の内部でも階級闘争が行なわれてきたのだが、その歴史的な発展力学《ダイナミクス》は、批判的視点からはいまだ適切に描かれていない最も重要な歴史の一つである。それゆえ、以下の議論は予備的なものである。

資本が蓄積の偶然的形態としてではなくその基本的形態として舞台に登場し、工業生産において労働過程に対する統制権を握ることが必要であるとの認識をもつようになったとき、それが目の前に見いだしたのは、職人労働にもとづく職業に強力に根ざした分業体系や技能構造であった。「肉屋にパン屋にローソク屋」◆は、労働者が自らの技能を磨いてその将来の社会的地位を保証することのできる職業であった。資本主義初期のヨーロッパにおける住民の大半は、農業分野（土地所有農民か土地なし農民として）か、君主や土地所有貴族や商人資本家に奉仕する仕事（主に家事使用人か召使）に使用されていた。奉仕的仕事に従事する労働者は、その仕事独特の対人技能、家事能力、社会的・政治的技能を必要とした。都市を地盤とした同業職工は全職業を包括しており、その一部はギルドや徒弟制度によって規制されていた。ギルド制がもたらしたのは、特殊な専門技術にもとづいた熟練の利用に対する独占力であった。大工は自らの道具の利用法を学んだが、宝石細工師、時計工、製鉄工、織工、鍛冶工、タペストリー織工、製靴工、釘製造工、鉄砲鍛冶工なども同じであった。同業組合的なギルド組織を介して、労働者集団は、社会秩序における高い地位と、その仕事に対する高い報酬を確保し維持できたのである。

資本が生産条件や労働過程に対する労働者のこの独占力と闘わなければならなかったのは明らかである。資本は二つの戦線で闘争を展開した。第一に、資本は生産手段に対する私的所有権によって自己の独占力をしだいに確たるものとしていき、そうすることで労働者から、資本の管理と統制の外部にあった自己再生産手段をも剥奪した。次に、多様な手工業労働者が資本家の監督下に集められ、集団的労働過程を編成し、釘から蒸気機関や機関車にいたるあらゆるものが生産できるようになった。個々の作業の狭隘な技術的基盤や結合された諸技能はそれほど変化しなかったが、協業と分業とを通じた生産の組織化は、これらの多様な職務を結合し、効率性と生産性を飛躍的に増大させた。市場における商品コストは急速に低下し、伝統的な手工業的・職人的生産形態を競争で打ち負かした。

これが、一七七六年に刊行されたアダム・スミスの『国富論』◆によって詳しく分析されただけでなく、天まで持ち上げられたあの分業である。ピン工場の有名な事例のなかでスミスが強調したのは、生産過程における組織的分業が技術効率と労働生産性の巨大な上昇をもたらしたことであった。労働者のさまざま

◆**肉屋にパン屋にローソク屋**　伝承童謡「マザーグースの歌」の一節で「さまざまな商売の人々」の意味。
◆**『国富論』**　アダム・スミス『国富論』上・下巻、河出書房新社、第一篇第一章。

な技能や才能を生かすことによって、マルクスが後にそう呼ぶことになる「工場内分業」において生産性と収益性の全般的増大が実現されたのである。このことにもとづいてスミスは続けて、企業間や部門間における社会的分業を広範に活用することも必ず同様の効果があると推測した。だがマルクスが後にかなり意を尽くして指摘したように、この場合の調整メカニズムはもはや、合理的な設計原理に従って個々の資本家が組織する協働活動ではなく、市場における絶えず変動する価格シグナルにもとづくより無政府的で混沌とした調整作用である。そこでは、このような調整メカニズムが、さまざまな企業間および部門間における生産活動の合理的分割を規定する上で、決定的なものになる。スミスは、このことを認識した上で、国家に対して一般に価格決定に介入しないこと（公益事業と自然独占の場合は例外とする）、自由放任《レッセフェール》政策に従うことによって、市場の見えざる手が最大限効率的に働くようにすることを求めた。今日もなお理論家や政策立案者は、誤っているにもかかわらず、「効率的市場仮説」に多大な信頼を置きつづけている。この仮説は生産の調整だけではなく、金融活動の調整にも当てはまるとされたのだが、それは二〇〇八年九月に無残な破産を遂げた。マルクスはこう結論づけた。市場の混沌とした無政府状態は、価格における均衡状態を攪乱させる絶え間ない震源であり、このことは社会的分業を不安定にし、場合によっては恐慌傾向をもたらすだろう、と。

第二に、労働者の潜在的独占力に対するもう一つの――そして私見ではるかに徹底的で広範囲にわたった――攻撃は、資本主義によって誘発された技術変化の発展経路から生じている。こうした発展の多くは直接的にも間接的にも、労働市場と職場の双方において労働者の力を掘り崩すことを目標とするものだった。技術変化のこうしたバイアスは、最初から一貫して労働者の利益に反するものであり、とりわけ、稀少で独占可能な技能の習得によって労働者が獲得したさまざまな力に対抗するものであった。資本－労働関係の一つの重要な方向は、熟練の解体に向かうということである。マルクスが『資本論』で指摘し、ハリー・ブレイヴァマンが一九七四年に刊行した重要な論争的著作『労働と独占資本』[▼1]で再び議論の中心に置いたのが、この現象であった。ブレイヴァマンの議論によれば、資本は、とりわけそれが独占形態にある場合には、熟練を解体することによって、資本のための労働にかろうじて付随していたかもしれないわずかな自尊心をも破壊しつつ、労働者から――特に生産点において――その力を剝奪しようとするのであり、資本はこのことに持続的な利益を有している。これをめぐる闘争には長い歴史がある。一九世紀における資本のイデオローグ――とりわけチャールズ・バベッジとアンドリュー・ユーア――は、熟練解体への資本の強い指向を示す証拠として、マルクスによって何度も引用された。同様にブレイヴァマンも、フレデリック・テイラーによる科学的管理法を重視した。科学的管理法は生産過程を徹底的に分解して、そこでの作業を「訓練されたゴリラ」でも担えるようにする。ここで言う「科学」とは、時間動作研究と専門化技術とを結びつけることで、何らかの部門や個別企業において、あらゆる作業を単純化し、その効率を極大化させ、生産費を極小化させせようとするものであった。

マルクスもブレイヴァマンも認識していたように、大多数の労働者の熟練解体をもたらすような大規模な組織的・技術的変化を遂行するには、一定の再熟練化（reskilling）が必要になることもある。組立ラインの導入は、それを設置し管理するエンジニアの権力を強めたし、同じくコンピュータの設置やロボット化に携わる技術者は、その仕事を遂行するのに新たな技能を獲得しなければならなかった。他方で、マルクスやブレイヴァマンの批判者たちは、バベッジ、ユーア、テイラーの著作が、けっして完全には実現されない本質的にユートピア的な作品であると（正しく）指摘した。完全に実現されないというのは、一つには、労働者の側に激しい抵抗があったからであり、一つには、技術変化の発展経路が労働者の統制だけに向かうものではなかったし、今もそうではないからである。

新技術によって技能の再定義がしばしば必要となり、このおかげで労働者の特定部分が恩恵にあずかることもある。このことは、マルクスないしブレイヴァマンが認めた以上に、はるかに重要であることがわ

▼1　Harry Braverman, *Labor and Monopoly Capital*, New York, Monthly Review Press, 1974.［ハリー・ブレイヴァマン『労働と独占資本』岩波書店、一九七八年］

かっている。資本が目標としているのは、技能そのものの根絶ではなく、独占可能な技能の廃絶なのである。たとえばコンピュータ・プログラミングのような新たな技能が重要になると、資本にとっての課題は、そうした技能を廃絶することでは必ずしもなく（人工知能によって究極的には達成されるかもしれないが）、その技能を習得する手段を豊富に用意することで、その潜在的に独占可能な性格を掘り崩すことなのである。プログラミング技術を身につけた労働力が相対的に少人数しかいない状況から、あり余るような状態になるなら、労働側の独占力が破壊され、それにかかる人件費も以前よりずっと低く押し下げることができるようになる。コンピュータ・プログラマーがありふれた存在になれば、資本はそれを自らの雇用する熟練労働の一形態として認めても何ら問題はないのであって、社会的平均以上の賃金と職場での高い地位とを許すほどである。

分業から「専門家支配」へ

技術の発展が、それ自身の自律した力学を通じて時とともにますます複雑さを増す傾向にあったのと同じように、分業も急速に多様化し、質的にも変化をこうむってきた。これは単線的発展ではなかったのだが、その理由の一つは、階級闘争の発展力学がそこに関わっているからである（もっともその結果が資本の利益になることも多かった）。

たとえばアメリカの鉄鋼業では、専門化された（したがってある程度は独占可能な）技能の数が一九二〇年代には非常に多かったのだが、その後、ずっと少なくなった。特に全国労働関係委員会が設立された一九三〇年代の労働立法以降はそうである。全国労働関係委員会は何らかの特定の個別産業においてどのような技能に何をする資格があるのかをめぐる、複数の管轄区域にまたがる紛争を解決する権限を持っていた。現代の鉄鋼業は、以前の時代と比べて、はるかに単純で合理化された技能体系を備えている。その一方で、たとえば医療や銀行や金融では専門分野が急増すると同時に、エレクトロニクスやコンピュータ化と結びついた新たな産業部門がいくつも出現し、膨大な数の新たな職業や専門的職務を生みだしている。国家の規制機関（アメリカ食品医薬局、あるいは連邦通貨監督庁や証券取引委員会などのその種のあらゆる機関）における専門職の数も近年、天文学的に増大している。

企業内分業と社会的分業のどちらも急速に広がり、その複雑さが爆発的に増していることは、現代資本主義経済の最も基本的な特徴となっている。この発展は、何らかの全体的な意識的計画や意識的決定の結果として生じたわけではない（何事かを命じる「分業」省は存在しない）。それは、先に見た構造的メカニズムによって推進される技術的・組織的変化と並行して発展したものである。そして、いくつかの産業部門（鉄鋼業や自動車産業など）では職業資格の単純化が実現されたり、また時代錯誤の職業（街灯点灯夫や、先進諸国の場合には水運びや屑拾いといった職）がなくなったりしたにもかかわらず、そうなのである。こうした分業の進展によって、労働生産性も、生産の種類も量も、大幅に増大するにいたった。

もう一つの結果として、ますます多くの人々のあいだで経済的な相互依存関係が増大し、その依存関係はますます広大な地理的領域へと広がり、こうして一つの国際分業が出現した。これもまた検討を要するテーマだ。このことが意味しているのは、社会的分業の調整問題がいっそう重大なものになり、市場のシグナルが激しく変動することで連鎖的な攪乱が生じる可能性が増したということである。その結果、命令や統制、そして契約的な供給関係を通じた調整メカニズムが、（市場を通じた）商品の供給網《サプライチェーン》を押しのけて、いくつかの生産部門でより一般的となった。つまり、中間投入物に対する企業側の需要（たとえばエンジン、部品、タイヤ、フロントガラス、電子機器などに対する自動車産業の要求）は、仕様書で指定され、市場の外部で取り引きされるのである。だが作業の単純化が進み、調整の複雑さが増すにつれて、思惑が外れたり、意図せざる結果が起こったりするリスクも増すことになる。これに対処するために、物流、法律、金融、販売、広告などの企業向けサービスに関わる一連の新たな分業部門や膨大な数の新規職種が導入された。危機管理や安全の問題（飛行機の路線から薬や食品の供給にいたるあらゆるもの）もいっそう切実になるし、同じく、さまざまな活動に対する監視や監督や品質管理のための機関もいっそう必要となる。経済において分業が増大するのに並行して、典型的な国家機関だけでなく、病院や大学や学校組織といった多くの機関の内部でも、規制管理部門による官僚的分業が増大する。

全体としての分業は、この半世紀間に大きな変容をこうむった。その結果、カール・マルクスやフェルディナント・テンニース、エミール・デュルケーム、マックス・ヴェーバーといった一九世紀の分業批判者たちから継承された知見の多くは、現代における中心的諸問題のいくつかにうまく当てはまらない。たしかに、過去の分業研究は主として特定の国を背景とした産業組織や工場労働に焦点を合わせており、そうした研究から得られた知見は依然として有効である。しかし、分業の複雑さが増しその地理的範囲も拡大するにつれて、調整の問題が質的飛躍を遂げる。国家による監督や官僚的な管理部門の機能が拡大し、市民社会における組織形態が広範囲にわたる変化を遂げたことで、新たに発生した問題もある。これらの分業や管理部門の多くは、相互に結合しあい持ちつ持たれつの関係にあるが、相互に対して階層的地位にある分業や管理部門もある。われわれはますますもって、ティモシー・ミッチェルの言う「専門家支配」に従属しつつある。[2] 専門的知識は、資本の歴史において常に決定的役割を果たしてきたのであり、専門家の権力に挑戦するのは困難である。この初期の兆候――「組織人」や「高級官僚《マンダリン》」の支配など――に示されたのは、分業の内部に専制的で階層的な特権層が出現しつつあったことである。周知のように、この数十年間に専門家の役割は飛躍的に高まり、そのため、われわれの暮らす世界の透明性や視認性に深刻な問題が提起されている。われわれはみな専門家に頼ることで自分のコンピュータを修理し、病気を診断し、輸送システムを設計し、自分の安全を確保するのである。

国際分業と国家の論理

一九七〇年代に、いわゆる「新国際分業」の進展とともに、新たな視点が議論に導入された。はるか以前にデヴィッド・リカードは、比較優位説に依拠して、国内産業特化と国家間貿易から得られる効率の恩恵を主張した。◆ 産業特化は、部分的には自然的要因にもとづいている（カナダでバナナやコーヒーが育たないのは、銅も石油もない所でそれらを採掘できないのと同じである）。だが、この産業特化はさまざまな社会的要因にも起因していた。たとえば、労働者の技能、社会的諸制度、政治システム、階級編成などであり、さらには植民地的・新植民地的強奪や地政学的・軍事的権力という剝き出しの事実にももとづいていた。

だが、一九七〇年前後から国際分業の世界地図が一連の劇的な変化をこうむったことは疑うべくもない。一八五〇年からずっと資本のグローバル支配の中心地であった各地の工業地帯が破壊され解体された。生産資本は海外に移転しはじめ、日本、韓国、シンガポール、台湾の工場が世界の新たな工場中心地に加わり、ついで一九八〇年以後は、はるかに壮大な規模で中国がそこに加わった。メキシコ、バングラデシュ、トルコその他もそうである。欧米諸国は広く脱工業化される一方、東方諸国と南半球の発展途上諸国は、そのより伝統的な役割（工業諸国のための一次産品の生産や資源の採取）を保持しつつも、それと並んで、工業的価値生産の中心地に転化した。これらの変化の興味深い特徴は、工業化がかつては常に一人当たりの所得を上昇させる確実な経路であったのに対して、今日では、バングラデシュなどのいくつかの事例のように、豊かさへの転換よりも貧困の永続化に結びついていることである。石油や鉱物資源などの天然資源で有名になった国々についても、同じことが当てはまる。それらの国々は、いわゆる「資源の呪い」◆に

◆**フェルディナント・テンニース……マックス・ヴェーバー**　マックス・ヴェーバー『プロテスタンティズムの倫理と資本主義の精神』日経ＢＰ社、二〇一〇年、É・デュルケーム『社会分業論』青木書店、一九七一年、Ｆ・テンニエス『ゲマインシャフトとゲゼルシャフト――純粋社会学の基本概念』上・下巻、岩波文庫、一九五七年。

▼２　Timothy Mitchell, *The Rule of Experts: Egypt, Techno-Politics, Modernity*, Berkeley, University of California Press, 2002.

◆**リカードは……主張した**　デイヴィド・リカードウ『経済学および課税の原理』上巻、岩波文庫、一九八七年、第七章。

苦しみ、その地代《レント》や鉱山使用料《ロイヤルティ》はエリート層に乗っ取られ、住民の大部分は絶望的貧困状態に取り残された（チャベス時代以前のベネズエラがその主たる事例である）。欧米諸国はますます賃貸料／使用料《レント》の抽出に集中するようになった。金融、保険、不動産の発達を通じて、また知的所有権、文化生産物、企業独占（アップル、モンサント◆、大エネルギー企業、製薬会社など）の体制の確立を通じてである。ロバート・ライシュの言う「象徴操作《シンボリック》労働」（手の労働とは区別されるそれ）に適応した労働力を活用する知識基盤型活動も、ますます中心的なものになった。▼3 以上の変化が起こるにつれて、グローバル経済の権力関係や地政学的編成にもゆっくりと地殻変動が起きているように思われる。およそ二世紀にわたって優勢であった東方から西方への富の流れが逆転し、二〇〇八年の金融恐慌後に西方が大きく勢いを失うにつれて、しだいに中国が、グローバル資本主義の活力に満ちた中心地になっていった。

それでは、以上の過程における中心的矛盾はどこにあるのだろうか？　一見して明らかだが、富の流れの逆転と地政学的権力関係の再編とは、以前にはなかったグローバルな紛争というそれに付随する危険をもたらす。たしかに、これらの紛争は経済的諸条件に根ざしており、またこうした諸条件に重要な派生的影響をも著しくもたらすとはいえ、私は、経済的・軍事的紛争が資本の矛盾それ自体から生じるという見解には与しない。国家権力の領土的論理というのはグローバルな国家システムの内部において一定の自律性を有しており、それはかなり大きな振り幅をもっているがゆえに、いかなる単純な経済決定論も作用しない。たとえば中東で大規模な紛争が突如勃発したとしよう。それは、中東で石油が産出されているという事実、およびこのグローバルな重要資源の開発をめぐるさまざまな地政学的・地経学的利害関係に根ざしているだろうし、この紛争は間違いなく巨大な経済的影響を引き起こすだろう（一九七三年の原油輸出禁止措置の場合がそうであったように）。しかし、このことから資本の諸矛盾それ自体が、この種の紛争の根本原因であると推論するのは、誤りであろう。

またたしかに、分業の複雑さが増すことは新たな脆弱性の要因にもなる。供給網《サプライチェーン》における小規模な攪乱が非常に大きな結果をもたらすかもしれない。世界の一地域にある主要な自動車部品工場でストライキが起これば、あらゆる場所で生産システム全体が停止に追い込まれるかもしれない。だがより説得力をもって主張できるのは、グローバルな分業内部での連携がしだいに複雑となり地理的にも広がるにつれて、さまざまな局地的災難に対するはるかに強力な保障が提供されることである。資本主義以前の時代には、ロシアにおける穀物の不作はその地域での飢饉をもたらしただろうが、現在では穀物の世界市場が存在し、局地的な不作に対処することが可能である。現代では、まさにグローバルな分業が機能しているからこそ、局地的飢饉には技術的理由は存在しないのだ。飢饉が起こるとすれば（悲しいことだがあまりにも頻繁に起きている）、それは常に社会的・政治的要因のせいである。中国における最後の大飢饉は「大躍進」時代のもので約二〇〇〇万人もの命を奪ったとされているが、それが起こったのはまさに、当時の政治的選択によって世界市場から中国が孤立していたからであった。このような事態は現在の中国では起こりえないだろう。このことは、ローカルな食料主権やローカルな自給自足、あるいはグローバル経済からの分離といった展望に自らの反資本主義的信条を置くすべての人々にとって、一つの有益な教訓にならなければならない。資本の利益と帝国主義列強とのために組織された国際分業という束縛から自らを解放するということと、反グローバリゼーションの名の下に世界市場から分離することとは別であり、潜在的には自殺的なオルタナティブである。

◆**資源の呪い**　資源の豊富な国での工業化や経済成長が、資源の少ない国よりも遅いこと。
◆**モンサント**　アメリカに本社を持ち、遺伝子組み換え作物種子や農薬を販売する多国籍バイオ化学メーカー。
▼３　Robert Reich, *The Work of Nations: Preparing Ourselves for 21st Century Capitalism*, New York, Vintage, 1992.［ロバート・Ｂ・ライシュ『ザ・ワーク・オブ・ネーションズ――二一世紀資本主義のイメージ』ダイヤモンド社、一九九一年］

分業と疎外

資本による分業の活用にある中心的矛盾は、技術的なものではなく、社会的・政治的なものである。それは一言に尽きる。すなわち疎外である。資本は、工場内分業と社会的分業の双方を組織化することによって、生産性や産出量や収益性の点で、疑うべくもなく驚異的な増大を実現している。だが、これによって、資本に雇用される労働者の精神的・情緒的・物質的福利は犠牲に供されることになる。一例としてマルクスが示唆していることだが、労働者は総じて、しだいに複雑さを増す分業内での固定的位置にそれぞれ配置されることで、「部分人間」に還元される。[4] 労働者は孤立し、個人化され、競争によって互いに疎外され、自然との感覚的関係から（情熱的・感性的人間としての自分自身の自然からも、外的世界という自然からも）疎外される。知性が機械に組み込まれるにつれて、労働における精神的側面と肉体的側面との統一が破壊される。労働者は精神的やりがいや創造的可能性を奪われる。彼らは単なる機械の操作者となり、自らの運命の主人というよりも機械の付属品と化す。自己が一個の全体をなすという感覚や自分が生産物の作り手であるという感覚を失うことで、労働における情緒的満足も減退する。あらゆる創造性、自発性、魅力が労働から失われる。要するに、資本のための労働という活動は空疎で無意味である。そして人間は、あらゆる意味を欠いた世界では、生きることができない。

資本の支配下における人間の状態に関するこうした見解は、マルクスに限られたものではない。同様の見解は、ヴェーバー、デュルケーム、テンニースの著作にも見いだされる。分業の偉大な擁護者であり、人的効率や生産性、成長への分業の貢献を称賛したアダム・スミスでさえも、複雑な分業の内部で単一の作業が労働者に割り当てられることで、労働者が無知と愚鈍を運命づけられるかもしれないと懸念していた。フレデリック・テイラーのような後の論者は、スミスほど「道徳感情」に関心をもたず、あまり悩みもしなかった。あらゆる労働者が喜怒哀楽をもった人間ではなく、訓練されたゴリラのように振る舞うようになれば、テイラーにとって最善の状態なのだろう。小説家チャールズ・ディケンズが書いたように、資本家もまた、自分の労働者を「手」としか考えず、胃の腑や頭脳のある存在だということを忘れがちであった。

だが――と、より洞察力のある一九世紀の批評家たちは言う――、人々が仕事中においてこうした生活を送っているのだとすれば、夜に帰ったからといって別の考え方をすることなどそもそもできるのか？　仕事中に労働者を取り巻いている野蛮さや無知や愚鈍さに染まっていない、道徳的共同体の感覚や社会的連帯感、有意義な集団的帰属意識や生活意識を、どうやったら構築することができるのか？　とりわけ、自分たちの日々の朝食を準備するためだけであっても、はるか彼方にいる、未知の、そして多くの点で知るべくもない人々にかくも深く依存しているときに、労働者はいかにして自分が自らの運命に対する主人公だという感覚を発展させることができるのか？

資本の下で分業が広がりと複雑さを増すと、労働者の側での個人的発達や自己実現の余地はほとんど残らない。人間としての類的潜在能力を自由に探求するわれわれの集団的能力は閉ざされてしまったように見える。しかし、資本による分業の利用から生じる疎外を最も手厳しく描きだしたマルクスでさえ、資本による分業が命じる諸条件にもわずかな可能性を見いだしている。マルクスは言う――労働者の側もお先真っ暗というわけではないし、しかもその理由の一つは、資本そのものが提供することを余儀なくされるものなのだ、と。彼の議論によれば、技術変化という強力な影響の下で分業が急速に発展すると、一定の教育を受けた柔軟で適応力のある労働力が必要になる。

▼4　Karl Marx, *Capital*, Volume 1, Harmondsworth, Penguin, 1973, p. 799.［カール・マルクス、フリードリヒ・エンゲルス編「資本論　第一巻」、『マルクス＝エンゲルス全集』第二三巻ａ、大月書店、一九六五年、八四〇頁］

変転する資本の搾取欲求のために予備として保有され自由に利用される〔使い捨てにされる〕惨めな労働者という奇怪事の代わりに、変転する労働要求のために絶対的に利用可能な個人が現われなければならない。すなわち、一つの社会的細部機能の担い手でしかない部分個人の代わりに、いろいろな社会的機能を自分のいろいろな活動様式としてかわるがわる行なうような全面的に発達した個人が現われなければならない。[5]

この目的のために資本には、特殊な労働力ではなく、むしろ教育を受け適応力のある労働力が必要になるだろう。では、労働者が教育を受けなければならないとすると、この「全面的に発達した個人」は何を読むべきで、その頭のなかにいかなる政治的見解を入れるべきかを決定する者は誰なのだろうか？　一八六四年のイギリス工場法には教育条項が加えられたが、それは、マルクスにとっては次のことをはっきりと示す証拠だった。すなわち国家が事態に介入して、資本の代わりに、「全面的に発達した個人」の教育に向けた何らかの手立てを講じることを保証しなければならないということである。同様に、産業革命期に女性雇用の濫用があったことを発見してそれについて論じるのは難しくないが、ここでもまたマルクスが見いだしたのは、資本が提供し必要ともする女性の職場参入にもとづいて、家族生活とジェンダー関係の新たな「より高い形態」が構築されるという、長期的な進歩の可能性であった。[6]

この定式にはもちろん、「全面的に発達した個人」が知ろうとするもの、知る必要のあるものとは何か、そしてそれを彼ないし彼女に教えるのは誰なのか、という問題が伏在している。これは社会的再生産の領域における中心問題であり、しばらく後で考察することになるだろう〔第13章参照〕。ただし、ここで少なくとも言及しておくべき問題ではある。資本の立場からすれば、労働者が知るべきは、資本の立案した分業内で種々の指示に従い自分の仕事をこなすのに必要な事柄だけであろう。しかし労働者がいったん読み書きできるようになると、多様で膨大な情報源から選ばれたあらゆる種類の思想を労働者が読み、夢想し、それにもとづいて行動しさえする危険がある。それゆえ資本にとっては、資本とその再生産条件を維持するのに役立つしかるべき考え方を学校で教え込むことと併せて、知識や情報の流れをイデオロギー的に統制することが必要不可欠になる。

だが教育を受けた全面的に発達した個人ならば、自分自身の労働が取るに足りない一部分でしかないような人間社会の総体的性格に疑いを感じるし、このような断片化や部分化によって人生の意義を直接的に感得することが困難になっている世界において人間であることの意味は何なのかと疑問をおぼえるようになるだろう。必ずそうなるとは言い切れないにせよ、そうなる可能性はきわめて高い。まさにそれゆえ、資本でさえ、文学や芸術、文化理論や宗教的・道徳的感情に多少の人間主義的《ヒューマニスト》な教育を添加することが、労働における意味の喪失からもたらされる不安への解毒剤になると見なしてきたのではないだろうか。労働の断片化と分業は、資本によって開かれる職業機会の多様性が絶えず増大するうえで必要不可欠だが、これは深刻な心理的問題を引き起こす。しかしながら、新自由主義時代に関して驚くべきなのは、人間的必要に対するこうしたわずかな譲歩でさえも、必要だとされる緊縮財政の名の下に、侮蔑的に退けられてきたことである。文化活動への国の補助金は平然と廃止され、あらゆる文化活動への資金援助は、金持ちのご都合主義的な慈善活動や企業の同じくご都合主義的な後援活動に委ねられている。ＩＢＭ、ＢＰ、エクソンなどをスポンサーとする「文化」が、今日における文化活動の代表的存在になっている。

労働者自身も、内面的には情熱と社交性を持った人間であり、彼らにも、自らの客観的状況についてだけでなく、自分自身の主観的な精神状態についても言いたいことがある。自己自身の遂行する闘争を通じて労働過程とその一般的な労働条件とを人間化する機会を労働者がつかむや、疎外の客観的諸条件は、資本の助けがなくとも労働者自身の手によってよりましなものになるかもしれない。労働者は、客観的には搾取されたままでも雇用主に敬意を求めるかもしれないし、いくつかの場合にはそれを認めさせることが

▼５　Ibid., p. 618.［同前、六三四頁］
▼６　Ibid., p. 621.［同前、六三七頁］

できるかもしれない。坑道の奥深くや溶鉱炉の近くで、何とか安全にやっていくのに不可欠な社会的結びつきや社会的連帯の諸形態は、主観的には、危険で困難な仕事をやり遂げたことに対する誇りに転化する。共同体の連帯というのはそうした感情を反映しているのであり、自由市場の過程が強化する傾向にある個人主義的な孤立感を打ち消す方向に機能する。資本の鉄の支配の下であっても、労働者が、自分の労働と自分の役割に誇りを感じ、ある種の労働者としてのアイデンティティを抱くことは可能である。明らかに労働者は、他の誰とも同じくこう問うようになるだろう。自分たちに運命づけられているこのような人生にいったいどんな意味があるのか？　自分たちを使い捨て可能な存在として失業者の群れに投げ込んだり、あるいは解雇しないまでも、まったく不可解かつ無意味な職務を割り当てたりするこの発展過程に責任を負っているのは誰なのか？　資本に雇用されている労働者は必ずしも全面的に疎外感を感じるわけではない。しかし有意義な仕事が消失した後に、今度は、無意味な仕事（make-work）に就くことで増幅される全面的な疎外感が生じ、この疎外感が、搾取されているという明確な意識を補完する危険性をもたらすかもしれない。

こう言ったからといって、一方での疎外と、他方での対処や妥協との均衡が固定的であることを意味するわけではない。アメリカ、イギリス、ドイツ、カナダ、日本、シンガポールなどの先進資本主義諸国では、分業の内に存する先に述べた諸傾向は、きわめて多様な労働過程に柔軟に従事しうる教育ある労働力を産出する方向に作用してきた。このことに、労働者の権利をめぐる闘争の長い歴史や疎外に抵抗する無数の闘いが結びついて、これらの国々では労働力のかなりの割合が、少なくとも初等技能については高度に訓練され、高額とはいえなくとも少なくともそれなりに満足する賃金を手にする状況が創出された。対照的に、バングラデシュでの衣料品工場、中国南部の電子機器工場、メキシコの国境線に沿って並んでいるマキーラ工場◆、あるいはインドネシアの化学コンビナートなどでの労働条件は、マルクスがよく知っていたものにはるかに近い。現代のこれらの工場の内部およびその周囲における労働条件についての説明を『資本論』のなかに挿入しても、けっして場違いには感じないだろう。

一九七〇年代の後半以降、新自由主義的反革命が先進資本主義世界を席巻し、社会生活と労働に大きな変化をもたらしたが、それによって大部分の人々が破壊的な影響をこうむった。技術変化と海外移転との結合によって、彼らは取り残され、使い捨て可能で代替可能だとされたのである。失業は長期化し、社会的インフラは劣化し、地域社会の連帯が失われた。こうした世界のなかで大部分の人々は深刻に疎外され、はけ口のない怒りがしだいに蓄積されていく。これは時折り、一見したところ不合理でしばしば暴力的な抗議活動として爆発する。スウェーデンの郊外からイスタンブールやサンパウロにいたる突発的抗議運動を相互に関連したものとして取りあげさえすれば、地表下でぐつぐつと沸き立っている疎外の広大なマグマが露わになる。そのとき資本は、苛酷な専制的弾圧なしにはほとんど対処できないような政治的危機に直面することになるだろう。だが、そうやって弾圧しても不満が沈静するどころか、かえって不満は増幅することになる。分業の地理的不均等発展と、それと並行して進行するライフ・チャンスの社会的不平等の拡大は、あの疎外感を増幅させる。そして疎外感が受動的ではなく能動的なものになれば、現在におけるような資本の再生産の仕方に対する重大な脅威が間違いなく提起される。そのとき社会は、不可能な改良か不確実な革命かという厳しい選択に直面することになるだろう。

◆**マキーラ工場**　工業化と外貨獲得のためにアメリカとの国境地帯にメキシコ政府が設けた関税免除工業地区（マキラドーラ）にある工場のこと。一九六〇年代後半から設置。一九八〇年代からアメリカ系企業がこの地区に本格的に進出しはじめ、メキシコ人労働者を低賃金で雇用し、安価な製品をアメリカ国内に逆輸出した。

［第10章］

独占と競争

経済学の教科書や通俗的な資本主義擁護論をどれか読んでみよう。すると、まず確実に出てくるのは「競争」という言葉である。通俗的な擁護論であろうと、より真面目な理論的研究であろうと、そこに書かれている資本主義の偉大な成功譚は次のようなものだ。資本主義はおそらく、競争しようとする人間の生来の性向を取り込んだのであり、それを社会的制約から解き放ち市場を通じて活用することで、ついにはすべての人々の恩恵に資するような力強く進歩的な社会体制をもたらしたのだ、と。独占力（グーグル、マイクロソフト、アマゾンが今日振るっているような力）、それと同種の寡占力（主要なグローバル石油企業「七姉妹《セブンシスターズ》」◆が保持しているような力）、あるいは需要独占（ウォルマートやアップル社が仕入れ先に対して行使している力）は、仮に言及されるとしてもすべて例外状況だと言われ、純粋な競争市場であれば達成されるはずの幸福な均衡状態から不運にも逸脱していると描かれる傾向にある。

この偏った見方――このようにあえて断言しておこう――を支えているのが、反トラスト法や独占禁止法やそれに関連する行政委員会の存在である。それは、独占状態を不正であると宣告するとともに、時折

◆七姉妹（セブンシスターズ）　エクソンモービル、ロイヤル・ダッチ・シェル、シェブロン、BPなど。

り、公衆をその否定的影響から守るという目的の下に独占企業の解体を試みることがある。たとえば二〇世紀初頭のアメリカにおいては、セオドア・ルーズヴェルト［第二六代大統領］という不屈の人物に主導される形で「反トラスト公訴」が次々と起こされた。一九八〇年代には、アメリカ電子通信事業におけるAT&T社の独占状況に対してその解体が命じられた。現在でもヨーロッパや北アメリカにおいて、グーグル、マイクロソフト、アマゾンが持っている過剰な市場支配力に疑問が投げかけられている。いわゆる「自然独占」の場合（主に公益事業、運河や鉄道などの運輸交通網のことだが、それらは競争状態に置くことが不可能である）、アダム・スミスが価格つり上げを防ぐ政府規制を勧告した。公にされている公的政策の目標は独占価格の形成を阻止することであり、イノベーション、生産性の向上、あるいは低価格というさまざまな恩恵を確保することなのだが、これらは資本家間競争から得られると想定される。国家活動を通じて競争的環境を維持することは、健全な資本主義経済にとって必要不可欠な政策的な立場であると一般に喧伝される。特に国際貿易における競争力の獲得は、さまざまな公的政策の主な目標として、たびたび引き合いに出される。独占力による歪みのない純粋な完全競争市場をつくりだしさえすれば、万事うまくいくだろうと言われるのである。

この物語は驚異的な影響を及ぼしたが、それはアダム・スミスが『国富論』で説得力ある形で鮮やかに表明して以来、二世紀以上にわたり君臨しつづけてきた。これが自由主義的経済理論の創造神話である。自由主義的な政治経済学者は一八世紀後半になって以降、市場価格を固定しようとする国家介入に反対し、独占力に対する撲滅運動を展開した。ケインズもこの立場からあまりずれなかった。さらに驚くべきことに、それはマルクスの『資本論』でも金科玉条として受け入れられている。ただしマルクスの場合は、その論理は次のように展開する。アダム・スミスのユートピア的物語が正しいのであれば、事態は万人を利するものにはならないだろう。つまりこの物語の結果、富と権力の階級格差が深まるだろうし、資本はその力と恐慌傾向とを確実に強めるだろう。

独占と競争との矛盾した統一

二〇〇七〜〇九年の恐慌が起こると、経済学者たちがそのお決まりの物語にこだわることは非常に難しくなった。個人的な利益を求める銀行家たちが一般庶民の幸福に寄与しなかったのは明らかだったし、アメリカにおいては連邦準備制度理事会が人々ではなく銀行を救済したのである。これによって独占力は今や、例外状況にとどまるものではなく一つの体制的問題になったのであり、それは経済学者が「レント・シーキング」◆として言及する活動から生じるものだと認識された。ジョセフ・スティグリッツは次のように語っている。

露骨に言えば、金持ちになるには二つの方法がある。富をつくるか、富を他人から奪うかである。前者は社会に付け足す。後者は通常、社会から差し引く。なぜなら富を奪う過程で、富は破壊されるからである。▼1

レント・シーキングは、私が「略奪による蓄積」と呼ぶものを、かなり中立的なものに思われるように、しかも上品に言い表わしたものでしかない。

◆レント・シーキング　企業が、議会や政府官庁へのロビー活動によって法制度や政策変更を実現して、寡占的超過利潤や独占利潤を獲得できるようにすること。「準地代」「特殊利益追求論」とも訳される。

▼1　Joseph Stiglitz, *The Price of Inequality: How Today's Divided Society Endangers our Future*, New York, Norton, 2013, p. 40.［ジョセフ・E・スティグリッツ『世界の99％を貧困にする経済』徳間書店、二〇一二年、七六頁］

レント・シーキング――あるいは略奪による蓄積――についてのスティグリッツの説明はいくらか不完全である。だが彼の説明の長所は、経済取引における独占力が政治過程における独占力と一体的に並行することを理解していることにある。アメリカの事例を取りあげてみよう。逆進税や債務の償却が実施されること、「規制の虜◆」が生じること（鶏小屋を狐に任せるようなものだ）、国有資産や民間資産を格安で取得したり借用したりすること、過大に計上された原価加算契約◆を政府機関と結ぶこと、特定の利権集団（エネルギー業界やアグリビジネス企業）を保護したり助成したりする法律を制定すること、選挙運動に対する資金提供を通じて政治的な影響力を獲得すること――これらはすべて、大金をもった独占的利権集団を野放しにさせると同時に、国庫からの収奪をも彼らに認めることで納税者たちを犠牲にするような政治的諸実践である。これらの政治的実践が、土地不動産市場における伝統的な地代《レント・シーキング》の追求や、資源使用料、特許やライセンスや知的所有権に対する使用料、あるいは独占価格の設定による過剰利益などを補完している。そのうえ、超過利潤を獲得するためのあらゆる準合法的手段が存在する。透明性や適切な情報に欠ける金融市場が創出されると、人々は霧に包まれてしまい間違いが起こっても気づかない。このような状況で詐偽商法を食い止めようとしても不可能だ。粉飾会計を行なうと大金が転がり込む（エンロン社◆が劇的に示したように）。

不正行為も激増する。たとえば住宅市場での略奪的貸付によって何十億ドルもの資産価値が大衆から金融業者の手に渡ったことであり、これに加えて、クレジットカード会社による不正行為、説明のない金額の請求（電話料金や医療費で起きているそれ）、あるいは、法を侵害しないまでもその抜け穴を突くようなさまざまな実践である。このことも付け加えると、われわれは、無数の実践が展開した結果として次のような状況にたどり着く。大企業と巨大な金融利権は着実に富を増やすのだが、経済は全体として崩壊することになり、ついには停滞するのである。スティグリッツは次のように述べている。

過去三〇年間の中で最も重要なビジネス・イノベーションの一部は、経済効率の向上に主眼を置かなかった。重視されたのは、独占力を確保することであり、個人の報酬と社会の収益とを合致させるための政府規制をすり抜けることであった。▼2

スティグリッツが戦略としてのレント・シーキングを説明する際、そこから抜け落ちているのは、民主主義的権利が広範囲にわたって破壊される事態である（ただしレント・シーキングの社会的帰結を説明する際になると、さすがに彼も言及している）。たとえば、年金や医療に対する経済的諸権利、教育や警察や消防などの不可欠なサービスに対する自由なアクセス、そして低所得者層が適切な生活水準で生活するための支援にこれまで寄与してきたさまざまな公的事業（アメリカの場合には栄養補助食品事業や食料配給券《フード・スタンプ》など）である。これらの権利やサービスすべてに対する新自由主義的攻撃は略奪の一種であり、それによって公費のための蓄えが、「貧乏ではないが貪欲な」階級——企業幹部や億万長者たち——の手に渡ることになる。そして、このすべてが階級権力の強化に依拠して成し遂げられる。この階級権力は、経済と政治的過程との双方を独占するとともに、メディアの大部分も独占しており、このためにいわゆる「思想の自由市場」も、ひと揃いの瑣末な派閥的小競合いに単純化されてしまう。それにもかかわらず正統派経済学は今もなお、自由市場は信じるべき神であり、独占は不運な例外であって全力をつくせば回避できるはずだと主張しつづけている。

◆**規制の虜**　規制されるべき利権集団が、公益に資するはずの規制機関を実質的に支配する状況を意味する。経済政策が経済活動を非効率化させるような「政府の失敗」の一つとされる。

◆**原価加算契約**　定められた原価に所定の利益を加算する契約。

◆**エンロン社**　不正発覚事件で知られたアメリカの大企業。エネルギー会社から出発し、規制緩和の中で天候デリバティブ取引なども手がける多角的大企業になった。二〇〇一年、簿外債務の隠蔽といった粉飾会計が明るみになり倒産。

▼2　Ibid., p. 44.［同前、八〇〜八一頁］

しかしながら、ここで私が取りあげたい見解は次のようなものだ。すなわち、独占力は資本の機能にとって例外状況ではなく基本にあるものなのであって、それは競争との矛盾した統一のなかにある。これは通常とはかなり異なる立場であり、スティグリッツの説明をはるかに超えるものであるが、これが正しい定式であると考えるのには十分な理由がある。資本家の多くは、いずれか選択できるのであれば、競争に参加するよりも独占資本家になろうとするものであり、できるかぎり独占力を獲得しようと一貫して努めるのである。私の定式は、この単純な事実に合致しているのだが、それはまた、競争と独占との矛盾した統一が資本主義の歴史のなかにあったという核心を突くものでもある。

では、この矛盾した統一はどのように理解されるべきか？　最も自明な出発点は、この二つの見分けがつかないところにある。あるいはもっと正確に言えば、この二つが結合して、その矛盾が敵対的にならずに潜在しているところにある。この点は私的所有権の核心に位置している。というのも私的所有権は、商品所有者に対して商品使用の独占権を授けるからである。私的所有に本来備わっている独占力は交換の基礎となり、敷衍すれば競争の基礎となる。これは初歩的で瑣末にすら思われるかもしれないが、次のことが理解されれば、まったくそうではないことがわかる。すなわち資本の階級権力は、これらの個人的な独占的所有権全体の集合体《アサンブラージュ》からなる一定の社会秩序に全面的に依拠するものなのであって、そこにおいて資本家階級は、労働者階級に対する存在として、その生産手段（あるいは、この最新のものとしての金融調達手段）の集団的独占によって定義可能になる。独占についての通常の議論に欠けているのは、階級的な独占力（資本の集団的権力）という概念と現実である。経済的過程と政治的過程の双方に適用される階級的独占利益《レント》も、この概念と現実のうちに含まれている。

このように理解すると、競争は大きく取りあげるのに独占はまったく考慮しないといった、例の権威ある物語が果たしているその役割もより明らかなものになる。それは、私的所有権のなかにある階級権力の独占的基礎を覆い隠すのであり、階級権力や階級闘争といった諸問題を都合よく回避するのである（ほとんどすべての経済学の教科書も同様である）。資本は理想的に解釈されて、個々の資本家たちが分子的に競争しあって、感嘆すべき一連の衝突をもたらすことだと言われる。これらの資本家たちは、経済活動という混沌とした大海を自由に動きまわり、利益の見込めるさまざまな機会を探しまわるとされる。国際競争は、万人に対して大いに恩恵をもたらすと喧伝されるが、その現実は、賃金を押し下げることによって、資本に対して恩恵をもたらすのである！

　より一般的な意味で技術変化は、進歩的で不可逆的なものとして説得力をもって描かれている。だが、この技術変化の場合と異なり、独占と競争との均衡状態は不安定で、両者のあいだを振り子のように揺れ動く。それは時として、いずれかの一方向に向かうものではなく循環しているように思われるし、国家管理や国家介入という政治的な気まぐれや偏向にさらされる。マルクスは、競争の終着点は独占力になるはずだと思い、資本の集中を支配する固有の諸法則が存在するのではないかと考えた。だが、彼がそれを詳論することはなかった。よく知られているようにレーニンは次のように認識した。すなわち資本は、二〇世紀に入る転換期において独占力の新段階に移行し、帝国主義と結びついたのだ、と。この時期には、大規模な産業カルテルが金融資本と結合し、主要国の国民経済を支配したのである（これが、セオドア・ルーズヴェルトが解体をもくろんだトラストであった）。この見解は一九六〇年代に再登場する。アメリカにおけるポール・バランとポール・スウィージーの著書『独占資本』▼3がそれであり、また同じような見解は、ヨーロッパでは共産党系のさまざまな理論家の研究のなかに現われた。独占企業体の高まりゆく権力は再度、一元的な帝国主義の巨大な潮流と結びつけられた。一九六〇年代に、さまざまな国内市場を支配したのは大企業（たとえばデトロイトに本社がある自動車産業ビッグスリー◆やヨーロッパのさまざまな国営企業）であったし、これらが過剰な独占力を行使していると考えられた。中米地域におけるユナイテッド・フルー

▼3　Paul Baran and Paul Sweezy, *Monopoly Capitalism*, New York, Monthly Review Press, 1966.［ポール・バラン、ポール・スウィージー『独占資本』岩波書店、一九六七年］

◆**ビッグスリー**　ゼネラルモーターズ、フォード、クライスラー。

ツ社やチリにおけるＩＴＴといった大企業は、その独占力を国際的に行使して、さまざまなクーデターを支援したのであり、こうして打ち立てられたチリなどの軍事政権は帝国主義的諸大国の言いなりになった。

ジョヴァンニ・アリギが指摘したように、資本は両極のあいだで揺れ動く。一方では、無規制な競争が破滅的な効果をもたらすと思われるのであり、他方では独占体や寡占体がその権力を過度に集中させる。[4] 一九七〇年代の恐慌は、表面的には経済停滞とインフレの奇妙な組み合わせとして現われたが、それは一般に独占資本の典型的恐慌だと解釈された。その一方で、一九三〇年代のデフレ危機は破滅的な競争によって生みだされたと言われている。独占と競争との矛盾した統一がどのような状態になるかは、それぞれの歴史的局面において必然的に規定されるものなのであり、前もって想定されるものではない。一九七〇年代にはじまった新自由主義的転回は、グローバリゼーションの過程を通じた新たな国際競争を開始したが、多くの経済部門（製薬業界、石油業界、航空業界、アグリビジネス業界、銀行業界、ソフトウェア業界、メディア業界、特にソーシャルメディア業界、さらには小売店業界）の現状は、独占状態とまでは言わないにしても、寡占状態に力強く向かう傾向を示している。一部の人々のあいだでは現在、ある程度の独占力の存在（たとえばグーグルによって行使されているそれ）は純粋な競争状態からの逸脱ではあるが尊重すべきだと見なされているが、それはおそらくこの矛盾の「運動」的特徴を証明している。不確実な世界における不安定な市場調整は混沌状態をもたらすものだが、これとは違って独占力は、合理的計算、標準化、事前計画を可能にする。他方、グーグルによる独占的地位の濫用（アメリカ国家機密保全庁に個人情報データへのアクセスを認めたこと）は、このような権力の集中とともに否定的可能性も進行することを示している。

「独占的競争」という現実

私的所有権が独占力である事例として特に教えられることが多いのは、土地不動産に対する所有権の場合である。土地や不動産物件が独占されるだけでなく、そこに特有な空間的立地も独占される。私の工場がすでに建っている場所であれば、私以外の誰も工場を建てることはできない。私は、ある有利な立地（運輸交通網や資源や市場へのアクセスに特に優れているような立地）のおかげで、他者との競争における独占力を獲得する。その結果、「独占的競争」と呼ばれる特殊な種類の競争が起こることになった（主流派経済学者も立地の問題について研究せざるをえなくなると、最終的にはこの結果を認めるしかなかった）。この用語は適切である。なぜなら、あらゆる経済活動は、独特な質をもったさまざまな個別的空間にもとづきながら互いに競争しあうのだが、「独占的競争」という言葉はこの状況を言い表わしているからである。もちろん経済理論では、この競争形態は補足説明として取り扱われる。あらゆる生産的な経済活動が究極的には空間にもとづいているにもかかわらず、それは経済生活の基本的要素として論じられない。経済学上の普通の考え方が選ぶモデルのなかでは、すべての経済活動が針の頭の上で起こり、空間的立地にもとづく独占は存在しない。差異のある空間的なさまざまな質――より肥沃な大地、より良質な資源、きわめて有利な立地――は一見したところ重要ではないかのようだ。あるいは、空間的な諸関係は何よりも交通システムなどへのインフラ投資によって、その構造を絶えず変化させるものだが、このことも重要ではないかのようだ。

これらが看過されると、競争と独占との矛盾した統一がどのように機能するのかについてわれわれが認識するうえで深刻な結果が生じる。たとえばしばしば思い込みとしてあることだが、多くの小企業が類似品を生産することが、激しい競争状態を示す証左だとされている。一定の空間的諸条件の下では、こうはな

◆ユナイテッド・フルーツ社　アメリカの総合食品会社で、現在のチキータ・ブランド。一九五四年、「バナナ共和国」と呼ばれていたグアテマラで、選挙で就任したハコボ・アルベンス・グスマン大統領を打ち倒した軍事クーデターを支援した。
◆ＩＴＴ　通信事業から発展したアメリカの多国籍複合企業。一九七三年、社会主義的な政策を取ったチリのアジェンデ政権が、米ニクソン政権が工作した軍事クーデターによって崩壊したが、これを支援した。
▼4　Giovanni Arrighi, 'Towards a Theory of Capitalist Crisis', *New Left Review*, September 1978.

らない。二軒のパン屋は、そのあいだが三〇〇ヤード〔約二七五メートル〕離れているだけであれば、激しい競争を示すだろう。しかし、これらのパン屋のあいだに深くて急流の川が存在するのであれば、それぞれが自分の川岸で独占力を持つことになる。もし王様が川に橋を架けたら、この独占力もなくなるだろう。だがその後、地元の貴族がその橋に対して法外な通行料を課すことになれば、あるいは、この川が政治的境界線になって、そこをまたいで交易する際には高額の関税がパンにかけられるのであれば、この独占力は復活するだろう。それゆえ一八世紀の政治経済学者は通行料や関税への反対運動を行なった。なぜなら彼らはそれが競争の妨げになると理解していたからである。この政策の延長にあるのが、一九四五年からアメリカが追求してきたグローバルな自由貿易体制であり、これがついには世界貿易機構に関わるさまざまな協定に結実したのである。

運ぶのにお金がかかることは、局地的独占体に対する一種の「保護」になったが、こうした交通費の機能は長期にわたり縮小してきた。この費用の削減は、資本の歴史にとって重要であった。一九六〇年代以降のコンテナ輸送は地理的競争の範囲を変化させるのに決定的な機能を果たしたし、政治的な貿易障壁の削減も同様であった。アメリカの自動車産業は、そのビッグスリーの本拠地をデトロイトに構え、一九六〇年代には無敵の寡占状態をつくりあげているように見えたが、貿易関係の空間的諸条件が物理的にも政治的にも劇的に変わるにつれて、一九八〇年代までには西ドイツや日本との対外競争によってその力は掘り崩された。一九八〇年代には世界戦略車《グローバル・カー》の到来が見られた。それは世界中でつくられた部品をデトロイトのような場所で組み立てるだけの自動車である。荒々しい国際競争の到来にオートメーション化が加わることで、デトロイトは荒れ果てるままになった。醸造ビール取引の歴史は私が好きなもう一つの例である。ビールの取引は、一八世紀には各地方に限定されていたが、一九世紀半ばには鉄道のおかげで取引は広域的になり、その後、一九六〇年代には全国的なものになり、さらには一九八〇年代、コンテナ輸送のおかげで国際的規模のものになった。

独占的競争の範囲は明らかに変わりつつある。そして生産、分配、消費の空間的で地理的な組織化は、地理的不均等発展の場合と同じように、それ自体、独占と競争の矛盾した関係を調整する一つの方法である。私は今カリフォルニア産の野菜をパリで食べ、世界各地から送られてくる輸入ビールをピッツバーグで飲んでいる。空間的障壁が「時間による空間の絶滅」への資本主義的傾向によって減るにつれて、地場的な工業やサービス業の多くが局地的保護や独占的特権を失った。こうした産業は、別の地域——最初は比較的近くの地域であったが、やがてはるかに遠くの地域——の生産者たちとの競争を強いられた。

資本家は、このような競争状態の復興を歓迎するはずだと思われるだろう。しかし、すでに述べた奇妙な事実だが、資本家の多くは、いずれかを選択するのであれば、独占資本家になることを選ぶのである。したがって資本家の多くは、誰もが欲しがる独占的地位を確立し維持するために別の手立てを講じなければならなくなった。

これに対する明快な答え〔としての第一の方向〕は、超巨大企業に資本を集中するか、緩やかな同盟を（航空業界や自動車業界のように）組織して市場を支配するかである。われわれはそれについて多くを目の当たりにしてきた。第二の方向は、グローバルな貿易全体を規制するさまざまな国際商法を通じて、独占的な私的所有権に対する保障をさらに強固にすることである。それゆえいわゆる「知的所有権」や特許権は、独占力がより全面的に行使される主要な闘争領域になっている。一つの典型的な事例を挙げれば、製薬業界は並外れた独占力を得てきた。その手段は、一つには大規模な資本集中であり、もう一つにはライセンス契約や特許権の保護である。この業界は貪欲にも、さらなる独占力を追求しており、たとえば、ありとあらゆる遺伝物質（熱帯雨林で先住民が伝統的に採取していた希少植物のそれなど）に対して所有権を確立しようとしている。第三の方向は「有名ブランド化」を図ることである。これによってスウッシュ◆を付けた靴の料金や、特定のブドウ園の名称をラベルに記したワインの料金として、独占価格が請求できるようになる。

◆スウッシュ　スポーツ関連商品企業のナイキ社のロゴマーク。

ある要因に由来する独占的な特権がなくなるのに応じて、われわれは、この特権を別の諸手段で保持し蓄えようとする多様な試みを目撃する。しかしながら空間的に制限された市場はいくつか存在しつづけるし、これらの市場は一定の活動に対して独占価格の設定を促すものになる。ベルギーで臀部の手術にかかる費用は（アメリカからの往復航空券代込みで）一万三三六〇ドルだが、アメリカで同じ手術をすると七万八〇〇〇ドル以上にもなるのだ！　アメリカの場合、ベルギーよりも独占価格の設定が数多くなされていることは明らかである（その原因が公的な規制政策の違いにあることはほとんど間違いない）。医療ツーリズムが高まり、インドなどにおけるコールセンターに多くのサービスが外注化されているにもかかわらず、この種の対人サービスは部分的に空間的競争とは無縁でありつづけている。だが人工知能の応用に直面すると、これらの保護された市場も消え去るかもしれない。

資本は独占に心を寄せていると、われわれは結論することができる。確実性があること、静穏な生活を送れること、変化の可能性が緩慢で慎重であること――これらは、荒々しい競争の外部にあるような独占的な労働様式や生活様式と調和している。資本が選ぶのはこちらの方である。それゆえまた資本が愛してやまないのは、特異な商品であり、つまりきわめて個性的であるために独占価格を設定できるような商品である。資本は無理をしてでも、このような商品を領有し、それを生産しようと努めるのであって、この際にしばしば純粋な美的喜びを提供することを装うのである。資本家階級は美術市場を構築するが、それは独占的な価格設定が幅を利かす投資分野である。野球やホッケーやサッカーのようなプロスポーツに投資するのもまったく同じである。さらに資本は――可能であるなら――自然の有するさまざまな特異な属性までも商品化し、それに貨幣的価値を与えて私的所有権レジームに従わせる。アナーキストの地理学者エリゼ・ルクリュは、一八六六年というかなり以前に、次のような苦言を述べた。

海辺に見える風光明媚な断崖や魅惑的な砂浜。これらの多くを我が物にする者がいるとすれば、それは強欲な土地所有者か投機家である。投機家はその自然の美しさを称賛するが、そこにあるのは金塊を査定する両替商の精神である。〈……〉岩礁であれ、洞穴であれ、滝であれ、氷河の裂け目であれ、自然にはそれぞれの珍しさがある。ところが、こだまの音さえ含むこのあらゆるものが個人の所有物になることがある。企業家は滝を貸し出すにあたって、そこを木の柵で取り囲む。旅行者が支払いを怠れば、この逆巻く水を見ることはできない。こうして水しぶきの織りなす光も、一陣の風が広げる霧のカーテンも、広告の氾濫を通じて、銀貨の響きと化してしまう。▼5

同じことは独特な文化財や文化的・歴史的伝統にも当てはまる。歴史や文化や伝統を商品化することは、一見すると醜悪な事態であるかもしれない。だが、それが広大な観光業の根底になっている。観光業において、真正さや独特さは高く評価されるとともに、市場評価の権威《ヘゲモニー》に従う。それ以上に意味があるのは、多くの消費財を系統的にブランド化することである。非常に特異で特別な商品に対しては（たとえこの評価がまったく疑わしいものであったとしても）、独占価格を付けることが可能になる。言うまでもないが、生みだされた商品や資産があまりにも特異で特別だからといって、貨幣計算の完全な対象外になってはならない。それゆえピカソにも、考古学上の埋蔵物にも、アボリジニ［オーストラリア先住民］の芸術品にも価格が付かなければならない。より日常的に使う諸商品の場合、その目標は、あるブランドを際立たせることである。たとえば高級歯磨き粉とか高級シャンプーとか高級自動車とかである。その狙いにあるのは、独占価格を確保する手段として製品の差別化を活用することである。ある商品に対する評判や大衆的イメージの重要性は、その商品の物質的な使用価値に勝るとも劣らない。このことから広告活動がきわめて重要になる。それは、非競争的状況から独占価格を搾りだす業界内における闘争にすぎない。今ではアメリカにある職務の六分の一近くが広告活動や販売活動で占められているが、この業界は、それぞれの商品に対するイメー

▼5　Elisée Reclus, *Anarchy, Geography, Modernity*, edited by John P. Clark and Camille Martin, Oxford, Lexington Books, 2004, p. 124.

ジや評判を生みだすことを通じて、独占利益《レント》を稼ぎだすことに打ち込んでいる。

これと同種の、興味深い地理的現象も起きている。バルセロナ、イスタンブール、ニューヨーク、メルボルンといったさまざまな都市もブランド化されており、そこに固有な特徴やその文化的特質のおかげで、たとえば観光地になったり商業中心地になったりする。もし固有な特徴が特になければ、フランク・ゲーリーのような有名な建築家を雇って、代表的建造物（たとえばビルバオのグッゲンハイム美術館）を建設して、この空白《ギャップ》を埋めればよい。[6] 歴史、文化、独特さ、真正さは、あらゆる所で商品化されて、観光客や前途有望な起業家や企業重役たちに売り込まれるのであり、こうして土地所有者や不動産開発業者や不動産投機家には独占利益がもたらされる。ニューヨーク、香港、上海、ロンドン、バルセロナなどの都市において地価や不動産価格が上昇すると、階級的な独占利益が獲得される。このような利益の役割は資本一般にとってきわめて重要である。それに次いで解き放たれる都市の中産階級化過程《ジェントリフィケーション》は世界的規模で起きており、経済活動の必要不可欠な一部になっている。この経済活動の根底には、新規の都市投資を通じた富の創造があると同時に「略奪による蓄積」も控えている。

資本は独占力を培うことで、生産と市場取引とに対して広範囲にわたる支配を実現する。資本はビジネス環境を安定させることができ、結果として、合理的計算も、長期的計画も、リスクや不確実性の縮小も可能になる。アルフレッド・チャンドラーの言葉を使えば、企業の「見える手」は資本主義の歴史にとって、アダム・スミスの「見えざる手」と同じように重要であったのであり、そして今もそうなのである。[7] 国家権力の「重い手」〔締めつけ〕も広範囲に行使されることで資本を支援してきたが、これもまたその歴史に一役買っている。

資本の集中と分散

独占力は、資本の集中／集権化（centralisation）と強い関係がある。他方で競争は通常、分散／分権化

(decentralisation)を引き起こす。ここで独占と競争との矛盾した統一の一部として、政治経済的な諸活動の集中と分散というこの類似の関係を考察することは有益である。この場合も「矛盾した統一」という観点から集中と分散の関係を捉えておくことが必要不可欠である。しばしば起きたことだが、たとえば分権化は、高度に中央集権化された権力を保持する最良の手段の一つである。なぜなら分権化は、この中央集権化された権力という特徴を、うわべばかりの個人の自由と自律の陰に隠してしまうからである。ある意味では、これがアダム・スミスの主張であった。すなわち中央集権的国家は、分権化され個人化された市場の自由を解放すれば、はるかに大きな富と経済力とを蓄えるだろう。このことを、中国政府はこの二、三〇年間に受け入れてきたのである。この事例では、分権化は政治的なもの(自治区や市、さらには郷や村への分権化)でもあったし、経済的なもの(国営企業や村営企業の自由化、あるいは富の創造とレント・シーキングとの両面における銀行制度の自由化)でもあった。ジョヴァンニ・アリギの著書『北京のアダム・スミス』はこの点を詳細に論じている[8]。しかしこの場合、分権化が本質的により民主主義的であるという大雑把な仮定が、深く問い直されなければならない。なぜなら中央集権的な中国共産党が、その権力を何かしら手放す兆候はまったく見られないからである。

政治経済生活における分散と集中との矛盾した統一は、二つの考察手法によって検討することが可能になる。第一に、部門別に考察することである。それによって主に注視される対象は、結合資本の権力――とりわけ資本主義的企業の持つ「見える手」――であり、そして「階級の共同的な資本」(マルクスの言

▼6　David Harvey, 'The Art of Rent', in *Spaces of Capital*, Edinburgh, Edinburgh University Press, 2002.
▼7　Alfred Chandler, *The Visible Hand: The Managerial Revolution in American Business*, Cambridge, MA, Harvard University Press, 1993.［A・D・チャンドラーJr『経営者の時代』東洋経済新報社、一九七九年］
▼8　Giovanni Arrighi, *Adam Smith in Beijing*, London, Verso, 2010.［ジョヴァンニ・アリギ『北京のアダム・スミス』作品社、二〇一一年］

葉）としての貨幣資本の集積——特に信用・金融制度の内部における貨幣資本の集積——である。▼9 しかしながら後者は、国家権力の特異な支援がなければ機能できない。「国家‐金融結合体《ネクサス》」（アメリカの場合は中央銀行と財務省の統一体）は、この構造の頂点に位置している。「国家‐金融結合体」は、銀行業界と金融制度に対する支援のための最高度の独占力を授けられており、その目的のために必要であれば、民衆も含めた他のすべてを犠牲にする。それをイデオロギー的に支援するのが、親資本主義的で右翼的な見解を広めている無数のシンクタンク（ヘリテージ財団、マンハッタン研究所、ケイトー研究所、オーリン財団）である。階級的独占力のこの巨大な集中に対する批判の声は、政治的分布図において左翼に属する人々にも極右に属する人々にも満ちあふれている。アメリカ連邦準備制度理事会とＩＭＦは、金融的寡頭支配層《オリガーキー》の階級的独占力を保護することに全面的に専念してきたが、このことは今では否定のしようがない。ところが、それを示す確かな証拠があるにもかかわらず、この二つの機関は、このようなシンクタンクやメディアによって、市場における個人の自由に対する偉大な保護者として描きだされる。これは、その機関の階級的性格を一般大衆に対して秘匿するのに大きく貢献する。金融システムの集中化を通じて「階級の共同的な資本」が組織されるということから、われわれは貨幣形態の中心的諸矛盾に引き戻されることになる。

第二の〔考察すべき〕領域は地理的なものである。この領域において、集中と分散をそれぞれもたらすような強力な諸要因が衝突しあうことになり、その結果として地理的不均等発展が引き起こされ、また、ある空間に位置する階級同盟がその経済力や政治力を、そして最終的には軍事力までも、別の空間に誇示することになる。したがって独占、集中、帝国主義、そして新植民地主義には内的関係が存在する。われわれは〔次章で〕地理的不均等発展を明確な検討対象にする際、この観点をさらに追求することにしよう。

独占と競争の矛盾を使いこなす

資本の分散傾向と集中傾向とが展開する二つのあり方は互いに独立しているわけではない。中央集権的な金融権力が集まるのは主要なグローバル金融センター（ニューヨーク、ロンドン、東京、上海、フランクフルト、サンパウロなど）であり、このことには重要な意味がある。シリコンバレーやバイエルン州、一九八〇年代のいわゆる「第三《サード》のイタリア」などの新興地域において、さまざまなイノベーションが栄えてきたが、この長期にわたる歴史も同様である。これらの地域におけるイノベーションの勃興は、試行錯誤の自由があると思われたり、取り締まり管理がなかったりしたからなのであって、さもなければ、肥大化した企業資本や国家が振るう抑圧的で支配的な権力によって制約されたであろう。この緊張関係は非常に広範囲に行きわたっており、かつ明らかである。このため政策立案者は今日では、知識基盤型の文化的で創造的な経済的諸活動が営まれる潜在的可能性をつかみとろうとして、経済的・政治的権力の分権化と規制緩和とを促す中央集権型の主導政策さえ取っている。これが、中国やインドにおいて中央政府によって設置される「経済特区」の本来あるべき姿である。その他の場所における開発政策は現場に主導権を委ねており、ますます起業家的になりつつある地方自治体や広域的都市機関の側に任されている。この場合に期待されているのは、一九九〇年代のいわゆる「ニューエコノミー」の興隆やデジタル革命を支えたような、さまざまなイノベーションを刺激する諸条件を再現することである。それは二〇世紀末に崩壊し燃え尽きたにもかかわらず、資本主義的技術の急激な再編をその後に残した。シリコンバレーといった一定の地域にベンチャー資本が地理的に集中することから実現が期待されるのは、こうした状況なのである。このような諸政策がすべて成功したわけではないことから、われわれは躊躇を覚えるはずだ。それにもかかわらず、その実例は次のことを鮮やかに示している。資本は、集中と分散、あるいは独占と競争といった特定の諸矛盾に乗じて、それらを自らの有利になるように利用するのである。

▼9　Karl Marx, *Capital*, Volume 3, Harmondsworth, Penguin, 1981, p. 490.〔カール・マルクス、フリードリヒ・エンゲルス編「資本論　第三巻」、『マルクス＝エンゲルス全集』第二五巻a、大月書店、一九六六年、四六一頁〕

それでは反資本主義的政治力学にとって、これらの知見は政治的にどういう意味を持つことになるだろうか？　われわれがまず第一に認識しなければならないのは次のことだ。すなわち資本は一般的に、どのようにして独占と競争との矛盾や集中と分散との矛盾への対処に成功し、これらを自らの利益に転じてきたのかということである。それは、資本が自らの利益のために恐慌を利用するのと同じである。私の考えでは、オルタナティブとして実現可能になるようないかなる未来の社会秩序であっても、これらの矛盾を廃絶できないことは明らかである。興味深い唯一の問題は、それらの矛盾とどのように連動するかである。だが、われわれは対立項を独立したものとみなしてしまい、矛盾した統一とは考えなくなるといった罠に用心しなければならない。たとえば分散／分権化は民主主義的であり、集中／集権化は非民主主義的だと想定するのは誤りである。純粋な分散／分権化という幻想が追求されることによって、秘められた中央集権的な独占支配への道を切り開く可能性が強まる。この幻想の追求が、左派に属す一部の人々にとっての今日的風習になっているのだが。左派の側の他の人々は、完全に合理化された中央集権的制御という別の幻想を追求することによって、受け入れがたい全体主義的停滞への道を指し示している。資本は内的必然性を持って、独占的集中傾向と分散的競争傾向とを繰り返し均衡させる方法に到達したが、それは、これらの傾向の不均衡状態から生じてくるさまざまな危機を経ることによるのである。

これ以外にも資本は非常に重要なことを学んできた。資本は、それ自身が機能する規模《スケール》を変化させる。これによって資本は、それ自体の諸権力の再生産にもっとも有利になるような規模に応じて、さまざまな権力や影響力を配置し直すのである。アメリカにおいては、二〇世紀前半には市と州の権限が強すぎたために、資本は主に連邦政府レベルでの支援を当てにした。だが一九六〇年代末になると、連邦政府があまりに介入主義的なものになり規制政策に傾倒しすぎるようになったので、資本はしだいに州権の擁護へとその態度を転換した。今日では共和党が、そのポピュリズム的で親資本主義的な目標を最も猛烈に進めているのは、州政府のレベルにおいてなのである。この点において反資本主義的左派は、資本と闘うと同時に、資本から学ぶべきことも多い。興味深いことだが、社会民主主義的左派に対立する反資本主義的活動家の多くは現在、ミクロ的規模においてその闘いを仕かけるのを好んでいる。この規模においてはアウトノミア的でアナーキスト的なさまざまな定式や解決策が最も効果を発揮するのだが、マクロ的規模の方は、対抗権力もほとんど存在しないまま放置される。集中と独占に対する過度の恐怖が勝るために、反資本主義的対抗勢力は無力な存在になっている。独占と競争との弁証法的だが矛盾した関係は、反資本主義闘争に有効な形では動員できていない。

［第11章］

地理的不均等発展と資本の時空間

資本は地理的景観を生産することで、資本自身の再生産とそれに次ぐ発展とを有利にするよう努めている。ここには、おかしなところや不自然なところは何もない。そもそも蟻もそうするし、ビーバーもそうするのだから、どうして資本だけがそうであってはならないのか？　しかし資本主義の地理的景観は永続的に不安定である。それは、自然の多様性が大きく移ろう世界において、さまざまな技術的圧力、経済的圧力、社会的圧力、政治的圧力が影響を及ぼすからである。資本は、荒々しく進化するこの世界に対して必然的に順応せざるをえない。だが資本はまた、このような世界を形づくるうえで重要な役割も果たしている。

資本と労働の矛盾、競争と独占の矛盾、私的所有権と国家の矛盾、集中と分散の矛盾、固定性と運動性の矛盾、活力と慣性の矛盾、貧困と富の矛盾、そして活動が展開するさまざまな規模《スケール》のあいだでの矛盾――これらの諸矛盾は前述の地理的景観のなかにあって、きわめて大規模な所与の物質的形態としてその姿を現わす。しかし、それらの多様な諸力のなかにあって優先されるべきは、次の二つを組み合わせることである。すなわち一つは、空間と時間のなかで、終わりなき資本蓄積という分子的過程（資本の流通と蓄積に従事しつつ日々興亡を繰り広げる起業家的で企業的な競争活動）を進めることである。もう一つは、さまざまな国家権力の行使を通じて空間を組織し、かなり秩序ある景観を編成しようとすることである。資本がつくりだす地理的景観はまったくの受動的所産にすぎないわけではない。この景観の発展は臨機応変な諸規則に従っている。それらの規則は――技術の「組み合わせ」進化を支配する諸規則と同じように――、それ自身の自律的だが矛盾した論理を備えている。景観の発展のあり方が資本蓄積に対して影響するし、資本主義や資本の諸矛盾が空間や場所や時間のうちにどのように現われるのかに対しても影響を及ぼす。地理的景観が発展するその独自のあり方は、危機の形成に際して重要な役割を果たしている。地理的不均等発展とその諸矛盾がなかったのなら、資本はとっくの昔に硬直化し混乱していたことだろう。これは、資本が周期的に自己改革する上で、その重要な手段になるのである。

「時間による空間の絶滅」と「集積の経済」

資本と資本主義国家は、資本主義的活動の基盤になる空間と場所の生産に主要な機能を果たす。たとえば鉄道の建設には大量の資本が必要である。もし鉄道で利益が上がるのであれば、他の諸資本もそれを使用するに違いないし、そこに固定された投資の耐久期間を過ぎるまでは好んでそうするだろう。もし利益が上がらないのであれば、鉄道は破産し、それに投じられた資本は失われるか、少なくとも減価することになる。つまり資本は、ひとたび鉄道を建設したなら、それを使わなくてはならない。しかし資本は鉄道をなぜ必要とするのか？

資本にとって時は金なりである。空間を横断するには時間もお金もかかる。時間と貨幣の節約は収益性の鍵である。したがって空間的運動の費用と時間とを削減するイノベーション――技術的イノベーション、組織的イノベーション、そして物流管理的イノベーション――が重視される。新しい技術を生産する人々はこのことを熟知している。彼らは多大な努力を自発的に尽くして、資本流通でかかる費用と時間とを削減する新たな手段を開発しようとする。これらの目標を達成した技術が既存市場を支配するだろう。マルクスが「時間による空間の絶滅」と呼んだものは、資本がその努力を傾ける至高の目標の一つである。
費用と時間の削減は二つの方法によって達成可能になる。第一の方法は、運輸通信技術において一連のさまざまなイノベーションを引き起こすことである。資本主義の下でのこうしたイノベーションの歴史は（運河からジェット機までと）目覚ましかった。しかしながら、この効果が発揮されるかどうかは、そこで動かされる資本の種類に左右される。信用形態にある貨幣は今では、世界中を瞬時に飛び回る。かつては必ずしもそうではなかったが、現代の特徴は、情報技術によって貨幣資本の可動性がきわめて高くなっていることだ。これと比べると、さまざまな商品は全般的には可動的なものではない。たとえばワールドカップ・サッカーの試合を生中継する場合と、ボトル入り飲料水、鋼桁《こうけた》、家具、あるいは傷みやすいもの（小さな果実、熱々のポークパイ、牛乳、パンなど）を苦労して持ち運ぶ場合とでは大きな違いがある。さまざまな商品は、その品質と輸送性に応じてさまざまな可動性を有している。資本が生産活動に入ると、輸送手段そのもののような若干の例外を除けば、最も可動的でない形態をとる。それは通常、しばらくのあいだ所定の場所に固定される（造船など、場合によってはこの時間は相当なものになるかもしれない）。しかし搾取工場《スウェットショップ》でシャツの生産に使われたミシンは、製鉄所や自動車工場よりもはるかに容易に移動させることができる。農業、林業、鉱業、水産業のような第一次産業の立地的制約は、明白な理由から非常に特有なものがある。

運輸通信費用を引き下げることによって活動の拡散と分散を促すことが可能になり、その活動が横断する地理的空間もいよいよもって広大なものになる。運輸費用と時間は、立地を決定する要因としてはほとんど排除されることになり、資本は、遠隔地のあいだで差額利益の獲得機会を探し求めることが可能になる。企業の内部分業は別々の立地に分散できるようになる。海外移転も可能になり、競争における独占的要素は減退する。地域特化や地域的分業が顕著となるが、その理由は、費用（たとえば地方税）におけるわずかな差額も、資本にとっての高利潤に転化するからである。

生産の新しい地理的配置は通常、空間的競争の激化から生じるのだが、それは運輸通信手段の効率化と低廉化によって促される。たとえば韓国――低賃金労働者の存在や、原料や市場への好アクセス条件などがあることから、鉄鋼の生産がきわめて低廉に行なえる場所――でのさまざまな新規事業は、ピッツバーグやシェフィールドなどの旧来の工場地帯から高費用で効率も悪い鉄鋼業を駆逐する。自動車産業の場合、デトロイトを衰退させた要因は、外国との競争にさらされたことだけではなく、テネシー州やアラバマ州で新しい工場が建設されたこともある。これらの州では賃金も低く、労働組合の力も弱かったのである。一九世紀には、北アメリカ産の安い穀物が、イギリスとヨーロッパの農業に深刻な損害を与えた。これが起きた理由は、新設された鉄道と蒸気船のために、一八五〇年前後から農産物輸送にかかる費用と時間が大きく削減されたからである。それは一九七〇年以後、コンテナ輸送が世界貿易に対して及ぼした影響に匹敵する。産業の空洞化（産業活動の地理的拡張の裏面）は、きわめて長期間にわたって続いてきた。

運動の時間と費用を削減する第二の方法は、資本家がその活動の立地を定めることである。これによって生産手段（原料を含むそれ）の調達や労働力供給、市場獲得などにかかる諸費用は極小化される。多くの種々の資本が集合する（たとえば自動車部品産業とタイヤ産業が自動車工場の近くに拠点を構える）場合、「集積の経済」と呼ばれる事態が生じる。さまざまな企業や産業は設備を共用できるし、労働技能、情報、インフラに対するアクセスも共有できる。すべての企業が有利になる確かな利益が得られる（たとえば、ある企業が労働者を訓練すると、他の企業は最初から訓練する必要なく、すぐに彼らを雇うことができる）。同様に労働者は、たとえ故郷から追い立てられることがなかったとしても、活況を呈している中心地の有利な諸条件に引きつけられる。実際、都市への集積とは、その時々の生産的諸活動を全体的に維持するのに有利になるように構築された空間的環境のことなのである。

集積は地理的集中を生みだす。資本蓄積のさまざまな分子的過程が、いわば経済的地域の生産へと収斂する。その境界は常に不明瞭で透過的である。だが、ある領土において結合しあうさまざまな流れは、一定の構造的一貫性をもたらし、その結果として、ある地理的領域は何か特色あるものとして区画される。一九世紀においては、綿織物といえばランカシャー（マンチェスター）であり、羊毛といえばヨークシャー

（リーズ）であり、ステンレス鋼といえばシェフィールドであり、金属加工といえばバーミンガムであった。構造的一貫性は通常、経済的交換という次元をはるかに超えて、考え方や文化的価値観、信仰、さらには宗教的・政治的帰属をも包摂している。集合財を生産し維持する必要性から、一定の統治体制が存在しなければならないし、可能であるなら、これはその地域内の行政制度として形式化されなければならない。もし国家が必ずしも存在していないのであれば、資本はそれに類似したものをつくりだすことによって、生産と消費という資本自体の集合的諸条件を支援し管理しなければならないだろう。支配的諸階級やさまざまな主導的《ヘゲモニック》階級同盟は、ある地域の内部においてその独自の特徴を形成し、これを政治的活動や経済的活動に対して与えることがある。

さまざまな地域経済は緩やかに結びついて、地理的不均等発展という一つのモザイクを形成する。そのなかにおいては、ある地域は豊かになる傾向にあるが、貧しい地域はさらに貧しくなる。これが起こるのは、グンナー・ミュルダールの言う循環的・累積的因果関係があるからである。▼1 先進地域はそれ自体、新しい活動を引き寄せる。なぜなら市場に活力があり、物的・社会的インフラという大きな強みが存在し、あるいは必要生産手段と労働力供給が容易に得られるからである。さまざまな資力が（税収基盤が拡大する形で）存在することで、物的・社会的インフラ（公教育など）へのさらなる投資が生じ、これらに呼び込まれて、より多くの資本と労働者がこの地域に引き寄せられる。この地域に往来があることから、そこを中心に輸送路が設置される。その結果、さらに多くの資本が引きつけられる。対照的に他の諸地域は、十分なサービスを受けられなくなり、最悪の場合にはさまざまな活動をしだいに失うことになる。それらの地域は不況と衰退の下降スパイラルに巻き込まれる。この結果が、富、権力、支配力の不均等な地域的集中である。

▼1 Gunnar Myrdal, *Economic Theory and Underdeveloped Regions*, London, Duckworth, 1957.［G・ミュルダール『経済理論と低開発地域』東洋経済新報社、一九五九年］

しかしながら、集積による持続的集中には限界がある。人口の過密化、汚染の増大、管理費や維持費の増大（税率の上昇や受益者負担金の増大）は損失をもたらす。その地域での生活費の上昇は賃金要求を引き起こし、ついには地域の競争力を失わせるかもしれない。労働者はその地域的集中が進むにつれて、搾取に反抗する闘争の組織化も進めるかもしれない。金利生活者《レンティア》階級がしだいに稀少になる土地を支配しており、その土地を現金化することから、土地と不動産の価格も跳ね上がる。ニューヨーク市やサンフランシスコは活況を呈しているが、そこでの立地には高額な費用がかかる。その一方で、今日のデトロイトやピッツバーグはそうではない。今ではロサンゼルスの労働者はデトロイトよりも組織されている（一九六〇年代には逆であった）。

資本家は、その地元の諸費用が急激に上昇すると、世界経済のなかで、自分の商売にはげめる別の空間を探し求める。技術と生産が新しく結びついたり、労働者の闘争が激しくなったりする場合には、特にこうなる。たとえば一九六〇年代後半以降、シリコンバレーは徐々に、アメリカ資本主義経済の中心地という地位をデトロイトから奪っていった。同様に、ドイツではバイエルン州がルール地方からその地位を奪い、イタリアではトスカーナ州がトリノから奪った。他方でシンガポール、香港、台湾、韓国、そしてついには中国といった新たなグローバル・プレーヤーが地球規模のレースにおいてはるか前に抜けだすことになり、いくつかの生産諸部門の中で競争上の優位を占めた。これらの動きはさまざまな減価の危機を引き起こし、その影響はグローバル経済における別の諸地域に広まった。アメリカ中西部の「斜陽鉄鋼業地帯《ラストベルト》」は、かつてはアメリカ産業資本の中心地であったが、今では「サンベルト」［米国南部・南西部］の勃興と好対照をなしている。さまざまな地域での雇用と生産の危機は通常、資本の地理的景観を生みだすメカニズムのなかで権力が移行しつつあるという、その決定的瞬間を示している。同様にして、これは普通、資本そのものの発展のなかで急激な変化が起きていることを示唆している。

資本の「時空間的回避」

資本は古いものが破壊される衝撃に耐えることができ、その廃墟の上に新しい地理的景観を建設する備えがなければならない。資本の余剰と労働余剰人員はこの目的のために利用可能でなければならない。資本は幸運なことに、まさにその本質からして、このような余剰を永続的につくりだす。それはしばしば、労働者の大量失業や資本の過剰蓄積という形態をとる。地理的拡張と空間的再編を通じてこれらの余剰を吸収することは、余剰問題――利益の上がる販路を余剰が見いだせないという問題――の解決に役立つことになる。都市空間形成《アーバナイゼーション》と地域開発とは資本主義的活動の自律的領域になり、そこに必要となる大規模な投資活動（通常、負債によって資金調達されるそれ）は完成までに何年もかかることになる。

資本は通常、恐慌が起きた際、これらの諸手段に頼ることで資本と労働の余剰を吸収する。国費で賄われるインフラ建設事業は、経済成長を回復させる目的から、さまざまな恐慌の渦中にはじまる。アメリカ政府は一九三〇年代、それまで未開発であった地域において未来志向の公共事業計画を立ち上げることによって、余剰資本と失業者を吸い上げようとした。アメリカでは約八〇〇万人が、一九三〇年代の公共事業促進局のさまざまな計画において雇用された。まったく同時期にナチス政権は、似たような理由からドイツのアウトバーン〔速度無制限の高速道路〕を建設した。中国は二〇〇八年の金融恐慌後、輸出市場の崩壊を埋め合わせるために、インフラ計画や都市計画に何十億ドルもの金額を費やし、資本と労働の余剰を吸収しようとした。新しい都市が丸ごと設計され建設された。その結果、中国の景観は徹底的かつ劇的に変えられたのである。

私は、資本がこのように展開する事態を、資本と労働の余剰吸収問題に対する「時空間的回避《フィックス》」と呼んでいる。[2] ここでの「回避」には二重の意味がある。総資本のうちの一定の割合が――文字通りの意味でも

▼2　David Harvey, *Spaces of Capital*, Edinburgh, Edinburgh University Press, 2002.

物理的にも――、比較的長期間、ある土地に固定《フィックス》される。しかし「回避」はまた喩《たと》えとして次のことも言い表わす。すなわち地理的拡張に対する長期的投資活動が、資本の過剰蓄積危機の一つの解決策（一つの「修正《フィックス》」）になっているということだ。それでは、これらの二つの意味はいつ、どのように衝突するのだろうか？

新しい領土別分業、新しい資源編成、そして資本にとって力強い蓄積空間である新しい地域――これらを組織することはすべて、新たな利潤の獲得機会となり、資本と労働の余剰を新たに吸収する好機になる。しかしながら、このような地理的拡張はしばしば、他の場所に以前から固定されている諸価値を脅かすことになる。この矛盾からは逃れられない。資本が出て行ってしまうと、その後に残されるのは荒廃と減価の痕跡である（たとえばデトロイトである）。あるいは資本がその場から動かずにいると、不可避的に資本の余剰が生みだされることになり、それに対する利益の上がる販路を見つけることが不可能になる。

信用融資を用いることは、この矛盾の解決を意味すると同時に、この矛盾を激化させもする。信用取引が行なわれることで、投機資本はさまざまな領土に流れ込むことができるようになるが、それは資本主義的発展を促すこともあるし、それを妨げることもある。ある領土が債務を抱えることは一九八〇年前後からグローバルな問題になった。貧困国の多くが（そして一九九八年のロシアや二〇〇一年以後のアルゼンチンといったいくつかの大国さえも）債務を抱え、返済不能に陥った。エクアドルなどの貧困国、あるいはポーランド（鉄のカーテンの背後にあった国）さえも誘い込まれて余剰資本の「掃き溜め」と化したが、その後、これらの国々はその責任を問われることになった。返済不能の後にはあらゆる資本が減価されるが、その費用は必然的に債務国に押しつけられ、他方で債権国は保護される。この結果、債務国のさまざまな資源は、債務返済の過酷なルールの下で強奪できる対象になる。ギリシアの現状は、この過程が極限にいたった恐ろしい実例である。債券保有者たちは、その毒牙に軽はずみにもかかる国家があったなら、その国家全体を容赦なく引きちぎりむさぼり喰らおうと待ち構えている。

資本の輸出は通常、「短期的《ホット》」な信用貨幣の運動よりも長期にわたる影響を及ぼす。資本と労働の余剰は別の場所に送りだされ、新しい地域空間において資本蓄積を開始する。イギリスでは一九世紀に資本と労働の余剰が生じたが、その行き場になったのがアメリカや、入植地であった南アフリカ、オーストラリア、カナダなどであった。これらの余剰は、活力のある新しい蓄積中心地をつくりだし、イギリス商品に対する需要をもたらした。

資本主義がこれらの新しい領土で成熟し、資本の余剰を生みだしはじめるにいたるには、長い時間がかかるかもしれない（万が一そうなればということだが）。したがって資本を送りだす国は、この過程がもたらす恩恵の享受を、かなりの期間にわたって期待することができる。このことが特に当てはまるのは、鉄道、道路、港湾、ダムその他のインフラ向けの投資である。それは完成までに時間がかかる。だが、これらの投資に対する利益率は最終的には、資本を受け入れる地域における力強い蓄積力学の発展にかかっている。このようにしてイギリスは一九世紀を通じて、アメリカに貸付を行なった。かなり後になってアメリカは、ヨーロッパ（特に西ドイツ）に対するマーシャル・プランや日本〔に対する支援〕を介して、次のことを明確に理解した。アメリカ自体の経済的安全保障は（冷戦時代における軍事的側面を別にしても）、これらの他の諸空間における資本主義的活動の復活にもとづいていたのである。

矛盾が生じるのは、資本にとって新しく力強いこれらの蓄積空間が最終的に余剰を生みだすことになり、なお一層の地理的拡張を通じて余剰吸収の手段を模索せざるをえなくなるからである。これは地政学的紛争と緊張関係に拍車をかける。われわれは最近、主に東アジアと東南アジア一帯において時空間的回避が次々と起こり、余剰資本の生起点が増えるのを目の当たりにしてきた。日本からの余剰資本は一九七〇年代から、利益の上がる販路を探して、世界中を巡りはじめた。その後、間もなくして韓国の余剰資本がこれに続き、次いで一九八〇年代半ばには台湾の余剰資本が続いた。この連鎖的な時空間的回避は、領土と領土との関係として表われるが、それは実際には、それぞれの領土内部にある地域と地域との物質的・社会的関係である。台北と上海とで工業地域間の統合が強まりつつある傍らでは、中国本土と台湾との公的な領土問題は時代錯誤に思われる。

資本の流れは時とともに、ある空間から別の空間へとその向かう先を変えていく。資本主義体制は、そのさまざまな部分が――こちらでは産業の空洞化、あちらでは部分的減価というように――周期的に困難に見舞われるとしても、全体としては比較的安定を保ちつづける。このように複数の地域間で絶えず変動が起こるのだが、その〔第一の〕全体的な結果として、過剰蓄積と減価の危機は総じて一時的に軽減されることになる。ただし、局地的な災難は深刻なものになるかもしれない。一九八〇年前後以降に体験された不安定な地域変動はこの種のものが多かったと思われる。当然ながら、以下の問題が各段階で生じることになる。資本が流れ込んで利潤を上げることができる次の空間はどこになるのか、そして放棄され減価されるべき次の空間はどこであり、その理由はなぜなのか？　この全体的結果は、人を誤った方向に導くことがある。つまり資本は常に、どこかでは順調なのだから、資本のあり方が見直されて、日本や西ドイツ（一九八〇年代）、アメリカ（一九九〇年代）、あるいは中国（二〇〇〇年以降）で一般化している姿をさしあたりとりさえすれば、あらゆる所で万事うまくいくだろうと幻想されるのである。資本はけっして、その種々の構造的欠陥に対処しなくてもよい。なぜなら資本は、これらの欠陥を地理的にたらい回しにするからである。

しかしながら、第二に起こりうる結果は、国際分業における国際競争の激しさが増すことである。というのもグローバルな舞台においては、資本が力強く蓄積される中心地が複数存在しており、それらが強力な過剰蓄積傾向（実現のための市場の欠如）のなかにあって競争したり、あるいは原材料やそれ以外の重要な生産手段が稀少であるといった諸条件の下において競合しあったりするからである。これらの蓄積中心地がすべて成功するのは不可能なのだから、最も弱い地域が敗北して局地的減価という深刻な危機に陥るか、あるいは、地政学的な地域間紛争や国家間紛争が起こるか、そのいずれかになる。後者は、貿易戦争、通貨戦争、資源戦争の形態をとり、軍事的対立の脅威が絶えずつきまとう（二〇世紀に、資本主義列強間において二度の世界大戦をわれわれにもたらしたものである）。この場合、時空間的回避ははるかに不吉な意味を帯びる。というのも時空間的回避は、資本減価や資本破壊が局地的にだが広域にわたって輸出される事態に変貌するからである（それは一九九七〜九八年に、東アジア、東南アジア、ロシアで大規模に生じた）。ただし、これがいつ、どのようにして起こるかは、空間と時間のなかにおける資本蓄積の分子的過程によって決まるのと同じように、国家権力の側でのあからさまな政治的行為によっても決まってくる。それゆえ領土的論理と資本主義的論理との弁証法が全面的に関わってくる。

地理的不均等発展の二重の論理

それでは領土的権力（国家のうちにはっきりと示される権力）の相対的な空間的固定性やその独特な論理は、空間と時間のなかにおける資本蓄積の流動的発展力学《ダイナミクス》に、どのように適合しているのか？　これは資本の深刻な恒常的矛盾の核心ではないのか？　そして事によると、固定性（国家）と運動性（資本）との矛盾の極致ではないのか？　思い起こしてみよう。「空間と時間のなかを資本が自由に流通するためには、さまざまな物的インフラや建造環境がつくりだされなければならないが、それらは空間のなかで固定させられている」。この固定資本総量は時とともに、不断に流動しつづける資本と比較して増大する。資本は、自ら構築した世界によってさまざまな制約を課せられているが、周期的にこれらの制約から抜けださざるをえない。資本は、硬直化という致命的脅威に直面する。要するに、ある時代において資本蓄積のために有利な地理的景観を建設することは、次の時代においては蓄積の足枷になる。したがって資本は、異なるイメージをもとにしてまったく新たな景観を建造するためには、既存の地理的景観のなかにある固定資本の大部分を減価させなければならない。これが口火となって、熾烈で破壊的な局地的恐慌が生じることになる。このような減価の最もあからさまな現代的事例が、アメリカではデトロイトである。しかし古くからある多くの工業都市は——先進資本主義国に広がる工業都市であろうが、それ以外の国の工業都市であろうが（つまり華北地方やムンバイでさえも）——それ自体をつくり直す必要に迫られてきた。というのも、これらの都市の経済的基盤が別の場所との競争によって侵食されてきたからである。ここでの原理は次のようなものである。資本は、ある時点における必要に応じて地理的景観を創造するが、その後の時点になると結局、資本のさらなる拡張と質的変化とを促すために破壊せざるをえなくなる。資本は大地の上に「創造的破壊」の力を解き放つ。この創造性から利益を得る一派もあるが、それ以外の人々はこの破壊の衝撃をこうむる。こうしたことは必ず階級格差も引き起こす。

それでは以上述べてきたことのなかのどこに国家権力は位置するのか？　そして、どのような独特な論理によって、国家権力は景観形成の諸過程に介入するのか？　国家は、境界を備えた一つの領土的実体である。それは資本とは、ほとんど関係のない諸条件の下で形成されてきたのであり、地理的景観の一つの基本的特徴になっている。国家は、その領土において、暴力の合法的行使、法的主権や通貨主権、あるいはさまざまな制度（私的所有権を含む）への行政権限に対して、その独占権を持っており、所得や資産に課税したりそれらを再分配したりする権力も備えている。国家は行政統治機構を組織して、少なくとも、資本と――より広範には――国民の双方の集団的要求に対処する。国家主権のうちでおそらく最も重要なのは、法の下に市民権を規定し、そこに住んでいる人々に対してこれを授けることである。その結果、不法在留外国人や「不法滞在者《サンパピエ》」などのカテゴリーが同じ人間同士のあいだに導入される。これによって創出される一群の区別された人々は、資本の搾取の対象になり、その搾取も想像を絶するまでに無規制なものになりがちである。境界のある実体として最も重視されるのは、国境をどのように画定するかという問題であり、人々や商品や貨幣の運動との関連で、国境をどのように警備するかという問題である。国家と資本の二つの空間性はぎこちなく接しあっており、しばしば互いに矛盾しあう。これが特に明らかになるのが、たとえば移民政策の場合である。

資本主義国家の利害は資本のそれと同一ではない。国家は単純なものではない。国家の主要機関は通常、資本の経済を管理する上で、これを直接的に支援する機能を果たしている（たいていの場合、財務省が中央銀行と提携して国家－金融結合体《ネクサス》を構成している）。だがそれにもかかわらず、さまざまな国家機関は必ずしも首尾一貫して行動するものではない。国家の統治体制はその政治体制の性格によって決まっており、それは時に民主的体制を装い、しばしば階級闘争その他の社会的諸闘争の発展力学によって影響される。国家権力の行使を構成する諸実践は、けっして一枚岩的なものではないし、首尾一貫しているとさえ言いがたい。したがって、われわれは国家を、さまざまな独特の権力を行使する確固たる「物」として理解してはならない。国家は、さまざまな実践や過程からなる際限のない集合体である。なぜなら国家と市民社会の区別は（たとえば教育、医療、住宅などの領域で）極度に透過的だからである。資本は、国家が対応しなければならない唯一の利権集団ではないし、多様な利権集団が国家に対して圧力をかけている。さらに国家介入を支える支配的イデオロギー――通常、経済学上ないし政策上の正統派理論として表明されるもの――は多種多様であることがある。また国家間システムも存在する。国家と国家の関係は、場合によって敵対的であったり協調的であったりすることもある。だが地経学的・地政学的な諸関係やさまざまな確執は常に、互いの独自の国益を反映しており、これらがあるために国家の諸実践がとるさまざまな活動形態は、資本の利害と一致するかもしれないし、一致しないかもしれない。

　国家権力の領土性にともなった論理は、資本の論理とは大きく異なっている。とりわけ国家が関心を抱くのは、一定の領土的基盤の上に富と権力とを蓄積することである。そしてアダム・スミスの天才は、政治家に対して次のことを助言し広く説得したことにある。すなわち、領土内に富と権力とを蓄積する最善の方法は、資本の諸力と自由市場とを自国領土内で自由に活動させてこれらを合理化させることなのであり、また他国との自由貿易に対して門戸を開放することなのである。資本主義国家は――市民団体によって動員される多種多様な社会的圧力やさまざまな支配的イデオロギーによって加減されるとしても――企業寄りの諸政策を広く採用するような国家である。しかし国家はまた、資本の力を合理化し利用することによって、競争の激しい国家間システムのなかにあって自国の富と権力と地位とを高めようとし、それと同時に、反抗的になる可能性がある人々に対して、国家自体の統治性《ガバメンタリティ》権力を維持しようとするのである。ここに見られる合理性は、資本のそれとは対照的である。というのも資本の合理性は主に、社会的富の私的領有と私的蓄積に関係するものだからである。市民たちが国家に対する忠誠心を築きあげることと、資本がただ金もうけにひたすら忠実であることとは、原理上、相いれない。

国家は通常、ある種の合理性を押しつけるものだが、これを説明する好例は、国家が都市計画や地域計画などを実行する場合である。無規制の市場の発展は混沌状態をもたらすだろうが、これらの国家介入と国家的投資活動はそれを食い止めようとする。国家は、行政活動、立法活動、課税措置のために、そして個々人を識別するために、デカルト的構造を押しつける。技術官僚的《テクノクラート》・官僚主義的空間が、いわゆる資本主義的近代性《モダニティ》の名の下に生産される。しかしながら、これは敵意に満ちた批判をも招く（最も有名なのはアンリ・ルフェーヴルの批判である）。[3] 魂のない合理化された地理的景観が生みだされる傾向にあり、人々はこの景観に反発して、周期的に反乱を起こすことになる。だが、これらの〔市場による混沌状態を抑止するという〕目的に国家権力が活用されたとしても、順調にいったためしはなかった。そうした目的は金銭上の利害にあっけなく蝕まれ、取り込まれ、買収されてしまう。それどころか、たとえば国家安全保障の場合といった国家の基本的利益そのものが、資本によって蝕まれ、資本主義的野心の対象として永続的に餌食にされるかもしれない――それゆえ、悪名高い「軍産複合体」は資本の発展において歴史的役割を果たしてきたのである。

国家は、さまざまな権力を行使することによって経済生活の調整を図るが、その手法として、インフラ投資を管理することだけでなく、基盤的諸制度を創設し改変するためにその権力を行使することもある。たとえば一九世紀のイギリスやフランスにおいては、地方銀行が全国銀行に取って代わられた〔発券銀行の地位を奪われた〕が、それとともに貨幣資本の自由な流れが全国的空間にわたるものとなり、地域ごとの発展力学も変化した。より最近の例としては、アメリカにおいて地方銀行業務を制限するさまざまな法律が廃止されたが、これによってリージョナル・バンク◆の買収や合併が相次ぐことになり、国全体の投資環境が変化した。投資はそれぞれの地方から離れ、広域的な投資配分がより開放的かつより流動的な形で行なわれるようになった。国際銀行業務についての組織改革は、情報技術と連動して、過去四〇年以上にわたって金融資本の世界的可動性を激変させている。

資本主義的活動は一定の地理的規模に限られるものだが、この規模を変化させようとする傾向は長期にわたって存在している。一九世紀に鉄道や電信が登場すると、さまざまな域内分業の規模や多様性は完全に再編された。これと同じように、より最近起きたイノベーション（ジェット旅客機からコンテナ輸送、インターネットにいたるあらゆるもの）も経済活動の連結規模を変容させた。一九八〇年代には「世界戦略車《グローバル・カー》」についていろいろと語られた。この種の自動車は、世界中のほとんどどこでも部品が製造され、最終工場では組み立てられるだけで、製造されるわけではなかった。これは今では多くの生産部門においても標準的慣行になっている。もはや「アメリカ製」といったラベルにはあまり意味がない。グローバルな規模へと企業活動が変化したことは以前にもまして明らかである。

資本と貨幣の流れに対する国家主権は、この二、三〇年間で決定的に侵食された。これは国家が無力になったということではなく、国家権力が金融資本や債券保有者に対して、より依存的《コンティンジェント》になっているということである。国家の権力や実践はますます、債券保有者や企業の要求を満たすものになり、それもしばしば市民を犠牲にしている。これとともに国家は、資本にとって有利な「良好なビジネス環境」の創出を強力に支援する。その結果として多くの場合、国家は見事に成功するのだが、そこに住む人々は貧しく暮らすことになる。やや驚くべきことだが、このことはドイツのような国にさえ当てはまる。そこではドイツ資本と国内財政状況は非常に好調だと見込まれながら、賃金の抑制によって労働者階級の消費は抑え込まれている。

▼3　Henri Lefebvre, *The Production of Space*, Oxford, Basil Blackwell, 1989.［アンリ・ルフェーヴル『空間の生産』青木書店、二〇〇〇年］

◆**リージョナル・バンク**　アメリカにおける資産総額一〇億ドル以上、一〇〇億ドル未満の銀行や貯蓄金融機関。特定地域に店舗網をもち、非営利型の地域融資を展開したが、近年の法改正で金融商品の販売などが認められ、大型化したり商業銀行化したりしている。

資本の分子的運動におけるさまざまな変化もまた強い圧力をかけており、それによって国家権力が構築されうる規模も変わるかもしれない。ヨーロッパ連合のような政治的な再領土化は、実現可能になってきているだけでなく、経済的にますます必要不可欠にもなりつつある。これらの政治的諸変化が起きたのは、単に、空間的諸関係のなかでさまざまな物質的変化が作用したからというわけではない。これより事態ははるかに込み入っている。しかし、資本流通と資本蓄積の側で空間的諸関係が変わることは、新しい政治的編成をもたらすような影響を与える（たとえば北米自由貿易協定、南米南部共同市場《メルコスール》、ヨーロッパ連合が形成されたことであり、かつてのG7からG20へと意思決定集団が拡張されたことである）。

地理的不均等発展のイデオロギー的効果

資本主義の地理的景観が（資本のそれとは対照的に）多数の利害集団によって形づくられるのは明らかである。なぜなら、資本蓄積の支配と国家権力の支配とは一体となって、地理的不均等発展というマクロ経済的諸過程をもたらすのだが、他方で、さまざまな個人や集団は、これらの諸過程にもとづきながらも、自力で空間や場所を規定しようとするからである。たしかに資本は、被搾取者となる人々の欲求や必要に多少とも対応できなければならない。さもなければ、社会的諸闘争や階級闘争が資本に交渉を強制し、批判者との妥協を迫るのは間違いないし、それによって資本の狂気じみた野望もいくぶんか抑え込まれることになるだろう。しかしながら資本が町から立ち去ると、これに付随する出来事については被害者の側にその責任があるのだと、人々からあっけなく非難の声が上がる。支配的な語り口によれば、資本を追いだしたのは貪欲な労働組合であり、ばらまき政治家であり、悪い経営者などである。だが、デトロイト、ピッツバーグ、シェフィールド、マンチェスター、ムンバイなどを見捨てて空洞化させたのは資本であり、人々ではなかった。あちこちの地域や都市において不適切な管理が行なわれたし、階級対立が激化した事例もあったのは明らかである。だが世界のかくも多くの地域でさまざまな工業地帯が何世代にもわたって資本蓄積の支柱を担ってきたのに、それらが全面的に荒廃したのは不適切な管理や階級対立のせいだと主張するのは、本末転倒である。この荒廃については、われわれは、一九七〇年代にはじまり今日にいたるまで激化している新自由主義的反革命のせいだと言わなければならない。

地理的不均等発展は資本の本質をうまく隠蔽する。多くの災厄の渦中にあってさえも、事を正しく運んだ近隣区域や地域や国家は常に成功しているのだから、「希望の泉は枯れず」というわけだ。マクロ的諸危機はさまざまな局地的出来事に分解され、別の場所に住む他の人々は、それを気にもかけないし知ろうとさえもしない。インドネシアやアルゼンチンにおいては深刻な危機が進行しているが、世界の残りの人々は「お気の毒に」とか「だから何だ」と言うだけだ。危機についての構造的説明ではなく、場当たり的な説明が人々の考え方を支配する。アルゼンチン、ギリシア、あるいはデトロイトはやり方を改めるべきだと言われるが、資本は無罪放免というわけである。

資本の景観が、現代生活やさまざまな政策にイデオロギー的に重要な機能を果たしていることについては、これ以外にも注目すべき点がある。たとえば資本主義的都市は、一個の独自な芸術作品として建設されており、優れた建造物を備えた都市として象徴的意味を競いあう。現在では「巨額取引トレーダー《マスターズ・オブ・ジ・ユニヴァース》」たちが、グローバル金融センターに林立するキラキラした摩天楼のなかの豪華なオフィスで働きながら、マンションや最上階《ペントハウス》のテラス付き高級住宅を所有しているが、これらの姿は伝統的工場からなる古い工業建築物とは対照的である。消費主義のための建築物が華々しく立ち並び、ポストモダン的都市の光景が果てしなくつくりだされているが、これらの姿は、郊外スプロール現象や数々のゲーテッド・コミュニティとは対照的である。後者の姿はまた、共同住宅、労働者居住区、移民居住区、そして世界の多くの都市に存在する住宅自助建設の一大区画とも対照的である。資本は自らを文明的なものに見せかけ、偉大なる人間の願望の典型たらんとするのだが、その極めつけこそが資本主義的都市なのである。

ある意味、この宣伝文句には効果がある。われわれはパリ、バルセロナ、香港、上海といった成果に驚嘆し、それらの景色に感嘆するかもしれない。その理由の一つには、こうした都市の光景が、その生産に費やされた諸過程や人間労働を隠蔽してしまうからである。どうやら資本は、自分の特徴が際立ってしまうようなイメージを避けたがるようだ。反資本主義的な風刺画のなかに置いて判断してみれば、それはお世辞どころの話ではないだろう！　資本主義の都市景観は、別世界という偽りのイメージとして存在し、人間の憧れや欲望といったある種の超越論的感覚に近づきつつあるように見える。ヴェネツィア、ローマ、イスタンブール、サンフランシスコ、ブラジリア、カイロ、あるいはラゴスを見渡してみれば、さまざまな希望を見渡すことになり、あの人間の努力のさまざまな成果と、いつも起きる数々の失敗とを見渡すことになるのだ。そして、ここで話題にしているのは大都市のことだけではない。世界中につくりあげられたさまざまな田舎の景観も、都市と同じように、愛着と忠誠心と感嘆とを喚起できる。イギリスの田園地方、フランスの田舎風景《ペイザージュ》、トスカーナ地方の村々、アルゼンチンの草原地帯《パンパ》、アナトリア半島のチグリス川流域に見られる波打つ大平原、アイオワ州の果てしなく続くトウモロコシ畑、ブラジルの大豆プランテーション農場、これらすべてが人間の努力の痕跡《パリンプセスト》を残す場所を形づくっており、それはまた、資本の手で資本のために——まったく資本のためだけというわけではないのだが——ますます動員されることになる。

地理的不均等発展の解放

地理的不均等発展は、資本に対して自己改革を迫る力として、どれほどの効果を発揮してきたのか？　地理的不均等発展がなければ、たしかに資本は停滞してしまうだろうし、それ自体による硬直化傾向に陥って独占的かつ専制的になりがちとなり、社会を活性化させるエンジンという正当性も完全に失うだろう——ただし、ここで言う社会は、文明的であると装うと同時に、野蛮に向かう危険にもさらされている。都市間競争、地域間競争、国際競争を解き放つことは、新しいものが古いものに置き換わるうえで、その基本的手段になるだけではない。それは一つの〔競争的〕環境をも構成する。そこにおいて、新しいものを探求すること——競争優位の探求だと喧伝されるそれ——は、資本の自己再生産の可能性にとって絶対不可欠になる。とりわけ地理的不均等発展の働きによって、資本のさまざまな構造的欠陥は場所から場所へとたらい回しになる。これらの欠陥は、永遠に動き回る考察対象なのだ。

この観点からすると、均質であることは、未来における資本の存続機会にとって潜在的には破滅的である。ところが今日、IMFなどの二、三の国際機関や各国中央銀行によって支配された国際秩序は、このような均質性を逆に課しつつある。強力な中央集権的世界政府が出現すれば、資本は長くは存続できないだろう。ただし実際に中国であったことだが、この世界政府が調整を担うだけでなく、地域間・都市間競争を導入して自由化するのであれば話は別である。第二次大戦後の西ドイツと日本はその廃墟から立ち上がり、資本主義的活況をよみがえらせた。だが国際的な規律装置が今日課している諸制約を前提とすれば、ギリシア、ポルトガル、スペイン、イタリアがそうなる見込みはまったくない。これらの国々は多少回復するかもしれないが、その足取りは重いものにならざるをえない。現在、構造的な経済停滞という嵐雲が勢力を強めてきて、われわれの未来に暗い影を落としているのだが、このことを前提とすれば、地理的不均等発展を解放することが、資本の低迷に対する万能薬として単独で働くかどうかは確かではない。それどころか、われわれに見えているのは次のような事態である。金融資本の強奪的側面と国家権力との癒着関係が出現することによって、「ハゲタカ資本主義」という形態が創出されつつあるのである。この種の資本主義は、グローバルな調和的発展の実現に関与すると同時に、共食いの慣行（略奪の経済）や強制的減価にも関与する。ヘッジファンドやプライベート・エクイティ・ファンドなどのハゲタカたちは必要とあれば、各国領土の全域にわたる生活破壊に巧みにつけ込むだろう。

資本は自らの存続を図るものだが、その手段は、一連の時空間的回避を通じて資本の余剰を生産的かつ建設的に吸収することだけではない。債務を管理したり完済したりできない人々に対する矯正薬として、管理された減価や破壊を遂行することも含まれるのである。無責任に貸し付けた側もリスクにさらされるべきだが、当然ながら、そんな考えはただちに拒絶される。それを考えれば、各地に住んでいる裕福な資産所有者階級に対して釈明を求めざるをえないし、彼らに対して、その不可侵の私的所有権とか無制限な蓄積の権利に気を取られるのではなく、むしろ自分の責任に向きあえと要求せざるをえなくなるだろう。時空間的回避は、新しい景観を建設し、終わりなき資本蓄積と終わりなき政治権力の蓄積とを促すものである。だが資本にとっては、この時空間的回避の創造的側面だけでなく、そのもう一方の不吉で破壊的な側面も同じくらい必要不可欠なのである（とにかくギリシアが略奪され壊滅させられているあり様を見ていただきたい）。

それでは以上述べてきたことから、反資本主義運動は何を考えるべきなのか？　まず次のことを認識することが決定的である。すなわち対抗勢力にとっても、資本は常に動く標的である。なぜなら資本の地理的不均等発展があるからである。この事態への対処を、あらゆる反資本主義運動が学ばなければならない。ある空間に依拠する対抗運動はしばしば骨抜きになることがあったが、それは資本が別の空間に動いてしまったからである。何かしらの社会主義的調和論を中心にして地域間の平等や広域的収斂が考えられてきたが、反資本主義運動はこのような考えをすっかり諦めなければならない。それは単調な世界をつくろうとする処方箋なのであって、そのようなものは受け入れることも達成することも不可能である。反資本主義運動は、地理的不均等発展というそれ自身の発展力学を解放し調整しなければならないし、資本に対抗する創造的な広域的オルタナティブを再建し探究するために、差異を解放するさまざまな空間を自由に生みださせ、それらの連携を図らなければならない。多様な社会運動や抵抗運動が出現しつつあるが、それは資本の地理的不均等発展という——ストックホルム、カイロから、サンパウロ、上海、パリ、ロンドンにまで及ぶ——構造の内部からなのである。これらが織りなすのは、緩やかに接続した異質な温床からなる一つのモザイクである。それらの温床は、資本主義を多角的に変革することによって、一つの反資本主義的な未来に向かおうとする。問題は、これらをどうまとめるかである。われわれは混沌とした不安定な時代に生きている。地理的不均等発展に目を向けてみれば特にそうだ。これと同じように抵抗運動や対抗勢力もまた、混沌とし、不安定で、その地理に応じて特有のものになるだろう。このように予期することは不合理ではない。

［第12章］

所得と富の格差

アメリカ内国歳入庁が、二〇一二年におけるニューヨーク市の所得税申告者の実態分析を行なった。それが示すところでは、この年の上位所得層一％の平均所得は三五七万ドルであったのに対して、住民の半数は家賃《レント》も生活費もきわめて割高なこの町にいながら、年間三万ドル以下でやりくりしていた。ニューヨーク市民の多くが一年間で稼いだ額以上を、超富裕層は三日間で稼いだのである。いかなる基準からしても、この水準での所得の不平等には驚かされるし、ニューヨーク市が世界で最も不平等な都市の一つになることは間違いない。他方で、主要なヘッジファンド・マネージャーの莫大な稼ぎ（金融危機が起こった後であるにもかかわらず、彼らのうち五人は、二〇〇九年にそれぞれ三〇億ドル以上を稼ぎだした）と、この町の主要銀行が習慣的に与えている巨額ボーナスとを考えれば、これらの数値に誰も驚きはしないだろう。当然のことだが、全国的に見ても、一九七〇年代前後から各地において所得格差が著しく広がってきたが、それがこれほど劇的な場所も他にはないのである。

資本主義と分配をめぐる諸闘争

本章で試みるのは、所得と富の不平等におけるグローバルな全体的傾向を、非常に単純化した形で説明することである。社会的富の分配をめぐるさまざまな闘争は、資本主義の歴史を通じて絶えることがなかった。その結果は、国家、地域、そして都市によって異なってきた。というのも、さまざまな集団が他の集団よりも優位に立とうと必死に努力してきたし、社会的労働の生産物のなかから公平で適切だと見なす取り分を得ようと、支配集団や支配階級に抗して奮闘してきたからである。所得と富を再分配したり徴税したりできる国家権力を前提にすれば、〔分配をめぐる〕大方の事態は、どのような党派や政治的同盟関係が国家権力を掌握するかによって決まったし、そして権力掌握とともに何が行なわれるかにも左右された。

分配上の取り分をめぐる諸闘争はしばしば激烈なものになったし、その結果も予測困難であった。たとえば一九七三年のチリのようにクーデターが起こった後には、それを支持したエリート集団が当然のように利益を得ることになり、このために分配上のそれぞれの取り分も劇的に変わり、不平等は昂進した。ロシアでは一九八九年の崩壊以降、新興財閥《オリガルヒ》という小集団が驚くべき略奪行為を展開して、同国の天然資源から得られる富の大半を我が物とした。旧ソヴィエト連邦圏が今や誇りとするのは、世界のなかでも極端な億万長者――真正の寡頭支配層《オリガーキー》――の集中地域だということである。ところが一九四五年以後のイギリスにおいては、労働党政権が福祉国家を建設し、全世代にわたる最貧困層を支援した。これ以前にはスカンジナビア諸国も同じことを行なった。冷戦時代の共産主義が資本主義世界の社会政策に対して大きな影響を及ぼしたことと、資本主義世界の内部に強力な社会民主主義的傾向があったこと（それは労働者階級の組織化の歴史と階級意識の先鋭化から派生した）によって、資本主義国家は一般的に、全国民の生活条件を下支えせざるをえなくなった。こうして生まれた福祉国家は、けっして社会主義的なものではなかった。そこにはジェンダー・バイアス［社会的・文化的性差別あるいは性的偏見］という根強い要因が存在した。福祉国家は温情主義的で、福祉受給者に対して侮蔑的で懲罰的で官僚主義的な対応をとるかぎりでは、親資本主義的でさえあった。いくつかの政府給付（たとえば社会保障制度や老齢年金）はすべての人々の生活をかなり保障するものではあったが、福祉国家の被後見人になることは、たいてい不愉快で非人間的な扱いを受けるということであった。進歩的左派が批判したのは、この種の国家であった。そしてそれは後に、一九八〇年代のサッチャー主義的な新自由主義的反革命のなかでありがたくも破棄された。国家に対しては、自国民の福利に配慮するか、強力な政治的反発に直面するかといった外的圧力がかけられてきたが、一九八九年の共産主義の崩壊はこの圧力を取り去った。

このような劇的な再編がなかったとしても、民族的・人種的諸集団や諸階級のあいだで社会闘争が激化したり下火になったりすることから、あるいは経済の好不況が変動することから、さまざまな分配構造が影響を受けることになる。それは世界的に見れば、地域によって大きく異なっている。たとえば北欧諸国における所得と富の分布は近年にいたるまで、アメリカよりもはるかに平等主義《エガリタリアン》的であった。レーガン革命によってアメリカ国内の関心のバランスが変わりはじめ、労働者や貧民に対してではなく、資本に対して助成や報奨を行なうようになったが、それ以前であってさえも北欧諸国の方が平等主義的だったのである。だが、アメリカもスウェーデンも確固たる資本主義国家である。資本は多様な分配環境にあっても、問題なく機能するように思われる。

このように資本は、複合的な分配構造に対して可変的な適応能力を示す。この資本の特色は、資本主義一般のなかに存在可能な、非常に複雑で多様な社会的諸集団に持ち込まれると、二つの機能を果たすことになる。ジェンダー的差異、性的差異、人種的差異、民族的差異、宗教的差異、文化的差異、国民的差異、そして場所にもとづく差異が、あらゆる所に存在しているのは明らかである。そして地位や技能や才能の問題、あるいは成果や価値観に対する敬意と称賛の問題は、資本主義的な社会構成体の内部に存在する諸個人に対しても、民族的・人種的・性的・宗教的な社会的諸集団に対しても、異なる機会やライフ・チャンスをもたらす。これらの特徴が、たとえば労働市場へのアクセスの違いや賃金格差と結びつくと、経済的・政治的権力が広範囲にわたって分化する。

資本主義のなかにあるすべての経済的差異が、資本に起因するわけではない。だが、資本が社会的諸集団の衝突を煽ったり、各集団の内部対立を助長したりする場合、資本は潔白だとされるわけにもいかない。このように衝突や対立を助長することは、労働者統制を強化するための資本の決定的手段の一つである。他方において、資本はしばしば、個々の社会的分化のどれを支援しどれを冷遇するかについては、無関心であるように見える。もし労働者に対する全体的な統制戦略に異議を呈さないのであれば、あるいは独自の隙間《ニッチ》市場を開拓するのであれば、どのような社会的解放（たとえば近年のゲイの権利の擁護や多文化主義）が勢いを増そうと、資本はそれを支持する傾向にある。しかし、これらの社会的差異が経済的かつ物質的形態をとるという事実から、不可避的に、社会的諸集団が分配の取り分をめぐって激烈に競いあうことになる。ここでわれわれは、資本と資本主義が相互作用する重要な点の一つに位置することになる。しかも、そこにおいて資本と資本主義が明確に区別できなくなることから、時に混同と混乱がもたらされる。人種問題に関連する場合、これは特にそうなる。世界各地の（たとえばアメリカの）人種問題は長らく階級問題と絡みあってきたが、そのためにこの二つの問題は互いに助長しあうようになり、場合によっては見分けがつかなくなるほどである。

所得や富の「正しい」格差や「倫理的に許容できる」格差とはどうあるべきか、そしてどのような手段によって不正を是正するのか――これらについての支配的見解も、大きく事態を左右する。この種の関心は労働者にかぎったものではない。ブルジョア改良主義の長期にわたる伝統のなかでは、凄まじい窮状と貧困の存在が、公衆衛生への脅威（階級間の境界線を越えるコレラの流行がそれであったが）にならない場合であっても、文明社会においては受け入れがたいものだと判断された。一例を挙げれば、世論調査が繰り返し示していることだが、多くのアメリカ人は断固たる平等主義的見解を持っており、機会の平等――右翼がお題目のように唱えているもの――だけでなく、結果の平等も志向している。アメリカ国内の五〇〇〇人以上を対象にした二〇〇五年の調査では、政党や所得の如何を問わず、その回答者の平均的な考え方は「上位所得者二〇％は富の全体の三二％までしか保有してはならない」というものであった。スウェーデンにおける富の分布状況（富の三四％が上位二〇％によって保有されている）とアメリカにおける同じデータ（富の八四％が上位二〇％によって保有されている）とを――その出所はわからない形で――示されると、回答者の九二％が、スウェーデンの分布状況を好ましいと答えた。アメリカ国内の富の分布の現状について回答者の側がほとんどわかっていないことも、この調査によって判明した。回答者は、上位二〇％が支配しているのは富の五八％だと考えていた。ところが実際の数値は八四％であったのである。いずれにせよ回答者が公正だと思う「三二％」からは、かけ離れていた。▼1

それでは、あるべき姿についての国民の考えがありながら、この偏った分布状況を是正する政治運動が、なぜアメリカ国内にほとんど存在しないのか？　その答えは主に、国家介入に対する大衆の強烈な反感にある。このため所得と富の格差を是正できる機関の一つが、ほとんど機能できなくさせられている。たとえば共和党は、オバマ政権［二〇〇九〜一七年］の医療保険法をめぐる論争において、真っ当《ディーセント》な医療制度に対する普遍的なアクセス原則には反対しなかった。だが、それを命じたり個人の行動を義務づけたりする「過保護」国家の権限に対しては猛烈な非難を浴びせた。富裕層から貧困層への再分配を目的とするあらゆる課税案についても同じことになる。最近では、緊縮財政、予算赤字削減、減税、非介入的な小さな政府への負託といった名において、現実には逆向きの再分配が行なわれてきた。これらの予算操作や財政操作の背後には、賃金に下降圧力をかけようとする資本の強烈な利害関係が存在していると結論づけられることは難しくない。

所得と富の分配をめぐって闘うことは、分配をめぐる諸闘争のなかの一つなのであって、それだけが重要であるわけではない。承認、尊重、法の前での真の平等、市民権《シティズンシップ・ライツ》、文化的・宗教的自由、適切な政

▼1 Michael Norton and Dan Ariely, 'Building a Better America–One Wealth Quintile at a Time', *Perspectives on Psychological Science*, Vol. 6, 2011, p. 9.

治的代表制、教育機会、雇用機会へのアクセス、さらには怠ける権利までと、これらをめぐってさまざまな闘争が進行している。それらの多くは、人々のなかのその時々の一群（たとえば女性やＬＧＢＴ、人種的・民族的・宗教的少数派、高齢者、労働組合、商工会議所、そしてもちろん労働者の利益を守ろうとする社会的・政治的諸機関）によって集団的に遂行されるのであり、それぞれ場合によって補償なり利益なりを求めている。これらの社会的諸闘争が激化したり下火になったりするのに応じて多様な結果がもたらされるのだが、その多くは所得と富の分配にも付随的な影響を与えている。たとえば教育機会へのアクセスは将来の所得分配に明らかな影響を及ぼす。

全体として捉えられた資本主義は、このような衝突と闘争によって引き裂かれている。しかし、ここで私が提起しようとしている問題は、はるかに限定的だ。資本流通と資本蓄積の経済エンジン機構として理解される資本は、所得と富に関する一定の基本的な分配諸原理に、どのようにもとづいているのか？　この四〇年のあいだに所得分布が激変したことが認められるが、このことは資本の内的諸矛盾の再編に起因するものなのか？　最後に、貧困と富の矛盾の明らかな激化は、資本の再生産に対して脅威を与えるのだろうか？

生産と実現の矛盾と近年の分配傾向

統計資料によって裏づけられていることだが、資本は、まったく異なる分配構造に対しても適応能力を持っている。しかし、資本の再生産や成長の見地から最適だと見なされる唯一無二の所得分布や富の分布なるものは明らかに存在しないのだが、その一方で、完全に平等な分配が可能であると考える人も誰もいない。他方で、著しく不均衡な分配は問題があるかもしれないとも主張されている。その理由は、これによって引き起こされる社会不安や混乱――グローバルな資本主義的エリートたちのダボス会議やＩＭＦが頻繁にかきたてている恐怖――があるからだけでなく、歴史的証拠が示すところによれば、著しい不平等が、来るべきマクロ経済危機の前兆になるかもしれないからでもある。そうした危機が起こるのは、実現が富裕層に左右されるようになると、生産と実現との矛盾した統一の均衡がますます困難になるからである。低収入労働者《ワーキング・プア》の必要不可欠な需要は確実かつ定期的であるのに対して、富裕な人々の習性は気まぐれで自由気ままなものになりがちである。アメリカが現在の不平等と同水準を経験した直近の時代は一九二〇年代であったが、この事態が一九三〇年代の不況を助長する——場合によっては、その引き金となる——重要な機能を果たしたのは明らかである。今日の状況もおおむね同じであるように思われる。われわれは分配構造を抜本的に再編しないままに、現在の経済停滞から抜け出せると期待できるのだろうか？
最近の分配傾向を考察してみよう。オックスファムの報道関係者向け概況報告は、次のような簡潔な描写を提供している。

この三〇年にわたり多くの国々で不平等が劇的に広がった。アメリカにおける上位所得層一％の手にわたる国民所得割合は一九八〇年以降、一〇％から二〇％に倍増した。上位〇・〇一％をとってみると、その値は四倍となっており、かつて見たことのない水準になっている。世界的に見ても、上位一％（六〇〇〇万人）、そしてとりわけ選りすぐりの上位〇・〇一％（六〇万人だが、そこには約一二〇〇人の世界的億万長者が入っている）は、この三〇年にわたり信じがたい規模での餌の奪いあいに興じてきた。これはアメリカに限られたことではないし、それどころか豊かな国々に限定されてもいない。イギリスにおける不平等は、チャールズ・ディケンズの時代以降では観察されたことのない水準に急速に回帰している。中国では現在、上位一〇％が国民所得の六〇％近くを懐に入れている。中国での不平等の水準は今では〈地球上における最も不平等な国である〉南アフリカのそれと同様である。〈その一方で南アフリカでの所得分布は〉アパルトヘイト末期よりもはるかに不平等になっている。多くの最貧国でさえ不平等は急激に拡大した。グローバルに見れば、上位一％の所得はこの二〇年で六〇％増大した。上位〇・〇一％となると所得の増大はさらに大きかった。

二〇〇七〜〇九年以降の恐慌は問題をさらに悪化させた。「億万長者上位一〇〇人は、二〇一二年に二四〇〇億ドルを自らの富に上乗せしたのだが、これは世界の貧困解決を四回以上賄えるほどの金額である」。[2]億万長者たちがあちこちに現われ、今日その多くは北アメリカやヨーロッパ、日本といった旧来の富裕国ばかりでなく、ロシアやインド、中国、ブラジル、メキシコでも観測されている。さらに重要な変化の一つは、野心家が億万長者になるのに、もはや富裕国に移住する必要がないことである――インド（ここでは億万長者の数が過去数年で二倍以上になった）であろうが、インドネシアであろうが、どこであろうが、億万長者たちはまったく故郷にとどまることができる。ブランコ・ミラノヴィッチが結論づけているように、われわれが目の当たりにしているのは、グローバル権力が「比較的少数の大富裕層によって掌握された」グローバルな金権支配の台頭である。[3]グローバル経済における生産と実現との矛盾した統一が脅かされていることは明らかである。

それにもかかわらず他の評価基準からすれば、世界は、以前よりもはるかに平等な場所になっている。何百万もの人々が貧困から脱出した。その実績の大半は中国の驚異的な成長に起因しており、他のいわゆるBRIC諸国（ブラジル、ロシア、インド）のかなり急激な成長の結果でもあった。多くの発展途上国において一人当たり所得が上昇するにつれて、国と国のあいだでの所得と富のグローバルな分配格差も大きく縮小した。二世紀にわたって東方から西方へと富が流出してきたが、今ではそれは逆転している。特に東アジア諸国がグローバル経済の原動力として台頭してきたからである。二〇〇七〜〇九年の外傷からの世界経済の回復は（あまり力強いものではなかったが）、二〇一三年までは、いわゆる「新興」市場（主にBRIC諸国）での急速な拡張に大きくもとづいていた。この市場拡張の変化はアフリカにさえ及んだ。それは世界のなかでも、恐慌のあらゆる影響をほとんど完全に免れることができた地域の一つだと思われたのである。ただし、ヨーロッパ圏内での恐慌の不均等な影響は急速に、南ヨーロッパ諸国と北ヨーロッパ諸国との経済的福利の格差を押し広げることになった。だが、これらの傾向のいずれも、あまり安定したものではないように思われた。たとえば二〇一三年半ばにアメリカ連邦準備制度理事会の通貨政策の転換が話題にされただけで、資本は新興市場から即座に流出し、これらの市場は失神状態に陥った。結局、連邦準備制度理事会がその政策転換の見直しを発表すると、これらの市場はようやく復活したのである。

この四〇年間に二つの動きがあった。一方で、国家間においては、一人当たりの所得と富が平準化する一般的傾向が起きている（近年の恐慌からひどく打撃を受けたギリシアなどは別であるが）。他方で、それぞれその国内を見れば、世界中のほとんどすべての国々において社会的諸集団や個人のあいだでの所得や富の格差が劇的に広がった。この傾向に逆行している国家や地域はほとんどないし、あるとしてもその大部分は世界経済の僻地である（たとえば、ブータンといった国や、一時的にではあったがインドのケララ州である）。ラテンアメリカ地域においてのみ、公的政策の結果として、社会的不平等の縮小がいくらか見られている。貨幣的資産の格差は、所得格差よりもはるかに把握しづらい。だが貨幣的資産は、いくつかの点でより重要である。というのも貨幣的資産は政治権力に、一時的にではなく長期にわたって関係するからである。貨幣でもって資産を測定することは困難である。その理由は、特定資産——美術品コレクションから高価な宝石や不動産にいたるあらゆるもの——の評価問題がしばしば当て推量のものであるからであり、いずれにしても株式の市場価値の場合のように乱高下が起こるからである。多くの国々において貨幣的資産の分布は、所得分布よりもはるかに偏ったものであるように思われる。

▼2　Oxfam, 'The Cost of Inequality: How Wealth and Income Extremes Hurt Us All', *Oxfam Media Briefing*, 18 January 2013.

▼3　Branco Milanovic, *Worlds Apart: Measuring International and Global Inequality*, Princeton, Princeton University Press, 2005, p. 149.

資本の再生産と産業予備軍

これらのグローバルな一般的傾向が存在する理由とは何か？　この傾向を不可避的なものにしたり、あるいは資本の存続と再生産とにとって必然的なものにしたりする何かが、資本の矛盾した発展のなかで進行しているのだろうか？　かくも多くの国々で富と所得の分布が絶えず偏ることは、運動する矛盾の存在を示しているのだろうか？　そして、もしそうであるなら、それはいかなる種類の運動なのか（たとえば周期的なものか単線的なものか）？　この運動が、社会不安や騒乱の激化（たとえば二〇一三年にストックホルムからイスタンブールにかけて、そしてブラジルの一〇〇ヵ所近くの都市で目撃された事態）の主な原因であるのか？　それは、マクロ経済危機がガタガタと音を立てながら今もなお展開しつつあることの兆しなのだろうか？

これらの疑問に答えるためにわれわれがまず立証しなければならないのは、資本の基礎に不平等があることである。不平等がもたらされるのは次のような純然たる事実があるからだ。つまり資本は、労働者を支配する一つの階級として社会的かつ歴史的に構築されるということである。資本が再生産されるのであれば、労働者と資本とのあいだの所得や富の分布は偏ったものにならざるをえない。分配上の平等は資本と相いれない。実際、資本の勃興には一定の分配格差が先行している。労働者たちに対して、その生活のために賃金労働を強要するのであれば、まず彼らから、その生産手段に対する所有権と統制権を略奪しなければならない。この分配条件が剰余価値生産に先行するのであり、しかもそれはいつまでも保持されなければならない。資本の流通と蓄積がひとたび一般化すると、賃金水準は利潤創出の限界内に維持される必要がある。利潤極大化へのいかなる衝動も、賃金率の引き下げか、労働生産性の上昇をもたらす。資本家個人が望むか否かにかかわらず、激烈な資本間競争は賃金の全般的削減をもたらす。賃金と利潤のあいだでの分配上の取り分は、労働者の稀少性と階級闘争の状態とが何かしら結びついたことの所産である。

その結果としての分配構造は地理的に不均等である。

社会的価値の全産出量のうちで資本家階級に流れ込む部分は次のことに足るものでなければならない。つまり（a）多少とも有閑階級と言うにふさわしい消費条件を資本家たちに惜しみなく注ぎ込むことによって、彼らにやる気を起こさせるとともに、（b）資本という経済エンジンを力強く円滑に活動させ拡張させつづけるのに十分な余剰を、資本家たちに提供しなければならない。あらゆる資本家の胸中に潜む個人的享楽と再投資との「ファウスト的葛藤」◆は、莫大な余剰の創出とその領有とによってのみ解決されることが可能になる。不釣り合いな量の余剰が常に資本に流れ込むために、労働者が犠牲にされなければならない。これのみが、資本が再生産される唯一の方法なのである。

純粋な資本主義経済においては多くの経済的資源が資本のものとなるが、それによって資本は――そして資本にのみ――雇用の創出と投資活動とを行なうことが可能になる。右翼はこれを論拠として、労働者よりも資本を優遇する公共政策（とりわけ課税方式）を主張している。不均等な所得分布は不公正に見えるかもしれないが、それは実際には労働者にとって有利だと言われる。なぜなら資本が雇用の創出を主導しており、資本家階級が多くを保有すればするほど雇用創出も増えるからである。残念ながら、これで話は終わらない。資本が雇用創出に再投資するのは、その活動が利潤を上げる場合のみである。アメリカでは最近起こった三回の景気後退の後に、いずれも「雇用なき回復」が続いた。賃金率が下落し、余剰労働者の存在がいたる所で明らかにあったとしても、収益機会がなかったからである。資本は、その現金を「一時保管」するか、あるいは、その余剰収益を使って、株式市場、不動産市場、資産運用（とりわけ資源運用や土地運用）のなかで、さらには不安定な新規金融手段によるカジノ・ゲームのなかで、投機的利益を求めるか――そのいずれかであった。仮に資本が生産に投資したとしても、雇用創出よりも労働節約型

◆**ファウスト的葛藤**　カール・マルクス、フリードリヒ・エンゲルス編「資本論　第一巻」、『マルクス＝エンゲルス全集』第二三巻b、大月書店、一九六五年、七七四頁。

技術に投資して、失業を増加させる可能性の方が高かったのである。

それと同時に資本家階級は絶えず、自分たちの内部に所得と富とを集積し集中した。これによって資本家階級はメディア（世論）や資本主義的国家装置に対して不釣り合いな影響力と統制力とを行使できるようになった。国家は、暴力の合法的使用の独占権と貨幣の創出手段に対する独占権とを主張する存在である。この国家による庇護を、資本は特権的に活用できるようになったのである。資本はこれらの特権を使うことによって、その利益を守り、その権力を永続させる。中央銀行は常に銀行を救済するが、民衆の救済はけっしてしない。以上の事態は、グローバルな金権支配が形成され、世界の多くの国々において所得と富の格差が信じがたいほど広がりつつあることの前兆なのである。

階級分断の対極にある労働者の窮乏状態は、資本に関するかぎり、ほとんど何の意義もない（ただし労働者が求める総需要が、市場における資本蓄積の実現にとって不十分なものになる場合は別であるが）。資本の最も直接的な関心は、可能なかぎり賃金率を低く保つことにある。これが前に見たように、実現と生産の核心的矛盾を規定する。資本家が賃金率を管理できるかどうかは、余剰労働者という「産業予備軍」を活用できるかどうかにかかっている。この予備軍の機能は、資本の未来の拡張にとって必要な労働力を供給することであるとともに、既存の被雇用者が賃金の増額と労働条件の改善とを求める際、彼らの闘おうとする意欲を抑え込む重荷の役割を果たすことでもある。

産業予備軍は二種類からなる。第一に、失業させられた労働者たちの存在である。労働生産性を向上させる技術変化は解雇と失業をもたらす。このようにして資本は、余剰労働力の供給に対する巨大な影響力を獲得すると同時に、自らの側での労働力需要の水準をも操作する。別言すれば資本は、雇用の創出に力を注ぐのと同じくらい、失業の産出にも力を注ぐのである。再投資を促すために税制優遇措置を資本に提供すると、雇用の創出にも、雇用の喪失にも、どちらにも容易に帰結することがある（この事実は、技術的理由で解雇された労働者には明々白々であるが、このテーマ〔資本への税制優遇措置〕に関する政治的議論ではめったに言及されることがない）。

第二に、過去から現在にかけて、潜在的予備軍が一貫して存在してきた。それは、広範な農民人口や自営業者、賃金労働にまだ従事していない女性や児童などからなっている。近年の中国における賃金労働者の膨大な増大は、この種の変革を引き起こした。アフリカは労働者予備軍の巨大な可能性を持っているが、それは依然として動員されていない。BRIC諸国やその他の地域で起きた成長の多くは、この潜在的予備軍の動員を伴った。先進資本主義諸国ではかつて、余剰農村労働者が早々と枯渇したにもかかわらず、労働力への女性の動員がこれと類似した機能を果たした。この潜在的予備軍は必ずしもその場で入手できるわけではない。一九六〇年代以降、移民労働力を得る頼みになったのは、ドイツではトルコであり、フランスではマグレブ諸国であり、スウェーデンでは旧ユーゴスラヴィア諸国であり、イギリスではその帝国旧領であり、そしてアメリカではメキシコであった。労働者階級が、湧き上がる反移民感情の熱狂にとらわれると、資本は、余剰労働力が入手できそうな場所であればどこにでも大規模に移動するようになり、その過程でメキシコのマキーラ地区、あるいは中国やバングラデシュの工場などに移転した。資本が移らない場合であっても、そうなる恐れがあるという脅しは頻繁に、労働者の要求の鎮静化に寄与するのである。

われわれは、この入り組んだ詳細にとどまる必要はない。重要なのは次のことを銘記することだ。すなわち資本が、強力な組織的対抗運動に直面したり、労働者の有効需要の抑制によって実現恐慌が生じる危機にあったりする場合にさえ、労働者の分配上の取り分を抑制し管理できるのは、いかなる一般的手段によってなのか、ということである。明らかなことだが、この四〇年にわたり資本がそうした抑制や管理を行なってきたのは、労働節約型の技術変化と射幸的なグローバリゼーションとの一定の複合状況のおかげである。ただし国際競争の激化という事情のために、労働力搾取率が上昇したにもかかわらず、利潤率には下降圧力もかかってきたのだが。しかし、その正味の結果は、社会的生産物における労働者の取り分が減少するというグローバルな傾向である。この根拠があるからこそ、われわれが観察するほとんどどこにあっても、所得と富の分配における個人間格差が広がっている。

しかしながら、パズルのもう一つの断片が導入されなければならない。資本が、余剰労働者予備軍の広範な存在から明らかな利益を得るとすれば、このことは失業中の予備人口の生存問題を引き起こす。潜在的予備軍の場合、この問題はしばしば、いわゆる「半プロレタリア化」によって対処されている。労働者予備軍が農村地域から引きだされる場合、労働者たちは職から放りだされると、郷里の農村に帰り、昔からの伝統的なやり方で糊口をしのぐことができる。再生産費と児童養育費は、都市労働者による故郷への送金を元手にしながらも、その大部分は農村地域での負担になる。たとえば、これは中国に当てはまる。アメリカの移民労働者（とりわけ不法滞在労働者）にも妥当する。彼らは解雇されたり病気になったりする（たとえば過度の農薬被ばくによって病になる）と、故国のメキシコに帰っていく。ただし家族全員が都市に移住し、農村とのつながりを断ってしまう場合には、この機能が働かないのは明らかである。インフォーマル経済（犯罪行為を引き起こすものも含む）が出現し、ギリギリの生活を維持しながら、掘っ立て小屋やスラム街や貧民街《ファヴェーラ》で安上がりに寝泊まりすることになる。失業者たちは都市部のスラム街において、あらゆる方法を駆使して糊口をしのぐ。当然ながら、こうした状況によって一定の生活様式や生活水準が規定されるのであり、さらに資本にとって重要なこととして、フォーマル部門の賃金水準の下限を規定する生活費も定まるのである。この下限は、インフォーマル部門で何とか生きている余剰人員から労働力を容易に補充できる水準に、ほぼ等しくなるかもしれない。

先進資本主義諸国のフォーマル部門における賃金の下限は、長期にわたる階級闘争の歴史によって確立された社会福祉や失業保険の水準によって決まる。それゆえ右翼の理論家たちは、失業が生じる理由は、失業者の手にする生活水準が寛大すぎるからだと主張した。失業と闘う最良の方法は、失業からの恩恵を削ることとなのだ！　そうすれば、賃金水準が高すぎるために生産しても利益を上げられない雇用主たちも、こうした低賃金水準での雇用機会を増大させるだろう。いくつかの証拠が示すところでは、これと似た事態はたしかに起こりうる。だが問題は、新規雇用が必ずしも生みだされないまま、労働力全体の賃金水準が下がる場合である。その結果、労働搾取率の上昇が促されることになり、しかも他の事情が変わらないのであれば、資本の利潤が増大し、所得格差が広がることになる。これがクリントン大統領［在任一九九三〜二〇〇一年］によるアメリカ福祉制度改革と、一九九五年の「労働奨励型福祉《ワークフェア》」要件の導入とがもたらした一つの帰結である。言うまでもないが、はるかに懲罰的な福祉給付条件を失業者に課したことは、結局、職も見つけられずに貧困に喘ぐ失業者の広大な貯水池を拡張させることになった。なぜなら、グローバリゼーション（および膨大な潜在的予備軍との競争）と労働節約型の技術変化という二重の要因にさらされたがために、いかなる雇用も創出されなかったからである。それ以来、クリントンは経済団体から莫大な報酬をもらっており、二〇一二年にはおよそ一七〇〇万ドルの講演料を稼いだが、その大半は業界団体からのものであった。

労働力管理に関する新自由主義的手法は、この方針を採用している。さまざまな機関――たとえば労働組合や社会主義政党――が長きにわたり闘争してきたことによって、労働者は、周期的に突発する大失業状態による最悪の影響から保護されてきた。だが新自由主義的手法は、そうした諸機関に対する広範な攻撃を包括している。結果として、一九八〇年代以降、労働者予備軍内部の全般的状況は著しく悪化したが、それは、さまざまな政治的・戦略的理由によって生じた事態なのである。資本は事実上、自らを存続させる目的のために、所得の不平等と貧困状態を深刻化させている。

この論述は過度に単純化されているが、それが簡潔に示しているのは次のことである。すなわち、生産と実現との矛盾した統一が、歴史的には、所得格差の周期的運動を通じて現われてきたことであり、しかもこの運動のなかで、当初は比較的小さかった格差が爆発的に拡大してきたことである。それは正統派経済学の移り変わりとも並行した。前述のように、一九六〇年代には、ケインズ主義的な需要管理理論が経済学的思考を支配したのに対して、一九八〇年前後からは、マネタリスト的なサプライサイド理論が支配するようになっている。

危機の二つの可能性と金融化

以上から、われわれは次の疑問に引き戻される。資本主義において受け入れ可能な望ましい社会的不平等とは、どのような水準であるのか？　自由主義的政治理論が政治的・法的・市民的諸権利の平等を〔理論上は〕主張するのとは対照的に、完璧な経済的平等主義《エガリタリアニズム》が不可能なのは明らかである。経済的権利と政治的権利との分離は明白である。しかし本章で、富の生産と貧困の産出との矛盾が資本にとって基本的なものだとわかったが、この矛盾が激化して危機形成の震源地になるのは、どの点においてなのか？　危機は二つのパターンで生みだされるかもしれない。

〔第一のパターンとして〕慢性的な不平等は、生産と実現の不均衡をもたらす。大衆のなかに有効需要が生まれないことから、資本の円滑な流通が遅くなったり止まったりしてしまう。緊縮財政政策が、資本主義世界の多くの地域において近年、広く採用されているが、それは有効需要を減退させ、収益機会の創出を妨げる。これがアメリカの現状を説明する。この国では営業利益は史上最高なのに、再投資は弱含みのままである。第二のパターンは、不平等が耐えがたい水準になり、それによって社会の不満や革命運動が煽られることである。この脅威は絶対的貧困に限定されるわけではない。それは相対的貧困からも生じることがある。とりわけ、ある特定の宗教集団、民族集団、ジェンダー集団、人種集団の経済条件が劣悪になり、そのことと相対的貧困とが関係する場合がそうである。一九六〇年代のアメリカにおける労働争議と都市反乱は、この種のものであった。二〇一三年のブラジルにおける社会的混乱は、不平等が緩やかに縮小している時期に起こったが、その原因の一つには、これまで周縁化されてきた人々のあいだにさまざまな期待が高まったにもかかわらず、彼らの要求に応じた公共サービスや公共施設が提供されなかったことがあるのかもしれない。

だが、ここで述べたことからでもまったく説明できないのは、グローバルな金権支配が出現する中にあって、所得分布上位層に驚異的な規模で富が集中しているという事態である。だが、これには一つの構造的原因が存在しており、その中心には、商人資本、メディア資本、金融資本の役割が高まっていることがある。情報技術の急速な発展と通信手段における時空間の変動とは、とりわけ貨幣資本にとって実現可能な地理的可動性を大きく変えた。グローバルな金融化に向かう結果として、資本における重点は移行した。実際、力強い諸変化が、資本の諸矛盾をいくつか横断する形で生じ、それらが相互に作用しあうことによって、所得と富の格差がこの金融化を介して拡大した。これについて詳論しておこう。

金融化は、資本の歴史を通じて絶えず突発的に生じたものである（たとえば一九世紀後半のそれである）。現段階を特有なものとしているのは、貨幣資本の流通速度が目を見張るまでに加速し、金融取引費用が大きく削減されたことである。貨幣資本の可動性は、それ以外の資本の諸形態（さまざまな商品資本や特に生産資本）よりも劇的に高まっている。時間による空間の絶滅という資本の傾向が、ここで大きな役割を果たす。クレイグ・カルフーンがその最近の論文で述べたことだが、この傾向は「資本の既存構造（たとえば特定の工業生産様式）の『創造的破壊』を促し、新しい技術の開発を駆り立てる」のであって、それが次に「新製品や新たな生産過程、新しい生産拠点の発展」に拍車をかける。資本が、より費用のかからない新たな立地を探し求めて、移動を繰り返すにつれて、地理的不均等発展もより顕著なものになる。

〈金融活動がもたらす圧力によって〉投資活動は絶えず、短期的利益の獲得へと駆り立てられ、長期にわたる重要な発展は切り捨てられる。この圧力によって、さまざまな投機的バブルとその破綻も引き起こされる。これによって市場からの圧力が、中位の資本利益以下しか稼げない諸企業に対して高まることになる。さまざまな古い事業は、まだ収益力があるとしても投資の引き揚げをこうむり、それゆえ賃金も引き下げられることになり、賃金上昇によって利益を分配するという産業資本主義の特質も弱められる。それは不平等を激化させる〈傍点は引用者〉。

しかし急速な金融化は次のような事態も引き起こす。

富に対する投資利益率が雇用利益率をはるかに凌ぐことになる。それは物質的生産者よりも投機家《トレーダー》に報酬を与える。〈……〉これによって、あらゆる他の事業は金融サービスに対して多額のお金を支払うことになる。二〇一〇年の証券社員向けのボーナス資金は、ニューヨーク市だけでも二〇八億ドルであった。ヘッジファンド・マネージャー上位二五人は二二七億ドルを稼ぎだした。しかもこれは、経済の広域にわたる金融化の損害が市場の暴落によって明らかになった後のことなのである。[4]

貨幣投機家に限らず、実にさまざまな投機家が利益を得る。情報関連業者も、スペクタクル経済のあらゆる粉飾業者も、イメージや物神的《フェティッシュ》な欲望の製造業者も、あらゆる未来の取引業者〔不動産開発業者など〕も——その描かれた未来が虚構であったと後で判明するとしても——、この投機取引の一部に加わる。産業資本に対して、商人、金利生活者《レンティア》、金融業者が資本蓄積の裁定者として再配置される。こうして一九七〇年代以降、所得と富の分配は大きく歪められた。

だが、これによって資本自体は絶えず不確実で不安定なものになり、その恐慌傾向も強まることになる。なぜなら、資本蓄積の主要裁定者が現実の生産とほとんどあるいはまったく関係なくなる場合、社会的価値の生産とその実現とのあいだにさまざまな葛藤が生じるからである。資本主義のエンジンはその重圧に唸り声をあげる。このエンジンは、あっけなく爆発するか（中国がその震源地になるのはほとんど間違いないだろう）、あるいは停止してしまうかもしれない（この結果は、たとえば現在のヨーロッパや日本で起こる可能性が高いようである）。

このことには深刻な皮肉が含まれている。歴史的に見れば産業資本は、土地所有者や高利貸や商人に対する壮大な闘争を敢行し、彼らの鉄鎖から自らを解放した。土地所有者たちは地代《レント》を搾りだしたからであり、商人たちは不均等に構築されたさまざまな市場を利用することで、強奪するか買い叩いてきた商品を法外な値段で販売しようとしたからである。〔ところが〕二一世紀資本主義は、さまざまな制約の網の目をせっせと編み込んでいるように思われる。その網のなかでは、金利生活者、商人、メディア産業や通信産業の立役者、そして特に金融業者が、被雇用者からは言うまでもなく生産的な産業資本からも、その生き血を冷酷に搾りとる。産業資本が消えるわけではない。産業資本はただ、それ以外のより奇怪でより危険度の高い資本の諸形態に従属したのである。

新たに出現した資本形態は、さまざまな技術変化が起きている現場のなかで、そして社会的諸関係のグローバリゼーションのなかで、大手を振って活動している。だがこの資本形態は、社会的労働の生産諸条件について無頓着であるばかりか、そもそも生産が行なわれるかどうかさえも気にかけていないようだ。しかしながら、もし資本家全員が社会的価値を生産しないまま、地代や利子、商人資本やメディア資本として得られる利潤、あるいは、さらに悪いことに資産価値への投機活動や資産譲渡益《キャピタル・ゲイン》で暮らしを立てようとするのなら（アメリカでは上位所得者一％の大半がそれで生活しているのだが）、考えられる唯一の結末は破滅的危機である。この種の政治経済活動がやがてまたもたらすのは、膨大な経済的富や権力や特権が、商人資本家、メディア資本家、金融業者、金利生活者の手に集積し集中するという事態である。悲しいかな、このような金権支配層が出現しつつあることは明々白々である。この層が成功を収める一方で、多くの人々が非常にひどい結果に陥っているのだが、この事実は隠しようもない。大きな問題は、略奪された人々が、失ったものを取り返そうと大規模な政治運動を起こすのかどうか、もしこの運動が起こるのならそれはいつなのか、である。

このことは一つの重大な未解決問題をわれわれに残している。所得と富の巨大な格差が現在起きている

▼4 Craig Calhoun, 'What Threatens Capitalism Now?', in Immanuel Wallerstein, Randall Collins, Michael Mann, Georgi Derluguian and Craig Calhoun, *Does Capitalism Have a Future?*, Oxford, Oxford University Press, 2013, p. 138.

のだが、これが新たな資本形態の勃興の反映だとするなら、その勃興を助長した諸矛盾とは何であったのだろうか？　これは重大問題だが、それについては本章の後、危険な諸矛盾について論じる文脈のなかでとりあげたい〔第15章参照〕。この勃興は歴史の偶然ではなかった。この点を私は後で必ず説明できると思う。

平等主義と「革命的改良」の可能性

ここまで述べてきたことは、反資本主義戦略に対して、まったく単純だが広範囲にわたる政治的示唆を与えてくれる。たとえば、仮にもアメリカの世論調査に示唆するものがあるとすれば、一定の改良運動に対する大規模な大衆的支持が存在しており、それが現状よりもはるかに平等主義的な結果をもたらすかもしれないということだ。ただし国家は、この平等主義の実現手段として活用されてはならないとの要求も示されてはいるのであるが。労働者管理構想、連帯経済、自律的な共同体組織や協同組合組織は広範に支持されてきたし、それは今もなお支持されている。モンドラゴン◆はヨーロッパにおいて最も長期間存続してきた最大規模の労働者協同組合であり、その集団経営の自慢の種は、組織内の所得格差が最近でも三倍にしかならないことである（これに対して典型的なアメリカ企業の格差は三五〇倍である）。この事例は多くの人々を引きつけている。

この際われわれは、政治的行為の非常に重要な一カテゴリーに潜在的価値があることも理解する。これが「革命的改良」という見解である。明らかなことだが、所得と富の格差を今の水準から引き下げても、周知の資本の再生産に対して挑戦することにはならない。それどころか、まことしやかに次のように主張することも可能である。現在の危機的状況においては、このような格差の縮小は、資本が存続するためにも絶対的に必要である、と。なぜなら、生産と実現との矛盾した統一に対する対処が絶えず不安定になることから、現状の格差が一つの絶対的矛盾に転化する恐れもあるからである。しかし、資本にとって不平等が必然的であるという理論が正しいのであれば、所得と富の格差を縮小しようと図ることは、やがては資本の再生産を脅かすだろう。ひとたび利潤が圧縮されはじめると、最終的には、資本の生き血が搾りだされる恐れも起こるかもしれない。資本は、労働者の生き血を系統的に吸い込んできたのだから、彼らに対して補償しなければならない、というわけだ。その限界点がどこにあるかは、正確には誰にもわからない。だが、この点が、アメリカの世論調査において〔公正なものだと〕選ばれた平等水準にいたるかなり手前にあることは確かだろう。社会的不平等の縮小を求める改良運動は、革命的変革の最先端に転化しうるのである。

◆モンドラゴン　スペインのバスク自治州に拠点を置く労働者協同組合の集合体。組合員によって所有されており、一人一票原則にもとづいて経営されている。二〇〇九年時点で傘下二五六社に約八万五〇〇〇人を雇用していた。

［第13章］
労働力と社会の再生産

大昔であれば次のように言うことは、かなり理にかなっていただろう。資本は労働者の窮乏に対してまったく気にもかけなかった、と。労働者たちの生物学的・心理的・文化的再生産は彼ら自身の創意と工夫に任された。資本が提供する賃金収入が元手になるとしても、その額は微々たるものであった。労働者たちにはそれ以外の選択肢もなかったので、彼らの多くは、この状況を都合よく受け入れた。これが、カール・マルクスが直面した状況である。それゆえおそらく彼は、その資本の政治経済学を理論化するうえで、労働力の社会的再生産という問題をひとまず脇に置いたのだろう。だが労働者たちが自分たちを再生産できなかったり、鉱山や工場において過労のあまり早死にしたり（または中国の工場で定期的に起きていることだが、過労から自殺したり）、あるいは資本が余剰労働者に対して何かしら容易にアクセスできなくなったりするのであれば、資本の再生産が不可能になるのは明らかである。マルクスはこの危険を承知していた。だから彼は、途方もなく長時間にわたる一労働日と殺人的な搾取率とに対して限界が必然的に課せられることになり、この点に関する国家の立法行為が、労働者の生活を守るためにも、また資本の再生産を守るためにも重要になると明確に理解したのである。◆労働力の社会的再生産を保障する必要条件と、資本の再生産の必要条件との矛盾は常に潜んでいる。しかしそれは、この二世紀にわたって発展し、はるかに顕著で複雑な矛盾になっている。この矛盾は危険な可能性に満ちており、広範囲にわたり地理的に不均等な形で現われ、しかもさまざまな結果を波及させている。

資本の再生産と労働力の社会的再生産

工場制が勃興し、資本の生産システムが複雑さを増して迂回的なものになるにつれて、この矛盾はさらに目を引くものになった。伝統的な職人的技能はその重要性を失った。その一方で、資本が大きな関心を寄せたのは、適度に教育された労働人口の調達であった。機械時代の資本は多様な職務を必要とするが、それを任せられる程度に読み書きができ、柔軟で、規律を備え、従順でもあるような労働人口が調達されなければならない。一八六四年のイギリス工場法への教育条項の挿入は、労働者の素質や力に対する資本の関心の高まりを示していた。この条項にもとづいて行なわれた限定的介入は、労働者の工場外での生活にまで及んだ。資本主義全体として見てみれば、このように良質な労働力の再生産を気にかけることは、世界の多くの地域における改良主義的ブルジョアジーの政治的プロジェクトとも合致していた。その目的は、暴動や革命を慎み、資本からの誘惑に屈服してくれるような、「品行方正」な労働者階級の創造にあった。「ガスと水道の」社会主義◆が資本主義世界の多くの地域で政治的な流行になったが、このことと公教育の普及とが常勤雇用労働者の境遇を改善したことは間違いない。その結果、政治的代表制（投票権、およびこれによって公共政策に影響力を及ぼす権利）の拡充も可能になり、ついには普通選挙権の実現にいたったのである。

労働人口に対する教育関心が高まったことと、この課題を達成するために財源を動員することは、資本の歴史の主要な特徴になった。しかし、この歴史は公平無私なものではなかった。そして資本と労働の階級闘争という発展力学《ダイナミクス》が事態の紛糾をもたらさなければ、この歴史は展開さえできなかった。前述したように、ここで問われているのは、労働者階級教育に対して資本が期待するその中身であり、労働者階級自身が知ろうと望むものの内容である。たとえばイギリスやフランスでの資本の草創期において独学者あるいは独学の労働者は資本の側にとって恒常的な悩みの種であった。こうした人々はしばしば、多種多様な社会主義的ユートピア思想に引きつけられ、資本が推奨しようとする生活形態に対抗して、さまざまなオルタナティブに思いをめぐらしたからである。また彼らはしばしば、覚悟をもって政治的な――最悪の場合は革命的な――活動に従事し、一定の反資本主義的オルタナティブを実現しようとした。一八三〇～四〇年代のフランスでは、人間解放をめざすユートピア的パンフレットが信じられないくらい発行され、そうした傾向にある党派も次々と組織された――これらは、フーリエ、サン＝シモン、プルードン、カベーなどといった名前と結びついていた。それと並行する形でイギリス海峡の対岸においては、もっと地道ではあるものの不屈の精神をもって書かれたさまざまな文献が、労働者の権利を訴えたり、組織的連帯――たとえば労働組合、さまざまな政治的扇動活動（チャーティズム）、多様な政治組織――の構築を要求したりした。イギリス側の文献のいくつかは、たとえばロバート・オーウェンといったユートピア的な思想家や実践家によって後押しされた。これが労働者階級の教育内容であったなら、資本としてはまったく望ましくないものであった。だが、労働者階級のなかでも少なからぬ影響力のある一部の人々が、独習活動を執拗に求めたことから、この事態に直面した資本も代わりのものを考えださざるをえなくなった。チャールズ・ディケンズの小説『ドンビー父子』の主人公ドンビー氏は――そこで書かれているように――、労働者に対して分相応の社会的立場を教える公教育であるなら、それには反対しなかった。マルクスとしては、ユートピア社会主義者の文献の多くに批判的であったが、そこから大いに学んでもいた。彼は、ユートピア社会主義者と同じように反資本主義的な知的体系をつくりだし、反資本主義的な扇動活動にとって

◆**明確に理解したのである**　カール・マルクス、フリードリヒ・エンゲルス編「資本論　第一巻」、『マルクス＝エンゲルス全集』第二三巻a、大月書店、一九六五年、第八章、第一三章。

◆**「ガスと水道の」社会主義**　自治体社会主義、日本で言う「革新自治体」。

の知識の泉を築こうとした。このような代物を労働者が読むなど滅相もないことである。

資本は、分業状態に適した技能の輩出とイデオロギー的な服属要求とを結びつけた。公教育は、このような資本の要求の実現に貢献してきた一方で、その根底にある対立は根絶されえなかった。その理由の一つは、国家利害も公教育に入り込み、階級横断的な国民的一体感や国民的連帯感を構築しようとするからであり、資本家にも労働者にもこれらの感覚を一様に見習うよう求めるからである。〔ところが〕それは、ある種の根なし草的なコスモポリタン的個人主義に向かおうとする資本の傾向とは折り合いが悪い。公教育の内容についてのこれらの諸矛盾は、どれ一つとして容易には解決できない。だが、だからといって教育訓練に対する投資が資本の競争力の必須条件であるという純然たる事実が損なわれるわけではない。たとえば巨額の教育投資は、中国の近年の発展の印象的な特徴であり、もっと以前にはシンガポールや他の東アジア諸国でもそうであった。この理由は、資本の収益性が、労働者の熟練化による生産性の向上に依存するようになってきたからである。

しかし資本の歴史によく起きることだが、教育も最終的には、資本そのものの「巨大ビジネス」になった。民営化や有料化が、伝統的には無料であった公教育分野にも恐ろしい勢いで入り込み、経済的負担が一般庶民に課せられた。つまり教育を受けようとする人は、社会的再生産のこの重要な一側面に対してお金を自分で支払わざるをえない。労働力は教育を受けるために巨額の借金を抱えることになった。その結果、膨大な時間が教育債務の返済にかかるかもしれない。ただしチリのサンティアゴでは、高等学校と高等教育が民営化されたことによって高額な負担が学生たちに押しつけられたのだが、この問題をめぐって彼らは二〇〇六年から今日にいたるまで、政府当局と路上衝突を繰り返している。この事態を考えるなら、教育の民営化は――どこで実施されようとも――一触即発の不満の種にもなりそうである。

高い生産性を備えた労働力をつくりだすことは、いわゆる「人的資本」論を生みだした。この理論は、これまで考えられてきたもののなかでも最も奇妙な――それにもかかわらず広く受け入れられている――経済学的見解の一つである。その最初の表明は、アダム・スミスの著述のなかに見いだされる。スミスは次のように論じている。

〈労働者の側における生産的な〉才能の獲得には、〈……〉教育、研究、または徒弟奉公〈を通じて〉〈……〉実際上常に費用がかかっており、その費用は、いわば彼の人格に固定され現実化された資本になる。そうした才能は、彼の財産の一部をなすとともに、彼が所属する社会の財産の一部をもなす。職人の改善された手ぎわの良さは、労働を容易にしたり短縮したりする職業上の機械ないし道具と同一視してもよいだろう。職人の手ぎわの良さには一定の費用がかかるが、それは利潤とともにその費用を回収する。[1]

言うまでもないが、問題は、このような才能を創出するうえで、その費用を負担するのは誰なのか――労働者か、国家か、資本か、あるいは市民社会のある団体（教会など）か――であり、そしてそこから利益（あるいはアダム・スミスの用語では「利潤」）を得るのは誰なのか、である。

たしかに、高度に訓練された熟練労働者が、非熟練労働者よりも高い賃金を待ち望むことは道理にかなっているかもしれない。だがそれと、この高賃金を、労働者自身の教育投資や技能投資に対する利潤の一形態だと考えて納得することとは、まったく違った事柄だ。アダム・スミスへの辛辣な批判のなかでマルクスが指摘したことだが、問題は次の点にある。すなわち、労働者が自分の技能に備わる高い価値を実現できるのは、搾取という条件の下で資本のために労働する場合だけであって、したがって結局のところ労働者の高度な生産性から利益を得るのは労働者ではなく、資本であるということである。[2] たとえば近年、労働者の生産性は急速に向上したが、産出額のうちの労働者の取り分は増大するどころか減少してきてい

▼1　Adam Smith, *An Inquiry into the Nature and Causes of the Wealth of Nations*, Volume 1, Oxford, Clarendon Press, 1979, p. 282.［アダム・スミス『国富論』上巻、河出書房新社、一九六五年、二三七頁］

る。いずれにせよ労働者が自分の身体という形態で真に所有するものが資本であるとすれば、彼や彼女は——マルクスが指摘したように——、一日も働かなくとも、自分の資本の利子で気楽に生活することが認められるはずである（所有関係としての資本は常に、この選択肢を手元に置いている）。私が知るかぎりでは、人的資本論が、たとえば一九六〇年代にゲーリー・ベッカーの手で復活させられたが、その核心は、資本と労働の階級関係の意義を葬り去ることにあり、あたかもわれわれのすべてが資本家であり、それぞれ異なる自己資本利益率（人的資本の利益率ないしその他の資本の利益率）でお金を得るかのように思わせることにあった[3]。もし労働者がきわめて低い賃金しか得られないのであれば、次のように主張できるだろう。この低賃金はただ、その労働者が自分の人的資本を鍛えるのを怠ったという事実の反映にすぎない、と！要するに、給料が安いのであれば、それは自己責任なのである。驚くまでもないことだが、さまざまな大学の経済学部から世界銀行やIMFにまでわたる、すべての資本の主要機関がこの理論的虚構を心から信奉してきたが、それはイデオロギー的理由からであって、健全な知的理由からではないのは間違いない。さらに最近になると、これらの同じ諸機関はまたしても世にも稀な虚構を信奉しつつある。発展途上国の多くの都市では、社会的再生産のためのインフォーマル部門が支配的となっているが、これは事実上小規模《マイクロ》企業の大群なのであって、この部門に一服の小口金融《マイクロファイナンス》（これは高利で貸し付けられ、その返済金の流れは最後に主要金融機関の懐に収まるのだが）さえ盛れば、資本家階級の正式なクレジットカード会員にさせることができるというのである。

　ピエール・ブルデューは人格的資質——これが社会生活において非常に重要であることは否定できない——を「文化資本」と呼ばれる資本の一形態として特徴づけたが、私はまったく同じ理由から、この議論に対しても強く異議を唱えたい[4]。このような資質は、現代社会において身分的地位を確認する機能を果たしており、それによって社会的再生産の進行過程において階級区分を再現させる一因となる。このことを強調するのはまったく正しい。だがこのような事態を、本書で使っている意味での「資本」の一形態として扱うのは混乱を招くし、最悪の場合には転倒をもたらすことになる。これを「資本」として扱うと、次のように提案することになるだろう。貨幣的資産や所得を蓄積したいのであれば、フランス人であればスカルラッティ〔一八世紀イタリア・バロック期の作曲家（一六八五〜一七五七年）。近年フランスで電子音楽リミックスが発売されている〕を、アメリカ人であればスヌープ・ドッグ〔アメリカのヒップホップMCで俳優〕を評価できるように学べばよい、と。文化資本という考え方が入り込むのは――ただしこれはブルデューの主張ではないのだが――、商品や場所をブランド化して売り込んで、独占利益《レント》を要求する場合である（たとえば上等なワインや完璧な観光地の場合である）。ただし、われわれがここで論じているのは、象徴的区別が製造されるということであり、この区別が確立すると、永続的な独占利益と貨幣的利得の元になることがあるということだ。製品差別化は、私の歯磨き粉のブランドは独特で特別だと強調することだが、それは以前から、市場交換の平準化効果を回避させる一つの手段であった。それゆえ商品や場所のブランド化――現代の広告業や観光業の核心に位置づけられる操作活動――の背後で象徴的世界を開発する人々は、貨幣的利得を目的とした人間的欲望の操作に対して決定的機能を果たすようになる。言うまでもないことだが、この貨幣的利得を獲得するのは資本家であり、したがって自分の製品のブランド化にお金を支払うのも資本家である。資本家は時に、自分の製品の品質に階級的標識を貼りつけたり、はるかに誘惑的なジェンダー・イメージを付け足したりすることもたしかに厭わない。資本が、販売手法や売り口上において、このような象徴的区別を活用するのは疑うべくもない。しかしだからといって、この区別が、

▼2　Karl Marx, *Capital*, Volume 3, Harmondsworth, Penguin, 1981, pp. 503-5.［カール・マルクス、フリードリヒ・エンゲルス編『資本論　第三巻』、『マルクス＝エンゲルス全集』第二五巻a、大月書店、一九六六年、四七五〜四七八頁］

▼3　Gary Becker, *Human Capital: A Theoretical and Empirical Analysis, with Special Reference to Education*, Chicago, University of Chicago Press, 1994.［ゲーリー・S・ベッカー『人的資本――教育を中心とした理論的・経験的分析』東洋経済新報社、一九七六年］

▼4　Pierre Bourdieu, 'The Forms of Capital', in J. Richardson (ed.), *Handbook of Theory and Research for the Sociology of Education*, New York, Greenwood, 1986.

ブルデューが提起するような資本の一形態であるわけではない。ただし、この区別は独特で独創的なもの（たとえばピカソの絵画）であれば、しばしば独占利益をもたらしてくれる。

近年、資本と資本主義国家は（主に後者だが）、労働力の競争的品質に影響を及ぼす社会的再生産の諸側面に深い関心を抱いている。あらゆる国が豊かになろうとすれば、生産上の付加価値連鎖の川上へと移動して、研究開発分野に携わらなければならない。その結果として、知的所有権の統制から流れだす富が獲得可能になる。これを実現できるかどうかは、教養と科学的資質とを備えた労働力をその国が自由に使えるかどうかにかかっている。この労働力は、自国で訓練されるか（だからこそアメリカなどの国々では研究大学が非常に重視される）、外国から輸入されるか、そのいずれかでなければならない。このような労働人口の教育は幼少期からはじめなければならないし、それゆえ教育システム全体が資本の関心の的になる。ただしいつものことだが、教育システムがどうにか自力に任せられるのであれば、資本はそれにびた一文出そうとしない。シンガポールや現代の中国といった国々においてその経済的成功の鍵になったのは、あらゆる年齢段階の教育に対する強気の公的投資活動であった。

技術的事情が急速に変化し、特に――すでに述べた――ロボット化と人工知能が発達してきているが、それによって労働者にとって有利な技能の種類も根本的に変わった。そして、さまざまな教育システムもしばしば、ぎこちなくではあるものの、この新たな技能上の要請に追いついてきた。たとえば二〇年以上前にロバート・ライシュが指摘したことだが、次のような分業が現われている。知識基盤型の「象徴分析的《シンボリック・アナリティック》」サービス、経常的生産《ルーティン》、および「対人」サービスという分業である。「象徴分析家《シンボリック・アナリスト》」には、技術者、法律専門家、研究者、科学者、教授、企業重役、ジャーナリスト、コンサルタント、その他の「精神労働者」が含まれている。彼らは主として、情報や象徴《シンボル》を収集し処理し分析し操作する職務に従事することによって、暮らしを立てるとされた。ライシュの見積もりによれば、この労働者集団はアメリカの労働力人口の約二〇%を占めており、特権的地位にある。その理由の一つは、世界中のほとんどどこにいても仕事ができるからであった。ただし彼らは、分析的・象徴的技能について十分な教育を受ける必要があった。この教育の多くは家庭内からはじまる。子どもたちは家庭のなかで大量の電子器具を手にしながら、小さいころから情報や資料の利用操作方法を、新興の「知識基盤型」経済に必要不可欠な技能として学ぶのである。▼5 この集団が、資本主義において比較的豊かな――ただしきわめて流動的な――上層中流階級の中核部分を形づくる。この集団はしだいに、社会の残りの人々から自分たち自身を隔絶して（つまりその社会的再生産過程を囲い込んで）、特権的な少数集団を形成する傾向にある。これとは対照的に、伝統的な生産的労働者（たとえば鉄鋼業や自動車製造業の労働者）や日常的サービス労働者については、その将来性はほとんどないものとされる。その理由の一つは、これらの職務は消失する可能性がきわめて高いからである。またもう一つの理由は、大量の余剰労働者が今や利用可能になっていることから、それらの職務が存続したとしても低賃金のものになり、わずかな恩恵しかもたらさないからである。

社会的再生産への資本の浸透と消費主義

このように、労働人口の少なくとも一部分の労働生産性を高めることは、長らく関心の的になってきた。だが、それは当初、労働者の文化的で情動的な生活全体を包括するものではなかった。子どもの養育、あるいは病人や高齢者の介護など、社会的再生産の諸側面は、多くの場合において、まさに労働者の私事であったし、市場の考慮の外にあった。それぞれの文化生活を彩る諸活動の多くについても同様であった。しかし、資本主義的工業化と都市空間形成《アーバナイゼーション》が複雑さを増すにつれて、資本主義国家は必然的に、公衆衛生や教育や社会統制を規制し提供せざるをえなくなり、さらには、一般庶民の自己規律と市民権《シティズンシップ》とを促す一

▼5　Robert Reich, *The Work of Nations: Preparing Ourselves for 21st Century Capitalism*, New York, Vintage, 1992.［ロバート・B・ライシュ『ザ・ワーク・オブ・ネーションズ――二一世紀資本主義のイメージ』ダイヤモンド社、一九九一年］

定の精神的気質さえも養成することになった。

シンディ・カッツが述べるように、社会的再生産の全領域は「肥大化した無秩序で不確実な日常生活の諸要素」からなる。だが、それは「生産との弁証法的関係のなかで展開する一連の構造的諸実践でもある。これらの諸実践と生産とは相互構成的な緊張関係にある」。資本の再生産と社会的再生産との矛盾した統一は、一つの運動する矛盾として結晶化する。それは資本の歴史を通じて絶えず特異な関心を持たれるものである。今日の状況は、一八五〇年の状況とはまったく異なっている。カッツは次のように続けている。

> 社会的再生産は、日常的かつ長期的な再生産を包括するものであり、それは生産手段の再生産と、それを動かす労働力の再生産との両方からなる。社会的再生産は、その最も基礎的な次元においては、労働力の生物学的再生産——世代間再生産と日々の再生産——によって決まる。

それはまた身体的・精神的・概念的な諸技能の生産と再生産をも包括する。[▼6] 以上のすべてを実現させる元手になるのが、個々人が手にする賃金であり、それに加えられる社会的賃金である。後者は、さまざまな国家機関（たとえば教育や医療に関するそれ）や、重要な市民社会団体（たとえば教会や、慈善的支援にもとづいた多くのＮＧＯ）によって提供される。

労働者の立場から考えると、社会的再生産にはきわめて独自な意義がある。労働者は賃金を貨幣で受け取るのだが、どのようにそれを費やすかは彼らの選択である。資本はその草創期においては、労働者が賃金を支出する対象についても、その理由についても無関心であった。しかし、われわれがこれから見ていくように、こうした状況は現在には当てはまらない。労働者が自分自身の生存と再生産のために必要とする賃金額は、一つには次の事情にかかっている。それは、労働者やその家族やその共同体が自分たちの力だけで、どのくらい生存と再生産とを実現できるか、である。社会的再生産には大量の不払労働《アンペイド・レイバー》が含まれている。こうした労働の大部分は——フェミニストたちが繰り返し的確に指摘したように——、伝統的にも、そして今日でさえも、女性によって遂行されている。資本にしてみれば、社会的再生産は好都合な一大領域である。なぜなら、そこにおいては〔再生産のための〕実質費用が、世帯やその他の共同体に外部化されるからである。その負担は、さまざまな人的集団に対して不釣り合いな形で課せられる。たとえば前述した半プロレタリア化の場合、子どもの養育、あるいは病人や高齢者の介護にかかる負担のほとんどすべてが、農民社会や農村社会の世帯内労働に委ねられている。しかしながら社会民主主義的な政治状況の下では、資本は、さまざまな政治運動の圧力に押される形で、これらの費用を内部化せざるをえなくなった。その費用は直接的に（賃金契約上の年金給付や保険給付や医療給付を通じて）内部化されるか、間接的に（福祉国家を介した公的サービス支給を維持する上で、資本に課せられる課税措置を通じて）内部化されるかであった。

近年の新自由主義的な政治綱領や新自由主義的精神《エートス》の一部は、可能なかぎり社会的再生産費用を一般庶民に外部化し、それによって資本の租税負担を軽減させ、利潤率を高めることをめざしている。その主張によると「福祉国家は費用がかかりすぎるものになっている、資本に対する租税負担を軽減すれば、力強く急速な経済成長が刺激されるだろう、そして経済成長の恩恵が広く行き渡るときには、全員の暮らし向きが良くなるだろう」というものであった。もちろん、こうはならなかった。というのも全貯蓄は事実上富裕層のものとなり、その恩恵は（道徳的には多少疑わしくもあるような対処療法的な慈善事業が行なわれる場合を除けば）何一つ広まらなかったからである。

しかしながら諸世帯はそれぞれ孤立した存在ではない。それらは、さまざまな場所にあって、一定の社会的相互作用と社会的諸関係という母体《マトリックス》のなかに埋め込まれている。世帯内労働の共用も頻繁に行なわれている。たとえばアメリカの中産階級居住地域では、ご近所同士での自動車の相乗りや育児協力、あるい

▼6　Cindi Katz, 'Vagabond Capitalism and the Necessity of Social Reproduction,' *Antipode*, Vol. 33, No. 4, 2001, pp. 709-28.

は公園でのピクニックや路上市や町内野外パーティ《ストリート・フェア》といった集団行事が、日常生活の一部をなしている。そこには有権者のつながりさえも存在する。サッカーマム［アメリカ上層中産階級の教育熱心な母親の名称］同士のつながりは政治的な注目を集めている。貨幣を介さない交換活動や明らかな相互扶助活動も数多く行なわれており、それは隣人の自動車修理の手伝いから、テラスのペンキ塗り、集団的娯楽に使う共用空間の維持支援活動までと、あらゆるものに広がっている。これらの活動の発生程度やその発生メカニズムは多種多様であろう。だが、世界の多くの地域において複数の世帯が結びつき、一連の相互支援活動を慣行として行なっており、それによって一定の共同生活らしきものをつくりだしていることは否定できない。このような慣行が形式化されると、共同体的なつながり、民族的集合体、あるいは宗教団体などが確立する。これらがかなりの配慮をもって、社会的再生産に適した近隣区域の諸条件を（時に抑圧的に）規定し維持するのである。このような人的つながりは、より大規模な社会運動の土台になることがある。またわれわれは、このつながりから引きだされる多くの創造的思考によって、純粋な市場や金融取引によって与えられる人生とは異なる生き方も可能だと考えられるようになる。社会サービスの公的支給に対する新自由主義的攻撃は、相互扶助活動の急増によって緩和されると思われるだろう。しかし、大部分の証拠は逆の事態を示しているようだ――つまり宗教的・民族的紐帯によってそのつながりが規定される共同体の内部を例外とすれば、個人主義的で自己中心的な利潤極大化の倫理は、社会的共同生活の特徴としての相互扶助を、どちらかといえば衰退させるのである。新自由主義は、まさにこの倫理を通じて（地理的可動性の向上といった他の特徴とともに）機能している。消費者たちは、自分の家を、堅実で安定した生活を創造する場所ではなく、むしろ投機的な短期的投資対象として扱う傾向を強めている。このことは相互扶助の維持にとっては、いかなる助けにもなりはしない。またたしかに資本は通常、都市型生活様式を（特に自動車依存と関連して）つくりだすものだが、この生活様式もまた、充実した適度な社会的再生産を促進できるような社会的相互支援ネットワークを創造させることにはつながらない。

以上の背後には一つの矛盾の発端が潜んでおり、それは多大な被害をもたらす可能性がある。われわれは以前に、この矛盾に別の形で遭遇していた。労働者たちとその諸世帯は有効需要をもたらす大きな要因であり、市場での価値実現に際して重要な機能を果たしている。彼らが市場の外部において自力で大部分生産できるのであれば、こうした人々は市場では買わなくなり、有効需要についてほとんど何も貢献しなくなる。これが半プロレタリア化に付随する問題であり、この理由から半プロレタリア化はしばしば、ある時点で完全なプロレタリア化に移行する（たいていは資本の圧力の下においてである）。福祉国家が解体されると、大量の有効需要が吹っ飛ばされて、価値実現の領域は縮小する。これが緊縮財政政策に付随する問題である。社会的再生産と〔資本による〕生産との矛盾に対する対処のあり方が正反対の方向にぶれるにつれて、生産における資本の潜在的収益性の上昇と、有効需要不足に起因する潜在的収益性の低下との矛盾も激化する。

この難問に対する部分的回答が、資本の歴史における次のような長期的趨勢である。世帯内労働が、市場基盤型取引（理髪業、持ち帰り《テイクアウト》食品、冷凍食品、ファストフード、あるいはドライクリーニング、娯楽産業、児童保育、高齢者介護にいたるあらゆる取引）に置き換えられるのである。家事技術（洗濯機、掃除機から電子レンジ、そして当然だが住宅、自動車といったあらゆるもの）も資本集約度を高め、高額な負担を通じて（しばしば借金によって）購買されるものになる。このような家事技術の発展傾向と、人格的な世帯内労働を私有化して市場領域に転化することとは、家計の性格を根本的に変容させただけでなく、市場における資本価値の実現過程も変化させた。世界の住宅市場における商品化は広大な領域を切り開き、そこにおいて資本蓄積は、社会的再生産のための空間を消費することを通じて行なわれるようになった。われわれがすでに見てきたように、資本は長期にわたり「合理的消費」の促進に携わってきた。この「合理的消費」は、資本蓄積を煽る家族消費主義の形態で理解されており、人間の現実の欲求や必要を（それが何であれ）満たすか否かとは無関係だとされる。社会的再生産は、このような配慮からますます影響を受けてきており、場合によっては完全に変質させられた。

ユルゲン・ハーバーマスによって（ドイツの哲学者エトムント・フッサールにならって）人間の「生活世

界」と名づけられ、あるいはアンリ・ルフェーヴルによって「日常生活」という表題の下で分析されたものに対して、資本はその支配的役割を増しつつある。[7] このことを反省するきっかけを与えたのが、先ほどの基本的事実である。資本とその生産物は、人間の生活世界のほとんどすべての側面に対して何らかの形態で系統的に浸透してきた。これに対する抵抗もあったのだが、世界の大部分の人々にしてみれば、それは——資本の浸透が積極的に歓迎されない場合でさえも——勝ち目のない闘いとなった。進歩的左派（特に社会主義フェミニスト）の側では、家事労働に賃金が支払われるべきだというところにまで議論は及んだ。家事労働の多くが女性に偏る形で遂行されていることを考えれば、この議論の政治的理屈は明快である。しかし残念ながら、このような主張はあらゆるものの貨幣化を推し進めるだけとなり、最終的には資本の術中に陥ることになる。家事の貨幣化はまったく困難である。だがこの点を措いたとしても、このような貨幣化措置は人々のためにはならないかもしれないし、少なくともすべての女性の利益にはならないだろう。というのも彼女らはたぶん、その世帯内労働に対して支払いを受ける場合でさえ、過度の搾取をこうむりつづけるかもしれないからだ。

したがってフランスの著名な歴史家フェルナン・ブローデルが、中世後期における民衆の物質的生活と物質的再生産の領域を、資本とも、あるいは市場さえとも、ほとんどまったく無関係であると見なしたのはまったく妥当なことであったが、それとは逆に彼の定式は現代には当てはまらない。[8] ただし、資本が支配力を振るう必要が依然としてないような、世界でも隔絶された地域（たとえば先住民社会や隔絶された小農民集団）であれば、そのかぎりではない。だが社会的再生産と日常生活の商品化は急速に進んでおり、それが反資本主義闘争の複雑な空間をつくりだしている。

地理的不均等発展と社会的再生産

社会的再生産という領域は実際、ほとんどあらゆる地域において資本家が何としてでも侵入を試みる舞台となった。世界の多くの地域において、国家および資本からその影響力と権力の触手が社会的再生産の領域のなかに入り込み、無数の形で増殖している。もちろん、この介入のすべてが有害というわけではない。社会的再生産は、世界の多くの地域において女性への抑圧と暴力が蔓延する舞台にもなり、女性の教育機会が拒絶される舞台にもなり、子どもへの暴力と児童虐待が頻発する舞台にもなり、他人に対する蔑視が不寛容によって育まれる舞台にもなり、労働者がしばしば、労働過程で受けた暴力と抑圧という苦痛に満ちた体験を、家庭で一緒にいる誰かに転嫁する舞台にもなり、人々が酒と薬に溺れ死ぬ舞台にもなる。以上の理由から社会的規制が、そしておそらく公的介入政策さえもが、社会的再生産に対してはわずかにでも必要になる。だがこの規制や介入の結果として、社会的再生産と日常生活は官僚主義的な枠をはめられ、その自律的な発展の余地はほとんど失われてしまう。さらに生産、交換、分配、消費のあらゆる諸過程が、社会的・生物学的生活の網の目のなかに物質的に深々と埋め込まれている。これによって生みだされる世界においては、労働力の社会的再生産と資本の再生産との矛盾が顕著になるだけではない。そこにおいては、過度の世帯内消費主義――疎外をもたらす可能性を秘めたもの――と、適切な社会的再生産のために必要とされる消費活動との矛盾も同じように顕著となる。たとえばアメリカでは多くの人々が、教養ある善良な労働者になるために訓練されるのではなく、むしろ顕示的消費活動と投機的金融活動のための常軌を逸した諸技法を教え込まれているのだが、その目的のために、現代の社会的再生産のうちのどれ

▼7　Jürgen Habermas, *The Theory of Communicative Action. Volume 2: Lifeworld and System: A Critique of Functionalist Reason*, Boston, Beacon Press, 1985［ユルゲン・ハーバーマス『コミュニケイション的行為の理論』上・中・下、未來社、一九八五～一九八七年］; Henri Lefebvre, *Critique of Everyday Life*, London, Verso, 1991.［アンリ・ルフェーヴル『日常生活批判』全三冊、現代思潮社、一九六八～一九七〇年］

▼8　Fernand Braudel, *Capitalism and Material Life, 1400-1800*, London, Weidenfeld & Nicolson, 1973.［フェルナン・ブローデル『日常性の構造――物質文明・経済・資本主義　一五～一八世紀』全二冊、みすず書房、一九八五年］

ほどの規模が充てられているのだろうか？

ランディ・マーチンの言う「日常生活の金融化」が、最近の世代の社会的再生産に明らかに食い込んでいる。[9] どれほどの規模の社会的再生産が、借金によって資金調達されているのか？　この事実から予測される結果とは何か？　われわれが、このような初歩的な疑問を問うならば、その答えはわれわれを呆然とさせるだろう。高利でもって貨幣を貸し付ける人々は、世界の多くの地域において常に要人だとされてきたし、それは今も変わらない。インドの大部分における社会的再生産は、高利貸の権力という不気味な影の下で営まれている。小口信用機関《マイクロクレジット》や小口金融機関《マイクロファイナンス》が到来したからといって、この状況が救済されるわけではない（いくつかの事例では、この種の機関によって人々は自殺に追いやられており、その多くは女性である。自殺以外の手立てでは、自分たちが背負った集団的債務から救済されることがないのである）。だが今では社会的再生産と関連する個人債務が、さまざまな形でだが、ほとんどあらゆる場所で痛ましい問題になっている。アメリカでは学生たちが巨額の債務を抱えているが、今日ではイギリスやチリ、中国でも同じような事態が起きている。他方で、日常生活を営むための資金の借り入れは、驚くべき速度で増大してきた。中国における個人債務は、わずか二、三年で所得を超えるものへと急膨張したが、これは一九八〇年にはゼロに近い水準だったのである。

　しかしながら、このような事態の一般化に対して、これらの諸矛盾の地理的不均等発展が割り込んでくる。世界のいくつかの地域（たとえばGDP〔国内総生産〕の七〇％以上を消費が占めているアメリカ）は、合理的な社会的再生産を退廃させる無縁な消費主義《エイリアン・コンシューマリズム》を通じて、有効需要を創出させているようである。その一方で別の地域における重点は、価値の大量生産が止むことなく可能になるような労働力を社会的に再生産することにある（たとえば中国における消費はGDPのおよそ三五％しか占めていない）。ラゴスやサンパウロといった分断された都市においても、そしてニューヨークにおいてさえも、その都市の一部では顕示的消費活動が営まれる一方、他の一部では、搾取には好都合だが大半は余剰人員になる人々――つまり余剰労働力――が再生産される。これらの異なる環境における社会的再生産を研究すると、次のことが明らかになる。世帯内活動の性格においても、それが行なわれる目的においても、巨大な乖離《ギャップ》が存在しており、ほとんど共通点がないのである。これらの分断状況から、ブルジョア的な道徳領域のなかにいくつか奇妙な言明が生みだされることになる。数百万ドル稼ぐ選手が蹴るサッカーボールを生産するために、子どもたちがわずかな小銭を稼ごうとして一日一〇時間から一二時間もの労働を強制される。こうした慣行が当初はパキスタンで、後にインドで広まったが、これについては道徳的非難が投げかけられている。ところがこの同じ道徳主義者たちは、資本がわが子を市場における消費者として利用〔搾取〕することについては、まったく気づかない。わが子がキーボードのキーを押すだけで陰険な取引技法や株式市場操作（ひたすらお金儲け）を植えつけられているときにあってさえも気づかないのである。私が言いたいことを理解してもらうために、ジョナサン・レベジ事件をグーグルで調べてみてほしい。彼は一五歳になるころには、安値株式の取引から数百万ドルを儲けていた。レベジは、自分が買ったばかりの株を売り込むチャットルーム◆を立ち上げ、そこで自分に都合のよい株の格付けを行なっては高値で売却したのである。アメリカ証券取引委員会に告訴されると、こうしたことはウォールストリートでもどうせ行なわれていると、彼は即座に主張した。証券取引委員会は少額の罰金を科しただけで訴追全体を慌てて断念した。レベジがまったく正しかったからである。

社会的再生産の諸矛盾は、その一般的特徴を時とともに劇変させるのだが、それはこれらの地理的に差異化された環境の外にあっては理解できないものでもある。物質的活動、文化的諸形態、局地的生活様式からなるさまざまな状況依存性《コンティンジェンシー》は、世界の多くの地域において大きな重要性を持っている。カッツが記しているように、資本の可動性がきわめて高くなっているにしても、社会的再生産は「必然的にその大部分が場所に束縛されつづける」。

▼9　Randy Martin, *Financialization of Daily Life*, Philadelphia, Temple University Press, 2002.

◆チャットルーム　インターネット上の双方向の即時通信を行なうためのＷＥＢサイトページ。

〈その結果〉実にさまざまな分断が空間を越えて、境界を越えて、そして規模《スケール》を越えて生じることになる。それは社会的諸関係の中に堆積された不平等を利用するかもしれないし、新たな不平等を引き起こすかもしれない。

メキシコで再生産される農業労働者は結局、カリフォルニアの農園で働くことになる。フィリピンで育った女性労働者は、ニューヨーク市内の家事労働力の供給に大きな役割を果たす。旧ソヴィエト連邦の共産主義体制下で訓練された数理工学技術者は、ケープカナベラル［アメリカ・フロリダ州のミサイル・人工衛星の実験基地］にたどりつく。そしてインドで教育されたソフトウェア技術者はシアトルに向かう。

社会的再生産は、労働者の技能と消費者習慣の組織化とを目的にするだけではない。カッツの言葉によれば、「労働力の再生産は、一連の文化的諸形態や文化的諸慣習を引き起こすが、それは地理的かつ歴史的に特有なもの」でもある。このなかに内包されているあらゆるものが、知識、学習、世界に関する精神的諸観念、倫理的・審美的判断、自然との諸関係、文化的習俗、文化的価値観、さらには場所や地域や国民国家に対する忠誠心の根底にある帰属感などと関連する。社会的再生産がまた教え込むのは「階級とその他の差異区分とを保持し強化する慣行」であり、「支配的な社会的生産諸関係と再生産諸関係とを強化し自然化する作用をもたらす一連の文化的形態と文化的慣行」である。

〈これらの社会的慣行を通じて〉社会の主体《アクター》は一つの文化の一員になる。同時に彼らは、その内部で、あるいはそれに対抗して、自分たちのアイデンティティの創造と構築とを促すのである。

カッツは次のように結論づけている。

社会的再生産の問題は厄介であり扱いにくい。だがグローバル化した資本主義的生産のせいで犠牲になる人々の多くを目にすることになるのは、社会的再生産という舞台においてなのである。[10]

社会的再生産という舞台は、現状においては、資本の創造的破壊が「無縁な消費主義」と個人主義的生活様式とを最も狡猾に促進させる領域である。このような生活様式は、競争好きで粗野で利己的な貪欲さをもたらすだけのものとなる。と同時に、その犠牲者たちが自分の人的資本と見なされるものを鍛錬できない場合には（否応なく鍛錬できなかったとしても）、彼ら自身の窮地は、その人の自己責任だとされてしまう。この領域は、不平等の再生産にはじまり、それに対する反対運動が起きなければ、不平等の再生産に終わる。たとえばアメリカにおける社会的流動性は、ほとんど足踏み状態にある。それゆえ、あらゆるものが、きわめて不均等で選択肢も限られた――場合によっては露骨に差別的な――社会的再生産過程にもとづいている。一般庶民は、大昔であれば、資本や国家からは微塵の助けも借りずに、自力で生活して自分たち自身を再生産できた。だが今では国家と資本の両者が、日常生活の構築に際して大規模な改変と介入とを持ち込んでおり、この真っ只中で庶民は自分自身を再生産しなければならない。これにあたって国家と資本がめざす目標は、特殊な労働力のなかの細分化された地位（たとえば「ろくでなし」という地位）を庶民に割り当てることだけではない。資本がその力を使って無用で不要な生産物を大量に生産し販売するのに対して、庶民をこの生産物の掃き溜めにすることも、そのもう一つの目標なのだ。

対抗政治の焦点として

当然のことだが、この矛盾を理解して、その回避を模索する人々も存在する。一部の人々は、人間本来の思考様式や生活様式への回帰を待ち望んでいる。あるいは全面的に組織された消費資本主義の下にある

▼10　Katz, 'Vagabond Capitalism and the Necessity of Social Reproduction', pp. 709-28.

現代の粗野な社会的再生産に対して挑戦するという目論見から、少なくとも一定の望みをかけて、労働者連合体《アソシエーション》や世帯間ネットワークにもとづいたオルタナティブな共同体を建設しようとする人々も存在する。だが社会的再生産を消費主義に感染させる資本の戦略は執拗かつ長期にわたっている。生産物を売り込むためなら手段を選ばない広告業界や販促業界も、この戦略に気前よく資金をつぎこんでいる。フランス第二帝政期のパリで新興デパート店主たちが市場に対するさらなる支配力を獲得しようとした際、彼らのスローガンは「女性の心をつかめ」であった。最近では、それは「若者の心をつかめ、しかも若ければ若いほどよい」というものになった。これが多くの消費主義的広告の主流なのだ。子どもたちが、テレビの前に座ったり、あるいはパソコンゲームやiＰａｄで遊んだりして育つのなら、この体験は、彼らの心理的・文化的態度や、世界に関する精神的諸観念、そして未来の政治的主体性に対して広範な影響を及ぼすことになる。カッツが言うように再生産は厄介な問題である。その理由の一つは、その主な重点が「きわめて問題をはらんだ社会的諸関係や物質的諸形態そのもの」の再生産にあるからである。それゆえ社会的再生産が革命的感情の要因になることはありそうもない。それにもかかわらず、対抗政治を含む非常に多くの事柄が社会的再生産にもとづいている。

社会的再生産はどこにあっても行なわれる。このことから社会的再生産という観点は、最も狡猾な形態にある資本を批判する上で、その中心的位置を占めることになる。これこそまさに、アンリ・ルフェーヴルが複数冊にわたる『日常生活批判』を執筆した際、彼の念頭にあった研究課題であった。[▼11]この本で彼が提示しようと企てたのは、個体性（「私的」意識と個人主義）の批判であり、貨幣（それを彼は物神崇拝《フェティシズム》や経済的疎外の観点から理解していた）の批判であり、「必要」（当然だが必要不可欠な消費ではなく、消費主義に由来する心理的・道徳的疎外）の批判であり、労働（労働者の疎外）の批判であり、そして最後に一番大事な点として、自由（自然と人間的自然とに及ぶ能力）の概念とそのイデオロギーとに対する批判であった。

これまで述べてきた社会的再生産の諸矛盾は、われわれに次のことを指し示してくれる。それは、資本主義の下で日常生活に起きた事態や社会的再生産を大きく変貌させた要因に対して、一定の政治的形態にある反資本主義的な回答がなされなければならない、ということだ。資本と資本主義国家の手によって日常生活は退廃させられ、社会的再生産はその自律性を喪失させられてきたが、これに対する集団的な政治的回答の最先端には、多様な疎外の否定が位置づけられなければならない。だからといって、孤立させられた個々の世帯が銘々その望みを実行するということが、この状況に対する唯一の回答になるわけではない。この状況に対するオルタナティブは、さまざまな世帯を社会的ネットワークのなかに埋め込むことで、「文明的」価値観を備えた共同生活を管理し向上させることをめざすというものである。われわれは、このオルタナティブを結論の章で取りあげることにしよう。他方で、ルフェーヴルの最後の論点――自由の批判――は細心の注意を必要とする。というのも、それは資本のさらにもう一つの主要矛盾の核心にあるものだからである。われわれは第14章で検討する際に、この点を確かめることになるだろう。

ただし疑う余地のないことが一つだけある。いわゆる「急進的」戦略には、社会的再生産の領域で力を剥奪された人々に力を付与する《エンパワーメント》ために、その領域を貨幣化と市場の力とに開放するというものがある。だがこのような戦略はまったく真逆の方向に向かう。金融上の運用能力《リテラシー》を養う授業が一般庶民に与えられたとしても、こうした人々は自分の投資ポートフォリオ管理を試みる際に、さまざまな強奪的実践にさらされるだけになる。サメがいる海のなかを小魚が泳ぐようなものだ。小口信用《マイクロクレジット》と小口金融《マイクロファイナンス》の提供は市場経済への参加を人々に奨励するものだが、その結果、人々の費やすべきエネルギーは極大化し、人々の利益は極小化することになる。周縁化された人々に経済的かつ社会的に安定した生活をもたらすと思い込んで、土地不動産保有に法的所有権を付与したとしても、彼らは長期的に見れば、ほとんど間違いなく略奪されることになる。周縁化された人々は、慣習上の使用権によって以前から保持してきた空間や場所から立ち退かされることになるのである。

▼11 Lefebvre, *Critique of Everyday Life.*［前掲ルフェーヴル］

［第14章］

自由と支配

石の壁も監獄になりはせず
鉄格子も監房になりはせず
無垢で穏やかな精神は
これを隠者の住処とみなす
もし愛のなかに自由があるなら
もし魂のなかに自由があるなら
舞い上がる天使だけが
この自由を味わう

リチャード・ラブレスは、よく引き合いに出される恋人アルシア宛ての獄中からの詩のなかで、このように書いた。ラブレスは聖職者規制決議の撤廃を議会に請願したために、一六四二年に投獄された。議会に請願する自由を行使したために投獄されたのである。このタイミングが重要である。それはイングランド国教会の権威を抑え、チャールズ一世の処刑で頂点に達したイングランド内戦の第一期のことであった。歴史家クリストファー・ヒルが述べたように、それは政治的・宗教的・社会的諸運動によって世界が「ひっくり返された」時代であった。一方では、個人の権利や自由についてさまざまな思想やさまざまなイデオロギーが影響を及ぼし、他方では、いわゆる公共の利益（それについては意見の相違も多かった）をめざすために集団的利害や共通利害への対応が求められたのだが、この両者をどのように折り合わせるかが、これらの運動の探求課題であった。▼[1] いかなる意見の相違があろうと、イングランド国教会と国王にあった神授権は（非国教徒のそれは別として）激しい攻撃にさらされた。しかし、それに代わりえたのは、どのような種類の政治体なのか？　そして、そこにもたらされた自由とはどのようなものなのか？

ラブレスの詩に表わされている心情は、今もなお健在である。われわれの多くは、資本にいいように使われる存在になるように社会化されるのだが、その一方で、いかなる壁や障害が取り巻いていようと、自分たちには思想の自由の余地があると考えている。われわれは、自分たちが現在置かれているのとは異なる状況や、あるいは異なる世界さえも、たやすく想像することができる。われわれは、自分たちの世界を異なる姿につくり直すような積極的な手段を想像することさえできる。オルタナティブを自由に想像できるのであれば、歴史地理的状況がオルタナティブの提案や追求に特に好都合ではないかもしれないと認めるとしても、自分たちの想像を現実のものにするために自由に闘えないものだろうか？　この意見にこだわるのは、右派リバタリアンの小説家アイン・ランド◆の信奉者だけではない。マルクスを含む、あらゆる種類の急進主義者はこれに喜んで同意する。結局のところ、テリー・イーグルトンが『なぜマルクスは正しかったのか』で述べているように、「諸個人の自由な開花は、マルクスの考える政治力学がめざす全体的な目標である。ただし忘れてはならないことだが、その目標の条件は、これらの諸個人が何らかの共通の〔共有された〕開花のやり方を見つけだすということである」▼[2]。ランドとマルクスとを分かつものがあるとすれば、それはマルクスが次の点を理解していたことだ。個人の創造性の真の開花（アリストテレスの「善き生」という概念にまで遡る理想）が見事に実現されるとすれば、それは、自分以外の人々と協力し結びつくことを通じて、物質的欠乏と困窮という諸制限の廃絶を集団的に推し進める場合である。この欠乏と困窮とを超えたところに個人の自由の真の領域がはじまるとマルクスは考えていた。

しかし以上述べてきたことの背後には厄介な問題が潜んでいる。自由についての現代的な意味や定義には、反資本主義的オルタナティブを受け入れづらくさせる何かが存在しているのか？　私がこのようなオルタナティブを自由に求めていくと、ラブレスと同じように投獄という結末を迎えるのだろうか？　われわれが活動する際には、ほとんど知らぬままに自由と自律を想定しているが、これらの諸概念は、いくぶん不公平で劣化しており、結局はわれわれを拘束するものになるのか？　それは現状維持に終始するのか？　それは社会的公正や人権についての資本の歪んだ見方をより深く証明している実例なのか？　資本という経済エンジンと緊密に結びついた自由と自律の諸概念は、基本的なものであることには間違いないが、同時に不公平なものでもあるのか？　そのために「自由（freedom）」対「支配（domination）」という重大な政治問題に対して、良くても自由主義的な人間主義的《ヒューマニスト》アプローチか、悪ければ企業家的アプローチか、そのいずれかしか実行できなくなるのか？

自由の追求と支配の回帰

私はこれまでに、アメリカ大統領就任演説をいくつか読む機会があった。そのほとんどすべてに共通す

▼1　Christopher Hill, *The World Turned Upside Down: Radical Ideas During the English Revolution*, Harmondsworth, Penguin, 1984.

◆アイン・ランド　ロシア系アメリカ人の小説家、思想家（一九〇五〜八二年）。倫理的エゴイズムを支持し、国家主義、社会主義、無政府主義に反対した。

▼2　Terry Eagleton, *Why Marx Was Right*, New Haven, Yale University Press, 2011, p. 87.［テリー・イーグルトン『なぜマルクスは正しかったのか』河出書房新社、二〇一一年、九〇頁］

る主要テーマは次のようなものであった。アメリカ合衆国は自由と自律を擁護しており、それらの自由に対する脅威に対抗するためなら、あらゆる犠牲もいかなる労も惜しまないし、世界中に自由と自律を行き渡らせるために、その力と影響力を行使さえするだろう、と。ジョージ・ブッシュ・ジュニア◆は、自分のあらゆる演説で自由と自律という言葉を繰り返し使った人物だが、彼は感動的な美辞麗句でもって（捏造されたイラク戦争にアメリカが進撃した際のように）、アメリカの伝統を次のように言い表わした。

> 自由を前進させることがわれわれの時代の使命であり、わが国の使命でもある。平和一四カ条〈ウッドロー・ウィルソン〉から四つの自由〈フランクリン・ルーズヴェルト〉を経てウェストミンスター演説〈ロナルド・レーガン〉に至る時代まで、アメリカはこの原理の実現に尽力してきた。自由は自然によって設計されたものであるとわれわれは信じる。自由は歴史の趨勢であるとわれわれは信じる。人間の素晴らしさとその可能性の実現とは、責任をもって自由を行使することにあるとわれわれは信じる。そして、われわれが尊重する自由は、われわれのためだけのものではないとわれわれは信じる。それは、全人類の権利と権能なのだ。

マンション・ハウス〔ロンドン市長公邸〕におけるイギリス国会議員向けの演説のなかで、彼は自らの思想の根源を次のように位置づけた。

> 自由を通じて世界を変えうると素朴に信じた点で、われわれにも時に落ち度があったかもしれない。そうした誤りがあったとすれば、ジョン・ロックとアダム・スミスを読み過ぎたからだ。▼[3]

ブッシュが実際にロックやスミスを読んでいると考えるのは、ありそうにもない話だが、彼の議論が過去の政治経済学的見解にもとづいているということは、後ほど見るように、決定的に重要である。

アメリカの側での自由を守らんとする関心は、不幸にも、世界の多くの国々に対しては、帝国的・新植民地主義的支配の正当化のために系統的に利用されつづけている。アメリカ側は、自由と自律という絶対的価値観を追求する上で、強制と暴力に訴えることを厭わなかったし、今なお厭わないのである。民主的に選出された指導者に対するクーデターを支援しようとアメリカが仕かけた秘密工作には、長期にわたる歴史がある（一九五四年にはグアテマラのハコボ・アルベンス、一九七三年にはチリのサルバドール・アジェンデに対して行なわれたのであり、近年の出来事としては、ベネズエラのウゴ・チャベスに対する失敗した試みがある）。より身近なところで言えば、われわれは今、政府当局が市民の私的通信を広範囲に監視し、あらゆる暗号コードを解読している（それゆえ政府が、われわれの銀行、医療、クレジットカードなどの諸記録を入手できる）世界に生きている。このすべてが行なわれるその名目は、われわれの自由を守りテロの脅威に対して安全を保障するというものである。自由と自律の探求は、多くの抑圧的諸活動に携わる機会を提供するようである。アメリカの一般的国民はこの矛盾を完全に忘れているか、あるいは、この矛盾にあまりにも深くなじんでしまっているかのいずれかである。それゆえ、自由と自律についての感動的なレトリックが、かくも受け入れられているにもかかわらず、それがまたしばしば狭隘な欲得のための卑劣な支配的操作と対になっていることは、めったに気づかれることがない。イラクのアブグレイブ刑務所からキューバのグアンタナモ基地やアフガニスタン各地にいたる慢性的な人権侵害については言うまでもない。アムネスティ・インターナショナルでさえ公然と、グアンタナモ基地でのアメリカの「残忍な人権侵害」

◆**ジョージ・ブッシュ・ジュニア**　ジョージ・W・ブッシュ（一九四六年〜）は共和党の政治家で、第四三代アメリカ大統領（二〇〇一〜〇九年）。第四一代大統領であった父親のジョージ・H・W・ブッシュと区別して「ブッシュ・ジュニア」と呼ぶ場合がある。

▼3　以下の拙著でジョージ・W・ブッシュの演説全文の概要が述べられている。David Harvey, *Cosmopolitanism and the Geographies of Freedom*, New York, Columbia University Press, 2009, pp. 1-14.［デヴィッド・ハーヴェイ『コスモポリタニズム――自由と変革の地理学』作品社、二〇一三年、一一〜三三頁］

について非難しているが、アメリカ政府はこの批判をまったく無視している。悲しいことだが、この種の転倒は新しくも何ともない。ジョージ・オーウェルはその小説『一九八四年』に「戦争は平和、自由は隷属、無知は力」と書いていた。ただし、この際に彼の念頭にあったのは、明らかに当時のソヴィエト連邦だったのだが。

このすべてを目の前にすると、次のように結論づけたくなる誘惑に駆られてくる。自由と自律の追求に関わる政治的レトリックは見せかけでしかなく、ブッシュのような偽善者が利潤獲得や略奪や支配という欲得まみれの目標を達成する上で使われる口実なのだ、と。しかし、この誘惑に乗ってしまうと、さまざまな農民反乱から、革命運動（アメリカ、フランス、ロシア、中国など）、奴隷制廃止闘争、植民地支配の束縛からの原住民の解放闘争までと多岐にわたる別の歴史の影響までも否定することになるだろう。この歴史が、われわれのグローバル社会の働きの大枠を劇的につくり変えたのだが、それは自由の名において果たされたのである。このすべてが展開する一方で、さまざまな社会的勢力が、反アパルトヘイト闘争、公民権闘争、労働者の権利闘争、女性の権利闘争、その他多くの少数派（ＬＧＢＴ、先住民、障がい者など）の権利闘争を通じて、自由と解放の領域を拡大している。これらのあらゆる闘争が、多様なやり方で資本主義の歴史を突き進み、結果として、われわれの社会は変革された。暴君の支配に抵抗した人々が自由の木を植えたのは、無意味な行為ではなかった。「いますぐ自由を」との要求が路上に鳴り響く時、支配的社会秩序は動揺せざるをえない。さもなければ、たとえ秩序側が差し出すものがほとんど象徴的価値しかないものになるとしても、何がしかの譲歩が行なわれるのである。

自由と自律を求める民衆の欲望は、資本の歴史を通じて絶えずそれを動かす力強い原動力になっている。自由と自律の探求は、支配的諸階級とその政治的代理人のレトリックのなかでいかに陳腐化され退廃させられていようと、簡単に消え去りはしない。しかしこのコインには影の側面がある。これらすべての進歩的諸運動は、その軌道のある時点において（特にその目的の達成に近づくほど）、その目標である自由と自律を確保するために、支配されるべき対象や人間を必然的に決めることになる。さまざまな革命的状況において誰かの牛が突き殺されるのならば、問題はそれが誰のもので、それはなぜか、である。哀れむべきラブレスは結局投獄されたが、それは不当なことのように思われる。フランス革命の渦中に恐怖政治がはじまったのは、「自由、平等、友愛」を確固たるものにするという大義のためであった。数世代にわたって共産主義的な反政府勢力が抱いた希望も夢も、この矛盾に激しく打ちつけられた。というのも、人類解放の約束が大地にたたきつけられ、その代わりに警察国家的な抑圧機構によって後押しされた官僚主導の硬直化した公的管理がもたらされたからである。植民地解放後《ポスト・コロニアル》の社会に住む人々も同様であった。かつては民族の解放と民族的自由とを実現する闘いが、自由の領域を大きく押し広げると本気で考えられていた。だが彼らは今では、自分たちに訪れた自由の未来に幻滅しており、場合によっては、それに恐怖さえ抱きながら暮らしている。南アフリカは、長年にわたる熾烈な反アパルトヘイト闘争を経てきたが、貧困と欠乏から根本的に自由になったかどうかという点では、昔も今も変わらない。シンガポールなどの世界の一部地域においては、いわば物質的福利の急成長と引き換えにして、個人の自由は厳しく制限されている。

ここに大きな一つの矛盾があることは明らかである。自由と支配は密接に関連している。支配という陰鬱な技法をまったく扱う必要のない自由なるものは存在しない。さらなる自由を切り開くためには、非常にわずかな勝算を前にして自分自身が抱く恐怖を支配することが必要になるかもしれないし、冷笑家や懐疑的な人々を支配することも必要になるかもしれない。外部の敵対者を支配しなければならないのは言うまでもない。この自由と支配の統一は、いつものごとく矛盾した統一である。正当な大義を行なうために、不正な手段が求められるかもしれない。

この自由と支配という二つの対極的な言葉をその両端に配する矛盾は、多くの不明瞭で微妙な——言うまでもなく偽装された——形態をとっている（支配は、同意として隠蔽されることもあれば、説得やイデオロギー的操作によって確立することもある）。しかし私は、最も不安を駆り立てることになるような、この挑

◆自由の木　アメリカのボストンにあった楡の木で、アメリカ独立戦争時に、独立派の集結地として有名になった。

発的な言葉にこだわりたい。なぜならまさに、この矛盾の潜在的な諸帰結を無視したことこそが、何百万もの人々の幻滅の核心に位置しているからだ。これらの人々は、時に自分たちの生命を犠牲にしてさえ、自由のために忠実に闘ったにもかかわらず、彼らの子孫は結局、さらに別の形態の支配という暗黒の海を泳ぐことになったのである。自由と解放を求めるあらゆる闘争が覚悟しなければならないのは、まさにその最初から、支配する覚悟を持った闘争に向かいあうということである。またこの闘争が認識しなければならないのは、その自由を維持する代償として、新旧いずれかの支配の回帰を永遠に警戒しつづけるということである。

ここにジョン・ロックとアダム・スミスに言及する今日的意味がある。なぜなら自由主義的な古典派政治経済学が提起したのは、普遍化された資本主義のためのある種のユートピア的モデルだけではなかったからである。むしろ、それによって提起された個人の自由と自律についての一定の構想は、最終的には——フランスの哲学者ミシェル・フーコーが鋭く指摘しているように——自己規制的な統治構造の根底をなすものになった。この統治構造は恣意的な国家権力に限界を設けると同時に、さまざまな個人に対して、市場社会の諸規則にしたがって自分たち自身の行為を統制させたのであり、またそれを可能にしたのである。[4] 自己の支配と規律づけは個人のなかに内部化された。その結果、自由と自律についての支配的な諸概念は、私的所有権と個人の諸権利とを基礎にした市場交換を特徴とする社会的諸関係と社会的行動規範とに深々と埋め込まれたのであり、また今も埋め込まれたままである。これらの諸概念だけが自由の領域を規定したのであり、それに対する挑戦はいかなるものであろうと容赦なく鎮めなければならなかった。この社会秩序は、ヘルベルト・マルクーゼの言う「抑圧的寛容」から構成された。自由と自律の促進という大義がいかに求められようと、けっして越えてはならないと思われる厳格な境界線が存在していた。それと同時に展開された寛容のレトリックは、われわれに不寛容を寛容させた。[5]

以上述べてきたことについて唯一驚くべきものがあるとすれば、それは、われわれがこのことについて気づいたり考えたりすると驚いてしまうということである。結局のところ、国家の暴力と支配が市場の自由を支援しなければならないのだが、この必然性は不明瞭ではないか？　一八世紀以降、自由主義国家の理論と実践が徐々にその姿を現わしたが、その指導的な考え方は次のようなものであった。国家は、介入を自制すべきであり、市場における個人のさまざまな活動に関して、とりわけその企業家的諸活動に関して、自由放任《レッセフェール》を順守すべきである。ただしその理由は、温情主義的な善意からではなく、その主権の管轄区域のなかで貨幣的資産と貨幣権力を最大限蓄積しようとする利己心からなのである。国家の規制活動や介入主義的活動がたびたび行き過ぎたものになっているという声は、そこに住む人々の日常的な不満であり、当然ながら資本から聞かされる標準的な不満でもある。時折、アメリカの茶会党《ティーパーティー》派のような政治運動が起きるが、彼らの明確な使命は、この介入主義が善政をもたらすかどうかとは無関係に、とにかく国家介入を後退させることにある。リバタリアン派の批評家たちの言葉によれば、今こそ過保護国家を過去のものとして葬り去り、個人の自由と自律の真の統治を開始するときなのだ。

カール・ポランニーは、正反対の政治的議論にもとづいてではあったが、これらの諸関係についてはっきりと理解していた。彼は仮説的に次のように書いた。

> 市場経済の消滅は、これまでにない自由の時代の幕開けになりうる。法的自由および現実にある自由は、かつてないほど拡大され普遍的なものになることができる。規制と管理とによって、少数者のための自由ではなく、すべての人のための自由が達成できる。この場合の自由とは、汚れた手段で手

▼4　Michel Foucault, *The Birth of Biopolitics: Lectures at the College de France, 1978-1979*, New York, Picador, 2008.［ミシェル・フーコー『ミシェル・フーコー講義集成　第八巻　生政治の誕生――コレージュ・ド・フランス講義一九七八－一九七九年度』筑摩書房、二〇〇八年］

▼5　Robert Wolff, Barrington Moore and Herbert Marcuse, *A Critique of Pure Tolerance: Beyond Tolerance, Tolerance and the Scientific Outlook, Repressive Tolerance*, Boston, Beacon Press, 1969.［ロバート・ポール・ウォルフ他『純粋寛容批判』せりか書房、一九六八年］

に入れた特権の付属物としての自由ではない。それは政治的領域という狭い範囲を超える規範的な権利としての自由であり、社会それ自体という緊密な組織体のすみずみへとゆきわたるものである。このようにして新しい自由の財産が古くからの自由と市民的権利につけ加わることになるのだが、それは産業社会がすべての人々に提供する余暇と生活保障とによって生みだされる自由であろう。このような社会は、公正と自由を二つながら備えるゆとりを持ちうるのである。

自由の領域のこの拡大を実現するうえで遭遇することになる困難は、大規模な富の集中に付随するさまざまな階級利害と凝り固まった特権にあった。裕福な諸階級は、自分たちの自由には安寧し、自分たちの行動に対する制約にはすべて抵抗する。彼らは、自分たちは社会主義的な全体主義における奴隷身分に貶められつつあると断言し、自分たち特有の自由を拡大することを求めて闘い、その過程で他人を犠牲にしつづけている。

自由企業と私的所有権が自由の要点だと布告される。この二つ以外の基礎の上に建設される社会は自由の名に値しないと言われる。規制がつくりだす自由は、真の自由ではないと非難され、この規制が生みだす正義、自由、福祉は、奴隷状態の偽装だとそしられる。〈……〉このことは自分の所得、余暇、生活保障の増大をまったく必要としない人々にとっては自由の充足を意味しているが、民衆にとってはスズメの涙ほどの自由を意味するにすぎない。後者は財産所有者からの避難所を得ようとして自分の民主的諸権利を行使しても、徒労に終わるだけだろう。[6]

このようにしてポランニーは、フリードリヒ・ハイエクの『隷属への道』◆――一九四二〜四三年に書かれた著作だが、今日にいたってもなおリバタリアン的右派の必読書にして非常に影響力のある本（二〇〇万部以上売れている）――の主張の核心部分に対して的確な反論を築きあげるのである。

この難問《ジレンマ》の根底に「自由」自体の意味があることは明らかである。自由主義的な政治経済学のユートピア主義は「われわれの理想を誤った方向に導いた」とポランニーは書いている。それが認識できなかったのは、「いかなる社会も、権力と強制がなければ存在できないし、力が機能しないような世界もありえない」ことであった。それは、純粋に自由市場的な社会観に固執することによって「経済を契約関係と同一視し、そして契約関係を自由と同一視した」[7]。これは〔アメリカの〕リバタリアン的共和党員が思い描く世界である。それはまた、アナーキストやアウトノミア的左派の多くによって受け入れられているような個人の自由と自律という信念でもある——ただし彼らは資本主義的な自由市場を厳しく非難するのだが。どのような政策を支持しようとも、自由と支配の矛盾した統一から逃れることは不可能である。

ポランニーの主張によれば、この〔古典派政治経済学の世界観の〕政治的帰結は「失業や貧困の発生に巻き込まれた際に自由が残忍に制限されたとしても、その責任は、有権者にも、資産所有者にも、生産者にも、消費者にもないと考えられる」ことであった。このような状況は、あらゆる人間の制御を超えた自然の諸原因による結果であり、したがって特定の誰かの責任ではなかった。このような状況に対して対策をとる責任は「自由の名において否定」できたのである[8]。人々が絶えず貧しくなりつつあるのに対して、共和党が多数を占めるアメリカ連邦議会下院は投票によって、これらの人々への食料配給券《フードスタンプ》助成を嬉々として削減することがある（他方でアグリビジネスに支払われる補助金には賛成する）。これもまた自由の大義を

▼6　Karl Polanyi, *The Great Transformation: The Political and Economic Origins of Our Time*, Boston, Beacon Press, 1957, pp. 256-7.〔カール・ポラニー『大転換——市場社会の形成と崩壊』東洋経済新報社、二〇〇九年、四六二〜四六三頁〕

◆『隷属への道』　フリードリヒ・ハイエク「隷属への道」、『新版　ハイエク全集』第Ⅰ期別巻、春秋社、二〇〇八年。

▼7　Ibid., p. 257.〔同前、四六四頁〕

▼8　Ibid., p. 258.〔同前、四六五頁〕

支持し、自由の領域を拡大するためだと言われる。ポランニーは次のように結論づけた。われわれがまず、古典派政治経済学のユートピア構想やそれと同系のリバタリアン的諸政策の多くを放棄しなければ、自由の問題に取り組むことは不可能である、と。これらを放棄して初めて、われわれは「社会の現実」とその諸矛盾とに「向きあう」ことができるだろう。▼9 さもなければ、現状について最も見事に当てはまることだが、われわれの自由は、社会の現実の否定を条件《コンティンジェント》とする。ブッシュ大統領などの右翼的な言説の多くが果たすのは、まさにこの現実の否定なのである。

自由主義的・人間主義的「自由」と資本の「支配」

自由と自律の概念は、政治経済学者たちのユートピア的な諸著作に媒介されて、資本の概念と内的に結びついているが、それは驚くべきことではない。何しろ、労働からの剰余の抽出は、資本の統治下における労働者への支配と彼らの相対的不自由とを前提にするからである。マルクスが皮肉を込めて述べたように、労働者たちは二重の意味で自由である。◆ つまり労働者は、誰にでも好きな者に自分の労働力を売る自由《フリー》があると同時に、生産手段（たとえば土地）を管理することからも自由《フリー》になっている。もし彼らがこれを管理できるのであれば、賃金労働の定め以外の生活が可能になるだろう。生産手段に対するアクセスからの労働者の歴史的分離は、長期にわたって今も続く暴力と強制の歴史を引き起こしたが、それは賃金労働者に対するアクセスという資本の自由のためであった。また資本は、収益可能性を探し求めて世界を徘徊できる自由も必要とした。そしてこのことのために——すでに見てきたことだが——、資本の可動性に対する物理的・社会的・政治的制限は取り除かれるか、縮小されなければならなかった。「為すにまかせよ《レッセフェール》」、「行くにまかせよ《レッセパッセ》」が、資本主義的秩序の合い言葉になった。この合い言葉は可動性だけでなく、規制的干渉からの自由にも適用される。ただし他の資本家たちや経済全体への外的な損害が完全に受け入れがたいものになったり、危険域に達したりしたために、国家介入が要請されるような状況だけは例外である。地元民や先住民の足もとからさまざまな資源を略奪する自由、土地から立ち退かせたり必要な景観全体を強奪したりする自由、再生産限度のいっぱいにまで――場合によってはこの限度を超えて――生態系を使いきる自由、これらはすべて、資本にとって必要不可欠な自由の重要な一部になった。公益（通常は資本自体の隠れ蓑であるそれ）が要求するさまざまな場合を除けば、資本は国家に対して、没収の脅威に抗して私的所有権を保護し、さまざまな契約を履行させ、知的所有権を施行させることを要求する。

資本が欲するこの自由は、いかなるものであっても争いを引き起こさずにはいられなかった。それどころか時には、その論争が熾烈を極めることもあった。資本の自由は、明らかに他の人々の不自由にもとづいていた。多くの人々がこの状況に気がついた。マルクスが述べたように、労働者と資本とには、どちらの側にもその権利があった。資本は労働人口から、労働時間を可能なかぎり長く引きだそうとし、その一方で労働者は、過労死させられることのない人生を送るという自由を守ろうとした。マルクスの有名な言葉によれば、このような二つの権利のあいだでは力がことを決する。だがこれは、普遍的進歩というユートピア的プログラムの名において政治経済学者たちが正当化した搾取の世界であった。それは、最終的には万人の利益になると想定されたのである。しかしマルクスが語ったように、必然性が彼方のものになるような時代と場所において自由の真の領域がはじまるのだとすれば◆、欠乏、窮乏化、余剰労働力、満たされぬ要求などを現実に助長させることをその基礎とする政治経済体制において、われわれがこの自由の真

▼9　Ibid.〔同前〕

◆**二重の意味で自由である**　カール・マルクス、フリードリヒ・エンゲルス編「資本論　第一巻」、『マルクス＝エンゲルス全集』第二三巻a、大月書店、一九六五年、二二一頁。

◆**必然性が……領域がはじまる**　カール・マルクス、フリードリヒ・エンゲルス編「資本論　第三巻」、『マルクス＝エンゲルス全集』第二五巻b、大月書店、一九六七年、一〇五一頁。

の領域——あらゆる諸個人の人間的開花が現実的な可能性になるような領域——に立ち入ることはおそらく不可能である。われわれは今ではオートメーション化と人工知能とによって、必然性の領域を超えた自由というマルクスの夢を実現する多くの諸手段を備えてきているのだが、それと同時に資本の政治経済的諸法則は、ますますこの自由を遠ざけている。これはまさに逆説である。

　この世界の金持ち富裕層はますますゲーテッド・コミュニティに閉じ込もっている。だが、自由の領域をこのコミュニティを超えて拡張させるような、人間主義的《ヒューマニスト》な心からの努力も存在する。ところが悲しいことに、資本の経済理論の腐食力が、このような努力の中にまで食い込んできている。たとえば、アマルティア・センの立派な著作を検討してみよう。彼は、その著書『自由としての開発』のなかで、「自由の名において」経済的理性をその人道主義的限界にまで推し進めようと尽力している。センの理解によれば、自由は過程でもあり、彼の言う「実質的機会」でもある。[10]この区別は重要である。というのも、そこに隠されているのは伝統的な福祉国家主義への批判だからである。福祉国家主義は労働者や一般大衆を歴史の主体としてではなく、単なる政策対象として扱ってきた。センにとって次の二つは、まったく同じように重要である。一つは、経済開発の積極的主体《エージェント》として大衆を動かし、その潜在能力《ケイパビリティ》を発展させることである。もう一つは、必要不可欠な実質的機会（さまざまな物質的財やサービスに対するアクセス）を備えた状態を実現することによって、人々が貴重な人生を送れるようになることである。さまざまな主体は、実質的自由〔物質的財やサービスに対するアクセスの自由〕を自発的に引き渡す代わりに、自由な参加を選択して、自分たちの運命を積極的に疎外のない形で追求しようとするかもしれない。その多くの事例に——私見では正しくも——センは留意している。奴隷や農奴は賃金労働者よりも実質的な暮らし向きはましであったかもしれないが、だからといって賃金労働者が自分たちの相対的自由を売り渡すというのは、ありそうにもないことだろう。参加する自由、そして自分自身の潜在能力を発展させる自由は、開発を進める手段としてきわめて重要である。国家権力は縁もゆかりもないのに、しばしば温情主義的な存在として、実質的機会の変化を押しつけたり組織したりしてくる。だが、この変化がいかに素晴らしいものだろうと、参加する自由の方がはるかに望ましいだろう。センは、このような自由についての展望を駆使しながら、「変化を評価するための価値評価分析と、急速な変化への因果的影響要因として自由を理解する記述的・予言的分析」とを行なう。これらの開発諸過程が機能するのは「多様な社会的諸機関――市場の運用、行政、立法関係者、政党、非政府組織、司法、メディア、共同体全般などに関係するそれ――」を通じてである。センの主張によれば、これらのすべてが「まさに個人の自由の向上と持続とに影響を与えることによって、開発過程に貢献する」ことができる。センが追求するのは、「これらのさまざまな機関のそれぞれの大局的役割とその相互作用とを総体的に理解すること」であり、それと同時に「価値が形成され社会的倫理の進化が出現すること」を正当に評価することである。その結果として、さまざまな制度や活動に結びついた自由の多様な領域が存在することになる。それは「資本蓄積、市場の開放、効率的な経済計画の保有」といった単純な決まり文句には還元できない。ここでの統合要因は、「個人の自由を向上させる過程と、その実現を助ける社会的義務」である。「開発とは、自由の可能性との画期的な契約なのである」▼11。

　ところが問題は、センの構想がいかに魅力的なものであろうと、それが結局のところ自由主義的政治経済学のユートピア主義の別ヴァージョンになってしまうことである。自由は目的ではなく、ミシェル・フーコーの言う「統治性《ガバメンタリティ》」の手段になる。全住民の自己規律が国家権力によって管理されるのは、自由を通じてである。そしてこのような自己規律こそが、ブルジョア的な諸機関や生活様式――当然ながら階級権力と富の蓄積という観点からの資本主義的な階級支配もそこに含まれている――に対する服従とその順守とを保障するのだ。言い換えれば、目的は問題にならないし、自由の名においてこの目的が挑戦を受ける必要もない。なぜなら自由は、「この目的に向かう」過程のなかに組み込まれているからである。これが「自

▼10 Amartya Sen, *Development as Freedom*, New York, Anchor Books, 2000, p. 17.［アマルティア・セン『自由と経済開発』日本経済新聞社、二〇〇〇年、一六頁］

▼11 Ibid., pp. 297-8.［同前、三四二～三四三頁］

由としての開発」の意味するところである。

センの描く世界には矛盾が存在しない。彼は、さまざまな階級対立の圧倒的な力（ポランニーが明記しているようなそれ）、自由と支配の弁証法的な緊張関係、社会的富を領有できる私人の権力、使用価値と交換価値の矛盾、あるいは私的所有権と国家の矛盾を認識していない。たしかに、さまざまな対立関係が言及されている。だがセンの宇宙では、そのすべてが管理可能なのだ。いずれかの対立関係が絶対的矛盾に転化し危機の発生点になるかもしれない。しかし、このような事態は想定外とされるか、管理が悪かったせいだと言われるだけなのだ。センは、過程を通じた疎外なき自由の実現を根拠づけようとするのだが、この立派で非常に魅力的な彼の試みは一種の矛盾なき資本の宇宙を仮定している。これはユートピア的宇宙である。ポランニーが明確に理解しているように、われわれが、社会の現実を否定するような自由観の実現ではなく、現実の実質的自由の実現をめざして、それが可能となる世界へと社会を変えようとするのであれば、このような宇宙を捨て去らなければならない。

私は気まぐれな理由からセンを取りあげているわけではない。センは、自由を拡大させるための手段として、社会的責任をもって規制された市場資本主義的な開発形態の可能性を研究したのであり、しかもこの際に、浅はかな開発指標とは対立するような高潔な人間主義的理想をその評価基準としたのである。この点で彼は、あらゆる経済学者のなかにあって可能なかぎりの成功をおさめたと私には思われる。しかし彼の核心的信念は、適切に規制され管理された市場システムを、人間の欲求や必要を満たす公正で効率的な手段だと見なしていることにあり、またこの市場システムによって自由な状態のなかで貧困からの解放を達成できると考えている点にある。だがセンは、この自分の信念に対して明確な根拠を示すことができない。彼の愛する祖国インドの全域にわたって貸金業者たちが、貧しい人々の生計手段を毎日略奪しつづけているのだが、［センにあっては］貨幣形態に内在する諸矛盾はどこにも見受けられない。これはNGOや慈善事業団体の世界を支配している一種の自由主義的人間主義《ヒューマニズム》である。これらの団体は、貧困と病気の根絶に向けて心と頭のなかでは真剣に取り組んでいるが、どのようにすれば根絶できるのかは現実的に考えられることがない。

伝説的な億万長者投資家ウォーレン・バフェットの息子である作曲家ピーター・バフェットは『ニューヨーク・タイムズ』紙に驚くべき暴露文書を公表した。そこで彼は、何年か前に慈善財団の設立のために父親から寄付を受けたことから、資本主義的慈善事業の世界と出会ったと語っている。バフェットは次のように述べている。

〈早い段階で〉気づいたのは、私が「慈善事業的植民地主義」と名づけはじめた事態であった。〈……〉個々の現場についてほとんど何も知らない人々（私もその一人だが）がしばしば、現地の問題を解決できると考えていた。〈……〉彼らは文化や地理や社会規範を顧みもしなかった。

投資マネージャー、企業リーダー、政府首脳が寄ってたかって「同室の別人が左手でこしらえた問題に、それぞれの右手で解決策を手探りしていた」。慈善活動は大規模事業になっている（アメリカだけで九四〇万人が雇用され、三一六〇億ドルが提供されている）。それにもかかわらずグローバルな不平等は手に負えなくなり、「少数の人間のために膨大な富を生みだすシステムのせいで、ますます多くの人々の生活や共同体が破壊されている」。慈善活動は一種の「良心の咎めを洗浄すること《コンシャンス・ロンダリング》」になっている。

〈それをすれば、ただ〉金持ちは毎晩熟睡できる。だが他の人々は、ぎりぎり暮らせるだけのものしか手にできない。ほとんど例外のないことだが、誰かは善行を施して気分が楽になる。しかし、その世界（あるいは街路）の反対側にいる他の人々はシステムの中にさらに深く組み込まれていく。そのシステムのせいで彼らは、その素質の真の開花や楽しく充実した人生を送る機会を拒まれることになる。

バフェットの目標が、センやマルクスのそれと一致しているのは印象的だ。だが同じように目を引くのは、社会問題を解決せずにただたらい回しにするだけのブルジョア改良主義の悲しい歴史である。この急成長しつつある強力な「慈善事業＝産業複合体」の活動は腐食させられている。それは資本主義的な経済合理性の諸原理がしだいにきつく適用されてきたからである。慈善活動の価値は「投資利益率が唯一の成功基準であるかのように」判断されるとバフェットは記している。インフォーマル部門は、私的所有権を授けられることによって小規模企業《マイクロ》として概念化しなおされ、それに対して小口金融《マイクロファイナンス》原理が適用される。このような事態は経済的には合理的に思われるかもしれない。だがバフェットは次のように問いかけている。

これは実際には、どういうことなのか？　人々が間違いなく学ぶのは、借金をしたら利子をつけて返すという、われわれのシステムとの一体化だろう。人々は、一日二ドルの稼ぎを超えることによって、われわれの財とサービスの世界に参入することになり、もっと多くのものを買えるようになるだろう。しかし以上のことは、野獣に餌をやるだけのことになりはしないか？

まさにその通りである。そしてこの野獣に餌が与えられる好機は、他のどこかで有効需要が減退したために資本の実現が脅かされているときである。そして野獣に餌が与えられれば、負債隷属を通じた「略奪による蓄積」という実践（および違法すれすれの強奪的実践）によって追加的利益がもたらされることになり、ついには資本利益率の全般的上昇をもたらす。不幸にもバフェットは、ここで自分自身の「抑圧的寛容」状態という壁にぶつかっている。彼は弱々しく「実際のところ、私は資本主義の終焉を求めているわけではない」と結論づける。「私は人間主義を求めている」と。▼[12] しかし彼が批判対象にしている実践は、まさに資本主義的な人間主義そのものである。唯一の解決策は、現代版の抑圧的寛容の限界をはるかに超えたところにある。それは（資本主義的）野獣と対決する革命的人間主義だ。この野獣は自由のおかげでたっぷりと餌にありついている。この自由のなかでそれは、その右手で他人に施そうとしつつ、その左手で他人を支配する必要性に迫られている。

人間的能力の開花と他人との共同

ブルジョア的な自由と自律の諸概念が民衆の利益に反して偏った形で展開されてきたが、マルクスはこの事態に対決しただけではなかった。彼はまた真に自由な社会における真の富の意味を、きわめて奥深く探究した。マルクスは『経済学批判要綱』のなかで次のように書いた。

富は、偏狭なブルジョア的形態が剝ぎ取られれば、普遍的な交換によってつくりだされるような諸個人の諸欲求、諸能力、諸享楽、生産諸力、等々の普遍性でなくて何であろう？　富は、自然諸力――いわゆる自然がもつ諸力と人間自身の自然がもつ諸力――に対する人間の支配（mastery）の十全な発展でなくて何であろう？〈……〉富は、〈……〉人間のさまざまな創造的素質を絶対的に表出することでなくて何であろう？〈……〉それは、既存の尺度では測れないような、あらゆる人間的諸力そのものの発展の総体性を、その自己目的にしているのではないのか？　そこで人間は、自分を何らかの規定性において再生産するのではなく、自分の総体性を生産するのではないのか？　そこで人間は、何か既成のものに留まろうとするのではなく、生成の絶対的運動の渦中にあるのではないのか？　ブルジョア的経済学では――またそれが対応する生産の時代には――、人間の内奥のこうした完全な表出は完全な空疎化として現われ、こうした普遍的対象化は総体的疎外として現われ〈……〉る。[13]

▼12　Peter Buffett, 'The Charitable-Industrial Complex,' *New York Times*, 26 July 2013.

この定式においてマルクスは支配（mastery）の問題を回避しはしない。彼は、さまざまな革命的状況において自由と支配の矛盾がもたらす影響を認識していた。マルクスは「ユダヤ人問題によせて」のなかで次のように問うている。「理論の上では、政治的生活は個々人の権利である人権の保障に過ぎず、したがってその目的である人権と矛盾する時には政治的生活がただちに廃絶されなければならないはずである。したところが、政治的生活との衝突によってただちに自由の人権の方が権利でなくなってしまう」のはなぜなのか、と。マルクスの念頭にあった事例は、フランス革命における出版の自由の制限である。この事実は次のような「謎」を投げかけた。

なぜ政治的解放者の意識の中でこの関係が逆立ちして、目的が手段として、手段が目的として現われるのか。この謎は依然として解けないままに残る。[14]

ジョージ・オーウェルよりもはるか以前に、マルクスは自由が隷属に転化するという謎の核心にたどりついていた。

マルクスは、ルソーの著作のなかにその答えを見いだしたと考えた。

一つの人民に制度を与えることを企てるような者は、自分自身にいわば人間性〔人間的自然〕を変革する力があると確信できなければならない。個人としての人間は、それだけで完全で孤立した一つの全体を構成しているが、これをより大きな全体の一つの部分に変えることができなければならない。そして個人がいわばその生命と存在を、この全体から受けとるようにしなければならない。人間という構成を変えて、さらに強いものにしなければならない。われわれが自然から受けとるのは独立した身体としての存在であるが、これを部分的で精神的な存在に変革しなければならないのである。要するに立法者は、人間からその固有の力をとりあげて、その代わりに人間にとってこれまで無縁であった力を与えなければならない。人間は他の人間の手助けなしには、この力を働かせることはできない[15]。

言い換えると、完全に社会化された個人は、孤立した個人とは異なる政治的主体性を獲得し、自由の意味についての異なる概念を習得する。

この回答自体は、あまりにもうわべだけのものであるがために、歴史の重みに耐えられない（それは本来この重みに耐えなければならないのだが）。だがその一方で、この回答は豊かな可能性に満ちた一つの探求方針を指し示している。すべての人々の人間的自由をよりよく守るのは、排他的で個人的な私的所有権レジームなのか、それとも連合《アソシエーティッド》した諸個人によって集団的に管理される共同《コモン》の諸権利なのか？　資本主義的階級支配のために動員される個人的自由か、あるいは、略奪された人々によって主導される高度な社会的・集団的自由のための階級闘争か――われわれはやがて、そのいずれかの厳しい選択を迫られるのではないか？

ルソーの定式がマルクスの思想のなかで二つの機能を果たしているという大事な点にも触れておこう。革命的変革は創造的破壊をともなう。失われるものもあれば得られるものもある。ルソーにとって失われるものは、孤立した個人主義であった（それは、ルソーの理論においては自然状態から生じたものだが、マルクスにとってはブルジョア革命の政治的所産であった）。孤立した個人主義は、新しい「無縁な」力を前にし

▼13　Karl Marx, *Grundrisse*, Harmondsworth, Penguin, 1973, p. 488.［カール・マルクス「一八五七〜五八年の経済学草稿」、『マルクス資本論草稿集』②、大月書店、一九九七年、一三七〜一三八頁］

▼14　Karl Marx, 'On the Jewish Question,' in *Karl Marx: Early Texts*, edited by David McLellan, Oxford, Basil Blackwell, 1972.［カール・マルクス「ユダヤ人問題によせて」、『マルクス＝エンゲルス全集』第一巻、一九五九年、四〇四頁］

▼15　Jean-Jacques Rousseau, *The Social Contract*, Oxford, Oxford University Press, 2008.［ジャン＝ジャック・ルソー『社会契約論／ジュネーヴ草稿』光文社古典新訳文庫、二〇〇八年、八八〜八九頁］

て、その道を譲らなければならなかった。略奪された人々がその疎外なき未来の自由を獲得するために、ブルジョアジーは、その個人化された過去から疎遠になる〔疎外される〕必要があった。このことはマルクスの疎外論を反転させる。つまり決定的な革命的移行期においては、疎外の契機は、肯定的可能性にも否定的可能性にも満ちあふれている。矛盾というものは、矛盾する可能性をもったさまざまな反応をもたらさないわけにはいかない。

創造的で集団的な人間的開花の可能性は、われわれの周りのいたる所に伏在している。だが、この可能性を解き放つには、個人主義的でブルジョア的な価値や富の概念を転覆（あるいは「支配」）しなければならない。この点に関してマルクスは明快に述べている。不思議なことにマーガレット・サッチャーさえも、ここら辺りに違いがあると考えていた。この点は特筆に値する。なぜなら、化学に興味を抱いたひどく保守的な雑貨店の娘にも、傑出した思考の才能があることを証明するからである。彼女は「間違っているのは富を生みだすことではなく、貨幣そのものを愛することだ」と述べた（ただし、あらゆる個々人の人間的な諸能力と諸力の完全な実現というマルクスの「富」概念を、サッチャーがはっきりと念頭に置いていたかどうかは疑問である）。

真の自由の世界は、まったく予測不能な世界である。イーグルトンは次のように書いている。

　人間の開花に対するこれらの足枷が取り払われた途端、これから何が起こるのかを言い当てるのは、はるかに難しくなる。というのもこの場合、男も女も各々に対して担う責任の範囲内で、自らが望む振る舞いをさらに自由に行なえるからである。彼らが、つらい労働作業よりも、今われわれが余暇活《レジャー》動と呼んでいるものの方に自分の時間を費やせるなら、彼らの振る舞いがどのようなものになるのかを予測することははるかに難しくなるだろう。私が「今われわれが余暇活動と呼んでいるもの」と言う理由は、資本主義が蓄積した諸々の力を用いて、大多数の人々を労働から実際に解放するのであれば、労働の代わりに行なってきたことを「余暇」とは呼ばなくなるだろうからだ。

その際にはオートメーション化と人工知能とが、無意味な労働に人々を拘束するためではなく、そうした労働から現実に人々を解放するために十全に活用できるだろう。イーグルトンは言う。

マルクスにとって社会主義とは、われわれが自らの運命を自分の手で集団的に決定することを開始する地点あるいは時点のことである。それは、政治的謎言葉《シャレード》と解される民主主義（たいていの場合はそうなっている）というよりはむしろ、真摯に取り組まれる民主主義である。そして人々がより自由になるということは、彼らが水曜の午後五時に何をしているのかを言い当てるのがいっそう難しくなるということを意味する。[16]

しかしだからといって、われわれが自己満足や他人の幸福のために自由に選んで取りかかるかもしれない複雑な職務に対して、自己規律も献身も専念も不要になるだろうというわけではない。はるか昔にアリストテレスが理解したように、自由は善き生に結びついており、善き生とは、あらゆる自然存在と同じように、新しさを果てしなく求めるために尽くすような積極的な生である。自由と支配との疎外なき弁証法が可能になるのは、諸個人が常に他人とつながりながら、自らのさまざまな可能性と諸力の極限に達しようと探求する最中《さなか》においてである。だが先行した疎外体験とその矛盾した可能性がなければ、疎外なき関係も追求されはしない。

▼16　Eagleton, *Why Marx Was Right*, pp. 75-6.［前掲イーグルトン、七八～八〇頁］

第Ⅲ部

資本にとって危険な矛盾

はじめに

運動する諸矛盾は多岐にわたって展開しており、資本の歴史的・地理的発展の背後でそれを動かす大きな原動力になっている。

ある場合には、その運動は漸進的傾向にある（ただし、こちらでは逡巡、あちらでは後退といったことも必ず起きている）。技術変化も、空間の地理的生産も、全般的に見れば累積的なものである。ただし、この双方の場合においても強力な逆行作用や反転も起きている。実行可能な諸技術は忘却され消失し、かつては資本主義的活動の活気あふれる中心地であった空間や場所はゴーストタウンや縮退都市［人口減少が生じている都市］に変貌する。

別の場合には、矛盾の運動はむしろ振り子のそれに近い。たとえば独占と競争の矛盾や、貧困と富の均衡関係がそうである。

また別の場合には――自由と支配の場合がそうであるが――、この運動はもっと混沌としており不規則なものになる。なぜなら、それは、政治的諸勢力が互いに争いあいながら、それぞれ興隆したり没落したりすることにもとづくからである。おまけに、さらに別の場合――たとえば社会的再生産といった複合領域――になると、資本主義の歴史的発展と資本に特有な必要諸条件とが、あまりにも不確定な形で混じりあっているために、その運動の向かう先もその強さも一過性のものにしかならないし、そこに一貫性が示されるということもめったにない。女性や障がい者や性的少数者（ＬＧＢＴという社会集団）の権利はさまざまな形で前進しており、あるいは社会的再生産のいくつかの機能（たとえば結婚、家族のつながり、育児実践など）に対して厳格な行動規範を課しているような宗教的諸集団の権利も前進している（というのも、これらの人々の存在がその前進をもたらすからである）。だが、この場合、資本主義と資本が、基本的な諸矛盾の観点から見て、どのように機能するのか――互いに対立しあうのか、協調しあうのか――、あるいは両者ともに機能不全に陥るのかについては、その正確な予測は困難である。そして、これが社会的再生産の諸矛盾について言えるのであれば、支配と自由についての複合的事例においてはなおさらである。

運動する諸矛盾によるパターン形成は、資本主義と資本の双方の共進化を動かす巨大なエネルギーと革新的熱意とをもたらし、新しい構想へと向かうさまざまな可能性という富を切り開くものになる（ちなみに私はこの「富」という言葉をわざと使っているが、それは、単なる財産保有の可能性ではなく、人間的諸能力の開花の可能性という意味においてである）。これらの諸矛盾や諸空間は、より良い社会に対する希望を潜ませており、そこからオルタナティブな建築術や構築活動が次々と出現するかもしれない。

基本的諸矛盾の場合と同じように、運動する諸矛盾も、資本の関与する総体性のなかにおいて互いに交差しあい、互いに作用しあい、互いにその露払いをつとめるのだが、そのあり方は非常に興味深い。二つの技術変化――組織形態（たとえば国家機構や領土的組織形態）における技術変化と、空間の生産や運輸交通における技術変化――は、地理的不均等発展の発展力学《ダイナミクス》と空間の生産とに対して強い影響を及ぼす。この地理的不均等発展の領域において、社会的再生産も、自由と支配の均衡関係も次々と分化し、ついにはそれ自体が空間と不均等発展とを産出する過程の一部になる。異他なる《ヘテロトピック》空間においては、根本的に異質な生産形態や社会的組織形態や政治的権力形態が一時的に花開くかもしれないが、このような空間が創造されつづけることは、反資本主義的な可能性の領域が絶えず開かれるとともに、また絶えず遮断されるということを意味している。ここにおいてはまた、一方での権力の独占と集中、他方での分散と競争という諸問題が展開しており、それはついには技術的・組織的発展に影響を及ぼし、経済上の優位をめぐる地政学的競争を喚起することにもなる。そして言うまでもなく領土間競争、移民動向、労働生産性に関する競争的イノベーション、そして新しい生産諸部門の創造は、貧困と富の均衡関係を不断に変えつづける。

これらの諸矛盾が相互作用しつつそれぞれ動きまわっているこの枠組みのなかにおいて、オルタナティブな政治的プロジェクトが数多く見いだされることになる。これらのプロジェクトの多くは、資本自体の諸矛盾に対して、資本自体が特殊な諸反応を示すことから生じるものである。したがって、その第一の目標も、永続的な危険性と不確実性——場合によっては公然たる危機——という条件下において資本の再生産を手助けすることにある。しかし、このようなプロジェクトの場合であってさえも、資本機能の是正を目論むさまざまな戦略が入り込む可能性も無数に存在するのであり、結果として、反資本主義的オルタナティブらしきものへの展望も切り開かれることになる。私もマルクスも、未来というものはすでに大部分、われわれの周りの世界のなかにあると考えている。そしてわれわれの考えでは、政治的イノベーションは、すでに存在していながら今までは孤立し切り離されてきたようなさまざまな政治的可能性を、違った方法でまとめなおすという問題なのである（技術革新《イノベーション》と同様である）。地理的不均等発展は「希望の空間」と異他なる状況《ヘテロトピック》とを創出せずにはいられない。そこにおいては、さまざまな新しい協働のあり方が——やがては資本の支配的諸実践に再吸収されるとしても——少なくとも一時的には花開くかもしれない。新しい技術（たとえばインターネット）が、支配からの自由を可能にする新しい空間を開け放ち、民主主義的統治という理念を前進させることもある。社会的再生産の領域における諸戦略は新しい政治的諸主体を生みだす可能性がある。そしてこの主体は、社会的諸関係の革命化や人間化をより一般的に望むようになり、自然と人間の物質代謝関係に対しても、より審美的に満たされるような繊細な働きかけの涵養を欲するかもしれない。これらのあらゆる可能性を指摘するのは、そのすべてが実を結ぶと言いたいからではない。むしろ、その意味は、あらゆる反資本主義的な政治力学が、これらの諸矛盾を粘り強く渉猟しなければならないのであり、前から手持ちの諸資源やさまざまな見識を駆使しつつ、オルタナティブな世界を構築するそれ自体の進路を探しだすことに細心の注意を払わなければならない、ということなのである。

　このことから結果として、われわれは危険な——場合によっては致命的になりうる——諸矛盾を手にすることになる。周知のようにマルクスは次のように語ったと思われている。資本は、最終的にはそれ自体の内的諸矛盾の重みで崩壊するはずだ、と。私は実際、マルクスがこのように語った箇所を見つけることができていない。また私自身のマルクス読解からしても、マルクスがこのようなことをかつて述べたなどというのはまったくありえないと思っている。そこに仮定されているのは、資本主義の経済エンジンの機械的故障である。つまり、この事態が起きる際、人間的主体《エージェント》がこのエンジンを破壊することもなければ、その進行を戦闘的に停止させてエンジンそのものの交換にとりかかることもないのである。マルクスの見解によれば――そしてこの点で私はおおむね彼に従っているのだが（ただしそれは、マルクス主義的ないし共産主義的伝統のなかにある一部の潮流には対立するものであり、またマルクスを批判する人々の多くが通常、彼のものだとする見解とも対立するのだが）――資本はおそらく永遠に機能しつづけることが可能である。ただし、その過程で、漸進的な土壌の悪化や大衆の貧困化が誘発され、社会階級間の不平等も劇的に拡大し、また人類の大多数が非人間化されるだろう。そしてこのような状態を維持するために、個人の人間的開花の可能性はますます抑圧的かつ専制的に否定されるだろう（別言すれば、全体主義的警察国家による監視体制や軍事管理体制は強化されるだろうし、われわれが主に現在経験しつつあるような全体主義的民主主義も激化するだろう）。

この帰結として、人間が持っている創造的な能力や力の自由な発展は、耐えがたい形で否定される。それによって、資本がわれわれに残したさまざまな豊饒な可能性も投げ捨てられることになり、人間の可能性という現実的富も、貨幣的資産の永続的増大と狭隘で貪欲な経済的階級利害のために浪費されることになる。このような展望に直面する中で唯一賢明だと思われる政治的戦略は、資本を超克することをめざすことである。そして、ますます専制的で寡頭制的になりつつある資本主義的な階級権力構造の拘束装置を脱却することである。また、経済活動において創意あふれるさまざまな可能性を回復させ、それらをはるかに平等主義的で民主主義的な形で新しく組み直すことである。

要するに、私が支持しているマルクスは、革命的人間主義者《ヒューマニスト》なのであって、目的論的決定論者ではない。後者の立場を裏づける発言をマルクスの著作に見つけることも可能であるが、私は、彼の歴史的著作も政治経済学的著作も、その大部分が前者の解釈を支持していると思う。この理由から、私は「致命的」な諸矛盾ではなく「危険」な諸矛盾という見解をとる。というのも、それらの諸矛盾を「致命的」と呼ぶことは、黙示録的な機械論的終末ではないにしても、不可避性や破滅的癌化といった誤解を呼ぶ雰囲気を伝えるかもしれないからである。しかしながら、いくつかの諸矛盾は他のもの以上に、資本と人類の双方にとって危険である。これらは時代と場所によって変わっていく。もし、われわれが一〇〇年前か、五〇年前に資本と人類の未来について書こうとしたなら、本書第Ⅲ部において重視する諸矛盾とは異なるものに焦点を合わせる可能性が高かったかもしれない。一九四五年であれば、環境問題や複利的成長の維持に対する疑問は、さほど注意を呼ばなかっただろう。その時点では、地政学的対立関係を解消すること、地理的不均等発展の諸過程を合理化すること、そして生産と実現との矛盾した統一の均衡を（国家介入を通じて）再び取り戻すことの方が、はるかに顕著な諸問題であった。第Ⅲ部で私が重視する三つの矛盾は目下のところ最も危険なものなのだが、それは、資本主義の経済エンジンが機能しつづける可能性にとって危険であるだけではない。それらの三つの矛盾は、実に最小限の合理的諸条件の下において人間生活を再生産するという点にとっても危険なのである。この三つのうちの一つは――ただしその一つだけが――致命的になる可能性がある。だが、それが結果的に致命的になるのは、革命運動が出現することによって、終わりなき資本蓄積が命じる発展経路が変わる場合に限られている。このような革命的精神が具体化し、われわれの生活様式に対する根本的諸変革を余儀なくさせるかどうかは、星座に定められる運命というものではない。それは完全に人間の意志の力にかかっている。この力を行使する第一歩は、現存するさまざまな危険の特徴と、われわれが直面する選択肢とを自覚することであり、それらをはっきりと理解することなのである。

［第15章］

無限の複利的成長

資本は常に成長をめざしており、しかも必然的に複利で成長する。これから述べるように、この資本の再生産条件は現在、きわめて危険な矛盾になるにもかかわらず、ほとんど理解も分析もされてこなかったのである。

複利法◆は、多くの人々にはあまり理解されていない計算方法である。複利的（あるいは指数関数的）成長という現象も、それによって引き起こされうるさまざまな潜在的危険性も理解されていない。マイケル・ハドソンがその最近の辛辣な解説で教えてくれるように、主流派経済学という陰鬱な科学でさえ、債務の増大に対する複利の重要性を理解しそこねていた。▼1 その結果、二〇〇八年に世界を襲った金融崩壊を

◆複利法　前期の元本と利子の合計を今期の元本として、利回りを計算する方法。

▼1　Michael Hudson, *The Bubble and Beyond*, Dresden, Islet, 2012. 私の知る限り、この本は複利的成長という論点を真面目に取り上げた最良の経済学文献の一冊である。本章では以下の記述で、そこに掲載された資料をいくつか利用した。私は二〇一一年に、世界的な一流新聞社に勤める二人の経済担当主任編集者に対して複利的成長の問題を投げかけたことがある。だが、これに対して一人は笑い事とは言わないまでも些細な問題だと無視し、もう一人は、新しい技術開拓を探る余地がまだ十分あるのに、なぜ懸念するのかと述べた。

説明する際に、肝心な部分が曖昧にされてしまった。それでは永遠にわたる複利的成長は可能なのだろうか？

昨今、一部の経済学者のあいだで立てつづけに懸念が生じている。それは、永続的成長が長らく仮定されてきたが、それに対する信仰は根拠のないものであったかもしれない、というものである。たとえば、ロバート・ゴードンがその最近の論文で主張したことだが、この二五〇年間に経験された経済成長は「人類史における特異な出来事かもしれず、同じ速度での終わりなき未来の進歩を保証するものではないのかもしれない」。その主な論拠として彼は、一人当たり所得の成長の根底にある労働生産性イノベーションの発展軌道とそのさまざまな影響とを概観している。ゴードンは他の何人かの経済学者とともに次のように考える。過去のイノベーション波動の方が、電子工学やコンピュータ化にもとづく一九六〇年代頃からの最近の波動よりもはるかに力強いものであった、と。彼の議論によれば、最新のこのイノベーション波動は、一般に思われているよりもその影響力の点で弱いものであり、いずれにせよ今では、その影響力もほとんど尽きてしまった（それは一九九〇年代のドットコム・バブル◆で絶頂に達してしまった）。これにもとづいてゴードンは次のように予測する。

一人当たり実質GDPの将来成長は、一九世紀後半以降のいかなる期間と比べてみても緩やかなものになり、所得分布上の下位九九％の一人当たり実質消費の成長はそれよりさらに緩やかになるだろう。

最新のイノベーション波動に内在する弱さは、アメリカの場合においては、さらに多くの「逆風」によって悪化させられている。それは、社会的不平等の高まりや、教育における費用の高騰とその質の低下から派生する諸問題、グローバリゼーションの衝撃、環境規制、人口動態（国民の高齢化）、租税負担の増大、そして消費者債務や公的債務の「過剰」である。▼2 ただしゴードンの主張によれば、こうした「逆風」がないとしても、未来は、過去二〇〇年と比較して相対的には一つの経済停滞期になるだろう。

「逆風」の構成要素の一つである公的債務は、本書を執筆している時点〔二〇一四年〕においてアメリカの政争の具になっている（それは別の場所にも多大な影響を与えている）。これは、メディアや議会で執拗で大げさな論争や要求が交わされる上で、その焦点となっている。途方もなく巨額だとされる債務負担が、未来の世代に転嫁されると繰り返し訴えられ、それを口実にして、政府支出と社会的賃金の苛酷な削減が進められている（言うまでもなくいつものことだが、寡頭支配層《オリガーキー》の利益となる）。ヨーロッパにおいては同じ議論が、いくつかの国々の全体（たとえばギリシア）に対する破滅的な緊縮政策の強制を正当化するために使われている。だが、それはさほど想像力を働かせることもない議論であるので、この緊縮政策がドイツのような富裕国の利益や、より一般的に言えば富裕な債券保有者の利益になることは想像されもしない。

◆**ドットコム・バブル**　一九九〇年代にアメリカのインターネット関連企業を中心とした株価高騰による経済の高潮を指す。「ITバブル」とも言う。二〇〇〇年頃から株価が暴落し、崩壊した。

▼2　Robert Gordon, 'Is U.S. Economic Growth Over? Faltering Innovation Confronts the Six Headwinds', *Working Paper 18315*, Cambridge, MA, National Bureau of Economic Research, 2012. ゴードンの議論に対する世間の反応は次の文献で取り上げられている。Thomas Edsall, 'No More Industrial Revolutions', *New York Times*, 15 October 2012. 一般的な世間の反応は、ゴードンはおそらく核心を突いたが、さまざまなイノベーションが及ぼす未来への影響について悲観的すぎた、というものであった。ところが『フィナンシャル・タイムズ』紙の有力な経済評論家マーティン・ウルフは、ゴードンが言わざるをえなかったことの多くを受け入れた上で次のように結論づけた。高所得者層に位置する経済的エリートは、ゴードンの描いた未来像を歓迎するだろうが、それ以外の人々は好ましいとは「まったく思わない」だろう、ただし「この事態にはなじむしかない、それは変わらないのだから」と。その他の参考文献としては次のものが挙げられる。Tyler Cowen, *The Great Stagnation: How America Ate all the Low-Hanging Fruit of Modern History, Got Sick and Will (Eventually) Feel Better*, E-special from Dutton, 2011.［タイラー・コーエン『大停滞』NTT出版、二〇一一年］ただし、これらの議論の焦点はすべてアメリカにある。

ヨーロッパにおいては、ギリシアやイタリアで民主的に選出された政府が平和裏に転覆されてしまい、債券市場の信任を受けた「技術官僚《テクノクラート》」政府に一時的に置き換えられた。

以上のことから特に見えにくくさせられているのは、借入債務の複利的悪化と、資本蓄積の指数関数的成長との関係であり、またそれらが引き起こすさまざまな危険との関係である。記しておかなければならないことだが、ゴードンの関心は主に一人当たりGDPにあった。これは総GDPとかなり異なって見えるものである。いずれの指標も人口動態の影響を受けるのだが、その影響の受け方は大きく違う。われわれが総GDPに関して利用可能な歴史的資料をざっと調べてみると、次のことがそれとなく示されている。富の蓄積と債務の蓄積は、資本の歴史を通じて絶えず緩やかに関係しあってきたが、一九七〇年代以降になると、富の蓄積は、公的債務、企業債務、個人債務の蓄積とよりいっそう緊密なものになってきているのである。そこで疑念がうごめきはじめる。さらなる資本蓄積の前提条件は、今日では債務の蓄積ではないか、と。もしそうであるなら次のような奇妙な結論が出てくる。つまり、アメリカの共和党右翼やヨーロッパの似たような諸集団（たとえばドイツ政府）の側が精力的に債務を削減しようとしており、場合によってはそれを消滅させようとしているのだが、このような試みは資本の未来に対して脅威をもたらすものであり、しかもその深刻さは、これまでに労働者階級の運動が突きつけた脅威をはるかに上回りつつあるのだ。

理論上の複利的成長と現実におけるその限界

複利計算は本当のところ、きわめて単純である。私が預金口座に一〇〇ドルを預けると、その預金に年利五%が支払われるとする。私は、この年の末には一〇五ドルを手にすることになり、同じ利率が続くのであれば、その翌年には一一〇・二五ドルとなる（複利計算が月ごとや日ごとに行なわれるのであれば、この数値はもっと大きくなる）。この二年目の総額と、〔二年目の〕複利計算なしの算術級数的利率◆との差額はき

図表 1　複利と単利の比較

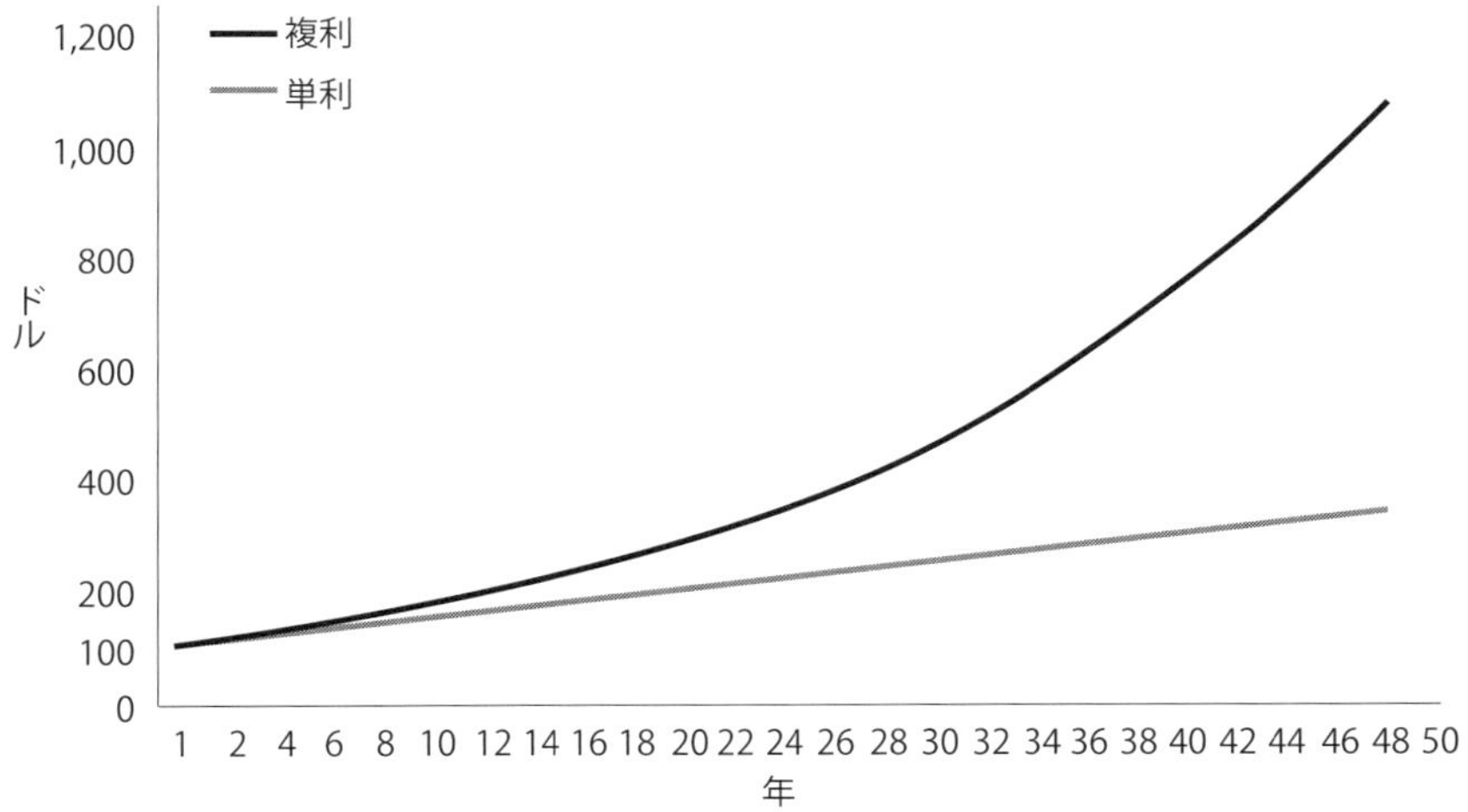

わめて小さい（わずか二五セントである）。あまりに小さいために気にもならないほどだ。そのため、この違いは容易に見落とされる。ところが、五%の複利計算で三〇年経つと、私は四三二・一九ドルを持っているが、これに対して五%の算術級数的利率で蓄積する場合には、私の手元には二五〇ドルしかないだろう。私の所持金は、六〇年後には〔単利での〕四〇〇ドルに対して〔複利では〕一八六七ドルとなり、一〇〇年後には、六〇〇ドルに対して一万三一五〇ドルになる。これらの数値が示すものに注目してみよう。複利曲線は、ほんの短期間にはきわめて緩慢にしか上昇しないのだが、やがて増大の割合が大きくなりはじめ、曲線の終わりまでには数学者が特異性と呼ぶ状態になる——つまり無限への旅立ちである（図表1参照）。住宅ローンを抱える人はこの逆の事態を体験する。三〇年ローンの場合、その最初の二〇年間は、債務の元本が非常にゆっくりとしか減少しない。やがてその減少の割合が大きくなり、最後の二、三年には債務の元本は急激に削減される。

　数多くの古典的逸話が、複利計算と指数関数的成長のこの特徴を解説している。インドの王様がチェスの考案者に報酬を与えようとした。その考案者はチェス盤の最初の一マスに一粒の米を置き、すべてのマスが埋まるまで、次のマスに進む度にその粒の数を倍にするように願い出た。王様はただちに認めた。なぜなら、それは安い支払いに思えたからである。困ったことに、それが二一マス目にきたときに一〇〇万粒以上が要求されることになり、四一番目以降のマス（一兆粒以上が要求される）になると、残りのマスを埋めるには世界中の米を持ってきても、どうしても足りなくなった。この物語の異説の一つによれば、王様は騙されたことに激怒して、その考案者を打ち首にしたそうである。この異説は有益である。それは複利計算における錯覚という特徴を説明しており、その隠された力がいかに簡単に過小評価されるかを教えてくれる。複利計算の後半の段階に入ると、誰もがその増加の割合に啞然とするのである。

複利が引き起こす危険を示している一つの実例は、ピーター・テルソン訴訟である。テルソンはロンドン在住の裕福なスイス人銀行家であったが、彼は六〇万ポンドの信託基金を設立し、一七九七年の彼の死後、一〇〇年間は手つかずにさせた。その基金は七・五％複利での利回りで、一八九七年までに一九〇〇万ポンド相当になるはずであった（その当時のイギリスの国債残高をはるかに超える額である）。この年になれば、その金額がテルソンの幸運な子孫たちに分与されることになっていた。当時の政府の計算によれば、四％複利であっても、彼の遺産は一八九七年までに総公債残高に等しい額になっただろう。複利計算は私人の手に莫大な金融権力をもたらすかもしれない。これを阻止するために一八〇〇年、信託期間を二一年までに制限する法案が可決された。テルソンの直系相続人たちは彼の遺言に異議を唱えた。長年にわたる裁判を経て、一八五九年に最終判決がこの訴訟に下されたとき、その遺産の全額が裁判費用に使い尽くされていた。これがチャールズ・ディケンズの小説『荒涼館』で描かれた有名な「ジャーンディス対ジャーンディス訴訟」の話のネタなのである。[3]

一八世紀末には複利の力について色めき立った解説書が続々と現われた。一七七二年に数学者のリチャード・プライスは、後にマルクスのからかい気味の関心を惹いた小論において次のように書いていた。

複利を生む貨幣は最初、ゆっくりと増えていく。しかし、増える率はだんだん速くなっていくので、ある期間がたてば、想像もできない速さになる。われわれの救世主が生まれた年に五％の複利で貸し出された一ペニーは、今ではもう莫大な額に増大しているだろう。その金額は、地球がすべて純金から成っているとして、その一億五千万個分に含まれるものよりも大きい。しかし、単利で貸し出されたとすれば、この同じ期間にたった七シリング四・五ペンスにしか増えないだろう。▼4

複利的成長は「想像もできない」結果を生みだせるのだが、この唖然とさせられる要因にもう一度注目しておこう。複利的成長がもたらす事態に、われわれもただ驚くばかりなのか？　面白いことに、プライスの議論の重要な点は（現在の人騒がせな一団とは裏腹に）、〔借入金償還財源に〕複利の力を発揮させることによって、国債残高がいかに簡単に償還されるかということであった（それはテルソンの事例でも示されている）！

アンガス・マディソンは、数世紀にわたる世界全体の経済産出成長率の計算を丹念に試みている。過去に遡るほど基礎資料は明らかに不確実になる。重要なことだが、一七〇〇年以前の資料は、経済産出総量の代替的指数として人口推計にますます依拠することになる。ただし、われわれ自身の時代においてすら、経済産出総量の原資料に対して疑いをはさむ十分な理由がある。なぜなら、そこには多くの「国民総負性財《バッズ》」◆（交通事故やハリケーンによる経済効果など）が含まれるからである。これらの指標は人を誤った行

◆**算術級数的利率**　算術級数とは、数学での等差数列のこと。ここでの「算術級数的利率」とは、投資元本に利子を加えることなく、固定させた元本金額で利回りを算出する単利計算での利率設定のことを指している。

▼3　テルソン訴訟は次の文献に紹介されている。Michael Hudson, *The Bubble and Beyond.*

▼4　次の文献に引用されている。Karl Marx, *Capital,* Volume 3, Harmondsworth, Penguin, p. 519.〔カール・マルクス、フリードリヒ・エンゲルス編「資本論　第三巻」、『マルクス＝エンゲルス全集』第二五巻a、大月書店、一九六六年、四九五頁〕

動に導きかねないのであり、この理由から一部の経済学者たちは国民経済計算の基礎資料を変更すべきだと強く訴えている。それでも、われわれはマディソンの研究結果に従うとしよう。そうすると〔そこからわかることだが〕資本は、一八二〇年頃から年二・二五％の複利的成長を果たしてきた。これが世界平均値である。▼5 成長率がほぼゼロかマイナスになった時代（たとえば世界恐慌）や場所（たとえば現在の日本）がある一方で、別の時代（一九五〇年代、六〇年代など）や別の場所（ここ二〇年の中国など）において成長がはるかに高かったことは明らかである。この平均値は、金融専門紙その他で一般に許容可能な最低成長率として認められた合意値と思えるもの――すなわち三％――をやや下回っている。成長率がこの基準を下回ると、経済は低迷期に分類され、それがゼロを下回ると、景気後退の指標と見なされ、それが長引く場合には不況の指標とされる。その一方で、五％を大きく超える成長率は通常「成熟経済国」（つまり現在の中国のような経済状況にはない国々）においては「過熱」の兆候だと見なされる。それは常に急激なインフレの脅威をともなう。最近では二〇〇七〜〇九年の「崩壊」の時代を経てもなお世界成長率はかなり堅調であり、それは三％に近い数値であった。もっとも、その多くは新興市場国（たとえばブラジル、ロシア、インド、中国――要するにＢＲＩＣ諸国）のおかげであった。さまざまな「先進資本主義経済国」は、二〇〇八年から二〇一二年にかけて一％か、それを下回る成長率にまで落ちていた。

マディソンの計算では、一八二〇年の世界産出量は、一九九〇年の恒常ドル・ベースで六九四〇億ドル相当であった（〔ここで英語原文にある〕「一〇億《ビリオン》」という呼び方はアメリカの記数法であり、〔イギリスの古い記数法では〕「一〇〇万《ミリオン》の一〇〇〇倍」という呼び方になる）。一九一三年までに、それは二・七兆ドルに増加した（アメリカの記数法での「一兆《トリリオン》」は〔かつてのイギリスでの〕「一兆《ビリオン》」である）。一九七三年には一六兆ドルとなり、二〇〇三年には四一兆ドル近くに達した。ブラッドフォード・デロングは別の推計値として、一八五〇年の三五九〇億ドル（一九九〇年の恒常ドル・ベース）からはじまって、一九二〇年に一・七兆ドル、一九四〇年に三兆ドル、一九七〇年に一二兆ドル、二〇〇〇年に四一兆ドル、二〇一二年に四五兆ドルとしている。デロングの数値は、より低い開始値と、いくらか高い複利的成長率とを示している。それぞれの数値は大きく異なる（これらの推計がいかに難しく、いかにしばしば恣意的なものになるかを証明している）ものの、いずれの場合においても複利的成長の結果は（大きな時間的・地理的多様性をともないつつも）はっきりと見てとれる。▼6

それでは三％の複利的成長率を基準としよう。これは、全員とまではいかないが、大多数の資本家が自己資本に対してプラスの利益率を得られる成長率である。現時点においてこの要件を満たす成長率を維持することは、約二兆ドル余分に利益が得られる投資機会を見つけだすということになる。これに対して一九七〇年に必要とされたのは「わずか」六〇億ドルを得るための投資機会であった。二〇三〇年になる頃には、世界経済は九六兆ドル以上になると推計されており、そのときには三兆ドル近くの利益が見込まれる投資機会が必要になるだろう。それを過ぎれば、この数値は天文学的なものになる。まるでチェス盤の二一マス目にきても、やめられないかのようだ。これは、少なくとも現在のわれわれの立ち位置からすれば、とてもではないが実現可能な成長軌道には見えない。物理的状況を想像してみよう。一九七〇年代から現在までに、物的インフラ、都市空間形成《アーバナイゼーション》、労働人口、消費規模、そして生産能力に巨大な拡張がもたらされた。だが複利的な資本蓄積が維持されるとすれば、これまでのこの拡張も、将来世代からすれば取るに足らないものに見えざるをえないだろう。あなたの最寄りの都市の一九七〇年の地図を一瞥してから

◆**負性財**（バッズ）　環境経済学で使われる用語。廃棄物など、マイナスの効用やマイナスの価格をもたらす「悪いもの」という意味で、古くはW・S・ジェボンズが指摘したとされる。

▼5　Angus Maddison, *Phases of Capitalist Development*, Oxford, Oxford University Press, 1982［アンガス・マディソン『経済発展の新しい見方』嵯峨野書院、一九八八年］; *Contours of the World Economy, 1-2030 AD*, Oxford, Oxford University Press, 2007.［A・マディソン『世界経済史概観』岩波書店、二〇一五年］

▼6　Bradford DeLong, 'Estimating World GDP, One Million B.C.-Present'. その推計値は、世界総生産についてのウィキペディア記事に記載されている〔https://en.wikipedia.org/wiki/Gross_world_product, 二〇一七年七月二二日、訳者閲覧〕。

現在のそれと比べてみよう。その上で、次の二〇年間にその都市の大きさとその密度とが四倍になるとすると、この地図がどのようなものになるか、想像してみてほしい。

しかし、人間社会の発展が何らかの数学的公式によって支配されていると思い込むのは、重大な誤りであろう。これは、トマス・マルサスが一七九八年に人口の原理を初めて提示した際に犯してしまった大きな間違いである（リチャード・プライスその他が、人間の営みにおける指数関数的成長の力を称賛していた――この言い方が当たっているとすればだが――のとだいたい同じ時期である）。マルサスの議論は、直接的には目下の〔複利の〕問題に直結するものであると同時に、一つの訓話にもなっている。彼の主張によれば、人間集団は、他のあらゆる生物学的な種と同じように、指数関数的な（つまり複利的な）比率で増える傾向にあった。その一方で食料生産量は、当時の一般的な農業生産性についての諸条件を前提とすると、せいぜい算術級数的にしか増やすことができなかった。農業生産においては労働者を充用するにつれてその収穫量が逓減することから、人口増加率と食料供給との乖離《ギャップ》は時とともに絶えず広がる可能性があった。この双方の曲線の乖離が拡大することは、諸資源に対して人口圧力が高まることを示す一つの評価基準とみなされた。マルサスの主張によれば、この乖離が大きくなれば、その不可避的な結果として、人間の大多数の側での飢饉や貧困の発生、伝染病の蔓延、戦争の勃発、そしてあらゆる病理の増大が起こるだろう。これらが残酷な抑止力として作用し、人口成長を、自然の推定上の収容限界内にとどめるだろう。〔ところが〕マルサスの反ユートピア的な予測は当たらなかった。この認識を踏まえて、マルサスは後に自分の原理を拡張させ、人間の人口学的行動におけるさまざまな変化を含めるものに変えた。晩婚化、性的禁欲、その他（暗黙の）人口抑制技術といった、いわゆる「道徳的抑制」である。▼7 これらが、指数関数的な人口成長傾向を逆転させるとは言わないまでも、それを抑制することにはなるだろう。マルサスが同じようにぶざまにも予測できなかったのは、農業の工業化であり、それまでは非生産的であった土地（とりわけ南北アメリカ大陸）を植民地化したことによる世界的な食料生産の急増であった。

われわれもまた資本蓄積の指数関数的な成長傾向を引き合いに出すことによって、マルサスの間違いを繰り返す危険に直面しているのだろうか？　つまり、柔軟で適応力に優れたさまざまな人間行動を反省するのではなく、人間の発展を数学的公式に従うものと思い込んでしまうのだろうか？　もしそう思い込めるのであれば、必然的に指数関数的になる（それがまさに事実だとすればだが）蓄積過程と、指数関数的な成長力に対するさまざまな制限条件との齟齬を調整できるような、資本の適応様式が過去から現在にかけて存在するのだろうか？

人口動態のS字曲線予測と資本蓄積との乖離

しかし、先に扱わなければならない検討事項がある。人口が指数関数的に（マルサスが想定したように）成長するのであれば、生活水準の維持のために、経済も指数関数的割合で成長しなければならない。それでは資本蓄積の発展力学《ダイナミクス》と人口動態軌道との関係は、どのようなものになるのだろうか？

現在、三％以上の複利的成長で人口が増えている国々は、アフリカ、南アジア、中東にしかない。東ヨーロッパではマイナスの人口成長率が見られる一方、日本や多くのヨーロッパ諸国でも再生産できないほどの低成長率になっている。この後者の場合、国内労働力の供給不足や、高齢人口を支える負担の増大のために、さまざまな経済問題が起きている。少ない上に時に減少さえしている労働人口が、増加する退職者に対する年金の支払いに十分な価値を生産しなければならない。この〔人口動態と資本蓄積との〕関係は、世界の一部では今でも重要である。資本の歴史の草創期においては、急速な人口成長、未活用でいまだ都市に出てきていない膨大な数の賃金労働者予備軍が、急速な資本蓄積を勢いづかせたのは間違いない。

▼7　Thomas Malthus, *An Essay on the Principle of Population*, Cambridge, Cambridge University Press, 1992.〔T・マルサス『人口論』光文社古典新訳文庫、二〇一一年（原著初版邦訳）、同『人口の原理〔第六版〕』（人口論名著選集1）中央大学出版部、一九八五年（原著第六版の邦訳）〕

図表２　典型的「Ｓ」字曲線〔シグモイド曲線〕

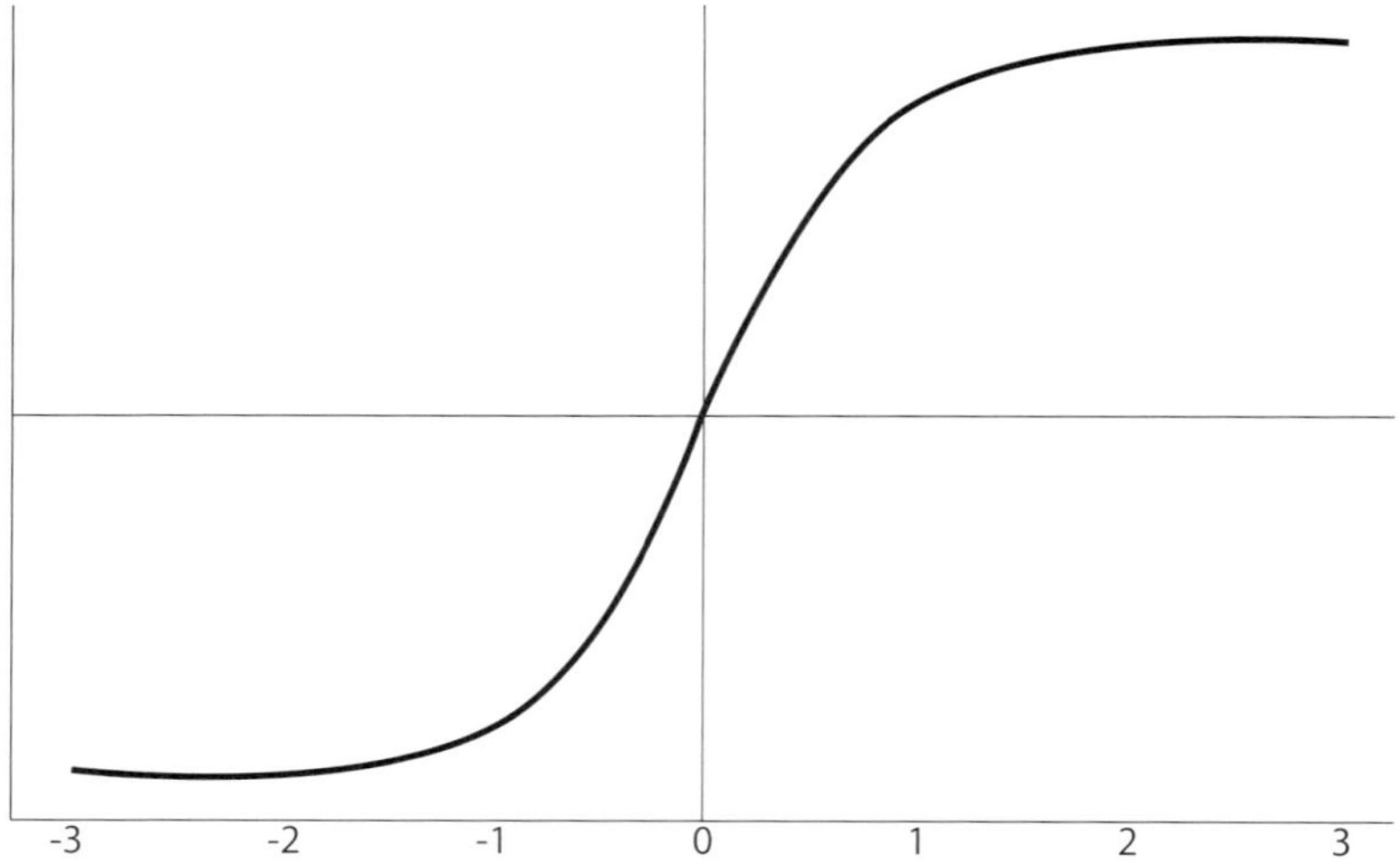

それどころか、一七世紀前半からの人口成長が資本蓄積の前提条件であったと、証拠を挙げてもっともらしく主張することも可能である。「人口配当《ボーナス》」とゴードンが名づけたものが経済成長を促すというその機能は、過去であろうと現在であろうと明らかに重要である。一九四五年以降の北アメリカやヨーロッパでの女性労働力の膨大な流入はその好例だが、これが繰り返されるのは不可能である。世界の労働力は、一九八〇年から二〇〇九年にかけて一二億人増えたが、この増加の約半分はインドか中国から来ている。これもまた繰り返されることは難しいだろう。しかし世界の多くの地域において、こうした人口の急成長と急速な資本蓄積との関係は解体しはじめている。なぜなら人口成長がＳ字曲線（図表２参照）の軌道に従うからである。つまり、その軌道は横ばい状態からはじまって、指数関数的に加速的に上昇すると、その後急激に鈍化してまた横ばい状態に戻る。それはついにはゼロ成長の状態になるか、マイナス成長（たとえばイタリアや東ヨーロッパ）にすらなるかもしれない。この世界の一部地域に起きている人口学的ゼロ成長の真空地帯に向かって、強力な移民の流れが引き寄せられている（ただし社会

的攪乱や政治的抵抗、多くの文化的摩擦がないわけではない）。

人口予測は中期的なものであってさえも、きわめて微妙な判断である（しかも、その予測は年ごとに急変する）。だが見込みとしては、世界人口は今世紀中に安定しそうである。それは今世紀末までに一二〇億人程度を超えない程度（おそらく一〇〇億人くらいの低い程度）でピークを迎え、それ以降はゼロ成長の定常状態になるだろう。これが資本蓄積の発展力学との関連で重要な問題だということは明らかである。たとえばアメリカでは、二〇〇八年以降の雇用創出は、労働力の増大と同じ速度では進まなかった。失業率の低下は、労働力に加わる意欲をもった労働年齢人口の割合が減少したことを反映している。しかし何が起きているにしても、次のことはかなり確実である。長期的未来における資本蓄積は、その複利的成長を維持ないし推進する上で、人口成長に依拠することがますます不可能になるということだ。生産、消費、資本の実現という発展力学は、この新しい人口学的状況に適応せざるをえない。これがいつの時点で起こるのかは断言しづらい。だが多くの推計が示すところでは、一九八〇年頃から賃金労働力が世界的に大きく増大したが、二〇三〇年前後以降にこの労働力が消えていくと、このような増大が再現することは困難になるだろう。前述したように技術変化の傾向は、未熟練労働者層のなかに余剰人員をますます多く生みだし、もっと言えば、ますます多くの人員を使い捨て可能なものにすることにある。そのことを考えれば、この〔労働力の増大が再現不可能であるという〕状況は、ある意味、好都合である。▼8 高技能労働者がきわめて限られた数になるのに対して、雇用に適さなくなる中技能労働者や低技能労働者、そして失業者予備軍は膨大な数にのぼる。このような乖離は、技能の定義が急速に変わる中で、ますます広がるようである。

▼8　McKinsey Global Institute, 'The World at Work: Jobs, Pay and Skills for 3.5 Billion People', *Report of the McKinsey Global Institute*, 2012.

複利的成長のための資本の適応――資本の減価、新自由主義化、スペクタクル経済

　ところで資本蓄積が、過去二世紀にわたって誇示してきた指数関数的な増大傾向を乗り越えて、多くの国々の人口動態に起こったのと似たようなS字軌道へと移行し、ゼロ成長で定常状態の資本主義経済に達するということは可能なのだろうか？　このような見込みに対する答えは「絶対ありえない」というものである。この理由を理解することが肝要である。最も単純な理由は、資本の目的が利潤の追求にあるからである。あらゆる資本家がプラス利潤を実現するには、開始時点にあった価値が、一日の終わりにはそれ以上の大きさになっていなければならない。それは社会的労働の総産出量の増大を意味している。この増大がなければ資本は存在できない。ゼロ成長の資本主義経済は排他的な〔両立できない〕論理的矛盾である。それは端的に存在できない。それゆえゼロ成長は資本にとっての危機的状況を規定する。もしそれが長引くなら――ゼロ成長が一九三〇年代に世界の多くの地域に広まったときのように――、資本主義の弔いの鐘が鳴ることになる。

　それでは資本は、どのように蓄積を継続させ永久に複利で拡大できるのだろうか？　この四〇年にわたって地球全土に引き起こされた驚異的な物理的変化の規模が、さらに倍加し、場合によっては三倍化するように思われるとすれば、資本はどうすればよいのか？　中国における近年の劇的な工業化と都市化《アーバナイゼーション》は、未来の世界において資本蓄積の継続のために実現せざるをえなくなる事態を前もって示してくれている。世界の大部分は、前世紀のかなりの期間にわたってアメリカの成長経路を模倣しようとしてきた。今世紀に入ると、世界の多くの地域は中国の成長経路を〔環境に対するあらゆる凄惨な影響も含めて〕模倣せざるをえないだろう。それはアメリカやヨーロッパでは不可能であり、それ以外のほとんどの地域では想像を絶する事態であろう〔ただし、たとえばトルコやイラン、そしてアフリカ大陸の一部を別にすればだが〕。数々の衝撃的な恐慌が、この四〇年間を通じて絶えず起きてきたことも記憶に値する。これらの恐慌は通常、

局地的なものではあったが、世界各地で次々と起きてきた。それは一九九八年の東南アジアとロシアから、二〇〇一年のアルゼンチンを経て、二〇〇八年の凄まじい世界的金融恐慌にいたり、ついには資本主義世界をまさにその根底から揺さぶったのである。

しかし、われわれがマルサスの誤った反ユートピア的展望という訓話を再考しなければならないのは、まさにこの点においてなのである。われわれは次のように問わなくてはならない。資本蓄積は、その本来の性質を変化させて、危機的状況らしきものに対して適応することによって自らの再生産を果たすことができるのだが、それはどのようにしてなのか？　実際、数多くの重要な適応がすでに生じつつある。困難は打開できるのだろうか？　そしてもしそうだとすれば、それは永久に可能なのか？　いかなる行動適応――マルサスの「道徳的抑制」（この「道徳的」という言葉は最終的には不適切なものになるだろうが）に似た適応――がとられれば、複利的成長という必要不可欠な本質を保持しつつ蓄積動態を再建できるのだろうか？

資本がとる形態の一つが、無制限な蓄積を可能にしている。それが貨幣形態である。これが可能になる唯一の理由は、貨幣形態が今日では、あらゆる物理的な諸制約――たとえば貨幣商品によって課せられたそれ――から切り離されているからである（当初、社会的労働の非物質性に物質的表象を与えた金や銀といった金属貨幣は、世界的供給の観点から見ればほとんど一定量のままである）。国家が発行する不換紙幣は無限に創造できる。現在においては、民間の活動と国家の行動とが（財務省と中央銀行から構成される国家－金融結合体《ネクサス》を介して）融合することによって、貨幣供給量の増大がただちに実現できる。アメリカ連邦準備制度理事会が量的緩和を行なうときには、お望みの量の流動性と貨幣とをすぐさまつくりだすだけでよい。流通貨幣量にゼロを二つか三つ付け足すことは造作もないことだ。ただし、この結果としてインフレ危機が起こる恐れもある。この危機が起こっていないとすれば、その〔第一の〕理由は、民間銀行間の信用が崩壊した場合、連邦準備制度理事会が大部分、銀行システムにあいた〔資金不足の〕穴を埋めてくれるからである。銀行間の相互貸付は、借入金を使った投機活動を招き、それによって銀行システムの内部に大規模な貨幣創造をもたらした。だが、それが二〇〇八年に崩壊した際には、連邦準備制度理事会がやはり、その穴を埋めている。インフレが表面化しない第二の理由は、組織労働者の賃金上昇圧力が現在では（使い捨て可能な余剰労働者予備軍を所与として）ほとんど失われてしまい、したがって価格水準に影響を及ぼすことがないからである（ただし中国における階級闘争は、そこでの労働力費用をわずかにだが引き上げている）。

貨幣を指数関数的に創造することによって、資本も永続的に、指数関数的割合で蓄積する。しかしそれは、他のさまざまな適応が同時に起こらないかぎり、ほとんど間違いなく大惨事に終わることは明らかである。まずは、これらの他の適応をいくつか検討してみよう。その上でこれらが、永続的な複利的成長の諸条件の下にある資本の再生産にとって、その持続可能な未来の姿に結実するのかどうかを、はっきりさせることにしよう。

〔第一に〕資本は、価値の生産と流通とを必要とするだけではない。それはまた資本の破壊と減価も必要とする。資本流通が正常に進行しているなかにあっても、新しく安価な機械や固定資本が利用可能になるにつれて、一定の割合の資本が破壊される。広範な恐慌はしばしば創造的破壊をその特徴としており、商品、旧来の生産設備、貨幣、そして労働力が大規模に減価されることになる。一定量の減価は絶えず進行する。というのも旧式設備の耐用期限が来る前に、新しい設備がそれを駆逐するからであり、技術変化によって高価な製品が安価な製品に置き換えられるからである。北アメリカやヨーロッパにおいて、一九七〇年代と八〇年代に古くからの工業地帯が急速に空洞化したことは、その明らかな一例である。恐慌、戦争、災害に際して減価は大規模なものになることがある。一九三〇年代と第二次世界大戦における損害は莫大なものであった。ＩＭＦの見積もりでは、金融危機が起こった二〇〇八年の世界の純損失額は、財とサービスの世界産出量一年分の価値に匹敵するとされた。しかし、これらの損失は大きかったとは言え、複利的成長軌道においては小休止が生じただけにすぎなかった。いずれにしても不動産価値が――特に恐慌時に大打撃をこうむったアメリカやイギリスで――回復するにつれて、資産価値の多くも回復した（ただしいつものことだが、その資産価値は今では裕福な人々の手中にあり、したがって大規模な富の逆進的再分配の一因になった。革命的介入がないかぎり、こうした事態は通常、恐慌の進行過程で起こるものである）。減価が実際に大きな変化をもたらすには、それは二〇〇八年に体験されたものよりもはるかに広範で長期化した減価でなければならないだろう（おそらく一九三〇年代と四〇年代の減価に近いものでなければならない）。

減価の不均等発展の問題、そして誰が減価の費用を負担するかをめぐる地政学的闘争という問題は重要である。その理由の一つには、この問題がしばしば、社会的混乱と政治的な不安定要因の拡散につながるからである。したがって減価は、世界規模での複利的成長への対抗手段としてはあまりうまく機能しない一方で、減価が地理的に集中することは、反資本主義的な感情や闘争の発展力学に対して大きな影響を及ぼしている。ラテンアメリカ大陸の大部分にわたって発展が「失われた二〇年」は、新自由主義に対抗する（ただし必ずしも資本に対抗するものではない）政治情勢を生みだした。しかも二〇〇八年に世界的な減価危機が勃発すると、この情勢が今度は、その危機の最悪の影響からラテンアメリカ地域を守る上で重要な機能を果たすことになった。たとえばギリシアに対して、より一般的には南ヨーロッパ地域に対して差別的に損失を負わせることは、要するに富裕層と貧困層とのあいだで起きた富の再分配の地理的ヴァージョンになっている。

〔第二に〕逆から見れば、〔公共資産を民営化し、新しい市場を創設し、さまざまな共同的なもの《コモン》（土地や水から知的所有権にいたるそれ）をさらに囲い込むことは、資本が自由に活動できる領域を拡大してきた。水道事業、社会的住宅供給、教育、医療、さらには戦争までをも民営化し、炭素排出取引市場を創設し、遺伝物質の特許を得ることは、これまで閉ざされてきた経済的・社会的・政治的生活の多くの領域に入り込む力を、資本に対して与えるものとなる。これらのさまざまな追加的な市場機会は複利的成長のはけ口として重要である。だが私は、減価の場合と同じように、それらが、特に未来における複利的成長を取り込む可能性のあるものとは思っていない（私見では、このような市場機会は一九八〇年代と九〇年代には重要な役割を果たしたのだが）。それに加えて、あらゆるもの——本当にあらゆるもの——が商品化され貨幣化されてしまえば、この拡張過程がそれ以上進まなくなる限界が立ち現われる。われわれが現時点でその限界にどれほど近づいているかは判断しがたい。しかし四〇年近くにわたる新自由主義的民営化戦略はすでに多くのことを成し遂げてきており、世界の多くの地域において囲い込みや民営化に残されたものはあまり多くない。その上、さまざまな生活形態や生命体を、現状を超えてさらに囲い込んだり商品化したりすることに対しては、政治的抵抗が現われる数多くの兆候が存在している。しかもこれらの闘争のいくつかは成功している。たとえばイタリアの水道事業民営化に対する反対運動や遺伝子特許に対する反対運動などがそれであった。

第三に、最終的消費活動と資本の実現とに関連して直面するかもしれない諸制限について考察してみよう。資本が複利的成長に適応する手段の一つは、最終的消費活動の性質、その形態、その様式、その量を根本的に変えることであった（もちろん、人口増大に助けられてのことだが）。この活動に対する経済的制限は総有効需要（大まかに言えば賃金と給与であり、それにブルジョアの可処分所得を加えたもの）によって決まる。この四〇年間、有効需要は、民間債務および公的債務の創出によって強力に補完されてきた。しかしながらここで私は、消費財の回転期間によって決まる一つの重要な物理的制限を重視する。つまり消費財は、どのくらいの耐久性があり、いかに急激に取り替えられなければならないのか？

資本は系統的に、消費財の回転期間を短縮してきた。その目的のために、耐久性の劣る商品をつくりだしたり、計画された――時に瞬時の――陳腐化を強く推し進めたり、新しい生産諸部門（たとえば近年の電子機器など）を急激に創出したり、あるいは、流行の動員と広告の力とによって古くさい野暮ったさと新奇さの価値とを強調することで回転を加速させたりしてきたのである。資本は、これを過去二〇〇年ほどにわたって続けており、それと同時に膨大な浪費も生みだしてきた。だが、この傾向は加速している。特に先進資本主義経済諸国はこの四〇年間に、大量消費習慣に著しくとらわれ感染させられた。中国やインドといった国々における中産階級的消費主義の変化にも目覚しいものがある。販売広告業は今ではアメリカ最大の経済部門の一つであり、その仕事の多くは消費の回転期間の加速化に特化している。

しかし、たとえば携帯電話やファッションの回転がどれほど速くなりうるかについては、依然として物理的制限が存在する。したがってはるかに重要なのは、スペクタクルの生産と消費に向かうことである。スペクタクルとは、刹那的で即時に消費される商品形態のことである。遡ること一九六七年にギー・ドゥボールが『スペクタクルの社会』を著わした。この本はきわめて先進的な文献であった。資本の代理人たちがそれを丹念に読み込んで、そこに記されたさまざまな諸命題を自分たちの消費主義的諸戦略の基本として採用したかのように思われるくらいである。▼9 テレビ番組から、その他のメディア製品、映画、コンサート、展示会、スポーツイベント、巨大文化イベント、そして当然のことだが観光業にいたるすべてが、このなかに含まれている。これらの活動が現在、消費主義の領域に影響を及ぼしている。さらに興味深いのは、資本が消費者を動員して、ユーチューブ、フェイスブック、ツイッター、その他のソーシャルメディアを介して消費者自身にスペクタクルを生産させていることである。これらのスペクタクルの諸形態は、資本に動員されなければ自由時間であったはずの時間を膨大に吸収しているのだが、その消費は一瞬であるかもしれない。さらに言えば消費者が情報を生産し、その後それを、メディア所有者が自分の目的のために領有〔私物化〕するのである。一般大衆は同時に生産者かつ消費者になり、あるいはアルビン・トフラーがかつて「生産=消費者《プロシューマー》」と呼んだ存在になる。▼10 ここには然るべき重要な帰結がもう一つ存在しており、それが本書の別の箇所で直面するはずのテーマを切りだすことになる。つまり資本が利潤を得るとしても、それは、これらの領域に対する生産的投資を通じてではない。むしろ資本は、情報、ソフトウェア、構築されたネットワークなどの使用に対して賃貸料《レント》や使用料《ロイヤルティ》を設定し、それを領有することによって、そ

▼9　Guy Debord, *The Society of the Spectacle*, Kalamazoo, Black & Red, 2000.〔ギー・ドゥボール『スペクタクルの社会』ちくま学芸文庫、二〇〇三年〕

▼10　Alvin Toffler, *The Third Wave: The Classic Study of Tomorrow*, New York, Bantam, 1980.〔アルビン・トフラー『第三の波』中公文庫、一九八二年〕

の利潤を獲得するのである。これは現代的事態の一つの兆候にすぎない。それは、今日における資本の未来が、産業資本家の手ではなく、個々の金利生活者《レンティア》あるいは金利生活者階級全体の手に委ねられつつあるということである。

マイケル・ハートとアントニオ・ネグリは、資本が物質的労働から非物質的労働へとその活動領域を大きく移行させたと提起した。[11] それゆえ彼らにしてみれば、前記のような消費領域における変容は、この領域移行の後に起きた事態だと思われている。彼らの主張によれば、資本と消費者の関係を媒介するのは、もはや物ではない。それは情報、イメージ、メッセージ交換、そしてすべての人々の政治的主体性に関係し影響を及ぼす象徴的諸形態の拡散と販売なのである。これは結局、資本と国家が、人々に対する「生政《せいせい》治《じ》」的操作と新しい政治的主体の生産とに関与するようになるということを意味している。現在の姿にある人々が、自分たちの住処である商品世界によって形づくられるということは、当然のように昔からあったことである。郊外居住者たちも、その政治的主体性が日常的な生活体験によって形づくられる特殊な人間集団である。だがその形成のあり方は、イタリア共産党の指導者で投獄されたアントニオ・グラムシが想定した事態とまったく同じである。彼の言うアメリカニズムやフォーディズムは、工場労働を通じて新しい人間主体を生みだすのである。[12] サブリミナル広告から直接的な宣伝活動にいたるこのすべてを通じた「新しい」政治的諸主体の現代的生産が、資本の広大な投資領域をなしていることは疑う余地もない。〔しかし〕これを「非物質的労働」と呼ぶのは、やや残念である。というのも、この種のさまざまな活動は、大量の物質的労働（と決定的に重要な物質的インフラ）に支えられると考えられるからである。このような活動がサイバー空間において生じて、まずもって人々の心理や信条に影響を及ぼす場合でさえ、そうなのである。スペクタクルの生産には、膨大な量の物質的な社会的労働が含まれている（読者もお気づきのことだろうが、たとえばオリンピックの開会式はしだいに豪華になってきたが、それはここでの議論とまったく一致している）。

資本蓄積の支配的形態における内部革命について今日広まっているこれらの考え方は、「情報社会」の興隆や「知識基盤型」資本主義の発展についての多くの現代的解説とも似通っている。資本主義が近年、どのようにその性質を変えたのかを論証することは、多くの評論家にとっての急務の課題であるかのようだ。われわれは、まったく新しい資本主義的秩序の生みの苦しみに直面しているのであり、そこでは物ではなく、知識や文化（そして何かしらの「生政治」）が主要な生産物になると言われている。だが、このように述べることによって、資本内部における新しい緊張状態を言い逃れることは、ことによると気休めでしかない。この〔考えの〕一部は明らかに正しいが、過去との根本的断絶があると想像するのは間違いだろう。ましてや、この新しい形態が複利的成長の矛盾から逃れさせてくれると思い込むことは二重の間違いになるだろう。たとえばスペクタクルは昔から、資本蓄積の重要な手段であった。そして、優れた知識や情報が超過利潤の要因にならなかった資本形態が、過去のいかなる時期に存在したのだろうか？　さらに言えば、債務と金融が重要でなかったときがあるのだろうか？　金融化の現局面が、たとえば一九世紀末に起こった事態と大きく違うということに理由でもあるのだろうか？　スペクタクル、イメージ、情報、知識を消費することは、住宅、自動車、パン、おしゃれな服といった物質的商品を消費することとは質的に異なっているし、それは実際その通りである。だがその一方で、これらの領域において活動が急激に拡大していることの根底には、複利的成長の物質的諸制約から逃れるという無益な（「無益」という言葉を用いた理由はこのすぐ後で説明しよう）必要性に迫られていることがある。これを認識できなければ、われわれは判断を誤るだろう。これらの代替的諸形態のすべてが、永続的な複利的成長という必要性を実現しよ

▼11　Michael Hardt and Antonio Negri, *Commonwealth*, Cambridge, MA, Harvard University Press, 2009.〔アントニオ・ネグリ、マイケル・ハート『コモンウェルス』上・下巻、NHKブックス、二〇一二年〕

▼12　Antonio Gramsci, *The Prison Notebooks*, London, NLR Books, 1971.〔アメリカニズムとフォーディズムに関するグラムシの文章の邦訳については、アントニオ・グラムシ『アントニオ・グラムシ獄中ノート　対訳セリエ一　ノート二二　アメリカニズムとフォーディズム』いりす、二〇〇六年〕

うとする資本の苦闘につきまとわれている。

複利的成長の物質的困難と擬制資本の膨張

貨幣創造は、金や銀といった貨幣商品に結びついたことから、さまざまな制限を課せられてきた。だが、それらが一九七〇年代前半に解体されたことは、私の考えでは偶然ではない。実際、金属の世界的供給量は一定であった。これに対して指数関数的拡大が圧力をかけていたことは、資本の歴史的発展のその時点ではまったく抗いがたいものであった。これ以降、われわれが生きる世界では、潜在的には無限の貨幣創造が蔓延しうるのである。一九七〇年代よりも以前であれば、資本の常套手段は、製造業、鉱業、農業、都市空間形成といった諸領域において価値と剰余価値の生産に投資することであった。この活動の多くは負債によって資金を調達したが、一般的に見込まれていたのは——それは必ずしも間違いではなかったが——最終的には、住宅、自動車、冷蔵庫などの商品生産に社会的労働を用いることによって、負債も解消されるというものであった。インフラ（道路、公共事業、都市空間形成など）への長期的融資の場合でさえ、生産に従事する社会的労働がその生産性を増大させることから最終的には負債が清算されるだろうと、合理的に見込まれていた。また、このすべてが一人当たり所得の増加をもたらすだろうと、これまた合理的に仮定された。一九六〇年以降の三〇年間にアメリカで建設された州間高速道路網は、総労働生産性に巨大な影響を及ぼし、その建設のために生じた負債も見事に完済された。ロバート・ゴードンの説明によれば、これが資本史上最強のイノベーション波動であった。[13]

いわゆる「擬制資本」——住宅ローン、公債、都市インフラ整備、国家的インフラ整備などに対する投資——は昔から大量に循環していた。時を経るにつれて、これらの擬制資本の流れは手に負えなくなり、投機的バブルを形成しては最後にはじけて、深刻な金融恐慌、商業恐慌をもたらした。この過去の事例が一九世紀の伝説的な鉄道景気とその破綻であり、一九二〇年代のアメリカの土地不動産市場景気であった。

金融業者は、これらの投機活動を促進するために、捻りのきいた（そしてしばしば怪しげな）革新的手段を頻繁に考え出しては、擬制資本を集め誘導した。その結果、長期投資が悪化する場合でさえ短期的利益が実現できるようになった（たとえばヘッジファンドは長らく存在している）。その上、実にさまざまな常軌を逸した資金計画も続々と企てられた。だからこそマルクスは信用制度を「すべての狂った形態の母」であると述べ、[14]その一方でフランス第二帝政期の代表的銀行家であるイーザク・ペレールを「山師と予言者との愉快な雑種性格」を持った人物だと評したのである。[15]これは、ウォールストリートの巨額取引トレーダー《マスターズ・オブ・ジ・ユニヴァース》の人物描写としても悪くない。たとえばゴールドマン・サックスの最高経営責任者（CEO）であるロイド・ブランクファインである。彼は、連邦議会のある委員会で、人間の仕事をきちんと果たしていないと批判された際、自分たちは神の仕事を果たしただけだと断言した。

一九七〇年代前半に貨幣商品の諸制約から貨幣創造が解放されたのは、生産的活動における収益性の見込みが特に低かった時点であった。そのときから資本は、指数関数的な成長軌道のなかでの変曲点◆の影響をこうむりはじめた。全余剰貨幣はどこに向かうことになったのか？　その答えの一つは、発展途上国の国債に対する貸付——擬制資本流通の非常に特殊な形態——にあった。なぜなら、ウォルター・リストンの有名な言葉のように、「国は消えたりしないし、どこにいるかもわかっている」からである。しかし国家は、生産的事業を営む態勢を整えているわけではない。数年後には第三世界債務危機がガタガタと音を立てはじめ、その影響は一九八二年から一九九〇年代前半にまで長引くことになった。重要なのは、この危機の最終的処理の手法に注目することである。現実の借入債務はまったく償還されない可能性があった

▼13 Gordon, 'Is U.S. Economic Growth Over? Faltering Innovation Confronts the Six Headwinds.'
▼14 Marx, *Capital*, Volume 3, p. 596.［前掲マルクス、五九六頁］
▼15 Ibid., p. 573.［同前、五六三頁］
◆**変曲点**　平面上の曲線で曲がる方向が変わる点。

ため、それを、ＩＭＦとアメリカ財務省の保証によって償還されるはずのいわゆる「ブレイディ債」と交換させたのである。貸付機関は——少数の例外を除いて——、分割払いでの全額返済要求を断念し、確保可能な貨幣を手にすることに踏み切った。この場合、債券保有者は、自分たちが流通させた擬制資本の「減額《ヘアカット》」（通常は三〇％から五〇％のあいだのそれ）を受け入れたのである。[16]

もう一つの方向は、余剰資本を生産にではなく、資産購入（債権購入を含む）に投資することである。資産とは、資本還元された所有権原でしかない。その価値は、未来の収入の流れか、あるいは未来の稀少状態（たとえば金《きん》やピカソの作品の稀少状態）を見越して決められる。これらの領域に投資が流れ込んだ結果として、資産価値——土地不動産からさまざまな天然資源（当然ながら特に原油）、都市公債、そして美術品市場にいたるすべて——が全般的に上昇した。これと並行して、金融システムそのものにおけるまったく新たな資産市場も創出された。それが通貨先物取引◆であり、クレジット・デフォルト・スワップ◆であり、債務担保証券（ＣＤＯ）であり、その他一連の金融商品である。これらはリスクを分散すると想定されたが、実際には、不安定な短期的取引を最先端の投機的な利得領域に転化させたことで、むしろリスクを高めたのである。この擬制資本は自らを喰いものにしながら、さらに多くの擬制資本を生みだしており、その取引基盤としての社会的価値をまったく配慮していない。この断絶が勢いづいたのは、まさに価値表象（貨幣）が、表象していたはずの社会的労働の価値からますます離れていったからである。問題は擬制資本の流通ではなかった。この流通そのものは常に、資本蓄積の歴史にとって重要であった。むしろ問題は、擬制資本が流れ下る新たな経路が相殺債権の迷宮をつくりあげたことである。これらの債権を評価することはほとんど不可能であった。そうした債権は、長期的な返済の見通しもない無規制な市場の中において、未来への期待やら、信念やら、完全に常軌を逸した短期的賭け事やらが混じりあっている状況によって評価される以外になかったのである（これが有名なエンロン社の物語であり、二〇〇八年にもリーマン・ブラザーズとグローバルな金融システムの破綻に際して繰り返された）。

複利的成長は二〇〇八年の金融恐慌までは実現されてきたが、この成長の多くは、連続的な資産バブルからの投機的利得によって達成された（アメリカでは、ドットコム景気とその破綻が一九九〇年代にあり、これに続いて不動産市場における好景気とその破綻が二〇〇〇年代に起きた）。しかしながら、この投機のあぶくの下には、一九七〇年代以降、投資行動に生じたいくつかの重大な現実的変化が隠されていた。購入対象となる資産には頑丈でしっかりしたもの（土地不動産、天然資源）もあり、それは長期的利得のために保持することができた。この理由から、好景気とその破綻は、とりわけ長期的投資家にとって特に有益であった。なぜなら恐慌が起こると、彼らは長期的な大儲けを見込みながら、さまざまな資産を激安価格で買い占めることができたからである。これが一九九七〜九八年の東南アジア危機に際して銀行や外国人投資家の多くが行なったことである。投資家たちは現在では、たとえばカリフォルニア州において安値の差し押さえ住宅を大量に買い上げて、不動産市場の回復まで賃貸に出しておく形で、これを実行している。これは、まったく異なる条件下においてだが、ヘッジファンドが擬制資本市場で「空売り◆」する場合に行なうことでもある。

しかし、このことが意味しているのは、ますます多くの資本が、生産活動よりも、賃貸料《レント》や利子や使用料《ロイヤルティ》を得るために投資されつつあるということである。このようにして資本は金利生活者《レンティア》形態をとりつつあるのだが、この傾向を強化しているのが巨大な収奪権力である。この権力は、遺伝物質、種子、許認

▼16　私は、この事態の概要を次の拙著で提示している。David Harvey. *A Brief History of Neoliberalism*, Oxford, Oxford University Press, 2005.［デヴィッド・ハーヴェイ『新自由主義』作品社、二〇〇七年］

◆**通貨先物取引**　未来の時点における一定価格での外国通貨売買を、現時点で取り決めておく取引。

◆**クレジット・デフォルト・スワップ**　信用リスクの移転を目的とするデリバティブ取引の一種であり、債務の不履行時に損失を補償する一種の保険契約。ＣＤＳとも略称される。

◆**空売り**　現物を保有せずに、投資対象物を将来的に売るという契約行為。株式市場では、証券を借りて売却して、返却期日前に買い戻して返却する行為を指す。この場合、高値で売却しておき、安値になった証券を買い戻すことで差額利益を上げる。

可業務などに対する知的所有権使用料《レント》をますます重視している。アメリカ政府が、知的所有権レジームを（世界貿易機構の枠組みのなかに設けられているいわゆるＴＲＩＰＳ協定◆を手段にして）他国に遵守させ強制させようと、国際機関を通じてかくも奮闘してきたが、それも驚くには当たらない。

　しかし、ここまで述べてきたことだけで複利的成長を取り込むのに実際に十分だと言えるのだろうか？　非物質的生産への全面的移行にもとづく諸理論は、われわれが終わりなき複利的成長に対して深刻な物質的困難にまったく陥ることなく適合可能だとする危険な幻想を振りまいている。今では、ますます多くの資本が擬制的形態で流通しており、電子貨幣の創造は原理上、無限である（それは画面上の数値でしかない）。したがって、そこには無限の成長に対する制限はない。資本の実現形態としてのスペクタクルや知識生産の経済が、物質的財や物質的資源に対する需要拡張率を抑えるものであることは明らかである。しかし、大規模な物的インフラが求められ、ますます多くのエネルギー生産も利用可能な形態で必要になっている。これは、そもそも生産が非物質的なものに転化できるという考えにとっては不都合な事態である。この非物質的形態に消費が限定されるとすれば、貨幣権力が低所得者層に拠出されるはずもない。なぜなら、彼らは生きるために、さまざまな基本的な物質的財を必要とするからである。貨幣権力は必然的に、比較的ほんのわずかな人々の手中に集中されることになるが、それはこの人々だけしか、このような擬制的様式での消費活動を行なえないからである。そうなれば資本のとりうる唯一の政治体制は、抑圧的な寡頭支配制《オリガーキー》にしかならないかもしれない。これが、二〇〇八年の金融恐慌の後で活況を呈したような新興市場国に、際立った優位性を与えることになる。つまり、さまざまな中所得国において産出量と所得の双方が増大する結果として、さまざまな市場も形づくられることになるのだが、その市場の重点は、〔擬制的様式での消費活動にではなく〕拡大する人口の物的な欲求や必要を満たすことにある。アンドレ・ゴルツがかつて述べたように、非物質的生産とスペクタクルへの転換は、終わりなき蓄積のための新地平を開拓するというよりは、資本の最後のあえぎになるかもしれない。

諸矛盾に対する伝染的効果と資本の寄生化

それでは、ここまで述べてきた複利的成長の諸矛盾は、われわれをどのような状況に放置するのだろうか？　われわれは、複利的経済成長を支える明らかな物質的基盤も欠いたまま、そのような成長の永遠の必要性に直面することになるのだろうか？　われわれが見てきたように、さまざまな適応が進行中ではあるが、それらは詳しく検討すればするほど、長期的解決への兆しとか道筋とかではなく、むしろ根底的問題の兆候のようにますます見えてくる。言うまでもないが、資本が経済を構築する際、幻想と想像の物神的《フェティッシュ》な世界にもとづくことがある（そしてある程度は、すでにそうなってきた）。この世界は、持続不可能なまでに積み上げられた虚構の上に築かれているかもしれない。一つの究極的なポンジ・スキームが他のすべての活動を覆ってしまうことも、考えうるシナリオである。皮肉なことに、近年われわれが活用できるイノベーションは、投機活動を抑えるのではなく、それを増加させるために非常に応用されやすくなっている。たとえば株式取引所でのナノ秒単位での高速取引の事例がそれである。このような経済は、何らかの最終盤の前に、周期的で突発的な数々の爆発と崩壊とに見まわれるだろう。このシナリオの下では、資本は一撃や一泣きで終わりはしない。むしろ、その終焉は、資本蓄積の不均等な地理的景観を横断する資産バブルの無数の破裂音をともなうだろう——だが他方で、この景観とバブルがなければ資本蓄積は低調になるだろう。このような数々の攪乱が、資本主義社会全般の直下でぐつぐつと沸き立つ大衆的不満の爆発的反乱と一体化するのは、ほとんど確実だろう。人々の怒りの間歇的で突発的な爆発（二〇一一年ロンドン、二〇一三年のストックホルム、二〇一三年のイスタンブール、二〇一三年のブラジルの一〇〇カ所の都市などで目撃された類のもの）はすでに誰の目にも明らかである。これについて私の所見を述べておかな

◆ＴＲＩＰＳ協定　知的所有権の貿易関連の側面に関する協定。

ければならない。この不満の焦点は、資本が消費者の楽園や完全雇用といった自らの約束を果たせなかったという、その技術的失敗に向けられているだけではない。資本やますます専制的になりつつある資本主義国家は非人間的な社会的諸規則や諸規範を命じてきているが、それに服従せざるをえない者であれば誰彼を問わず屈辱的諸帰結をこうむることになる。このこともまたしだいに、人々の抗議の対象になりつつあるのである。

　しかしながら、この説明には一つの強烈な影の側面がある。この説明の根底には次の点がある。複利的成長が、本書で認識された資本の他の諸矛盾の多く――場合によってはそのすべて――に対して伝染的効果を最も及ぼしやすい、ということである。われわれがこの後すぐに見るだろうが、環境的諸矛盾に対する影響は巨大なものになる可能性がある。複利的成長を維持するために、生産と実現の均衡関係や貧困と富の均衡関係を回復させる資本の力量はあまり機敏なものではなくなっていく。その一方で、貨幣とそれが表象しているはずの社会的労働との乖離も大きくなるが、その理由は、ますます多くの擬制資本がはるかに高いリスク・プレミアム◆で創出されなければならなくなるからである。同じように、資本の蓄積領域を厳格に狭めないかぎり、あらゆる使用価値の商品化、貨幣化、市場化を逆転させることはきわめて困難であり、場合によっては不可能だろう。加速化が見境なく推し進められ、地理的不均等発展が不安定さを増すことから結果的に減価が生じることは、ますます阻止しがたくなるだろう。このように延々と述べることができる！　資本の諸矛盾は過去には、時として互いの暴走を抑制することがあった。ところが今では、それを抑えるどころか、その背後で複利的成長を必要不可欠とさせる圧力が高まることから、それらの諸矛盾が伝染的に爆発しつづける可能性の方がはるかに高いのである。使用価値は、ますます些末な留意事項になる運命にあり、その背後では交換価値への配慮が、投機の熱狂の渦中にあって爆発的に拡大する。そしてこのことから、いくつか予期せざる結果がもたらされるかもしれない。

　たとえば一つの脅威を与える筋書きがある。これは私の議論にとっては小さな補足でしかないかもしれない。だがこの筋書きは奇妙にも、はるか昔の政治経済学者たちが資本の未来について表明した恐怖と共鳴しあっている。リカードの言葉によれば、土地と天然資源が希少になるために、全収入が、高価な食糧をまかなうのに必要な高賃金か、全権力を掌握する非生産的な金利生活者《レンティア》階級の地代《レント》か、そのいずれか（結局は同じことなのだが）に吸収されてしまう。◆そうなると資本はお終いだろう。この非生産的階級が産業資本から大量の価値を搾りだすために、産業資本の生産的事業は不可能になるかもしれない。金利生活者という寄生階級が産業資本を骨の髄までしゃぶりつくし、ついには社会的労働が動員されなくなり、いかなる価値も生産できなくなるにいたる。社会的価値の生産がなければ、資本は終焉を迎えよう。この予測にあたってリカードが大きな論拠としたのは、土地における労働収穫逓減というマルサスの誤った仮定であった。この理由ゆえに後世の経済学者たちは、利潤率の低下という考え方を一般的に退けてきた（マルクスは、まったく異なる体系に依拠することで、これを生かそうとしたのだが）。たとえばケインズは、まったく異なる事情の下に生きたこともあって、金利生活者の安楽死を楽観視し、国家に支援された永続的成長レジームの構築を期待していた（その可能性は一九四五年以降の一時期に、部分的に実現した）。

現在、非生産的で寄生的な金利生活者たちの権力が増大していることには、きわめて著しいものがある。ただし、ここでの金利生活者とは、土地所有者やあらゆる土地資源の所有者だけではない。それは資産所有者であり、全能の債券保有者であり、独立した貨幣権力（卓越した独自の生産手段に転化した貨幣権力）の所有者であり、特許権の所有者であり、そして社会的労働を生産的使用のために動員するという義務を完全に免れながら、この社会的労働に対する請求権だけはさまざまな「所有権」として保有する人々であ

◆**リスク・プレミアム**　不確実な価格変動をともなう（リスクのある）資産の期待収益率から、国債など安全資産（無リスク資産）の収益率を引いた差のこと。このリスク・プレミアムが負やゼロだと、金融商品は購入されず、安全資産に投資は回るとされる。

◆**リカードの言葉によれば……吸収されてしまう**　デイヴィド・リカードウ『経済学および課税の原理』上巻、岩波文庫、一九八七年、第六章。

る。今日では資本の寄生的形態が隆盛を極めている。その代理人たちが、世界のあらゆる主要グローバル都市――ニューヨーク、ロンドン、フランクフルト、東京、サンパウロ、シドニーなど――の路上をリムジンで滑走し、高級レストランや最上階のテラス付き高級住宅《ペントハウス》で生息している。われわれが目の当たりにしているのはこういう事態なのである。これらの都市は、いわゆる創造都市《クリエイティブ・シティ》である。そこにおける創造性《クリエイティビティ》の評価基準は、巨額取引トレーダー《マスターズ・オブ・ジ・ユニヴァース》が世界経済から生きた命をうまく吸いあげ、これによって一つの階級集団を支援できるかどうかにかかっている。この階級集団の目的の一つは、すでに莫大なものとなっている自分たちの権力と富とを複利的に増大させることなのだ。ニューヨーク市には創造的才能が大規模に集中している。その才能とは創造的会計士であり、税金対策専門の創造的弁護士であり、キラキラさせた新たな金融手段を装備した創造的金融業者であり、創造的な情報処理業者であり、創造的な詐欺師やペテン師であり、創造的なメディア・コンサルタントである。この全才能のおかげでニューヨークは、資本によって構築可能なすべての物神《フェティッシュ》を研究する素晴らしい最適地になっている。二〇〇九年以降のいわゆる景気回復（大したものではない）から利益を得た世界で唯一の階級は上位一％層であり、経済不振に取り残された残りの人々の側には目立った抵抗も起こらなかったが、この事実は彼らの計画の成功を証明している。寄生者が闘いに勝ったのである。債券保有者と中央銀行家がこの世界を支配している。彼らの成功は幻影にならざるをえないし、資本を存続させるための闘いに彼らが勝つことはとうてい不可能である。だがこの事実があるとしても、わずかな疑いさえもめったに引き起こされない。新興財閥《オリガルヒ》たちは、博愛主義者のお仲間たちと「良心の咎めを洗浄すること《コンシャンス・ロンダリング》」の日々を過ごし、ピーター・バフェットが述べたように、昔の自分が左手でつくりだした損害を右手で是正しようと試みた後なら、毎晩ぐっすり眠れるかもしれない。彼らにはいかに大惨事の瀬戸際に近づいているかが理解できないのだ。この彼らの無能さは、フランスのルイ一五世と同じ無能さを思いださせてくれる。彼は予言のごとく次のように語ったと伝えられている。「我が亡き後に洪水よ、来たれ」と。資本は洪水とともには終わらないかもしれない。世界銀行はわれわれを安心させようとしているが、その持論は、経済発展という「上げ潮は船をみな持ち上げる」というものである。ことによるとより正確な喩《たと》えは、海面の指数関数的上昇と嵐の激化は船をみな沈める運命をもたらす、というものかもしれない。

［第16章］資本と自然

一部の人々のあいだで広まっている意見によれば、資本主義は、迫りきたる環境危機という形態で致命的矛盾に直面しつつある。この意見はもっともらしいが、私自身は論議の的になる命題だと思う。そのもっともらしさは主に資本の指数関数的成長による環境的負荷の蓄積から導きだされている。私は、この意見に対して疑問を投げかけたい。その主要な理由は四つある。

環境危機＝資本主義終焉論に対する疑問

第一に資本には、生態学的《エコロジカル》な諸困難を見事に解決してきたという長い歴史がある。それが「天然」資源の使用に関連するものであろうと、汚染物質の吸収能力に関連するものであろうと、あるいは生息環境《ハビタット》の悪化、生物多様性の喪失、空気や土地や水などの質の低下など、これらの事態に対する対処能力に関連するものであろうと、資本は解決してきたのである。自然の稀少性と自然災害の結果として、文明と資本主義が黙示録的終焉を迎えると過去に言われることもあったが、今にしてみればこれも滑稽に思われる。資本の歴史のあらゆる時点で、あまりにも多くの悲観論者たちが、あまりにも性急かつあまりにも頻繁に

「狼が来た」と叫んできた。われわれがすでに見たようにトマス・マルサスは一七九八年に、指数関数的人口成長が食糧増産能力を超えるという理由でもって、社会的大惨事（飢饉、病気、戦争の蔓延）を予言するという誤りを犯した。代表的環境保護主義者のポール・エーリックは一九七〇年代に、大規模な飢餓が七〇年代末までに迫りくると主張した。だがそれは起こらなかった。エーリックはまた自然の稀少性のために天然資源価格がもうすぐ急騰すると主張して、経済学者のジュリアン・サイモンと賭けをした。そして賭けに負けたのである。[1] 言うまでもないことだが、このような予言――それは数多くなされてきた――が過去に誤りであったと判明したからといって、今回も破局がもたらされはしないと保証されるわけではない。しかし、これは〔環境崩壊論的予言に対する〕懐疑的な見方を抱く強力な論拠になっている。

第二に「自然」は、われわれによって搾取され使いつくされていると思われており、われわれにさまざまな制限をもたらし「復讐」さえするだろうと言われている。だが「自然」は実際には、資本の流通と蓄積に内部化されている。たとえば植物の成長力は、利潤を追求するアグリビジネスのなかに組み込まれているし、その植物を翌年再び生育するのは、その利潤の再投資である。自然のさまざまな特徴や諸要素は、資本蓄積過程のどの時点においてもそれを進める動因になる。貨幣の流れは生態学上の一変数であり、生態系を通じた栄養素移動もまた価値の流れをつくる可能性がある。

物質は創造も破壊も不可能だが、その形状は根本的に変えられることがある。遺伝子工学が進み、さまざまな新しい化学物質が生成されている。さらに言うまでもなく大規模な環境の改変（都市化《アーバナイゼーション》を通じたまったく新たな生態系の創造と、農場や田畑や工場が置かれている土地に対する資本の固定化）も進行している。これまで人間の手でなされてきた環境改変は、地球全体を人間の生活にとってはるかに居心地のよい場所につくり直してきた。この三世紀間に限っては営利活動にも適した場所につくり変えてきた。だが今日の改変は、その長い歴史の成果をはるかに超えるものになっている。多くの有機体は積極的に、それ自体の再生産を促す一つの自然を生産する。人間もその例外ではない。人間活動の特殊な一形態としての資本もまったく同じことを行なうのだが、しだいに人間性のためではなく資本のために行ないつつある。

「自然に対する支配」という命題は、啓蒙主義以来（デカルトの著作以降）、科学的著作と大衆的想像力の双方において大きな幅をきかせている。だがこの命題は、今述べた概念図式には入る余地がない。このことは、資本と自然との関係をきちんと考える上で、いくつかの問題点を提示している。デカルト的思考によれば、資本と自然は分離された二つの実体であり、それらが因果的相互作用のなかにあるものとして誤って描きだされる。しかも、一方が他方を支配する（あるいは自然の場合には「復讐」する）と想定されることによって、この誤りはさらに悪化する。より洗練された説明であれば、そこにフィードバック・ループ◆も組み込まれている。私は、これに対するオルタナティブな思考法を本書で提案したいのだが、それは初めは簡単には理解できないだろう。資本は、機能し進化しつつある生態系である。その生態系のなかで自然と資本とが絶えず生産され再生産される。これが資本についての正しい考え方なのである。[2] したがってここで関心があるのは次のような問題だけだ。すなわち資本とは、いかなる種類の生態系なのか？　この生態系はどのように進化しつつあるのか？　そして、それはなぜ危機傾向に陥りかねないのか？

この生態系は資本と自然との矛盾した統一からなる。そして、それは、商品が使用価値（その物質的で「自然的」な形態）と交換価値（その社会的な価値評価）との矛盾した統一であるのと同様である。また技術の定義も思いだしてほしい。技術とは、自然にある物や過程を人間が領有することによって生産を促進することである。その結果、この自然は予測不能な形で自発的に進化する（その理由は、進化過程一般に埋め込まれた自律的な偶然的変異と活発な相互作用とがあるからである）だけでなく、資本の諸活動によっても絶えず活発

▼1　Paul Sabin, *The Bet: Paul Ehrlich, Julian Simon, and Our Gamble over Earth's Future*, New Haven, Yale University Press, 2013.

◆フィードバック・ループ　あるシステムにおいて、出力結果を入力側に戻すことを繰り返して、結果を調節し増幅すること。

▼2　この詳細は次の拙著で論じている。David Harvey, *Justice, Nature and the Geography of Difference*, Oxford, Basil Blackwell, 1996.

に再形成され再設計される。これがニール・スミスの言う「自然の生産」であり、それは最近では、分子生物学やＤＮＡ塩基配列の次元にいたる「末端までにわたる」生産になっている[3]。この自然の生産がどこに向かうかは議論の余地のある問題であり、イエスかノーかの選択問題にはならない。それが意図せざる諸結果に満ちているということも長らく明らかである。冷蔵庫は、急増する都市人口に対して衛生的な食料配送を容易にしたが、何年も後になってから、それはクロロフルオロカーボン――フロン類――の発生源であると認識された。フロン類は、過度の太陽熱放射線からわれわれを守っている成層圏オゾン層を破壊していたのである！

第三の主要な論点は、資本が環境問題を「巨大ビジネス」に変えたことである。現在、環境技術は世界中の証券取引所の高額取引銘柄である。このような事態が一度起こると、技術一般の場合と同じように、自然との物質代謝関係に対する工学的操作は、既存の現実的必要から相対的に自律した活動に転化する。再びニール・スミスの言葉によれば、自然は一つの「蓄積戦略」になる。たとえば新しい医薬品が発明されたり、新しい炭素排出量の削減方法が考案されたりすると、その用途は後で見つけられるしかない。◆これは必要の充足というより、必要の創出を引き起こすかもしれない。プロザックのような医薬品は当初、それが処方可能な病気がなかったため、新しい病気が発明されざるをえなくなり、それがいわゆる「プロザック世代」を登場させた。「組み合わせ進化」が、技術変化の場合に見られるのと同じように働きはじめる。新薬は副作用をもたらし、それを抑えるために他の薬が必要になる。新しい環境技術は環境問題をつくりだし、それが他の技術を呼び起こす。

われわれは世界を変えることによって初めて、われわれ自身も変えることができる（そしてその逆もしかりである）。資本は、この弁証法を捉えることで、自分の懐を肥やそうとする。あらゆる生態学的で環境的なプロジェクトは社会経済的プロジェクトでもある（そしてその逆もしかりである）。それゆえ万事は、社会経済的で環境的なプロジェクトの目的にかかっている。つまり、それは人々の福利のためなのか、それとも利潤率のためなのか、ということである。公衆衛生や上水道事業といった分野では、この弁証法は人々の利益のために機能してきたし、時には利潤を犠牲にさえしてきた。人々が「巨大ビジネス」型環境保護主義を支持していることは、結果的に環境をめぐる政治力学と資本の双方を資するものになっている。これ残念ながら、このような政治力学の一部は実質的なものではなく象徴的なものにしかなっていない。これが「グリーンウォッシング」として知られる事態だ――すなわち利潤第一のプロジェクトを、人間の福利厚生を増大させるものとして偽装するのである。環境保護運動が地球温暖化に対処しようとした際、アル・ゴア◆は彼らに素晴らしい贈り物を提供した。それが炭素排出権取引という新しい市場の創設である。この市場は、ヘッジファンドにとっては投機活動をする上で大きな利得源になったが、グローバルな炭素排出総量の抑制に対してはほとんど効果がなかった。これは初めから計画通りだったのではないかとの疑いが心のなかでうごめきはじめる。漁業資源保護のために考案された新しい組織形態が引き起こしているのは、小規模漁業を犠牲にして、大規模金融資本や大企業資本に特権を与える一つの私有化様式である。第四に――おそらく、これがすべての中で最もしっくりとこない見解だろうが――資本は、環境的破局の渦中にあっても流通し蓄積しつづけることがまったく可能であるかもしれない。環境災害は、「惨事便乗型資本主義」にとっては莫大な利益を上げる豊かな機会になる。無防備な弱者が餓死したり、居住環境の大規模な破壊によって死者が出たりしても、資本は必ずしも悩みはしない（それが反乱や革命を招かない限りでだが）。なぜならまさに世界人口の多くが過剰人員になり、どのみち使い捨て可能になったからである。そして資本は利潤追求のためであれば、人々を殲滅することもけっして厭わない。これは近年の衝

▼3　Neil Smith, 'Nature as Accumulation Strategy,' *Socialist Register*, 2007, pp. 19-41.
◆プロザック　一九八八年に発売され、新世代の抗うつ剤として評判になった。アメリカでは一般市民のあいだで、同薬に代表される精神疾患治療薬が常用されるようになり、この事態を指して「プロザック世代」と呼ぶ。
◆アル・ゴア　アルバート・〝アル〟・ゴア（一九四八年～）はアメリカの政治家。ビル・クリントン民主党政権の副大統領（一九九三～二〇〇一年）。二〇〇七年に、講演や映画『不都合な真実』での環境保護についての啓蒙活動が評価され、ノーベル平和賞を受賞。

撃的な悲劇についても当てはまる。たとえばバングラデシュの縫製工場での火災と建物倒壊では一〇〇〇人以上の労働者の命が奪われた。有害廃棄物処理施設が極端に集中するのは、貧しく脆弱な地域社会であり（アメリカ国内の最悪の廃棄物処理場のいくつかはアメリカ先住民の特別保留地に置かれている）、あるいは世界の貧困地域である（有害な廃電池は不衛生な条件で中国に引き取られており、インドやバングラデシュの沿岸では大勢の人々を犠牲にしながら古い船舶が解体されている）。華北地方での大気環境の悪化は一九八〇年以降、人々の余命を五歳以上縮めたと報告されている。この種の環境被害の不公平な配分は、環境的公正を求める運動を盛りあげるかもしれない。しかし、その結果として生じた社会的抵抗は、今のところ資本の存続を大きく脅かすものにはなっていない。

資本の生態系、資本の「自然」概念

根底にある大きな疑問は次のようなものである。これらの内的諸困難が資本の再生産にとって危険なものになり、場合によっては致命的なものにさえなるとすれば、それはどのような事情の下においてなのか？　この問いに答えるには、われわれは、資本と自然との矛盾した統一がどのように機能するのかについて、さらに理解を深める必要がある。ここで助けになるのは、資本の七つの基本的諸矛盾がどのように問題に影響を及ぼすかを検討することである。

私はまず次の点を強調しておかなければならない。それは、自然が資本主義全体のなかでは〔資本が捉える自然とは〕まったく別物として評価される可能性があり、また現にそうなることである。その上で、資本の必然的な見方からすれば自然は、さまざまな潜在的使用価値——さまざまな過程や物——の広大な蓄え以外の何ものでもない。この蓄えは、直接的にも間接的にも（つまり技術を通じて）、商品価値の生産と実現のために使用できる。自然は「一つの巨大なガソリンスタンド」（ハイデガーの言葉）であり、自然の使用価値は貨幣化され、資本化され、商業化され、商品として交換される。それによって初めて、資本の経済合理性は世界に強要されることが可能になる。私的所有権が国家によって保障されることから、自然は区画され分割される。私的所有権は、自然の共同的なもの《コモン》の囲い込みを必要とする。自然のなかには囲い込みにくい側面（われわれが呼吸する空気や漁業のための海洋など）も存在する。だが、さまざまな代用手段が（通常は国家の助けもあって）考案されることによって、自然界にある共同的なもの《コモン》のあらゆる側面が貨幣化され、取引可能な対象になる。国家介入はまたしばしば、市場の失敗を是正するために発達してきた。これらの介入は進歩的なものに思われるかもしれない。その一方で、この介入の結果、市場の諸過程やさまざまな市場評価が、われわれの生活世界のあらゆる側面にいっそう貫徹させられることになる。これを示すのが炭素排出取引の事例であり、汚染権市場や生態学的代償《オフセット》市場の成長という事例である。自然の共同的なもの《コモン》が私有化されると、一つの価値が、そのなかにあるすべての物や対象や過程に対して（時には官僚制的専断によって恣意的に）当てがわれる。それに対して社会的労働が費やされているかどうかはどちらでもよい。このようにして資本は、それ自体に特殊な生態系を創造する。

　結果として私的個人は、商品化された自然の所有権にもとづいて社会的富を自由に抽出できるようになる。彼らはその所有権を、貨幣的資産として資本還元することとさえ可能になる。この事態によってつくりだされるのが、潜在的に強力な金利生活者《レンティア》階級（土地所有者階級など）の形成基盤である。彼らはその階級的独占力と、土地から引き出す地代《レント》とによって、使用価値の蓄えに対するアクセスを制限する。この階級は、われわれの生存のために必要な自然を「所有」するのであり、その上、自分たちのためにすべての富を独占することによって、資本の永続性を脅かすこともある。先に見たことだが、リカードは（マルサスにならって）、資本は消える運命にあると考えていた。なぜなら、地代抽出が増大したり食品価格が高騰したりすることによって、利潤率は不可避的に低下するはずだからである。多くの資源が地理的に特有な立地で発見されることから、それは独占的競争にさらされることになり、したがって独占利益《レント》の抽出活動に対して開かれることになる。これもまた金利生活者の権力を増強する。いわゆる「天然」資源の世界だけでなく、都市部の土地不動産市場も、豊かな金利生活者階級にとっては実り多き場所である。そこにおいてこの階級はますます富と権力を蓄えていく。この金利生活者の権力は、資本の流通に内部化されている自然の一面――すなわち技術――にまで及ぶ。新しい技術の形態で自然を産出する人々の命を受けて、特許権や所有権が確立される。私的に所有された遺伝物質（たとえば種子）であろうと、新しい方法であろうと、さらには新しい組織体系であろうと、その使用は他人に対して私的に認められることになり、その見返りに独占使用料《レント》の支払いが要求される。知的所有権は、この数十年にわたり必要不可欠な蓄積領域であった。

金利生活者階級（たとえば土地所有者、鉱業や農業の事業権者、そして知的所有権保有者）は、いわゆる「天然」の諸資産や諸資源を完全に支配することから、さまざまな稀少性を創造し操作できるようになり、自分たちの管理資産の価値に対して投機活動を行なえるようになる。この権力は長期にわたってはっきりと存在していた。たとえば今では一般的に認められていることだが、この二〇〇〇年間に起きたほとんどすべての飢饉は社会的に生みだされたものであり、自然によって運命づけられたものではなかった。石油価格の上昇が起こると「ピーク・オイル」という自然の限界について解説者の大合唱が起こるが、そのたびに続いて訪れるのが深い悔恨の時期である。というのも石油価格を押し上げていたのは、投機家たちと石油カルテルの一団だとわかるからである。「土地争奪《ランド・グラブ》」が現在、世界各地で（特にアフリカにおいて）進行しているが、これは食料生産や鉱物資源採掘に対して自然の限界が差し迫っているという恐れに関係しているわけではない。むしろそれは、利益《レント》抽出を目的とした食物連鎖や諸資源の独占をめぐる競争の激化と関係している。近年では食料価格の上昇がきわめて多くの混乱（北アフリカでの革命など）に火をつけたが、その上昇原因は主に、収益性を目的とした交換価値システムの操作にある。

資本は自然を、単に対象化された商品と見なすが、この資本の自然概念は問題なしには済まされない。その結果として一方で資本は、それ自体の生態系を構築するために、自然との物質代謝関係を概念化し活用する。だが他方では、市民社会において、そして国家装置においてさえ、異質な自然概念が想定され、自然に対する異なる態度がとられている。したがって、この両者のあいだに永続的な闘いが繰り広げられることになる。不運にも資本は、自然を切り刻んで商品形態や私的所有権に転化するという自らのやり方を変えることができない。この事態に挑戦することは、資本主義それ自体の経済エンジンの機能に挑戦することになるだろう。それは、社会生活に対する資本の経済合理性の適用可能性を否定することにもなるだろう。環境保護運動が単なる表面的政策や改良的政策を超えるところまで進むと資本に反対せざるをえなくなるのは、こういうわけだからである。環境保護主義の多様な哲学の根底にある自然概念は、資本がそれ自体の再生産のために強要せざるをえない自然概念とは根本的に相いれない。環境保護運動は、他の運動と提携することで、資本の再生産に深刻な脅威を突きつけることもないわけではない。しかし、これまでのところ環境をめぐる政治力学は多様な理由から、この方向ではほんの少ししか進展していない。それはしばしば、資本によって構築された生態系を完全に無視するか、資本そのものの核心にある発展力学からは分離可能な諸問題だけを取り扱うか、そのいずれかを選びがちである。こちらでは廃棄物処理場に反対し、あちらでは絶滅危惧種や貴重な生息環境を救うとしても、このような活動は資本の再生産にとってけっして致命的なものではない。

われわれは今では二つのことを正しく理解できる。第一に、資本が自らのために環境保護主義の覆いを強奪することがいかに重要であるか、ということである。というのも、それを基礎にして、未来における環境保護主義的巨大ビジネスが正当化できるからだ。このようにして資本は、生態学的な諸言説を支配することができ――自己の（通常は、費用対効果分析を用いて貨幣化された）観点から自然を定義することができ――、自らの広範な階級利害のなかで資本と自然の矛盾の管理を試みることができる。第二に、資本という経済エンジンが、世界資本主義を構成する多様な社会構成体の内部において支配的になっているが、それにつれて、さまざまな公的言説や政治力学や政策もまた、自然との物質代謝関係に対する資本の規定にますます従わざるをえなくなっている。

生態系の癌性劣化とその管理をめぐる闘争

それでは資本が自然との物質代謝関係を変化させるということの問題が、危険な――場合によっては潜在的に致命的な――矛盾として格上げされるとすれば、それはいかなる根拠によるのだろうか？　資本がかつてはこの困難をうまく切り抜けたということは、今回も同じことになることを保証するわけではない。当然ながら「うまく」という言葉は、ここでは資本によって定義されており、それは持続的な収益性を意味している。これは重要な留保事項である。なぜなら、過去の資本の適応によって累積させられてきた負の生態学的諸側面がわれわれに残されているし、そこには過去に負わされた損害という遺産も含まれているからである。それぞれの歴史的段階によって、資本の生態系が機能する基準値も大きく違っている。たとえば熱帯雨林の大半はすでに消失してしまい、大気中の二酸化炭素濃度は、かなりのあいだ上昇しつづけてきた。郊外型生活様式と郊外化は拡大している（たとえば中国全土に及んでいる）。この生活様式は文化的嗜好や人々の精神に奥深く根づいており、そして一定の物的景観のなかにも埋め込まれている。この景観は、高エネルギー消費と土地や大気や水の浪費とによって活性化するのである。

今回異なっているのは、われわれが現在、資本主義的活動の指数関数的成長における重要な変曲点に位置しているということである。このことは、資本の生態系内部における環境的負荷水準と環境災害水準とに指数関数的影響を及ぼしている。まず一つにそれは、商品化と私有化とに対して強烈な圧力をかけてきており、われわれの生活世界のさまざまな側面（生命体自体さえも）が資本の循環のなかにますます組み込まれることになる。遺伝子による本人性識別でさえ今では私的所有物だと主張されている。それはまた他の諸分野においても圧力を強めている。とりわけ注目すべきは、気候変動が生じていることであり、生息環境の多様性が喪失させられていることであり、食料安全を確保したり新しい疾病に対する適切な予防手段を保証したりできる可能性も不安定になりガタガタと音を立てていることである。私は次のように主張したい。資本の生態系のさまざまな特性において、癌化が蔓延し劣化が進行している強烈な予兆がいくつか示されている、と。この事態にまた大きく結びつくのが、急速な都市化であり、建造環境（時に「第二の自然」と言われるもの）の建設であり、しかもその低品質での建設である（近年のアジアでの急速な都市化のなかにこの症状がはっきりと見られる）。

資本の内部闘争が、資本自体の生態学的諸条件の改善をめぐって激化しながら進行している。資本主義的企業が通常、生態学的影響を被る際には、それは費用転嫁《コスト》として、あるいは経済学者の言う「外部性」——資本が支払う必要のない現実の犠牲《コスト》として定義されるもの（たとえば無料で他人や環境に汚染を押しつけること）——として経験される。ここに市場の失敗という問題が存在しており、さまざまな国家介入や補整的課税や規制措置の大義名分もここにある。この点は右翼の経済学者でさえ認めている。だがいつものことだが、このような諸問題に対する作為と不作為の双方に対して、さまざまな不確実要因と意図せざる結果とが付随する。最大の危険は、必要な行動が、政治権力や企業権力の断固たる反対によって遅らされることである。われわれは、問題を解決するどころか理解もしないうちに、一定の不可逆的な転換点を超えているかもしれない。たとえば一九三〇年代には、カリフォルニア州沿岸の沖合におけるイワシの個体群の再生循環は未知の事柄であったが、それに対する乱獲が無分別に続けられてしまった結果、誰もその問題を理解しないままに、イワシの再生循環は不可能な点にいたってしまった。イワシは二度と戻ってこなかったのである。[4] 別の事例を挙げるとすれば、モントリオール議定書の場合、その計画対象期間は長期にわたるものであった。なぜなら成層圏に達したフロン類が消散するまでには何年もかかるからである。当然ながら資本は、この種の計画対象期間への対応が得意ではない。これは、気候変動の長期的影響や地球規模での生物多様性の喪失に取り組む際にぶつかる大きな問題の一つである。

▼4　Arthur McEvoy, *The Fisherman's Problem: Ecology and Law in the California Fisheries, 1850-1980*, Cambridge, Cambridge University Press, 1990.

癌性劣化は、指数関数的成長の持続圧力を受けて加速する可能性がきわめて高い。この過程が進む中で破局的だと思われる瞬間があることを、私は排除しない。たとえば異常気象の発生頻度は増している。しかし資本は、破局的な局地的出来事に対してただちに適応可能である。というのも略奪的な「惨事便乗型資本主義」が対応しようと待ち構えているからである。資本は実際、不安定な局地的環境災害を通じて成長し発展する。これらは新たな商機をつくりだすだけではない。それらの災害は資本自体の諸欠陥を覆い隠す便利な仮面をも提供する。つまり資本が主たる要因である災難であっても、その原因があるとされるのは、予測不能で気まぐれで自分勝手な「母なる自然」と呼ばれるじゃじゃ馬なのである。これとは対照的に大問題になるのは緩慢な癌性劣化である。というのも資本は、このような事態の対応については準備不足であり、その管理のための新しい機関も権力もまだ創設されていないからである。

資本の生態系の時間的・地理的規模《スケール》は、指数関数的成長に応じて変容してきた。過去において問題は通常、局地的であった――こちらでは河川の汚染があり、あちらでは悲惨なスモッグが発生した。現在では問題はより広域的なもの（酸性雨、低濃度オゾンガス、成層圏オゾンホール）に、あるいはよりグローバルなものになっている（気候変動、グローバルな都市化、生息環境の破壊、生物学的種の絶滅と生物多様性の喪失、海洋や森林や地表における生態系の悪化、そして人工的な化学物質――肥料や農薬――が地球上の生物と土地に対するその副作用も影響範囲もわからないまま野放図に導入されること）。多くの場合、局地的な環境的諸条件は改善しているが、広域的問題、とりわけグローバルな問題は悪化している。その結果、資本と自然の矛盾は今では、伝統的な管理手法や措置手法では手に負えなくなっている。かつては市場の力と国家権力との何らかの組み合わせが、問題の対処のために頼りにされた。たとえば一九五二年には悲惨なロンドン・スモッグが発生した。それを受けて構造上の是正措置がバタシー石炭火力発電所にとられたことによって、石炭の燃焼による硫黄汚染物質は上層大気にまき散らされた（このようにして後にスカンジナビア半島での酸性雨という広域的問題が生じ、その対応のために複雑で広域的な多国間合意が必要になった）。汚染問題はたらい回しにされるだけではない。それは別の規模に移行させられ、そこにまき散らされることでも解決される。これこそラリー・サマーズ◆が世界銀行の主席エコノミストであった時代に提案したことである。彼は次のように述べた。アフリカ大陸は「低汚染」地帯であり、そこを先進国の廃棄物処理のために利用するのは理にかなっているだろう、と。あまりにも多くの矛盾がこの数十年間に「グローバル化」し、それにつれて残された空間も減ってきている（宇宙空間への投棄を除けばだが）。複利的成長が持ち直せば、これは深刻な問題になるかもしれない。

それでは現在、グローバルな規模で複雑に相互作用を繰り広げている諸問題に対して有効な手立てを表明し講じるのは何者なのだろうか？　環境問題を議論する定期的な国際会議は通常、ほとんど行き詰まっている。酸性雨やフロン類の場合のように国際協定に達することも時折はあるのだから、法的措置も不可能というわけではない。だが、さまざまな重大問題がしだいに資本のグローバルな生態系に生じており、そのことからすればこれらの協定も焼け石に水でしかない。資本がこれらの諸矛盾をうまく管理できないとすれば、その理由は、自然のなかにある諸制限にではなく、資本自体の経済的、政治的、制度的、あるいはイデオロギー的な諸欠陥にあるのだろう。たとえば気候変動の場合、問題は、われわれが何が起きているのか知らないということや、非常に大まかにでも何をなすべきか（それは複雑なものではあるのだが）がわからないということにあるわけではない。問題は、資本の諸分派（そして一部の資本主義国家政府やその機構の一部分）の自信過剰やその既得権にある。彼らは、自分たちの収益性や競争的地位や経済力を脅かす措置に対して抵抗し、これを中断し妨害しようと、その持っている力を振るっている。

◆ラリー・サマーズ　ローレンス・〝ラリー〟・サマーズ（一九五四年〜）は、アメリカの経済学者。ビル・クリントン民主党政権期のアメリカ財務長官（一九九九〜二〇〇一年）。オバマ民主党政権でも国家経済会議委員長を務めた（二〇〇九〜一〇年）。

資本の生態系の地理的・時間的不確実性

言うまでもないことだが、資本の生態系はそのはじまりからグローバルなものである。さまざまな商品の国際貿易にともなって、投入要素（水、エネルギー、鉱物資源、生物資源、栄養素、そして人間労働の諸成果）が世界のある場所から別の場所へと現実的に移転させられるか、実質的《ヴァーチャル》に移転させられる。この貿易が資本の生態系をとりまとめる接着剤である。貿易の拡大は、この生態系の内部で行なわれるさまざまな活動を拡大させ激化させる。ここでの実質的な生態学的移転というカテゴリーは重要である。それが示すのは、たとえばエネルギーがカナダから、石油パイプラインや送電網を通じてアメリカに直接的に移転されることではなく、カナダでアルミニウム精錬に使われたエネルギーが、アメリカにおいてアルミニウム商品に結実するという事態である。資本の生態系は、さまざまな不平等と地理的不均等発展にむしばまれているが、その理由はまさに、これらの移転が不均等だからである。世界のある地域に恩恵が積み重なれば、別の地域は犠牲にされる。地政学的な緊張関係の根底には、生態学的恩恵が世界の一地域から別の地域へと移転させられることがある。このことを考えれば、ボリビアの人々による「自分たちの」自然の使い方が、なぜアメリカにおけるその使い方と根本的に違うのかも説明できるだろう。ボリビアの人々は自分たちの石油を地中にとどめたがっている。自分たちの石油がわずかな使用料《ロイヤルティ》と引き換えにして、たとえばアメリカで使われるために、その採掘事業が認められるというのはいかなる理由からなのか？　私の資源はなぜあなたの生活様式を支えるために使われることになるのか？

自然に対して価値評価を押しつけること——あるいはエコロジー経済学者が自然を概念化する際にしがちなように、自然が資本に提供するさまざまなサービスの流れに対して貨幣的価値を算定すること——は恣意的なものになる。そのことから折にふれて、利用可能な使用価値が見境なく搾取され、生態学的崩壊にいたることもある。資本はしばしば、一定の場所に本来潜在している諸資源を使い尽くすことがあったし、それを永久に破壊してしまうことさえあった。これは、資本が地理的に可動できる場合には特に言えることだ。アメリカ南部の綿花栽培農家やブラジルのコーヒー栽培農家は、自分たちの土地の土壌を疲弊させても、もっと容易に利益の得られる別の肥沃な土地に移動するだけであった。植民地でもさまざまな資源が採掘されたが、その際、現地の人々（しばしば先住民）の福利は顧みられることもなかった。鉱物資源採掘、エネルギー開発、そして森林資源開発はしばしば同じ論理に従っている。だが生態学的影響は局地的なものになり、鉱山街の廃墟、不毛にされた土壌、有害廃棄物の投棄場、減価した資産価値といった不均等な地理的景観を後に残していく。生態学的恩恵は別の場所に持っていかれる。

これらの収奪的な開発実践は、帝国的な植民地支配体制の下において強欲さと暴力性とを倍加させる。土壌採掘、土壌浸食、無規制な資源採取は、世界の諸景観に巨大な痕跡を残してきており、場合によっては、人間の生存に必要なさまざまな使用価値を回復できないまでに破壊することもあった。これに対してより無難な資本主義的論理が一定の場所や時代に構築されることもある。その場合には健全な環境管理原則が収益の持続性と組み合わされる。たとえば一九三〇年代にアメリカでダストボウル◆が起きたが、その後、土地に対する自然保護的実践が（国家の支援もあって）広まり、より持続可能な農業が考案された。ただしそれは、高収益の現代アグリビジネスが典型的に営んでいるような、資本集約的で高エネルギー消費型の化学物質や農薬を投入することにもとづいていた。

生態系に対する破壊的実践が一部の場所で行なわれても、それ以外の場所でも同様の実践が見られるとは必ずしもかぎらない。その逆もまたしかりである。こちらでは悲観論者が強欲な破壊的実践を強調し、

◆ダストボウル　一九三一年から一九三九年にかけてグレートプレーンズ広域で断続的に発生した砂嵐。不適当な農耕技術がその原因とされる。この砂嵐の被害によってアメリカ中西部の多くの農家が離農を余儀なくされ、三五〇万人がカリフォルニア州などの西部に移住した。スタインベックの名作『怒りの葡萄』はこうした農民たちの苦難を描いたもの。

あちらでは楽観論者が生態系上、均衡のとれた実践を指摘する。資本の生態系の発展力学において両者は共存するのである。残念ながらわれわれは、地球規模でのさまざまな恩恵と損失について完全な損益計算を行なおうとしても、そのための知識も手段も欠いたままとなっている。このような計算は使用価値の観点からだろうと貨幣の観点からだろうと達成できないだろう（ただし衛星画像は、使用価値のいくつかの側面についてはその助けになるだろうが）。また空間上の商品取引を通じて生じる現実的な生態学的移転や実質的な生態学的移転を説明することも、きわめて困難である。シェフィールドやピッツバーグの製鋼所が閉鎖されると、失業状態が広がる最中《さなか》にあって、大気環境が驚異的に改善される。だがその一方で中国では製鋼所が開設され、それが大気汚染の大きな要因になり、その地での平均余命を縮めることになる。繰り返すが、汚染問題は解決されるのではなくたらい回しにされる。しかしながら不均等な恩恵と損失はほとんど常に裕福で力のある人々に利益をもたらし、その一方で、脆弱な人々や貧しい人々が支払うべきつけは以前よりもはるかに大きくなる。結局のところ、これこそ収奪型帝国主義の変わらぬ目的なのである。

資本の生態系が全体としてどのように現実に機能しているかについて確実な知識がない場合、環境悪化が資本のさらなる不断の拡張に対してどのように致命的なものになるかについても明確には判断しづらくなる。ことによると、この状況そのものがきわめて重要な危険を示している。われわれは、資本の生態系の正しい管理に必要不可欠な諸手段を備えていないばかりか、社会生態学的な諸問題に対処せざるをえないにもかかわらず、そのあらゆる問題についてかなりの不確実性に直面することにもなるのである。誰もが承知していることだが、現在突きつけられているさまざまな環境問題は、その空間的規模も時間的規模も根本的に変化しており、これらの規模での管理に対応できる制度的枠組みについても、その整備が遅れていることは明らかである。またこれも誰もが承知していることだが、たとえ係争当事者の側に予防措置をとる政治的意欲があると仮定したとしても、破局的変化に対して講じるべき諸手段を考案したり実行したりすることが間に合わなくなるかもしれない。

これらの留保を前にして、われわれがとるのが賢明だと思われる一般的な心構えは次のようなものである。それは、いわゆる自然災害に自然なものは何もないということであり、人類は、環境上の破局的諸事態の多く（ただし、そのすべてではない）の恐れについて、それをかろうじて改善したり管理したりできる程度にしか理解できないということである。だが、資本のなかで反目しあう諸分派間の闘争や、資本以外の人々——かくもご都合主義的に進行している費用《コスト》転嫁の被害者たち——との闘争が起きなければ、資本が必要な措置をとることもありえない。さまざまな問題が続いている理由は政治的、制度的、イデオロギー的な限界にあるのであり、自然の限界に帰せられるわけではない。

　資本と自然の関係に深刻な諸問題があるとすれば、それは資本の外部ではなく、資本の内部にある一つの内的矛盾なのである。われわれは資本に対して、その内的諸矛盾を自浄作用で解決したり、それを最低限適度に均衡させたりする潜在力らしきものを勝手に否定しておきながら、それ自体の生態系に対する破壊力があることは認めるなどということは主張できない。多くの場合、資本はこれらの諸矛盾に順調に対応してきた。その際、資本は通常、国家権力から要請や命令を受けるか（全体的に見たその環境政策はしばしば、まったく支離滅裂なものであるのだが）、資本主義社会からより一般的に生じるさまざまな圧力の影響を被るか、そのいずれかであった。ヨーロッパ北部や北アメリカの河川や大気は現在、一世代前の状況よりはるかに浄化されている。平均余命も全般的に伸びており、華北地方のように縮まりつつあるわけではない。フロン類の使用を制限したモントリオール議定書は、国際合意を通じて一つの深刻な環境上の脅威を抑制した（ただし、まったく完璧なものではなかった）。多くの事例からもう一つ挙げるとすれば、ＤＤＴ〔有機塩素系農薬〕の悪影響も同じように制限された。フロン類に関するモントリオール議定書の場合、状況を一変させたのは、それ以外の点では自由市場を応援してきた保守派のマーガレット・サッチャーが政府間合意の積極的支持者へとその役割を転換したことである（その理由の一つには、彼女が化学者としての教育を受けており、これに関連する技術的諸問題を理解できたからだ）。〔しかし〕気候変動の場合、権力の立場にある「否定派」が単に多すぎるということから、さまざまな改善措置が認められてきていない。そして今のところマーガレット・サッチャー的人物が救援に駆けつけることもない。「気候の公平性」という言い分を申し立てることは、ボリビアやモルジブといった直接的脅威にさらされている一部の貧困国に任せられている。したがって、この問題の有効な解決に必要とされる大規模な適応を資本が成し遂げることができるか否か――われわれはそれを見極める立場にはいないのである。

生産的資本の絞殺か、疎外された人間性の反抗か

さまざまな環境上の危険に直面する中で資本主義の崩壊が差し迫っていると言われている。だが、現時点において入手可能な証拠の大部分は、この命題を裏づけてはいない。われわれは「ピーク・オイル」があるにもかかわらず、エネルギーを使い果たすことはないだろう。土地と水は、指数関数的成長に直面してさえも、拡大する人口を長い将来にわたって養うのに十分なものになっている。あれこれの資源が希少になる事態が特に差し迫ったとしても、われわれはその代用品を見いだす程度には賢いのである。そもそも資源とは、使用価値の技術的・経済的・文化的評価なのである。自然が不足するように思われるのであれば、われわれが自分たちの技術や経済や文化的信念を変化させればよいだけなのだ。地球温暖化、生物多様性の喪失、新しい病気の発生といった問題――今日の人間生活にとって脅威の筆頭に位置づけられるべきもの――でさえ、われわれ自身の近視眼や政治的欠陥を克服できれば適切に対処できるだろう。当然ながらこれは、現在の政治的諸機関が対応するには無理難題というものである。それゆえ資源戦争の勃発、一部の場所における飢饉や別の場所における数百万人単位の環境難民の発生、そして交易の頻繁な途絶が起こるのは疑うべくもないだろう。しかし、このいずれも自然の限界によって定められたものではない。人類の大半が貧窮と飢餓とに陥るとすれば、われわれは自分たち自身を責めるしかない。このような事態が起こるとすれば、それは何よりも人間の愚行と無節操とを示すものである。悲しいかな、あり余るほどの証拠が、貧窮や飢餓がいくつも蔓延したことを示しており、資本自体もそれを糧とし、それを助長しさえしたのである。だが、これは資本に終止符を打つものではない。

ここまで述べてきたことからわれわれは、資本と自然との物質代謝という矛盾した統一のなかにおいて資本の未来を脅かす可能性のあるその核心的根拠にたどりつく。その二つの解答は少々意外かもしれない。第一の根拠は、金利生活者階級がその権力を増大させ、いかなる生産にも配慮することもなく、あらゆる富と所得とを領有しようとすることに関係している。非生産的な土地所有者階級〔狭義の金利生活者階級〕は、土地とその「天然」の希少性を所有したり商品化したりすることによって、独占地代《レント》を抽出できるようになる。しかし、それは生産的資本を犠牲にしてのことであり、最終的には利潤率（したがって再投資の誘因）をゼロにまで引き下げることもある。われわれがすでに見てきたように、これは広義の金利生活者概念にも当てはまる。この概念は、伝統的な土地所有者とあらゆる資産所有者とを結びつける。彼らは、自分たち自身は非生産的でありながら、富と所得の領有だけは推し進めようとする。自然諸力が領有され、資本の生態系の諸要所が占有されることから、生産的資本が絞め殺される恐れも出てくるかもしれない。

この矛盾が致命的なものになりうる第二の根拠は、まったく異なる次元に存在している。それは、資本が構築する生態系に対して人間が疎外された反応をとることにもとづいている。この生態系は機能主義的で、工学的に操作され、技術主義的である。それは私有化され、商業化され、貨幣化されており、使用価値の領有と生産とを通じて交換価値（とりわけ賃貸料《レ ン ト》／使用料）の産出極大化を指向している。資本の生態系は、それ以外の資本のあらゆる諸側面と同じように、ますますオートメーション化されつつある。それは資本集約的かつエネルギー集約的な生態系であり、労働投入がほとんどないことも頻繁にある。農業においては、それは単一栽培型《モノカルチャー》で収奪的になる傾向にあり、言うまでもないが指数関数的な成長圧力の下で永続的に拡大する傾向にもある。都市化においても郊外住宅地は同じように単一文化的《モノカルチャー》である。そこでの生活様式は驚くべき浪費によって物質的財の過剰消費を極大化させており、社会的要因も区分され個人化される。われわれが集団的かつ個人的にも自然と関係しあうさまざまな実践は、資本によって支配されている。資本は機能主義的な審美的価値観以外は度外視する。それは自然界（われわれはまさにその一部なのだが）の純粋な美しさと無限の多様性とを破壊しながら、それ自体の徹底的な不毛さをさらけ出す。もし自然が豊饒な存在であるなら、あるいは新しさの果てしない創造を託されたものであるとするなら、資本はその新しさを切り刻み、その断片を組み立てなおすことで純粋な技術をつくりあげる。資本それ自体のなかで明確に示されるのは次のような事態である。資本は、自然界の豊かな多様性を干上がらせるだけでなく、人間性〔人間的自然〕がその能力や力を自由に発展させるその素晴らしい可能性さえも枯渇させるのである。自然や人間性に対する資本の関係は極度に疎外的なものになる。

資本は可能なかぎり、自然のあらゆる諸側面を私有化し、商品化し、貨幣化し、商業化せずにはいられない。このようにしてのみ資本はますます自らのなかに自然を吸収することができる。その結果、人間のＤＮＡにいたるあらゆるものを資本の形態に転化すること――一つの蓄積戦略――が可能になる。この物質代謝関係は必然的に、資本の指数関数的成長に応じて拡大し深化する。それは、ますます問題含みの領域へと追いやられる。さまざまな生命体、遺伝物質、生物学的過程、自然に関する知識、そして自然の属性や可能性や力を駆使する知性（その人間的知性が人工的なものか人間固有のものかは少しも問題にならない）――このすべてが商業化の論理に組み込まれる。資本による生活世界の植民地化は加速する。資本は終わりがないばかりか、ますます見境なく指数関数的に蓄積しつづけるのだが、それにつれて資本の生態系もわれわれの生活世界に、終わりもなく、ますます見境もなく広がっていく。

このことが反発や反感や抵抗を引き起こす。夕焼け空を見る喜び、新鮮な雨の香り、あるいは壮観な嵐に対する感嘆の念、そして竜巻の蛮行――これらを粗雑な貨幣尺度で換算することは不可能である。ポランニーによれば、自然界に対する商品形態の強制は「異常」であるだけでなく本質的に破壊的な事態でもあるのだが、この彼の告発ははるかに深刻なものになりつつある。自然諸力は、引き裂かれ破壊されることによって資本にとっても使いものにならなくなるのだが、現状にはそれ以上の意味がある。つまり、人間的な存在になる――資本が要求し命令する姿とは異なるものになる――という潜在的な可能性そのものが破壊されているのだ。多くの人々から見れば、これは「真」の自然を攻撃することであり、ひいてはより善良な別種の人間性になる可能性を攻撃することなのである。

資本は真っ当で感性豊かな人間性を破壊することを命じているが、このような〔資本に対する〕見解は長期にわたる共感を生みだしてきた。その歴史の初期には、それは審美的反抗《ディーセント》を生みだし、ロマン主義運動に主導される形で、資本主義的近代性《モダニティ》をもたらそうとする純科学的アプローチに対抗した。ディープ・エコロジーの場合、この見解は、われわれが周囲の世界との関係のなかで自己を解釈する上で、その非－人間中心主義的な構想を生みだした。社会的・政治的エコロジーの場合、この見解は、きわめて批判力に富んだ反資本主義的分析を生みだした。フランクフルト学派の批判研究の場合、この見解は先駆的に、より生態学的に対応できるマルクス主義を出現させた。このマルクス主義は自然の弁証法と自然の「反逆」とを広く許容した。[5] いわゆる「自然の反逆」は、怒りに満ちて不機嫌な「母なる自然」のそれではない（一部の先住民の思想は今もそう考えているだろうし、世界の天気の予報専門番組に出てくるキャスターたちは一様にこのように表現したがるだろうが）。実のところこの「反逆」は、われわれ自身の自然の反逆である。それは、資本が必然的に構築する生態系のなかにあって、そこで生存するためにとらざるをえない自分の姿に対する反逆なのである。この反逆は政治的分布図をまたがって引き起こされる――農村部の保守的な

▼5　Arne Naess, *Ecology, Community and Lifestyle*, Cambridge, Cambridge University Press, 1989〔アルネ・ネス『ディープ・エコロジーとは何か――エコロジー・共同体・ライフスタイル』文化書房博文社、一九九七年〕; William Leiss, *The Domination of Nature*, Boston, MA, Beacon Press, 1974; Martin Jay, *The Dialectical Imagination: A History of the Frankfurt School and the Institute of Social Research, 1923-50*, Boston, MA, Beacon Press, 1973〔マーティン・ジェイ『弁証法的想像力――フランクフルト学派と社会研究所の歴史 1923－1950』みすず書房、一九七五年〕; Murray Bookchin, *The Philosophy of Social Ecology: Essays on Dialectical Naturalism*, Montreal, Black Rose Books, 1990; Richard Peet, Paul Robbins and Michael Watts, *Global Political Ecology*, New York, Routledge, 2011; John Bellamy Foster, *Marx's Ecology: Materialism and Nature*, New York, Monthly Review Press, 2000.〔ジョン・ベラミー・フォスター『マルクスのエコロジー』こぶし書房、二〇〇四年〕

人々も、都市部のリベラル派やアナーキストも、自然の全面的な商品化、貨幣化、商業化に対してまったく同じように憤慨するのである。

自然と人間性とを純粋な商品形態に還元する際、その前提にあるのは非人間性である。これに対して人間主義的《ヒューマニスト》な反抗の種がまかれる。自然からの疎外は、われわれ自身の人間という種の可能性からの疎外である。このことから反抗の精神が解き放たれる。そのなかにあっては、尊厳、尊重、同情、思いやり、そして愛といった言葉が革命のスローガンになり、その一方で、真理や美といった価値観が社会的労働の冷徹な計算の代わりとなる。

[第17章]
人間性の疎外と反抗

資本は、これまで分析してきたすべての諸矛盾を乗り切れる可能性がまったくないわけではない。ただしその際、犠牲が出ることは不可避だろう。たとえば資本主義的な寡頭支配エリート層が、使い捨て可能な世界的過剰人口の大規模な虐殺的排除を指揮しながら、残りの人々を自分の奴隷とし、さらに人工的な壁に囲まれた広大な環境を整備することによって、外的自然の有害化や不毛化や荒廃の被害からわが身を守るとすれば、資本は乗り切れるかもしれない。このような世界をさまざまに描きだす反ユートピア的物語は巷に満ちあふれている。これらの物語を、非人間的な人類の未来に関する実現不可能な青写真だとして無視することは誤りだろう。実際に、ある種の反ユートピア的物語に恐ろしいまでに近い作品が存在する。たとえば、一〇代の若者たちに人気を博したスーザン・コリンズの『ハンガー・ゲーム』三部作◆で描かれた社会秩序や、デヴィッド・ミッチェルの『クラウド・アトラス』◆における反人間主義的な複数の未

◆『ハンガー・ゲーム』三部作　スーザン・コリンズ『ハンガー・ゲーム』『ハンガー・ゲーム2——燃え広がる炎』『ハンガー・ゲーム3——マネシカケスの少女』各上・下巻、文庫ダ・ヴィンチ、メディアファクトリー、二〇一二年。

来の物語である。明らかに、このような社会秩序が存在できるとすれば、それはファシズム的な洗脳操作にもとづきながら、日常的な治安監視活動が行なわれ、周期的な軍事的抑圧にともなって暴力の行使が続く場合だけだろう。このような反ユートピア的世界の諸要素は、われわれの身の周りにすでに整えられている。それを直視できない人々はひどい自己欺瞞に陥っているのである。

したがって問題は、資本がその諸矛盾を乗り切れないということではない。むしろそれは、その場合の犠牲が人々の多くにとって受け入れがたいものになる、ということである。反ユートピア的傾向のために、こちらでは無人航空機《ドローン》が五月雨式に攻撃する。あちらでは気のふれた支配者が時折、自国民に毒ガスを使用する。ある場所では残忍で支離滅裂な政策があらゆる対抗勢力に行使され、別の場所では環境崩壊と大飢饉が起こっている。そしてついには、あらゆる場所において破滅的で不均等な武装闘争が実際に殺到しだし、富裕層と貧困層が闘い、特権的な資本家たちやその臆病な追随者たちが残りの人々と争いあうだろう。だが希望があるとすれば、それはこうなるはるか手前にある。……その希望とは、さまざまな社会的・政治的運動が立ち上がり、「いいかげんにしろ！《ヤ・バスタ》」、「もうたくさんだ！」と叫び、われわれの生き方、愛し方、生存と再生産のあり方を変えることである。今では明らかなはずだが、この結果として経済エンジンも、そのエンジンと関連した不合理な経済的現実も交換されることになる。だが、これをどのようになすべきかはまったく明らかではない。現在の思想状況や、この問題について公の論争が悲しいまでにないことを考えると、いかなる種類の経済エンジンが資本というそれと交換されるのかはさらに曖昧な問題である。これを分析するにあたって、資本の諸矛盾を認識することは少なからず有益である。なぜならドイツの劇作家ベルトルト・ブレヒトがかつて述べたように「矛盾にこそ希望は潜む◆」からだ。

この希望の潜む領域を掘り起こす際には、いくつかの基本的な命題がまず認められなければならない。私は拙著『資本の〈謎〉』で次のように結論づけた。

> 資本主義はひとりでに崩壊することはない。それは打倒されなければならない。資本蓄積はけっし

て停止することはない。それは止めなければならない。資本家階級はけっしてその権力を自ら進んで放棄したりはしない。それは奪い取らなければならない。[1]

私は今でもこの意見にこだわっている。そして他の人々もこれと同じ意見を貫くことが必要不可欠だと思う。このような任務にとりかかるには、強力な政治運動や多くの個人の献身的活動が間違いなく必要になるだろう。このような運動が機能するためには、広範囲にわたって説得力のあるオルタナティブの構想がなくてはならない。集団的な政治的主体性は、このオルタナティブにもとづいて提携することができる。いかなる種類の構想が、このような政治運動の活性化を可能にするのか？

資本の諸矛盾と多様な疎外

われわれは逐次、断片的に世界を変えようと試みることがある。つまり、ある矛盾の一側面（たとえば交換価値）よりも別の側面（たとえば使用価値）を支持したり、あるいは、その時々の矛盾（たとえば社会的富の私的領有に貨幣の使用が可能になるという矛盾）を掘り崩し、いずれは解消しようと力を尽くしたりすることができる。われわれは、運動する諸矛盾によって規定されたさまざまな軌道を（非軍事的技術に向けて、また民主主義的な自由のある世界において平等の促進に向けて）変えようとすることもできる。本書

◆『クラウド・アトラス』　デイヴィッド・ミッチェル『クラウド・アトラス』上・下巻、河出書房新社、二〇一三年。

◆「矛盾にこそ希望は潜む」　ベルトルト・ブレヒト「三文裁判」、『ブレヒトの映画・映画論――ベルトルト・ブレヒトの仕事　六』河出書房新社、一九七三年、二〇九頁。

▼1　David Harvey, *The Enigma of Capital*, London, Profile Books, 2010, p. 260.［デヴィッド・ハーヴェイ『資本の〈謎〉――世界金融恐慌と二一世紀資本主義』作品社、二〇一二年、三二二頁］

を通じて一貫して示そうとしてきたことだが、資本の諸矛盾を認識することは、われわれが進むべき全般的な方向という長期にわたる構想を考案するのに役立つのである。新自由主義的資本主義の勃興が一九七〇年代以降、資本の発展の方向を変えることになり、私有化／民営化や商業化を昂進させ、いっそう確固とした交換価値の支配をもたらし、貨幣権力に対する身を焦がさんばかりの物神崇拝的《フェティシスティック》な情熱を高めてきた。反新自由主義的運動も、これとだいたい同じようなやり方で、次の数十年にわたるまったく異なる戦略的方向をわれわれに指し示すことが可能である。より生態学的《エコロジカル》に対応できる諸関係にもとづいて、そしてはるかに高度な社会的公正と民主主義的統治とにもとづいて、資本主義を改めようとする少なからぬ意欲が、さまざまな社会運動や文献のなかに示されている。▼2

　この断片的な取り組みにはいくつかの長所がある。それは社会変革に向けた非暴力的・平和的戦略を提起する。それはタハリール広場◆、シンタグマ広場◆、タクシム広場◆の初期段階において当初は目撃された戦略である（ただし、これらすべての事例において政府当局や警察部門がほどなくして、驚くべき残忍さと暴力とをもって対応した。その理由はおそらく、これらの運動が抑圧的寛容の限界を無謀にも超えようとしたからである）。この断片的な取り組みは戦略的に、限定的な共通テーマに対して人々を結集させようとする。もしさまざまな結果が、ある矛盾から別の矛盾に次々と伝染する場合には、このような取り組みは多岐にわたる反響も及ぼしうる。ケインズが描いたように、貨幣権力の追求に付随する疎外された行動様式と、交換価値の支配とが同時に縮小し、社会的富から利益を得るための私的個人の権力が徹底的に制限されるとしたら、どのような世界になるかを想像してみてほしい。さらには民衆の不満が現在の資本の行き過ぎた諸活動に対して高まったことによって、さまざまな疎外――現代の労働体験、けっして満たされることのない代償的消費、計り知れない次元にいたった経済的不平等、自然との関係における不調和など――がまったく軽減されるとしたら、どうなるかを想像してみてほしい。その場合にはわれわれは、もっと思いやりのある世界に生きることになるだろう。そこでは社会的不平等や社会紛争がかなりの低水準になり、政治腐敗や政治的抑圧も大きく減少するかもしれない。

〔しかし〕ここまで述べてきたことからでは、われわれにはわからない問題がある。それは、極度の分裂状態にある多数の対抗運動が資本の支配に反抗する上で、どのようにして一つのより統一的な連帯運動に収斂し提携するのか、である。断片的手法は、あらゆる資本の諸矛盾が相互に関係しあい、互いを通じて一つの有機的全体を形成していることを検知できないし、それに取り組むこともできない。政治行動の基盤となりそれを活性化させるような、何かしらの触媒作用を持った概念が早急に求められている。資本の力と対決しそれを克服したいと思うなら、集団的な政治的主体性が、いくつかの基本的諸概念を機軸として提携しなければならない。それは、オルタナティブな経済エンジンがどのようなものになるかについての概念である。これがなければ、資本は奪い取られることも交換されることも不可能である。ここで私が最適だと見いだした概念が疎外（alienation）である。

「疎外する《エイリエネイト》」（alienate）という動詞には多くの意味がある。この言葉は法律用語としては、他人の所有へと所有権を移転することを意味している。私が土地の一区画を他人に売る場合、私はその土地を「譲渡する《エイリエネイト》」と言う。この言葉は社会関係を表わす場合には、愛情や忠誠心や信頼が、ある人や制度や政治的信条から別の存在へと離反する《エイリエネイティド》（移転される、盗まれる）ということを示している。信頼（人々に対する、あるいは法、銀行、政治体制のような諸制度に対するそれ）の離反《エイリエネイション》（喪失）は社会機構に甚大な打撃を

▼2　次の著作における議論を参照せよ。Immanuel Wallerstein, Randall Collins, Michael Mann, Georgi Derluguian and Craig Calhoun, *Does Capitalism Have a Future?*, Oxford, Oxford University Press, 2013.

◆**タハリール広場**　エジプトのカイロ中心部に位置する広場。二〇一一年には、「アラブの春」運動の一環として知られる大規模反政府デモの結集地となった。この運動によってエジプトのムバラク政権は崩壊した。

◆**シンタグマ広場**　ギリシアのアテネにある国会議事堂前広場。二〇一〇年以降、ギリシア債務危機に端を発する緊縮財政政策に対する抗議運動の中心地となった。

◆**タクシム広場**　トルコのイスタンブールにある広場。その再開発計画への反対運動をきっかけに、二〇一三年、同広場の占拠運動と大規模な反政府デモが起こった。

与えることがある。疎外感《エイリエネイション》は、受動的心理状態を表わす用語としては、価値のあるつながりから孤立させられ疎遠になることを意味している。それは、回復できないような言いようのない喪失に対する悲しみや嘆きという感情として体験され内面化される。能動的心理状態を表わす用語としては、それは、圧迫され剥奪され略奪されたり、またはそのように感じたりする際の怒りや反感を意味しており、そしてその怒りや反感を行動で示し、往々明確な理由や合理的目標もないままに世間一般を厳しく非難することを意味している。孤立した《エイリエネイティド》行動が引き起こされるのは、たとえばライフ・チャンスに恵まれていないと失望したり、自分たちの自由の追求が結局は支配になったりするからである。

この言葉の多義性は有益である。労働者は法的には、賃金と引き換えに一定の時間に限って、自分の労働力の使用を資本家に譲渡する《エイリエネイト》。資本家は、この時間に限って労働者にその忠誠心と注意力とを要求する。そして労働者もこの時間に限って、すべての人々の福利と富とを生産する最善の体制が資本主義だということを信じるよう求められる。だが労働者は自分の生産物から疎遠になり、他の労働者と疎遠になり、自然から疎遠になり、そして社会生活のあらゆる他の諸側面からも疎遠になる。しかも労働契約に定められた時間だけでなく、契約外の時間にあっても（労働の特徴として疲労がもたらされるということを考えれば）通常、疎遠になる。剥奪や略奪は体験され内面化されて、労働者自身の創造的素質が発揮できなかったことに対する喪失感や悲しみとなる。労働者は最終的に、ふさぎこんだり不機嫌になったりするのをやめ、自分たちの疎外《エイリエネイション》を引き起こす目の前の要因に怒りだす。その矛先は、彼を酷使する上司か、彼女の疲労に共感を示すこともなく夕食や性行為を求める配偶者か、そのいずれかに向かう。このすっかり疎外された《エイリエネイティド》状態において労働者は、職場で妨害工作を行なうか、あるいは家庭で自分の配偶者に茶碗を投げつけるのである。

疎外というテーマは、これまでに検討してきた諸矛盾の多くに存在する。交換価値の支配によって、商品を現実に手にする事態——その使用価値——は失われ、自然との感覚的関係は遮断される。労働の社会的価値やその意味は貨幣という表象形態によって見えなくなる。孤立した私的利害と国家権力との相反する合理性が永続的に闘いあう中で、さまざまな集団的決定が民主主義的手続きを経て行なわれる可能性も喪失する。社会的富は私人の懐に消え去る（私的な豊かさとみすぼらしい公共物からなる世界が生みだされる）。価値の直接的生産者は、自分が生産する価値から疎外される。階級形成を通じて人々のあいだに根深い隔たりがつくりだされる。分業が増殖するにつれて、各部分もますます細分化し、それと関連する全体の理解もますます困難になる。法の下の平等という普遍性が最高のブルジョア的美徳だと喧伝されると同時に、社会的平等や社会的公正に対するあらゆる展望が見失われることになる。資本の実現領域における「略奪による蓄積」（たとえば住宅から立ち退かされたりその差し押さえに遭ったりすること）に対する憤りは鬱積していき、ついには手がつけられなくなる。自由は支配となり、隷属は自由となる。

このすべてから導きだされる触媒作用を持った政治的な課題は、資本という経済エンジンによって生みだされる多様な疎外を認識し、それに対決し、それを克服するということである。そして、多様な疎外が生みだす鬱積した力や怒りや失望を、一致団結した反資本主義的対抗勢力の実現へと向かわせることである。われわれには、疎外なき関係（あるいは少なくとも、疎外の度合いが低くなったより人間的に受け入れられる関係）――そのような自然との関係、われわれの相互関係、自分の労働との関係、そして自分の生活の仕方や愛し方との関係――をあえて望む勇気があるのだろうか？　これを実現するためには、われわれは自分たちのさまざまな疎外の起源を理解しなければならない。そしてこれこそが、資本の諸矛盾の研究によって大いに解明される事柄なのである。

生産力の発展と労働の疎外

マルクス主義は社会主義あるいは共産主義への革命的変革をめざしてきたが、その伝統的な取り組み方は、生産諸力（技術）と社会的（階級的）諸関係との矛盾を重視することであった。さまざまな伝統的な共産主義政党の伝承においては、革命的移行は科学的で技術的な問題であって、主体的・心理的・政治的問題ではないと理解された。疎外は検討事項から除外された。なぜなら、それは『資本論』の客観的科学によるものではなく、若きマルクスが「一八四四年の経済学・哲学草稿」◆で表明した人間主義《ヒューマニズム》やユートピア的願望まがいの非科学的概念であったからである。この科学主義的態度は、共産主義的理念の信奉者たちの熱烈な信念にもかかわらず、実行可能なオルタナティブという政治的想像力を捉えそこねた。この態度はまた、精神的に説得力のある主体的理由（科学的に必然的で客観的な理由ではない）を提供しなかったために、広大な反資本主義闘争のなかに人々を動員することもできなかった。それは支配的な経済的・政治的理性の狂気に立ち向かうことさえできなかった（その理由の一つには科学的共産主義が、この経済的理性を大いに尊重し、生産のための生産というその物神的《フェティッシュ》な執着心を受け入れたからである）。支配階級はわが身を危害から守るために、自らの名において物神崇拝《フェティシズム》や擬制《フィクション》を広めてきたが、科学主義的態度は実際、その正体を完全に暴くことができなかった。したがって伝統的な共産主義運動は、これらの擬制や物神崇拝を無意識のうちに再現してしまう永続的な危機にさらされてきた。その上、それは全能の前衛党指導者たちの停滞的で独断的な見解にとりつかれることになった。民主集中制はしばしば、反体制派の立場にあったり、暴力的抑圧という緊急時にあったりした場合には功を奏してきた。だが、この運動が正当な権力を行使できる立場に近づけば近づくほど、民主集中制は破滅的な重荷に転化した。その自由の探求は支配をもたらしたのである。

しかし、生産諸力における変革と、葛藤と矛盾をともなう社会的諸関係とのあいだに中心的な矛盾が存在するというこの見解には、単なる真実の核心以上のものがある。第8章で見たように、資本の技術的発展と、労働や社会的価値の根本的変革とのあいだには深いつながりがある。だが、われわれがこの矛盾やそれ以外の諸矛盾（たとえば分業から生じるそれ）に対して、疎外という観点から取り組む場合には、さらにさまざまなことが推測される。アンドレ・ゴルツはこれを先駆的に解明した。そこで私も、ここでは彼の議論にとにかく従ってみよう。

ゴルツの言葉によれば、技術力の資本主義的発展とともに生じる「労働の経済的合理化」は、「自分たちの労働のなかで疎外され、そのため必然的に消費においても、また必要においても疎外された諸個人」をもたらす。諸個人が「合理的な消費者」（「合理的」とはつまり資本の見地からのことだ）としてその経済的役割を果たすとするなら、これらの個人が管理できる貨幣が増えれば増えるほど（そして前述したように、個人の銀行口座のなかにあってさえ貨幣は無限に増大する可能性がある）、個人の必要もますます増大しなければならない。この社会秩序のなかで奨励される必要の経済と、貨幣に対する欲望とのあいだに一つの弁証法的関係が確立し、螺旋状の相互作用が働きだす。適度な必需品による豊かな生活や安定した「善き生」といった考え方は、より多くの消費財を自分のものにするためにより多くの貨幣を獲得しようとする貪欲さによって押しのけられる。その結果、「古い自由の概念と実存的自律を一掃する」ことになり、市場に参加しそこで勝ち抜こうと終わりなく奮闘しつづけるという限られた自由のために、真の自由を放棄することになる。[3]

この議論の詳細をひも解いてみよう。次のようにゴルツは書いている。

> 根本的な問題は次のことにある。一つの仕事に用いられる技能や能力が職業文化をつくりだすのはどこまでなのか？　そして職業文化と日常生活文化のあいだに、すなわち労働と生活のあいだに統一が存するのは、どこまでなのか？　言い換えれば労働への没頭が、個々人の自己改良や自己犠牲をもたらすのはどこまでなのか？[4]

◆「一八四四年の経済学・哲学草稿」　カール・マルクス『経済学・哲学草稿』光文社古典新訳文庫、二〇一〇年。

▼3　André Gorz, *Critique of Economic Reason*, London, Verso, 1989, p. 22.［アンドレ・ゴルツ『労働のメタモルフォーズ――働くことの意味を求めて　経済的理性批判』緑風出版、一九九七年、四四頁］

▼4　Ibid., p. 80.［同前、一三八頁］

労働における技術は、一見するとこの問題とは無関係である。しかし、われわれがすでに見てきたように、活発な技術変化の多くは労働者の力の剥奪や人員削減のために画策されてきた。このようなイノベーション軌道は労働者の生活を改良することとはまったく相いれない。技術はそれ自体の制御対象をもたらすだけだ。これ以外の特殊な文化を技術が引き起こすことはないし、それは不可能なのである。技術は、世界との感覚的な相互作用と個人とのつながりを切断するのだが、そこにあるのが技術の暴力である。ゴルツの言葉によれば、それは「自分たち自身の感性を否定する抑圧の一形態」である。優しさや思いやりは認められない。われわれも見たように、自然は「道具のように」扱われ、このことが「自然を侵し、自分の身体も他人の身体も侵害する」。

> 日常生活の文化は暴力の文化、あるいは極端な形になると、体系的で、練り上げられ、純化され、研ぎ澄まされ〈……〉〔た〕野蛮の文化――この相矛盾する言葉による造語は不可解な両義性をともなっている――なのである。▼5

言うまでもないが、無人航空機《ドローン》攻撃やガス室を考えてみれば、この文化は明白である。しかしゴルツにとって肝心なのは、まさにこの野蛮の文化こそが日常生活の核心そのものに深く浸透しているということである。そして、われわれが生活を送る上で日々使用しているさまざまな道具――自分の労働で扱うものすべてを含む――が、この事態をもたらしている。

明らかに大衆文化のなかには、この不毛な技術文化の影響を何とか人間的なものに変えようという深い憧れが存在している。われわれは、この憧れを次のような場面に見ることができる。『ブレードランナー』◆のレプリカント〔人造人間〕◆は感情を獲得し、『クラウド・アトラス』のソンミ451〔労働専用のクローン人間〕は表現言語を習得する。『ウォーリー』ではロボットが涙を流し、気づかうことを学ぶ（その一方で『ウォーリー』で描かれた世界は、ロボットたちが処理するゴミの山と化している。そしてその世界の上空には、代償的消費財によって太った人間たちが、一人ひとりの「魔法の絨毯」に座っておとなしく浮かんでいる)。あるいは、もっと否定的な描写ではあるが、『2001年宇宙の旅』◆のコンピュータHALは自分勝手に動きだす。この技術の人間化という夢はまったく実現不可能だが、だからといって人々がその夢を繰り返し語ることを思いとどまるわけではない。それではわれわれは、どこに向かえば、自分の世界の再建のためのより人間的な方法を見いだすことになるのか?

ゴルツは次のように主張する。

働くということは、ただ経済的な富を生産することだけではない。それは常に、ある意味で自らをつくりだす手段でもある。したがって、われわれは労働の内容について次のように適切に問いかけなければならない。その労働が、望むべき人間性を備えた人間をもたらすのかどうか、と。

周知のことだが、働く人々の多く――場合によってはその大部分――は自分の仕事に不満を感じている。たとえばギャラップ社によるアメリカでの最新の包括的調査が示すところでは、正社員の約七〇%が出勤を嫌がったか、職場でのやる気がなかった。そして彼らは、あらゆるところで不満をまき散らすことによって事実上の業務妨害を行なっており、その結果、雇い主の側は効率の低下という形で大きな対価を支払わされているとのことである。この調査〔対象者の残り〕の三〇%は、その大部分がゴルツの言う「再専

▼5　Ibid., p. 86.〔同前、一五一頁〕
◆『ブレードランナー』　リドリー・スコット監督の映画作品。一九八二年公開。原作はフィリップ・K・ディック『アンドロイドは電気羊の夢を見るか?』早川書房、一九六九年。
◆『ウォーリー』　アンドリュー・スタントン監督のアニメ映画。二〇〇八年公開。
◆『2001年宇宙の旅』　スタンリー・キューブリック監督の映画作品。一九六八年公開。

門職化」された労働者（設計者、技術者、高度に複雑な技術システム管理者）である。彼の疑問はこうである。

〈この種の労働者は〉従来のタイプの労働者よりも人間の理想像に近づいているのだろうか？　彼に与えられた複雑な仕事は、彼の人生を歪めることなく、彼の人生を満たし、彼に生きる意味を与えてくれるのだろうか？　一言でいえば、この労働はどのように生きられているのだろうか？[6]

技術的文化の暴力は脱却可能なのだろうか？

ゴルツの答えは悲観的である。技術は間違いなく「労働の効率を高め、それにともなう苦痛を、つまり労働時間を減らす」ために使用されることができる。だが、これには代償がともなう。

労働は生活から切り離され、職業文化は日常生活文化から切り離される。自然をより巧みに支配できるようになる代わりに、自己を専制的に支配することが求められる。生きられる経験と実存的自律の場は狭まる。生産者は、何の目的で自分がつくっているのかわからなくなるほど生産物から離れてしまうのである。

これが労働過程における全面的疎外でないとしたら、いったい何であろうか？

ゴルツは続ける。

技術化がもたらすこの代償が受け入れられるのは、労働と時間が節約できるからにほかならない。技術化の表向きの目標もまさにここにあるのであり、それ以外にはない。それは、人間がより少ない労力と時間で、より良いものをより多く生産するために行なわれるのだ。

ここには「労働を、それぞれの個人の人生を満たす生きがいの源にする」などといった展望は存在しない。これが労働過程の内部における矛盾の核心を規定する。技術は、労働における時間と労力とを節約することで、労働者の生きがいをまるごと破壊する。

労働を節約する効果と目的とをもった職務が、同時に、人間の個人的アイデンティティや個人的充足の根源として労働を称揚することはありえない。現代の技術革命の意味とは、労働倫理とか、労働への自己同一化とかを復権させることではありえない。

この革命に意味があるとすれば、労働の苦役から労働者を解放し、「新しいタイプの労働者も含めた人間一人ひとりを非労働活動――つまり技術化された労働のなかでは発揮できない人間性の領域を発展できるような活動」に導く限りにおいてである。[7]

失業や周縁化、雇用保障の欠落という形をとるにせよ、全員の労働時間の短縮という形をとるにせよ、労働（経済的な語意でのそれ）の上に築かれた社会の危機を前にして、諸個人はアイデンティティや社会的帰属の根拠を、労働以外のものに求めざるをえなくなる。

労働者が個人的充足を得る可能性、つまり自尊心を得ることで「他人からの評価」をも得られる可能性は、労働以外のものにしかない。[8]

▼6　Ibid., p. 80.〔同前、一三九～一四〇頁〕
▼7　Ibid., pp. 87-88.〔同前、一五三～一五四頁〕

労働の疎外から必要の疎外へ

全体としての社会は実存的選択を迫られてきた。その選択肢とは、資本蓄積の経済的領域が抑制されて、人間の能力や力が市場と労働の圧政の外で自由に発展させられるか、あるいは「経済の合理性が、少なくとも商品の生産や商品サービスの生産と同じ速さで消費者の必要を増大させなければならなくなる」かである。これはまさにマーティン・フォードが認めた問題であるが、ただし彼は、資本主義的な経済合理性に対するオルタナティブについて語ることは差し控えている。だがゴルツは、〔前述の選択肢における〕この後者――実際に選ばれた道筋――によって引き起こされる事態として次のように述べる。

消費は、生産に奉仕〈するように組織〉しなければならなくなる。生産の機能は、可能な限り効率的に既存の必要を充足させることではもはやなくなる。逆に必要の方が、生産の拡大継続を可能にする機能を持つようになるだろう。

その帰結は逆説的なものであった。

このように、資本の〈実現◆〉における無制限な効率の極大化によって、必要の充足における非効率も、消費における浪費も、否応なく無制限に極大化されることになった。必要、願望、欲望を隔てていた境界も取り払われなければならなかった。使用価値としてはこれまで使っていたものと同じか、それより劣るにもかかわらず、高値がつけられた製品に対して欲望がかきたてられた。〈……〉差し迫った緊急の必要性を、願望でしかないものに与えなければならなかった。要するに、生産によって最も利益を得られる財に対して、需要が創出され、消費者が創出されなければならなかった。そのために豊かさのただ中で、ますます加速されるイノベーションと陳腐化とを通じて、あるいはますます高水準になる不平等の再生産を通じて〈……〉、新しい希少性が絶えず再生産されなければならなかった。

多くの人々の必要を満たすことよりも、必要を創出することが優先されたのである。

経済合理性は、充足率を上げないまま、絶えず消費水準を引き上げていく必要があった。充分さの境界を後退させていき、誰もが物足りないと感じさせつづける必要があった。[9]

富裕な寄生的有閑階級の大量消費主義が、消費の階層化を支配し先導した。この階層化が価値実現の確保にとって不可欠になった。これが、一八九九年に刊行されたソースティン・ヴェブレンの『有閑階級の理論』によって鮮やかに暴きだされた事態である。[10] しかしわれわれは現在では、もしこのような階級がまだ存在していないとすれば、それは生みだされなければならないということも知っている。労働者大衆に対する技術誘発型失業と賃金抑制とによって有効需要の減退が引き起こされるが、この窮地を解決するために疎外的な消費主義が必要とされる。労働者大衆は、ますます顕示的になる消費の大海に、いたる所で没入し飲み込まれる。彼らは、必要の人為的増大に対処するために、また近所の人に負けまいと見栄を張

▼8　Ibid., p. 100.〔同前、一七二頁〕
◆〈実現〉　ゴルツの原文では、資本の「価値増殖」となっている。
▼9　Ibid., pp. 114-115.〔同前、一九三～一九五頁〕
▼10　Thorstein Veblen, *The Theory of the Leisure Class*, New York, Oxford University Press, 2009 edition.〔ソースティン・ヴェブレン『有閑階級の理論』講談社学術文庫、二〇一五年〕

るために、あらゆる犠牲を払って所得を極大化させようと死に物狂いになり、ますます長時間働くことになる。

新しい技術は短時間労働を可能にするかもしれない。だがその代わりに、大衆は長時間労働をすることになった。しかし、これも一つの社会的目的にはかなうものであった。自己実現という自分自身の目標を追求するための自由時間が、ますます多くの個人に認められることは、職場と市場の双方において継続的かつ安定的に労働者を支配するという資本の展望にとっては脅威になる。ゴルツは次のように書いている。

正真正銘の自由時間という、商業的富を生産も消費もしないものが、〈資本主義的な〉経済合理性の中に入り込む余地はない。経済合理性は、客観的必要性からではなく、それが本来持っている論理から被雇用者の完全活用〔常勤雇用〕を強要する。労働者に最大限努力させるように、賃金も設定されなければならない。

労働組合の掲げる賃上げ要求は「実際には、経済システムの合理性を損なわない唯一の要求である」。合理的消費——つまり永続的な資本蓄積との関連での合理的な消費——は、資本の存続にとって絶対的に必要となる。

これに対して、労働時間や労働強化、あるいは労働の組織化やその性格をめぐる要求は、システムを転覆しかねない急進主義をはらんでいる。それは貨幣では満足することのできない要求であり、経済合理性を実質において攻撃し、ひいては資本の権力に打撃を与える。計量化できない価値があり、何でも貨幣で買えるわけではないし、貨幣で買えないものが本質的であり、あるいは本質そのものである——このことに人々が気づけば、「市場にもとづく秩序」は根底から問い直されることになる。▼11

マスターカードの「プライスレス」をうたい文句にした広告の最後は、こうであった。「お金で買えない価値がある。買えるものはマスターカードで」。

自分に向かって差し出されている消費財やサービスが、それを入手するのに受け入れなければならない犠牲を償って余りあるものであり、このような消費が大衆からは切り離された私的幸福の逃げ場をつくる。このように人々を説得することこそ、まさに商業広告に典型的な領分である。

ここにおいて広告の「マッドメン」◆〔業界人〕は〔今やアメリカの経済活動の大きな割合を占めているのだが〕、社会秩序に大混乱を引き起こす主役になる。彼らの標的は民間企業と私的個人である。彼らの使命は「必要でも、単に有用でさえもない」財を消費するよう人々を説得することである。

〈商品は〉常に贅沢や余剰、空想といった要素を含んだものとして現われる。それは、その購入者を「特権的に恵まれた人」と規定することによって、機能的に行動しなければならないという義務や、合理化された世界による圧力からその人間を守るのである。

ゴルツは、これらの財を「代償的財」と規定する。

〈それは〉その使用価値と同じくらい――あるいはそれ以上に――それが無用であることからも渇望される。なぜなら集団的世界から私的特権の逃げ場へという、買い手の逃避行を象徴するのは、この

▼11　Gorz, *Critique of Economic Reason*, pp. 115-116.〔前掲ゴルツ、一九五～一九六、一九八頁〕
◆「マッドメン」　一九六〇年代のニューヨークの広告業界を舞台にしたアメリカのテレビドラマの題名。

無用さという要素（たとえば余計な小物とか装飾品などにある要素）だからである。[12] 広告業界人《マッドメン》が、その巧みな販売活動で証明しているのは、まさにこの過剰な消費主義であり、この無用さなのである。このような過剰な消費主義は、人間の欲求、必要、欲望の充足とはまったく無縁なものである。これは、現ローマ法王〔フランシスコ〕でさえ認める見解である。彼は最近の「使徒的勧告」で次のように訴えている。

現代社会が提供する消費や娯楽が持つ際限のない可能性〈……〉これによって、あらゆる人々に影響を与える一種の疎外が生まれる。なぜなら、ある社会において、その社会組織や生産や消費のあり方が、人々の連帯の樹立と自己贈与とを困難にするなら、その時この社会は疎外されているからである。[13]

ただしゴルツは「機能的労働者」について留意している。

機能的労働者は、消費の可能性が十分な代償を与えてくれるという理由から、労働の中での疎外を受容する。それゆえ機能的労働者は、社会化した消費者に同時になることではじめて、出現することができる。ところが、社会化した消費者を生みだすことができるのは、市場経済部門と商業広告だけなのである。[14]

これこそ一九六八年の革命的運動が、個人の自由と自律と社会的公正という、まったくご自慢のレトリックとともに帰着した状況であった――この運動は無縁な消費主義《エィリアン・コンシューマリズム》の世界で道を見失い、代償的財の豊かさのなかに飲み込まれた。なぜなら、この代償的財を所有することは、人間的欲望の市場での選択であり、つまり自由の表われだとみなされたからである。

普遍的疎外と解放のための政治

無縁な消費主義あるいは代償的な消費主義の進展は、それ自体の内部に破壊的な発展力学《ダイナミクス》を抱えている。それはシュンペーターの言う「創造的破壊」を地上に解き放たなければならない。都市における日常生活は絶えず攪乱され、落ち着いた暮らしやつながりや交流関係も繰り返し破壊され、最新の流行や嗜好に道を譲っていく。都市の中産階級化《ジェントリフィケーション》や通俗的商業化《ディズニーランド》のために更地を用意する取り壊しや立ち退きによって、すでに達成されていた都市部の生活構造はこじ開けられ、豪壮華麗な建物や刹那的な一時的生活に道を譲る。略奪と破壊、立ち退きと建設は、精力的で投機的な資本蓄積のための手段になる。それと同時に金融業者、金利生活者《レンティア》、開発業者、土地所有者、起業家的市長といった人物たちが資本の蓄積論理の陰からその最前線に躍りでる。人々の生活環境がつくり直されるばかりか、生存のためになるべき人物像さえも再規定されることになるのだが、このさまざまな過程に対して全面的に疎外感を覚える人々が抵抗する。だがそれにもかかわらず、資本の流通と蓄積という経済エンジンは都市全体を飲み込み、結局は新しい都市形態を吐き出すことになる。社会的再生産の諸過程は、その外から資本によって設計し直される。日常生活は資本の流通のために歪められる。この人間性の強制的な再規定に関連して、それに反抗する人々が結

▼12　Ibid., pp. 44-45.［同前、八二〜八三頁］

▼13　Pope Francis, 'Apostolic Exhortation Evangelii Gaudium of the Holy Father Francis to the Bishops, Clergy, Consecrated Persons and the Lay Faithful on the Proclamation of the Gospel in Today's World', *National Catholic Register*, 15 December 2013, paragraph 196.［教皇フランシスコ『使徒的勧告——福音の喜び』カトリック中央協議会、二〇一四年、一七二〜一七三頁］

▼14　Gorz, *Critique of Economic Reason*, pp. 45-46.［前掲ゴルツ、八三頁］

びつき、これが一群の疎外された諸個人を構成する。それは周期的に爆発するのであり、カイロからイスタンブール、ブエノスアイレスからサンパウロ、そしてストックホルムからエルアルトへとさまざまな暴動をもたらし、潜在的な革命運動に転化することになる。

しかしながら、ここまで述べてきたことは十分な貨幣を保有しているかどうかにかかっている。この貨幣が圧倒的に必要になることから、「かつての非賃金労働者層は、賃金労働を求めるように」促され、そのことがまた「代償的消費の必要」をいっそう増大させる。

〈その結果〉賃金の獲得が活動の本質的目的になり、金銭的代償が得られない活動がすべて受け入れがたくなるまでになる。貨幣が他の価値を押しのけて、あらゆる活動を測る唯一の尺度になる。

これと並行して「私的な領域に身を隠し、『個人的』な利益の追求を最優先させる誘因」がまかり通る。

〈それゆえ、このことが〉連帯と相互扶助のネットワークを解体し、社会や家族の絆を分断し、われわれの帰属感を打ち砕くことになる。〈無縁な〉消費主義によって社会化された個人は、もはや社会的に一体化した個人ではなく、他人から自分を区別することで「自分自身」でありたいと思うように奨励されている個人であり、共同的状況の責任を共同行動で引き受けることがないという一点（社会的に消費へと誘導されるという一点）だけで他人と類似しているような個人なのである。▼15

特定の場所や文化的形態に愛着や忠誠心を抱くことは時代錯誤だとみなされる。これこそが、蔓延する新自由主義的倫理が企て、ついには実現した状況ではないのか？

だが、前述したように「正真正銘の自由時間という、商業的富を生産も消費もしないものが」資本主義的な「経済合理性のなかに入り込む余地はない」と考えるなら、生産から解放された時間が多くなればなるほど、消費や消費主義へとその時間を吸収することもますます必要不可欠になる。次のような危険が絶えずつきまとう。つまり、自由に結合しながら自己創造を行なう諸個人が、生産の雑務から解放された上に、あらゆる労働節約型で時間節約型の消費支援技術（電子レンジ、洗濯機、乾燥機、掃除機、さらにはエレクトロニック・バンキングやクレジットカード、そして自動車は言わずもがなである）の恩恵にも浴すことから、オルタナティブな非資本主義的世界を建設しはじめるかもしれない、という危険である。たとえば彼らは、支配的な資本主義的経済合理性を拒む傾向に陥るかもしれないし、時として過酷を極めるような資本による時間的規律の圧倒的支配を巧みに避けはじめるかもしれない。このような不測の事態を回避するためには、資本はその実現を通じてますます多くの財やサービスを吸収するだけではない。それは、新しい技術によって解放される自由時間を何とかして占拠することをも模索しなければならない。この点で資本は少なからず成功している。時間節約型技術が生産でも消費でも普及している最中《さなか》にあって、多くの人々が自由な創造的活動のための時間を失うことになる。

この逆説はどのようにして生じるのか？　当然のことだが、われわれの周囲にある時間節約型の身の回り品をすべて取り扱い運用し補修するには多くの時間がかかる。そして、この身の回り品が増えれば増えるほど、それにかかる時間も長くなる。その支援《サポート》組織がまったく複雑なものであることから、われわれはサービスセンター、クレジットカード会社、電話会社、保険会社などに延々と電話をかけ電子メールを送りつづける羽目になる。また最新の技術機器に対する物神崇拝を中心とした文化的習慣が、われわれの想像力の遊戯面を捉えてしまっていることも疑いえない。このために、われわれは連続ホームコメディを無駄に視聴したり、何時間もインターネット空間を徘徊したりコンピュータ・ゲームで遊んでいたりする。われわれは、いたる所で「大量破壊兵器」に取り囲まれている。

しかしこのいずれも、現状のように時間が人々から離れ去る理由を説明するものではない。私見では、

▼15 Ibid., pp. 46-47.［同前、八四～八五頁］

より深い理由は、消費時間が蓄積の潜在的制限になるという問題に対する資本の構造化された対処法にある。さまざまな非耐久財や、簡単に古くさく時代遅れになるさまざまな財が生産され販売されており、それとともに一瞬で消費されるようなイベントやスペクタクルも生みだされている。前述したように、その極めつけとして、消費者がフェイスブックで自分のスペクタクルを生産するという驚くべき明確な逆転現象も起きている。これらのソーシャルメディア形態から資本にもたらされる使用料《レント》は〔資本の存続に〕必要不可欠になっている。だがその一方で、これらの消費形態は膨大な時間も吸い上げている。さまざまな情報通信技術は諸刃の剣である。これらの技術は、疎外された教養ある若者たちによって政治的目的のために——革命的目的のためにさえ——活用されることがある。さもなければ、この技術は、気晴らしのための冷やかしあいや無駄話や噂話を通じて時間を吸い上げることもできる（それとともにグーグルやフェイスブックの株主といった他人に対して着実に価値をもたらすのである）。

人々の生活や精神的過程や政治的志向性が、現代的生産の大半を占める偽りの時間つぶし作業か、無縁な消費主義の追求か、そのいずれかに取り込まれ全面的に吸い取られる。そうなれば、資本主義的経済合理性に対する反論は困難になり、最悪の場合には不可能になる。電子メールやフェイスブックに没頭することは、政治的行動主義《アクティヴィズム》ではない。ゴルツはそれを正しく理解している。

労働時間の節約によって時間が解放できないとすれば、また解放された時間が「諸個人の自由な自己実現」に使われないとすれば、こうした労働時間の節約には何の意味もないことになる。

社会の向かう先は、「実質所得の引き下げなしに、労働時間を計画的かつ段階的に短縮し、同時に一連の付随的政策と結びつけて、この解放された時間をすべての人々の自由な自己実現の時間にすること」なのかもしれない。だが、このような解放のための発展は、資本主義的階級権力のために極度に脅かされており、そこに築かれた抵抗や制限も強固なものになっている。

生産力の発展は、それ自体としては必要労働の量を減らすことができる。だが、この時間の解放をすべての人々の解放のために役立てる条件を生みだすことは、生産力の発展だけでは不可能である。歴史は、今よりも大きな自由を得る機会をわれわれの手の届く範囲に与えることがあるかもしれない。だが、この機会を自力で掴み、そこから恩恵を得るという責務が、われわれから免除されることはありえない。言うなれば、背後で進行する物質的決定論の結果として、われわれがひとりでに解放されることはないだろう。一つの過程に内包される解放の潜在力は、人間がそれを掴みとり、それを駆使して自らを解放しない限り、現実化されえないのである。[16]

資本が生みだす多様な疎外と集団的に対決することは、ガタガタと音を立ててきている経済エンジンに対抗する上で、その強力な動員手法になる。このエンジンは、ある種の危機から別の危機へと資本主義を向こう見ずに動かしつづけ、自然との関係や人間相互の関係に対して潜在的には破滅的な影響を及ぼしている。普遍的疎外は真の政治的対応を要求する。それでは、この対応はどのようなものになるのだろうか？

政治的対応における矛盾——右翼的運動の台頭

繰り返しておくが、矛盾に対して矛盾のない対応というものは存在しない。普遍的疎外に対して各地で多岐にわたり展開されている現代の政治的対応を分析すると、非常に不穏な状況が見えてくる。ヨーロッパではファシズム政党が伸張し（ギリシア、ハンガリー、フランスにおいて特に過激で顕著である）、アメリ

▼16　Ibid., pp. 184-185.［同前、三〇六〜三〇七頁］

カでは政府への資金供与の停止と政府閉鎖という特異な目的をもった共和党の茶会党派《ティーパーティー》が組織されている。これらは、徹底的に疎外された一部の人々がさまざまな政治的解決を模索していることをはっきりと示すものである。彼らは暴力に対して尻込みすることはないし、脅威にさらされている自分たちの自由を守る唯一の方法が、全体主義的支配という政治的目標の追求だと確信している。このような政治的潮流を支援し、そしてある程度かみあってさえいる事態も起きている。それは、自由主義的な統治性《ガバメンタリティ》の永続化に必要不可欠な抑圧的寛容の壁を突破する恐れのあるあらゆる運動に対して、軍事的対応がとられているということであり、しかもこの対応がますます暴力的になっているということである。次の事例を検討してみてほしい。アメリカでは占拠運動《オキュパイ》◆が警察の過度の暴力でもって弾圧された。トルコのタクシム広場ではじまって今も継続中の平和的な抗議活動は、さらに暴力的な対応を被っている。アテネのシンタグマ広場での警察活動には、「黄金の夜明け《ゴールデン・ドーン》」［ギリシアの極右政党］のファシスト的戦術めいたものがある。チリでは警察の蛮行が学生の抗議運動に加えられ、それが今も続いている。バングラデシュでは危険な労働条件に抗議する人々が政府の組織的攻撃の対象になっている。エジプトでは「アラブの春」運動に対して軍事的対応がとられている。コロンビアでは労働組合の指導者たちが殺害されている。このような例はほかにもたくさんある。この状況が、国家機関の側が監視調査網や法的懲罰措置を急速に拡大している最中《さなか》に起きている。国家機関はテロとの戦争に専念しており、活発に組織された反資本主義的抗議運動をテロ行為の同類だと見なす傾向にある。

　アメリカの政治的分布図における極左と極右の両者には広範な同意が存在している。それによると、現在あるような国家体制はその権力の点で行き過ぎたものになっており、それと闘わなければならないというのである。これは国家体制からの広範な疎外を示している。歴史的に国家体制が取り組んできた課題は、党派を超えて、そして階級分断さえも超えて、同意と社会的一体性とを（通常、国民的アイデンティティや国民統合について築かれたつくり話《フィクション》に訴えることによって）つくりあげることであった。ここで参考になるのがフーコーの統治性《ガバメンタリティ》分析である。一六世紀から一七世紀にかけての財政軍事主義◆の段階を経てヨーロッパ世界に引き継がれた専制的で絶対主義的な中央集権国家は、ブルジョア的原理やブルジョア的実践に適応しなければならなかった。その結果として国家は、実現不可能なユートピア的自由放任《レッセフェール》政策を固守することになった。イギリスの場合、この変容は見事に達成されたが、それは統治性をつくりあげる手段として「自由」を活用したからである（後にアマルティア・センが発展途上諸国で提唱したことと同じである）。これは、資本主義国家がその専制的権力に対してさまざまな制限を内部化しなければならなかったということであり、自由に活動する諸個人に同意の産出をゆだねなければならなかったということである。それらの諸個人は、国民国家を中心とした社会的一体性という考え方を内面化した。何よりも彼らは、市場手続きを通じた活動規制に同意しなければならなかった。中央集権的権力に対しては明確な制限が設けられた。アメリカの茶会党《ティーパーティー》も、アウトノミア派やアナーキストも、その政治的立場は国家の制限あるいは破壊を求めている点で一致している。ただしそれは、右派の側では純粋な個人主義の名において求められ、左派の側ではある種の個人主義に支えられた連合主義《アソシエーショニズム》の名において求められている。特に興味深いのは、既存の生産様式やその最新の政治的表現が、それ自体の主要な対抗勢力の空間と形態の両方を規定することである。新自由主義の主導的《ヘゲモニック》な諸実践は、経済的領域と政治的領域の双方において分散しネットワーク化された対抗勢力を引き起こしてきたのである。

普遍的疎外に対する明確な右翼的対応は理解可能なものであると同時に、そこから予測される事態には脅威も感じざるをえない。結局のところ、これらの種類の問題に対する右翼的対応が過去において巨大な

◆占拠（オキュパイ）運動　二〇一一年、ニューヨークのウォールストリートで発生した、アメリカ政財界に対する一連の抗議運動。「ウォールストリートを占拠（オキュパイ）せよ」を合言葉として、反格差社会を掲げ、直接民主主義的運動を展開したが、大規模なものは数カ月で鎮圧されるか沈静化した。

◆財政軍事主義　常備軍の保持と拡張のために、財政確保が図られる国家経済モデル。本書七二頁以降も参照のこと。

歴史的影響を及ぼしたからである。われわれがこの歴史から学ぶことは不可能なのだろうか？　そしてより適切な反資本主義的対応を実行し、現代の諸矛盾を進歩的に解決することも不可能なのだろうか？

［終章］
資本主義以後の社会
――勝ち取られるべき未来の展望

太古の昔から存在した人間は、継承した世界を個人的あるいは集団的に構築し直し、自分たちにとってよりよいものにすることができると信じてきた。また非常に多くの人々が信じたのは、その構築の過程において、人間自身も異なる存在――場合によってはより良い存在――に自己を刷新できるかもしれないということであった。私自身、この両方の命題を信じる人々の一員である。たとえば『反乱する都市』のなかで、私は次のように論じた。

われわれがどんな都市を望むのかという問いは、われわれがどんな人間になりたいのか、どんな社会的諸関係を求めているのか、自然とのどんな関係を大切にしているのか、どんな生活様式を望むのか、どんな審美的価値観を抱いているのか、といった問いと切り離すことはできない。

そして次のようにも書いている。

「都市への権利」は、都市が体現している諸資源に対して個人や集団がアクセスできる権利をはるかに超えるものである。それは、われわれの内心の願望により近い形で都市をつくり直し、再創造する権利である。〈……〉われわれの都市とわれわれ自身をつくる自由、そしてそれらをつくり直す自由は、われわれの人権の中で最も貴重だが最も軽視されているものの一つである〈……〉。[1]

おそらくこの直感的な理由から都市は、その歴史を通じて絶えず焦点となってきた。都市という存在から、より幸福な未来と疎外のない時代とをめざすユートピア的願望が豊かにあふれだしたのである。

人間主義の光と影

われわれが意識的な思考や活動を通じて、自分たちが生きている世界と自分たち自身とをより良いものに変革できるという信念は、人間主義的《ヒューマニスト》な伝統の特徴である。この伝統の世俗的ヴァージョンは、尊厳、寛容、同情、愛、そして他人の尊重などに関するさまざまな宗教的教養と重なりあっており、歴史的にもしばしばその影響を受けている。人間主義《ヒューマニズム》とは——宗教的なものであろうと世俗的なものであろうと——、人間の可能性や能力や力の解放という観点からその成果を判断する世界観である。それは制約なき諸個人の開花と「善き生」の構築というアリストテレス的展望に同意する。あるいは現代のルネサンス的教養人であるピーター・バフェットの定義によれば人間主義は、諸個人に対して「その素質の真の開花や楽しく充実した人生を送る機会」を保障する世界である。[2]

この思想と活動の伝統は時代や場所に応じて活発になったり下火になったりしているが、けっして滅びたことはないと思われる。ただしそれは、より古くからある伝統的な諸教義に立ち向かわなければならなかった。このような教義は、われわれの運命と幸運をさまざまなものに帰していた。たとえば、その原因は神にあったり、特定の創造主や神性にあったり、盲目的な自然の諸力にあったり、遺伝と突然変異を通じて強いられる社会的な進化法則にあったり、技術発展の軌道を決める鉄の経済法則による社会発展法則にあったり、あるいは世界精神によって定められた隠された目的論にあったりするとされた。人間主義にも極論や暗黒面が存在する。ルネサンス期の人文主義《ヒューマニズム》には、いささか放蕩者的な特徴があった。それゆえこの主唱者の一人であったエラスムス◆は、ユダヤ＝キリスト教的伝統を放棄してエピクロス的伝統を導入したことについて気に病まざるをえなくなった。人間主義は時に、あらゆる存在——たとえば自然——との関係で、プロメテウス的で人間中心主義的に人間の能力や力を捉えることがあった。ついには一部の勘違いした人々が、神の次に位置するわれわれこそが宇宙を支配できる超人（Übermenschen）だとさえ信じたのである。特定の人間集団が、尊重すべき人間に値するものとみなされなくなる場合、この種の人間主義はさらに悪質なものになる。両アメリカ大陸における先住民が植民地入植者と遭遇した際、その多くがたどった結末こそがこれである。先住民は「未開人」と名指しされたがために、彼らは自然の一部だとみなされ、人類の一員とは考えられなかったのである。このような傾向は一部の人々のあいだで今も健在であり、だからこそラディカル・フェミニストであるキャサリン・マッキノンは、この問題に関する著書『女性は人間か？』を執筆したのである。▼3 多くの人々の目には、このような排除が近代社会の系統的で全

▼1　David Harvey, *Rebel Cities: From the Right to the City to the Urban Revolution*, London, Verso, 2013, p. 4.〔デヴィッド・ハーヴェイ『反乱する都市——資本のアーバナイゼーションと都市の再創造』作品社、二〇一三年、二六頁〕

▼2　Peter Buffett, 'The Charitable-Industrial Complex,' *New York Times*, 26 July 2013.

◆**エラスムス**　ネーデルラント出身の人文主義者、カトリック司祭（一四六六〜一五三六年）。この当時、古代ギリシアの哲学者であるエピクロスは「放蕩者」「不敬虔者」の代表者と見られた。エラスムスの同時代人で宗教改革を起こしたマルティン・ルターは、人間の自由意思の存在を認めるエラスムスを、エピクロス主義者として批判した。これに対してエラスムスは、有徳な生を生きる者が最上の喜びを得るとして、真のキリスト者は真のエピクロス主義者だと反論した。

▼3　Catherine MacKinnon, *Are Women Human?: And Other International Dialogues*, Cambridge, MA, Harvard University Press, 2007.

体的な特徴であるように映っており、それを示すのが、ジョルジョ・アガンベンの「例外状態」という定式に対する高い評価である。この世界における非常に多くの人々が「例外状態」のなかに生きているのである（グアンタナモ湾の収容者◆が、その最たる例である）。[4]

啓蒙的な人間主義的伝統が健在であり返り咲きさえしつつあるという、多くの兆候が現在見受けられる。世界中の大勢の人々がNGOその他の慈善団体で雇用されているが、彼らを明らかに鼓舞しているのは、この精神である。これらの団体の使命は、不運な人々のライフ・チャンスとその将来の見通しとを改善することである。人間主義的装いでもって資本そのものを飾りたてる空虚な試みさえ存在している。一部の企業リーダーたちは、これを「自覚的資本主義《コンシャス・キャピタリズム》」と名づけようとしている。それは労働者のためとされる労働効率の合理的改善案を含んだ一種の企業家倫理だが、良心の咎めを洗浄する《コンシャンス・ロンダリング》ことのように見える怪しげな代物である。[5] 経済システムは、最良の倫理的意図によって動機づけられているとされ、そのなかで起きるあらゆる不快な出来事は不測の巻き添え被害《コラテラル・ダメージ》として理解される。しかしながら人間主義は、惜しみなく——しばしば物質的見返りもなく——他人の幸福に無私無欲で献身させる意欲を、無数の個人に対して引き起こさせる精神でもある。キリスト教的人間主義、ユダヤ教的人間主義、イスラム教的人間主義、あるいは仏教的人間主義から広範な宗教的慈善団体が出現したのであり、マハトマ・ガンディー、マーティン・ルーサー・キング、マザー・テレサ、ツツ大主教といった伝説的人物も現われた。世俗的伝統のなかにも人間主義的な思想や活動は多様なものがある。たとえば、コスモポリタン的人間主義、自由主義的人間主義、社会主義的人間主義、そしてマルクス主義的人間主義といった諸潮流が明らかに存在している。そして言うまでもないことだが道徳哲学者たちや政治哲学者たちは何世紀にもわたって、多様な——相反しさえする——倫理思想体系を考案している。その体系の根拠とされた正義やコスモポリタン的理性や解放的自由といったさまざまな理念は、時として革命のスローガンをもたらした。「自由、平等、友愛」はフランス革命の標語であった。古くは〔一七七六年の〕アメリカ独立宣言、それに続く〔一七八七年の〕アメリカ合衆国憲法、そして——おそらくはるかに重要なことであるが——〔一七八九年の〕「権利章典」と呼ばれるあの感動的な規定文書◆は、いずれも後続の政治運動を励まし、さまざまな憲法体系を後押しする機能を果たしてきた。ボリビアやエクアドルでは近年、素晴らしい憲法が可決されたが、このことは、人間生活を規制する諸原則として進歩的な憲法を起草するという手法がけっして死んでいないということを示している。そしてより生きがいのある人生を求める人々は、この伝統から生みだされた数多くの文献の意味を理解している。私の言いたいことを理解したいのなら、英語圏世界のなかでトマス・ペインの『人間の権利』やメアリ・ウルストンクラフトの『女性の権利の擁護』が過去に及ぼした影響をちょっと考えてみてほしい（称賛すべき類似の著作が、世界のほとんどすべての伝統に存在する）。

ここまで述べてきたことに二つの裏面があることはよく知られているが、そのいずれも読者はすでに目にしてきた。第一に、普遍的な決まり文句が最初にどれほど気高く表明されようと、人間主義的な普遍的要求は特定の利権集団や分派や階級のために繰り返し悪用されてきたのであり、それは阻止しがたい事態である。これが慈善事業的植民地主義を生みだすのであり、ピーター・バフェットはとても雄弁にそれを告発している。これがカントの高潔なコスモポリタニズムと永久平和の探求とを歪め、それらを帝国主義的で植民地的な文化支配の道具に変容させる。その現代における象徴が、CNNネットワークと提携した

◆グアンタナモ湾の収容者　二〇〇二年以降、アフガニスタンやイラクからアメリカ軍によって連行されて、キューバにあるグアンタナモ米軍基地に収容されている「テロリスト」容疑者のこと。

▼4　Giorgio Agamben, *State of Exception*, Chicago, Chicago University Press, 2005.［ジョルジョ・アガンベン『例外状態』未來社、二〇〇七年］

▼5　John Mackey, Rajendra Sisodia and Bill George, *Conscious Capitalism: Liberating the Heroic Spirit of Business*, Cambridge, MA, Harvard Business Review Press, 2013.［ジョン・マッキー、ラジェンドラ・シソーディア『世界でいちばん大切にしたい会社――コンシャス・カンパニー』翔泳社、二〇一四年］

◆「権利章典」と呼ばれるあの感動的な規定文書　基本的人権を規定している合衆国憲法修正第一条から修正第一〇条のこと。

ヒルトン・ホテル的コスモポリタニズムであり、飛行機のビジネス・クラス常連客の存在である。また、これが国際連合の世界人権宣言に記された人権原理を悩ませている問題であり、つまり自由主義的理論の個人的権利や私的所有権を特権的に扱うことから集団的諸関係や文化的諸要求を犠牲にすることになる。さらに、これが自由の理念と実践を統治性《ガバメンタリティ》の一手段に転化させ、資本家階級の豊かさと権力とを再生産し恒久化するのである。第二の問題は、あらゆる信条や権利の具体的体系を施行するには一定の規律権力が常に存在しなければならない、ということである。この権力は通常、軍事力に支えられた国家その他の一定の制度的機関によって行使される。ここでの困難は明らかである。世界人権宣言によれば個人の人権は国家によって施行されることになるのだが、それに対して国家はしばしば、この人権を真っ先に侵害するのである。

　要するに、人間主義的伝統にある困難とは、この伝統がそれ自体の避けがたい内的諸矛盾――自由と支配の矛盾において最も明瞭に把握されるそれ――について、その十分な認識を内部化できていないことにある。それゆえ、今日の人間主義的な傾向や感情はしばしば、いささか行き当たりばったりで困惑した様相を呈している（その立場が宗教的原理や宗教的権威に確実に支えられている場合は例外である）。結果として現在、無数の個人的活動がこの伝統に緩やかに同意し、その明らかな長所を論じさえするとしても（NGO世界でよくあることだ）、世俗的人間主義の提案もその展望も真剣に擁護されることがない。そこにあるさまざまな危険な罠や基本的な諸矛盾、とりわけ強制や暴力や支配の問題は敬遠される。なぜなら、それらはあまりにも厄介であるために対決不可能であるからだ。その行き着く先が、フランツ・ファノンが述べた「吹けば飛ぶような人道主義」である。▼6 その兆候の多くが、この伝統の最近の復活のうちにはっきりと示されている。世俗的人間主義のブルジョア的で自由主義的な伝統が、感傷的な倫理的土台を形づくっている。それを基盤として、嘆かわしい世界の状態についておおむね無力な道徳的説教が説かれており、慢性的貧困と環境悪化といった苦境に対してこれまた無力なキャンペーンも行なわれている。この理由からおそらく、フランスの哲学者ルイ・アルチュセールは、一九六〇年代に激烈で影響力もあったそのキャンペーンに乗り出したのである。彼は、社会主義的人間主義や疎外についてのあらゆる議論をマルクス主義的伝統から放逐しようとした。アルチュセールの議論によれば、若きマルクスが「一八四四年の経済学・哲学草稿」で表明した人間主義は、「認識論的断絶」によって『資本論』の科学的なマルクスから切り離される（われわれは危険を覚悟で、この「断絶」を無視するのだが）。アルチュセールは次のように書いている。マルクス主義的人間主義は純粋なイデオロギーであり、理論的には空虚であり、政治的には人々を誤った方向に導くものであり、最悪の場合には危険である、と。長く投獄されたアントニオ・グラムシなどの献身的なマルクス主義者が「人類史の絶対的な人間主義」に傾倒したことは、アルチュセールの見解ではまったくの間違いであった。▼7

この数十年にわたり人間主義的NGOが共謀的な諸活動を増大させてきているが、われわれがその本質を考えてみれば、アルチュセールの批判も裏づけられると思うかもしれない。慈善事業＝産業複合体が成長しているということは、主に次のことを反映している。世界的な寡頭支配層《オリガーキー》が経済停滞のただ中にあっても、二、三年ごとにその富と権力とを倍増させてきており、したがって彼らにしてみれば「良心の咎めを洗浄すること《コンシャンス・ロンダリング》」を増やさざるをえないということだ。これらのNGO活動は全体として、人間の退廃状況や略奪行為に対処したり、あるいは環境悪化の増大に対処したりするには、ほとんど役立たなかった。こうなるのは構造的理由がある。なぜなら反貧困団体は、そもそも富の蓄積の促進に干渉することもせずに、自分たちのその仕事を果たすように求められるからであり、しかもこの富の蓄積が自分

▼6 Frantz Fanon, *The Wretched of the Earth*, New York, Grove Press, 2005, p. 28.［フランツ・ファノン『地に呪われたる者』みすずライブラリー、一九九六年、六八頁］

▼7 Louis Althusser, *The Humanist Controversy and Other Writings*, London, Verso, 2003［ここに掲載されている論文の多くは、以下の文献に邦訳されている。ルイ・アルチュセール『哲学・政治著作集』第二巻、藤原書店、一九九九年、同『フロイトとラカン――精神分析論集』人文書院、二〇〇一年］; Peter Thomas, *The Gramscian Moment: Philosophy, Hegemony and Marxism*, Chicago, Haymarket Books, 2010.

たちの財源にもなっているからである。反貧困団体で活動するすべての人々が、一夜にして反富裕層政策に転向するならば、われわれはほどなくして、まったく異質な世界に生きることになるだろう。そうした事態に資金を出す寛大な寄贈者はほとんどいない。私は、ピーター・バフェットですら資金を出さないのではないかと疑っている。そして現在、問題の中心に位置しているNGOも、そんなことをいずれにせよ望みはしないだろう（ただしNGO世界内部にいる多くの個々人はこれを望んでいるだろうが、ただ実行できないだけなのである）。

人間性の追求と革命的暴力との矛盾

それでは、われわれが反資本主義的活動を通じて世界を革新的に変化させ、多様な人々が存在する別種の場所を実現するためには、いかなる種類の人間主義を必要とするのか？

私は、世俗的な革命的人間主義を明言することが喫緊の必要であると考えている。世俗的な革命的人間主義は、宗教を基盤とするさまざまな人間主義（それはカトリック系とプロテスタント系双方の「解放の神学」に、あるいはヒンズー教、イスラム教、ユダヤ教、そして先住民信仰といった各宗教文化圏の類似の運動にきわめて明確に示されている）と提携し、それによって多様な形態での疎外に反抗し、資本主義的状況から世界を脱却させ、それを根本的に変革しうるのである。世俗的な革命的人間主義という強力な――しかし問題含みの――伝統が、理論と政治的実践の双方のなかに存在する。これはルイ・アルチュセールがまったく拒絶した人間主義の一形態である。だが、アルチュセールの介入が大きな影響を及ぼしたにもかかわらず、革命的人間主義は、マルクス主義的で急進的な伝統でも、その外にある伝統でも、力強く明確に表明されている。それはブルジョア的な自由主義的人間主義とは大きく異なる。世俗的な革命的人間主義は、人間であることの証として不変で所与の「本質」が存在するという考え方を否定しており、したがってわれわれは、どのようにして新しい人間になるべきかについて真剣に考えることを迫られる。それは「一八四四年の経済学・哲学草稿」のマルクスと『資本論』のマルクスとを統一する。あらゆる人間主義的プログラムが世界を変革しようとするなら、進んで活用せざるをえない矛盾があるのだが、革命的人間主義が射抜くのは、この矛盾の核心である。革命的人間主義は次のことをはっきりと認める。多くの人々にとって幸福な未来を実現しようとしても、その展望は、一部の他の人々に不幸を命じざるをえないことから必ず完璧なものではなくなる。金融寡頭支配層は略奪され、バハマ沖に停泊中のヨットのなかでキャビアとシャンパンのある昼食をもはや食べられなくなるのだが、そうなれば、より平等主義的な世界にあっても自分たちの幸運と富とが小さくなることに対して疑いなく不満が表明されることになるだろう。われわれが善良な自由主義的人間主義者であれば、彼らに少し同情さえ感じるかもしれない。革命的人間主義者であれば、そう思うことを必死に耐えるのである。われわれは、このような諸矛盾に対するこの非情な対処法を承服できないかもしれない。だが、革命的人間主義の実行者たちにある基本的な誠実さとその自己認識とは認めなければならない。

一例として、フランツ・ファノンという人物の革命的人間主義を検討してみよう。ファノンは精神科医であり、悲痛で暴力的な反植民地戦争の渦中にある病院に勤務した（この戦争は、ジッロ・ポンテコルヴォ監督の映画『アルジェの戦い』◆のなかで見事に記録されている——ついでに言えば、この映画は現在、反乱鎮圧活動の訓練のためにアメリカ軍によって利用されている）。ファノンは、入植者と闘っている植民地化された人々の側に立ち、彼らの自由と自律を求める闘争について綿密に書き記した。彼の分析は、アルジェリアの事例に特化されてはいるものの、労働者と資本の闘争も含めて、あらゆる解放闘争で引き起こされるさまざまな問題を明らかにしている。しかもそれは、まったく劇的でより平易な言葉で書かれている。その理由はまさに、彼の分析が立脚した現実にある。人種的・文化的・植民地的な抑圧活動と退廃状況といっ

◆**映画『アルジェの戦い』**　フランスの植民地だったアルジェリアの独立闘争を描いたもので、一九六六年に公開。ヴェネチア国際映画祭で金獅子賞を受賞。

たさまざまな様相が次々ともたらされ、ついには極度に暴力的な革命的状況が引き起こされた。この状況を脱却する平和的な解決策は不可能に思われた。ファノンにとって基本的な問題は、植民地支配という非人間化に向けた実践と体験とにもとづいて、人間性という良識がどのように回復されるべきなのかであった。彼は『地に呪われたる者』で次のように書いている。

> 君たちが、また君たちの同胞が、犬のように殺されるその時から、君たちにはもはや自己の人間としての重みを取り戻すために、ありとあらゆる手段を用いることしか残されていないのだ。それゆえ君たちは、君たちの拷問者の肉体の上にできる限りの重さでのしかかり、どこかにさまよっている彼の精神にいつかは人間的次元を回復させなければならない。〈……〉〈このようにして〉人間は自己の無限の人間性を要求し、また同時に主張するのである〈……〉[8]。

そこには常に「乾かさなければならない涙があり、打倒すべき非人間的態度があり、排除されるべき卑屈な話し方があり、人間化すべき人間が存在する」[9]。ファノンにとって革命は、社会の一部分から別の一部分への権力の移行だけを目的とするものではない。それは、人間性――ファノンの場合には、脱植民地《ポスト・コロニアル》に特有な人間性――の再構築と、人間であることに付随する意味の根本的変容とを必要とした。

> 非植民地化とは文字通り新しい人間の創造である。しかし、この創造は、いかなる超自然的な力にも帰せられるものではない。植民地化されて「物」となった者が、自らを解放する過程そのものにおいて人間になるのであるから[10]。

したがってファノンの主張によれば解放闘争は、植民地状況においては不可避的に国民主義／民族主義的《ナショナリスト》な言葉でもって構成せざるをえないだろう。

〈だが〉国民主義／民族主義《ナショナリズム》は、もしそれが明白にされず豊かにされず深められもしないとしたら、もしそれが急速に政治的・社会的意識へと、人間主義へと転化できないとしたら、袋小路に人を導くことになる。[▼11]

言うまでもなくファノンは、必然的な暴力を受け入れ妥協を拒絶することで、多くの自由主義的な人間主義者に衝撃を与える。彼は次のように問いかける。入植者たちの行使する組織的暴力によって構造化されている状況において、非暴力は、はたして可能なのか？　飢えた人々がハンガー・ストライキを続けることに何の意味があるのか？　ヘルベルト・マルクーゼが問うたように、寛容できぬものを寛容するという美徳に対して、われわれはなぜ納得しなければならないのか？　分割された世界において植民地権力が植民地化された人々を、生まれつき人間以下の邪悪な存在として規定するのだが、このような世界において妥協は不可能である。周知の通り、〔ジョージ・W・ブッシュ政権期のアメリカ〕副大統領ディック・チェイニーは「悪とは交渉できない」と語った。これに対してファノンは、おあつらえ向きの回答をしていた。

入植者の仕事は、植民地化された人々の自由の夢さえも不可能にすることにある。植民地化された人々の仕事とは、入植者を抹殺するためのいっさいの可能な方途を考えだすことである。〈……〉「現

▼8　Fanon, *The Wretched of the Earth*, p. 221.〔前掲ファノン、二九二〜二九三頁〕
▼9　Fanon, *Toward the African Revolution: Political Essays*, New York, Grove Press, 1988, p. 16.〔フランツ・ファノン『アフリカ革命に向けて——フランツ・ファノン著作集　4』みすず書房、一九八四年、二二頁〕
▼10　Fanon, *The Wretched of the Earth*, p. 2.〔前掲ファノン『地に呪われたる者』、三七頁〕
▼11　Ibid., p. 144.〔同前、一九六〜一九七頁〕

地人、絶対悪」の理論に「入植者、絶対悪」の理論が応じる。[12]

このように分割された世界では交渉も妥協もそのめどがまったく立たない。だからこそイラン革命以降、アメリカとイランとの関係はずっと断絶したままなのだ。ファノンは次のように指摘している。

> 〈植民地都市に設けられた〉原住民の居住地帯は、ヨーロッパ系入植者の居住地帯を補うものではない。〈……〉純粋にアリストテレス的な論理学に支配された〈全体としてのこの都市は〉〈……〉相互排除の原則に従っている。[13]

二つの地帯には弁証法的関係が欠けており、この違いを解体する唯一の方法は暴力によるしかない。

> 植民地世界を破壊することは、文字通り入植者の居住地帯を破壊すること、それを地底深く埋葬し、あるいはこの領土《テリトリー》から追放することにほかならない。[14]

このようなプログラムに感傷など微塵もない。ファノンは次のように明確に理解した。

> 植民地化された人々にとって、この暴力は彼らの唯一の仕事であるがゆえに、積極的で創造的な性格を帯びる。各人が巨大な鉄鎖の暴力的な一環であり、入植者の最初の暴力に対する反応として現われた偉大な暴力組織の一環である以上、この暴力の実践は全体化する。〈……〉個々人の水準においては、暴力は解毒作用を持つ。植民地化された人々からその劣等コンプレックスや、受動的ないし絶望的な態度をとり去ってくれる。暴力は彼らを大胆にし、自分自身の目に尊厳を回復させる。たとえ武装闘争が象徴的なものにすぎず、速やかな非植民地化のために民衆が武装解除されようとも、民衆

は、自分たちの解放がすべての人々の成果であり、また各自の成果であった〈……〉ことを納得するだけの余裕を持つのである。[15]

しかし『地に呪われたる者』がきわめて見事なのは、それどころか精読する人の目に涙を誘いその読書行為を焼けつくすまでに人間的なものにするのは、この本の後半である。そこに書かれているのは、それぞれの境遇に強いられて解放闘争の暴力に関与した〔入植者と植民地化された人々の〕両者の側に心的外傷が生じているという、いくつもの衝撃的な描写である。われわれは今でこそ、ベトナム、アフガニスタン、イラクなどで軍事行動に加わったアメリカその他の国の兵士たちの心理的損傷についてはるかによく知っているし、また外傷後ストレス障害の結果、彼らの人生を襲った恐るべき災難についてもわかっている。これをファノンは、アルジェリア植民地体制に対する革命的反対闘争の最中《さなか》にあって深い同情をもって記したのである。その地が植民地から解放されたとしても、途方もない仕事がやり残されている。それは傷ついた魂の精神的治癒だけではない。ファノンは、植民地的思考や植民地的存在の影響が残存する（あるいは再現しさえする）危険をはっきりと理解していたが、このような危険を緩和することも未解決のままなのである。

植民地化された主体は、支配の終焉のために闘う。しかし彼はまた同じように、抑圧者によってその肉体のうちにたたき込まれたあらゆる真実に反することを一掃すべく心を配らなければならない。

▼12　Ibid., p. 50.〔同前、九一頁〕
▼13　Ibid., p. 4.〔同前、三九頁〕
▼14　Ibid., p. 6.〔同前、四一頁〕
▼15　Ibid., pp. 50-51.〔同前、九二〜九三頁〕

アルジェリアに存在していたような植民地体制の下では、植民地主義によって教え込まれた思想は、単に少数派であるヨーロッパ人のみならず、アルジェリア人にも影響を及ぼした。完全な解放とは人格のあらゆる側面の解放である。〈……〉独立は魔除けの言葉ではなく、真に解放された人間の存在に、つまり社会の徹底的変革を可能とするあらゆる物質的な力の支配（master）に必要不可欠な条件なのだ。▼16

ここで私が暴力の問題を提起しないのは、ファノンと同様である。なぜなら私も彼も暴力を認めるからである。ファノンが暴力を強調したのは、人間的状況の論理の崩壊があまりにも頻繁になったあげく、他に選択肢がなくなるからである。ガンディーでさえ、そのことを認めていた。だが暴力という選択肢は、潜在的に危険な影響をともなう。革命的人間主義は、この困難に対してある種の哲学的な回答を提供しなければならないし、そのはじまりにあたって存在する悲劇を前にして一定の癒しをもたらさなければならない。人間主義者の究極的な課題は、アイスキュロス［古代ギリシアの三大悲劇詩人の一人］が二五〇〇年前に述べたように「人間の野蛮さを飼いならし、この世界で生きることを寛大なものにすること」であるかもしれないが、植民地的・新植民地的秩序の根底にあるおびただしい暴力と対決しそれに対処しないかぎり、この言葉は実現不可能である。これが、毛沢東やホー・チ・ミンが直面せざるをえなかった状況であり、チェ・ゲバラが成し遂げようとした目標であった。そしてこれが、ギニアビサウのアミルカル・カブラル、タンザニアのジュリウス・ニエレレ、ガーナのクワメ・エンクルマ、さらにはエメ・セゼール◆、ウォルター・ロドニー◆、C・L・R・ジェームズ◆などといった植民地《ポスト・コロニアル》解放闘争の渦中にあった多くの政治指導者や政治的思想家がその信念をもって、言葉と行動の両面で対抗した事態なのである。

資本に抗する革命的人間主義を求めて

しかしながら資本の社会秩序は、その植民地的な姿と本質的にいくらか異なるものなのだろうか？　資本の秩序がその本拠地では、植民地的暴力という冷淡な打算から距離を置こうとしてきたのは間違いない（その暴力は、「向こう側」にいる非文明的な他者自身のせいで彼らに必然的にふりかかった出来事だと描かれてきた）。それは、海の向こうで示したきわめて露骨な非人間性を、本拠地では隠さなければならなかった。「向こう側」での事態は見聞きせずに済ませることができた。一例を挙げれば、一九六〇年代のケニアで起きたマウマウ運動◆をイギリスが弾圧した際、残忍な暴力が行使されたのだが、この事実が完全に認められたのはようやく今日にいたってのことなのである。資本がその本拠地で、このような非人間性を示しはじめると通常、植民地化された人々と類似の反応が誘発される。資本は、たとえばアメリカでのように人種化された暴力をその本拠地で容認した限りでは、ブラックパンサー◆やネーション・オブ・イスラム◆とい

▼16　Ibid., p. 233.［同前、三〇七頁］

◆**エメ・セゼール**　フランスの植民地であったカリブ海のマルティニーク島の詩人、劇作家、政治家（一九一三〜二〇〇八年）。ネグリチュード（黒人性）運動を牽引し、植民地主義を批判した。翻訳書に『帰郷ノート・植民地主義論』平凡社、一九九七年。

◆**ウォルター・ロドニー**　南米ガイアナ出身の歴史家、政治活動家（一九四二〜八〇年）。ガイアナで大統領選に出馬したが、政府の諜報員が仕かけた爆弾によって暗殺された。翻訳書に『世界資本主義とアフリカ』柘植書房、一九七八年。

◆**C・L・R・ジェームズ**　イギリスの植民地であった西インド諸島トリニダード出身の作家、思想家、政治活動家（一九〇一〜八九年）。翻訳書に『ブラック・ジャコバン』大村書店、一九九一年。

◆**マウマウ運動**　一九五二年から一九六〇年にかけて発生した急進的民族独立運動で、イギリスの弾圧によって一万一五〇三人が死亡した。

◆**ブラックパンサー**　一九六〇年代後半から七〇年代にかけて、黒人解放闘争を展開したアメリカの政治組織。

◆**ネーション・オブ・イスラム**　一九三〇年代に創設されたアフリカ系アメリカ人の新興イスラム運動組織。黒人の経済的自立をめざすとともに、白人社会への同化を拒否し、黒人の民族的優越を説いた。

った運動を生みだした。そしてその指導者として登場したマルコムXや晩年のマーティン・ルーサー・キングは、人種と階級の結びつきを認識したがために、その報復を受けることになってしまった［両者とも暗殺された］。ただし資本は一つの教訓を学んだ。人種と階級とが一体的に絡みあうにつれて、革命の導火線も急速に燃えあがる。だが、マルクスが『資本論』で見事に明らかにしたのは、市場や生産活動のなかで、あるいは日常生活の領域において、資本が労働者を支配する際には、日常的に暴力が行なわれるということである。たとえば深圳《しんせん》の電子機器工場やバングラデシュの衣料品工場、あるいはロサンゼルスの搾取工場《スウェットショップ》での現代の労働条件の描写をとりあげて、マルクスの『資本論』にある古典的な「労働日」章◆に差し挟んでみれば、その違いのなさに気づくことの何とたやすいことか。リスボン、サンパウロ、ジャカルタにおける労働者階級、周縁化された人々、そして失業者たちの生活状態をとりあげて、『イギリスにおける労働者階級の状態』でのエンゲルスの一八四四年の古典的描写の横に置いてみれば、そこに実質的な違いなどほとんどないと何と恐ろしいまでにたやすく気づくことか▼17。

寡頭支配的な資本家階級の特権と権力とは、ほとんどいたる所で似たような方向に世界を導いている。政治権力は、監視活動や警察行動や軍事的暴力の強化に支援されており、使い捨て可能で犠牲にしてよいと判断された人々すべてに対して、その福利を攻撃するために使用されている。われわれが日々目の当たりにしているのは、使い捨て可能な人々の系統的な非人間化である。冷酷な寡頭支配的権力は、現在では全体主義的民主主義を通じて行使され、富裕層に対抗するという意味で一貫したあらゆる政治運動（たとえば占拠《オキュパイ》運動）に対してふるわれている。このような運動はただちに妨害され、粉砕され、鎮圧されることになる。富裕層が自分たちよりも不運な人々を眺める際に表わす傲慢さと蔑みは、われわれの現状における注目すべき事実である。富裕層が、自分たちのなかで最も慈悲深いのは誰かをめぐって、閉じられた扉の向こうで功名を争っている場合には、なおさら（特に）そうなる。寡頭支配層と残りの人々との「共感上の断絶《ギャップ》」は非常に大きくなっており、また広がりつつある。新興財閥《オリガルヒ》は自分の所得の多さを人間的価値の優秀さと勘違いし、その経済的成功を、世界についての自分の優れた知識の証明だと誤解する（それは不正経理を行なったり法律上のわずかな違いを利用したりする上での秀でた能力とは解されていない）。彼らは、どのように世界の苦境に耳を傾ければよいのかわからない。なぜなら、この苦境をつくりだす際の富裕層の役割に彼ら自身が直面することは不可能であり、彼らはそれを故意に避けるだろうからである。彼らは自分自身の諸矛盾を理解しないし理解できないのだ。億万長者のコーク兄弟◆は、マサチューセッツ工科大学などに寛大な寄付を行ない、そこで値する学部には見事な託児所さえも建設している。だが同時に彼らは、アメリカ連邦議会内部の政治運動（茶会党派《ティーパーティー》に率いられるそれ）を支援するにあたっても、莫大な額の資金を気前よく提供しており、それによって食料配給券《フードスタンプ》予算を削減し、絶対的貧困のなかで――あるいはそれに近いところで――生きる何百万もの人々に対して、その福祉も補助食品事業も託児制度も否定するのである。

このような政治的環境のなかにあっては、世界中で（二〇一三年だけでもトルコ、エジプトからブラジル、スウェーデンにかけて）間歇的に起きている予測不能な突発的暴力が、未来の大震災の予震のように見られるようになる。この大震災は、一九六〇年代の革命的な植民地《ポスト・コロニアル》解放闘争を児戯に見せるかもしれない。資本が終焉するとすれば、資本がその原因になるのは間違いないし、その当面の結果はすべての人々の幸福とはなりそうもない。ファノンがはっきりと教えてくれているのは、このことなのである。

唯一の希望があるとすれば、それは、この腐敗過程が進行しすぎて人間の損傷と環境上の損害とが修復

◆**「労働日」章**　カール・マルクス、フリードリヒ・エンゲルス編「資本論　第一巻」、『マルクス＝エンゲルス全集』第二三巻a、大月書店、一九六五年、第八章。

▼17　Frederick Engels, *The Condition of the Working Class in England*, London, Cambridge University Press, 1962.［フリードリヒ・エンゲルス「イギリスにおける労働者階級の状態」、『マルクス＝エンゲルス全集』第二巻、大月書店、一九六〇年、二二三〜五三四頁］

◆**コーク兄弟**　アメリカの石油化学大手コーク・インダストリーズを共同経営するチャールズ・コークとデヴィッド・コークのこと。

不可能なまでに大きくなる前に、人類の多くがその危険を理解することである。ローマ法王フランシスコが「無関心のグローバリゼーション」と的確に名づけた事態を前にして、グローバルな大衆は——ファノンが巧みに述べたように——「まず何よりも目覚める決意をし、真剣に熟考して、無責任な眠れる森の美女ごっこを打ち切ること」が必要である。[18] 眠れる森の美女の目覚めが間にあうのであれば、まるでおとぎ話のような大団円が迎えられるかもしれない。グラムシの言葉によれば、「人類史の絶対的人間主義」は「歴史と社会に存在する諸矛盾を平穏に解決しようとするものではなく、むしろまさにこうした諸矛盾についての理論なのである」。◆ 矛盾にこそ希望は潜むと、ベルトルト・ブレヒトは語った。われわれが見てきたように、資本の領域のなかには抑えがたい諸矛盾が存在しており、それが希望の多くの根拠を与えるのである。

▼18 Fanon, *The Wretched of the Earth*, p. 62.〔前掲ファノン、一〇三頁〕

◆「人類史の絶対的人間主義……理論なのである」『グラムシ選集』第二巻、合同出版、一九七八年、一二五頁。

［おわりに］

政治的実践について

このように資本の諸矛盾をレントゲン撮影してきたが、ここからわれわれは反資本主義的な政治的実践について何を学びとるのか？　当然ながら、あれやこれやの現場の課題をめぐる諸闘争は激烈で常に複雑なものになるが、その渦中において何をなすべきかは、この撮影によっても正確にはわからない。しかし、それによって反資本主義的政策の論拠が正当化され補強されると同時に、反資本主義闘争の一つの全体的方向もまとめられることになる。世論調査会社が「自分の国が正しい方向に向かっていると思うか」とお気に入りの質問を出す際には、正しい方向について一定の判断が人々にあると仮定されている。それでは、資本が誤った方向に向かっていると考える一部の人々は、何を正しい方向と見なしているのか？　われわれは、どのようにしてこれらの目標実現への進展を評価できるのだろうか？　そしてわれわれは、どのようにしてこれらの目標を、穏当で分別ある提案として――というのも、人類の差し迫った要求に対する回答として、資本の諸権力を深化させるよう提案する不条理な議論と比較すれば、これらの目標は実際にそうなのだからだが――提示できるのだろうか？　ここにあるのは、政治的実践をとりまとめ、うまくいけばそれを鼓舞するような――一七の矛盾に由来する――いくつかの使命である。われわれがその実現に向けて奮闘すべき世界は、次のようなものになる。

1、優先されるべきは、適切な使用価値（住宅、教育、食料安全保障など）を、利潤極大化のために市場システムを通じて供給することではなく、それらをすべての人々に対して直接的に供給することである。市場システムの場合、少数の私人の手に交換価値が集中され、支払い能力にもとづいて財が配分されてしまうからである。

2、財やサービスの流通を円滑にする交換手段が創設される。ただし私的個人が社会的権力の一形態として貨幣を蓄積できる可能性は制限されるか排除される。

3、私的所有権と国家権力との対立関係は、可能なかぎり共同権《コモン》レジームに取り換えられる。――そこでは人間の知識と土地とが特に、人々がもっている最も決定的な共同的なもの《コモン》として重視される。――その創出や管理や保全は、人民会議《ポピュラー・アセンブリー》と人民連合体《ポピュラー・アソシエーション》にゆだねられる。

4、私人が社会的権力を領有することは、経済的・社会的制限によって禁じられるだけでなく、病理的な逸脱行為として普遍的に嫌厭される。

5、資本と労働との階級対立は、連合した《アソシエーティド》生産者たちに解消される。彼らは、共同的な社会的必要を満たすことに関して、自分たち以外の諸連合体と協力するとともに、どのように、何を、いつ生産するのかを自由に決定する。

6、日常生活は速度を落とし――移動はのんびりとし余裕のあるものになるだろう――、自由な活動のための時間を極大化させることになる。こうした活動は安定的でよく管理された環境で営まれ、創造的破壊という劇的な出来事から守られることになる。

7、連合した諸集団は、共通の社会的必要を互いに評価し伝えあうことによって、生産を決定する際の基盤を形づくる（さしあたり実現への配慮が生産の決定に対して影響を及ぼす）。

8、新しい技術や組織形態がつくりだされるが、それは、社会的労働の負担を軽減させ、技術的分業における不要な区別を解消し、自由な個人的活動や集団的活動のために時間を解放し、人間の諸活動の生態学的負荷《エコロジカル・フットプリント》を小さくすることになる。

9、技術的分業は、オートメーション化、ロボット化、人工知能などの使用を通じて、その範囲を狭めることになる。絶対必要だと思われる残余の技術的分業は可能な限り、社会的分業から切り離される。管理、指導、治安維持のための職務は、全住民のなかの個々人の持ちまわりになるべきである。われわれは専門家による支配から解放される。

10、生産手段の使用に対する中央集権的な独占力は、人民連合体《ポピュラー・アソシエーション》に帰属する。この連合体を通じて、さまざまな個人や社会的諸集団の分散された競争的能力が動員されるため、技術、社会、文化、そして生活様式におけるイノベーションに差異がもたらされる。

11、生活様式、存在様式、社会的諸関係、自然との関係、そして文化的習慣や信念は、さまざまな領土的連合体、共同体《コミューン》、協同事業体《コレクティブ》のなかにおいて最大限多様化される。諸個人が地理的に――各領土のなかを、また共同体間を――自由かつ無制約に、ただし穏やかに移動することは保障される。各連合体の代表者たちは定期的に集まりを持ち、共通の職務の評価や計画や実行を進めたり、さまざまな規模《スケール》——生命地域的《バイオリージョナル》な規模、大陸的規模、そしてグローバルな規模——での共通問題に対処したりする。

12、「個々人や集団のその能力に応じて」から「個々人や集団のその必要に応じて」までの範囲内という原則において必要とされる以外、物質的供給におけるあらゆる不平等は廃絶される。

13、遠く離れた他人のために行なわれる必要労働と、自己や世帯や共同体の再生産のためになされる仕事との区別はしだいに消え去る。その結果、社会的労働は、世帯内労働や共同作業に埋め込まれたものになり、世帯内労働や共同作業は、疎外のない非貨幣的な社会的労働の基本形態になる。

14、すべての人々は、教育、医療、住宅、食料安全保障、生活必需品、そして運輸交通に対する自由なアクセスについて平等な権利を付与される。それによって、すべての人々は欠乏から自由となり、行動と運動を自由に行なう物質的基盤を保障される。

15、経済はゼロ成長に（ただし地理的不均等発展の余地を残して）収斂する。この世界において優勢となる社会規範は、個人的かつ集団的な人間的能力や人間力を最大限発展させることであり、新しさを果てしなく求めつづけることである。結果として、永続的な複利的成長への熱狂は駆逐される。

16、人間の必要のために自然諸力を領有し生産することは急速に進めなければならない。だがそれと同時に、生態系の保全は最大限尊重されなければならないし、栄養素やエネルギーや物質の再生利用がその産出地に対して最大限留意されなければならないし、また自然界の美しさに引きつけられる圧倒的な感性も回復されなければならない。われわれは自然界の一部であり、その活動を通じて自然界の一因になりうるし、実際そうなるのである。

17、疎外なき人間存在、疎外なき創造的人格が、自己や集団に対する新たな確信を抱きながら生まれつつある。自由に交わりを結ぶ親密な社会的諸関係を経験することから、そして異なる生活様式や生産様式に共感することから、一つの世界が出現している。それは、「善き生」の適切な規定をめぐって衝突が繰り広げられつつも、すべての人々が等しく尊厳と尊重に値するとみなされる世界である。この社会的世界は、人間的能力と人間力の永続的かつ継続的な革命を通じて不断に発展するだろう。新しさが果てしなく求められつづける。

言うまでもないが、全体としての資本主義においては、その他の差別や圧制や暴力的抑圧のあらゆる形態が存在している。右記の使命のいずれにあっても、これらの形態と闘うことの重要性に勝るものではないし、それに取って代わるものでもない。同じように、これらその他の諸闘争のいずれであろうと、資本とその諸矛盾とに抗する闘争に勝るべきものではないし、それに取って代わるべきでもない。さまざまな対抗勢力の同盟が必要になるのは明らかである。

［日本語版解説］

資本主義に対する「最も危険な本」

大屋定晴

著者デヴィッド・ハーヴェイと本書について

デヴィッド・ハーヴェイは、一九三五年、イギリスに生まれた。ケンブリッジ大学で博士号を取得後、ジョンズ・ホプキンス大学、オックスフォード大学を経て、現在はニューヨーク市立大学で教鞭を執っている。八〇歳を超えた現在も世界各地で精力的に講演活動を行ないつつ、執筆活動への意欲も衰えを見せていない。

ハーヴェイは、地理学者として出発したが、一九七〇年代にカール・マルクスの『資本論』の研究へと向かい、その成果である『空間編成の経済理論――資本の限界』（上下巻、大明堂、一九八九～九〇年／原著一九八二年）は、現在ではマルクス経済学の必読文献の一つとなっている。さらには、『新自由主義――その歴史的展開と現在』（作品社、二〇〇七年／原著二〇〇五年）を刊行することによって、現代世界の同時代史的分析の第一人者としても知られることになった。

すでに五〇年以上となる研究生活における研究テーマは、（1）地理学における「理論」の探究、（2）

「都市」問題研究、（3）資本の蓄積・流通過程の論理と地理空間編成の原理の考究、（4）社会的・政治的現状分析、（5）現代社会の変革をめざす対抗理念と運動論の探求と、きわめて多岐にわたる。本書の課題は、こうした研究関心のうち（3）と（5）のテーマにまたがるものになっている。

ハーヴェイ自身は本書を、自身が出版してきた「マルクス・プロジェクト」シリーズの一冊に位置づけるとともに、「私がこれまで執筆したもののなかで最も危険な本」だと述べている。[1] 彼は、一九七〇年代から大学職務上の講義とは別に『資本論』を教えてきたが、二〇〇一年に赴任したニューヨーク市立大学の大学院生たちの薦めもあって、その講義ビデオをインターネット上で公開した。「資本論を読む」と題されたこのインターネット・ウェブサイトでの記録映像は、[2] のちに『〈資本論〉入門』（作品社、二〇一一年／原著二〇一〇年）、『〈資本論〉第2巻・第3巻入門』（作品社、二〇一六年／原著二〇一三年）と題され出版されることになった。その目的は、難解なアカデミズム・マルクス主義や、特定の政治党派の教条的マルクス主義を紹介するのではなく、マルクスの著作を一般に親しめるものとし、その社会科学的思考法を提示することにあった。本書もまたこうした活動の一環にある。

しかし、それだけでは、ハーヴェイが本書を「最も危険」だと評した理由は明らかにはならない。

アメリカ青年層における「反資本主義」的傾向——本書執筆の背景

近年、英米圏の若者たちは、ジェレミー・コービン率いるイギリス労働党左派や、バーニー・サンダースといった「民主社会主義者」を積極的に支持している。こうした青年層の風潮は、「アラブの春」やギリシアの反緊縮政策運動、さらにはウォールストリート占拠《オキュパイ》運動の影響によって徐々に形成された。とりわけ現在のアメリカの一〇代、二〇代の若者は「反資本主義」的傾向にあると言われる。たとえば二〇一六年のハーバード大学世論調査によれば、一八～二九歳のアメリカ人の五一％が資本主義を否定しており、全回答者の三人に一人は社会主義を支持するとさえ答えている。これは、ウォールストリート占拠運動直後の二〇一二年に、ピュー研究所の調査が示した世論動向の結果が今なお継続していることを意味する。その調査では一八～二九歳のアメリカ人の四七％が資本主義に否定的と答え、肯定的とする四六％を上回ったのである。▼3

ハーヴェイが、本書を「最も危険な本」と述べたのは、この文脈においてである。本書の目的は、米国ミレニアル世代に見られる「反資本主義」的なムードを、より論理的に一貫したものにすることにある。それは、資本の諸矛盾を分析することによって、「反資本主義運動」が生まれざるをえない理由を解明し、さらにこの運動がめざすべき方向を提示しようとする。資本の諸矛盾の一つひとつを分析することは、こ

▼1 David Harvey, '"The Most Dangerous Book I Have Ever Written": A Commentary on *Seventeen Contradictions and the End of Capitalism*,' *Human Geography*, Vol. 8, No. 2, 2015, p. 94.
なお、このなかでハーヴェイは、本書が自身の「マルクス・プロジェクト」の「おそらく最後」の本になると述べているが、この言葉は自らの執筆活動によって撤回されている。『資本論』（第一巻）刊行の一五〇周年を迎える今年（二〇一七年）、ハーヴェイはマルクスに関する以下の著作を新たに出版したからである。David Harvey, *Marx, Capital and the Madness of Economic Reason*, London: Profile Books, 2017. これについても日本語版の翻訳が進められている（作品社刊行予定）。

▼2 次のサイトで公開されている。http://davidharvey.org/reading-capital/（二〇一七年九月二〇日閲覧）

▼3 次のような新聞・雑誌記事で報道されている。Sarah Kendizor, 'Why Young Americans Are Giving Up on Capitalism: Should we really be surprised that young people are rejecting the economic status quo?,' *Foreign Policy*, June 16, 2016（http://foreignpolicy.com/2016/06/16/why-young-americans-are-giving-up-on-capitalism/, 二〇一七年九月二〇日閲覧）. Sarah Leonard, 'Why Are So Many Young Voters Falling for Old Socialists?,' *New York Times*, June 16, 2017（https://www.nytimes.com/2017/06/16/opinion/sunday/sanders-corbyn-socialsts.html?mcubz=0, 二〇一七年九月二〇日閲覧）. Chris McGreal, '"The S-word': how young Americans fell in love with socialism,' *Guardian*, September 2, 2017（https://www.theguardian.com/us-news/2017/sep/02/socialism-young-americans-bernie-sanders, 二〇一七年九月二〇日閲覧）.

うした運動の多様な要求の根拠を明確にすることなのである。

「矛盾」――拡大する対抗線を結びつける

ところで「矛盾」概念に着目することは、マルクス主義の伝統において目新しいことではない。エリック・スウィンゲドウ（マンチェスター大学教授、人文地理学者）は本書を読むと、たとえば毛沢東の「矛盾論」を想起させられると指摘している。[4] これに対してハーヴェイは、毛沢東やルイ・アルチュセールらの著作は、「矛盾一般というテーマ」を取り扱っているが、「資本の内的諸矛盾のマルクスの分析」を精緻化するものではなかったと答えた。その際、彼は次のように述べている。「矛盾」概念は、従来のマルクス主義において、たとえば「資本の典型的矛盾」を指摘することによって「会話を打ち切る殺し文句」として使用されてきた。自分が本書で試みたのは、この概念を、「会話のきっかけ」となる言葉に変えることであった、と。[5] これは毛沢東の次のような言葉とは対照的である。

> どのような過程においても、もし多くの矛盾が存在していれば、そのなかには、かならず主要なものが一つあって、指導的な、決定的なはたらきをし、その他のものは、第二義的で従属的な位置を占める。したがって、どんな過程を研究するにも、もしそれが二つ以上の矛盾の存在する複雑な過程であれば、全力をあげてその主要な矛盾をさがしださなければならない。この主要な矛盾をつかめば、すべての問題はたやすく解決される。[6]

ちなみに毛沢東は、「主要な矛盾」が「状況」にしたがってその「位置」が入れ替わる、とも指摘しており、「主要な矛盾」を固定的に考えているわけではない。だが本書でハーヴェイは、「主要な矛盾」をつかむのではなく、資本の内的論理にあるさまざまな矛盾の固有の意義を明らかにすると同時に、それらの絡みあいを強調している。「資本と労働の矛盾」あるいは「生産力と生産関係の矛盾」は、資本の諸矛盾の一つではあるが、「主要な矛盾」ではない。なぜなら、一つの矛盾は他の諸矛盾と絡みあっているがために、その矛盾が単独で解決されることはありえないからである。と同時に、一つの矛盾を「主要」なものとしてしまうことは、他の諸矛盾に取り組もうとする運動との会話を打ち切ってしまう危険性がある。

したがって、本書で指摘された資本の内的諸矛盾の解明は、反資本主義運動とその他の社会運動とを結びつける結節点を示そうとする。たとえば、使用価値と交換価値の矛盾から見出される使用価値の直接的供給という方針（第1章）は、生活諸要件の「脱商品化」を意味しており、これは、人間的開花の可能性を他人との共同による「欠乏からの自由」によって実現しようとする主張（第14章）ともあいまって、従来の福祉国家論や社会民主主義的運動と関連する課題である。他方で、貨幣蓄積不可能な代替的貨幣戦略（第2章）や私人による社会的権力の領有の制限（第4章）は、市場社会主義論への問題提起であると同時に、地域通貨論を主唱するさまざまな運動との対話のきっかけを提供しようとする。資本における過程と物との矛盾（第6章）はスローライフ運動に対して、資本といかに対峙するかを問いかける。「共同権《コモン》レジーム」や独占と競争とをコントロールする「人民連合体《ポピュラー・アソシエーション》」の提案（第3章・第10章）は、アナーキストなどが主張する水平主義的運動論との接点を模索する。さらには、「実現」領域における資本の（再）略奪（第7章）、資本の地理的不均等発展（第11章）、資本の格差化傾向（第12章）、社会的再生産に対する資本の浸透（第13章）は、さまざまなアイデンティティ・ポリティクスに対して反資本主義運動との連関

▼4　Erik Swyngedow, 'Reviewed by Erik Swyngedow: Review of David Harvey, Seventeen Contradictions', *Human Geography*, Vol. 8, No. 2, 2015, pp. 92-93.

▼5　Harvey, op. cit. p. 95. 次も参照。ルイ・アルチュセール『マルクスのために』（平凡社ライブラリー、一九九四年）、毛沢東『実践論・矛盾論』（岩波文庫、一九五七年）。

▼6　毛沢東、前掲書、六三～六四頁。

を示唆している。資本の複利的成長に対する物質的限界とその他の諸矛盾への伝染的効果（第15章）、自然に対する資本の認識と対応の不確実性（第16章）が、定常社会化論や環境保護運動と重なりあうのは言うまでもない。ついには、多様な疎外は、資本の内的論理が貫徹する世界において、さまざまな疎外状況にある人々を結びつける可能性さえ潜ませている（第17章）。

無論このことは、資本の内的矛盾の一つである「資本と労働の矛盾」（第5章）、技術革新と人間の使い捨て可能性との昂進（第8章）、資本主義的分業における疎外（第9章）といった、マルクス主義的理解において伝統的に「主要」だとされた対抗線を放棄することを意味するわけではない。むしろハーヴェイは、それらの矛盾でさえも、その他の資本の諸矛盾と絡みあう関係にあることを指摘している。つまり、反資本主義運動における対抗線は拡大し拡散するのであって、それを結びつけるものが資本の諸矛盾なのである。

ハーヴェイは、アメリカ地理学会が主催した本書の合評会での応答コメントに際して、「生産と実現の矛盾」を引きあいに出し、マルクス主義的伝統において「搾取の二次的形態」と呼ばれた賃貸料《レント》の取り立てなどによる「実現を通じた価値の搾出」を「略奪による蓄積」と名づけて、「生産における労働者の搾取と並び立つ」ものと位置づけたうえで、政治的実践の理解について次のように述べている。

この洞察の結果は、階級闘争の概念を脱中心化することであり、もっと広範な政治的行動領域を規定することにある。それは反資本主義闘争にとって望ましいだけでなく必要でもある。〈……〉一部の人々はこれを、かつてのマルクス主義的な理論化と政治的諸実践の明快さにとって危険なことだと評するかもしれない。たしかに潜在的行動の領域は、ますます拡散している。だが、こうしたことは、すでに起きている——だが、あまりにもしばしば脇に置かれてきた——多様で拡散的で断片的にさえ見える闘争諸領域のあいだに、内的つながりがあることを明るみに出す長所を備えている。▼7

この多様な社会闘争の「内的つながり」の解明こそが、本書における「資本蓄積の脱中心的システムを横断する諸矛盾の絡みあいと結合の分析」[8]なのである。

認識論的限定——「資本」と「資本主義」との区別

ここにおいて、本書の序章で、「資本」と「資本主義」が区別され、「資本主義の諸矛盾ではなく、資本の諸矛盾をより正しく理解すること」（二八頁）に、本書の課題が限定されると書かれている意味もわかる。資本主義が「社会生活の物質的・社会的・知的土台を規定し形成するうえで資本の流通過程と蓄積過程とが主導的《ヘゲモニック》で支配的になっている社会構成体」（二四頁）であるとすれば、この社会構成体の諸矛盾は、「資本の流通過程」と「蓄積過程」の諸矛盾だけからなるわけではない。この社会構成体の中では、人種差別、宗教対立、ナショナリズム、ジェンダー関係や性的指向が多様な形で存在している。これらは資本の内的諸矛盾に還元できない。それゆえ、ハーヴェイは、「全体としての資本主義」における「その他の差別や圧制や暴力的抑圧のあらゆる形態」は、本書において主な分析対象になっていないことに留意したうえで、「これらの形態と闘うことの重要性」を指摘し、「さまざまな対抗勢力の同盟が必要になる」と結論づける（三九五頁）。

訳者は、かつてハーヴェイの議論に、広狭二義の地理的不均等発展論があることを指摘したことがあった。[9]近年では、このような思考方法はハーヴェイだけでなく、マルクス主義哲学者のダニエル・ベンサイド（フランスの哲学者、二〇一〇年死去）、従属論派の経済学者であったサミール・アミン（エジプト出身の経済学者）など、現代マルクス派に共有されている認識論上の知的枠組みであると筆者は考えている。つ

▼7 Harvey, op. cit., p. 102.
▼8 Ibid., p. 97.

まり現代マルクス派は、グローバル資本主義を把握するうえで、資本の内的論理と、資本の活動の大枠を形成する歴史地理環境の構成論理という、二重の分析－総合の論理を想定しており、この二重の視角から現状考察を試みるのである。[10] 本書において資本と資本主義の区別と連関の問題が絶えず指摘されているのも、この延長線上にある。筆者なりに言えば、現代世界を織りなす諸実践において、資本の内的論理（「資本」という経済エンジン）と歴史地理環境の構成論理（全体としての「資本主義」のあり方）とが区別されるのであり、本書は、その連関を意識しつつ、資本の内的論理に見出される「諸矛盾」を限定的に論じようとする。

だが、本書に対する批判が集中しているのも、まさにこの分析上の区別についてであった。前述のアメリカ地理学会による合評会においても、イプシタ・チャタジー（北テキサス大学准教授、人文地理学者）は、分析のために資本主義から資本を分離させる本書の方法論を、理解対象としての現実そのものを解体する行為だとし、文化領域とさまざまな搾取の重なりあいをそのまま記述すべきだと指摘している。[11] エレイン・ハートウィック（フレーミングハム州立大学教授、地理学者）も、ハーヴェイによって抽象化された「資本」は現実には存在しないと論じ、「資本主義に対する階級的批判」が必要だと批判した。[12] さらにスーザン・ロバーツ（ケンタッキー大学教授、経済・政治地理学者）は、本書第13章の「社会的再生産」において、その日常的な諸矛盾の構成要素であるはずの「ジェンダー化され人種化された主体や関係」が分析されていないと指摘し、ハーヴェイはフェミニズム的研究を軽視していると手厳しく述べている。[13]

これに対してハーヴェイは、分析における「抽象化」は、「われわれの周囲の現実理解に対して一定の暴力行為[14]」になることを認めつつ、あらゆる人々が資本主義の下で商品売買を通じて生活することは、さしあたり、その担い手の人種、ジェンダー、エスニシティ、宗教、ナショナリティ、性的指向などの個人的アイデンティティや主体性とは無関係に営まれることを強調する。この不断の商品売買を可能にする資本の流通と蓄積の力は、根本的に否定できない。[15] 言い換えれば、「資本」とは「人間活動の特殊な一形態」である（三二六頁）。その活動は（「基本的諸矛盾」の観点から見るならば）、使用価値と交換価値の矛盾を備えた交換活動であり、社会的労働とその表象との矛盾をともなった活動であり、国家権力によって私的所有権を保障する活動であり、社会的富を私的に領有する活動であり、資本の再生産を可能にする疎外された社会的労働であり、資本を物として拘束しつつ過程として流通させつづける活動であり、生産と実現が矛盾する活動なのである。資本という人間活動は、ジェンダー差別やミソジニー、性的偏見、人種憎悪、民族的・宗教的原理主義などにもとづく諸活動そのものではない。だが資本の活動は、現実には、こうした差別や暴力の活動と重なりあっている。それゆえ、ハーヴェイは本書の意図を次のように擁護する。

資本と資本主義の区別がきわめて疑わしく思われてくる事態を、私は率直に認めてきた。というのも、私の意図は何人かの評者が推しはかったこととは異なり、資本主義一般をつくりあげている諸矛

▼9 大屋定晴「日本語版解説：ハーヴェイによる地理学的批判理論の構築」（デヴィッド・ハーヴェイ『コスモポリタニズム――自由と変革の地理学』作品社、二〇一三年、五〇一～五五七頁所収）。なお、この本における「地理的不均等発展」（第11章）は、資本の内的矛盾としてのそれであることから、狭義の「資本の地理的不均等発展」を論じている。

▼10 大屋定晴「グローバル資本主義と対抗運動――多様な社会運動とマルクス派、その倫理と論理との「翻訳」をめざして」（『季刊 経済理論』第五四巻第一号、二〇一七年、二六～三六頁所収）。

▼11 Ipsita Chatterjee, 'Reviewed by Ipsita Chatterjee: Review of David Harvey, Seventeen Contradictions', *Human Geography*, Vol. 8, No. 2, 2015, pp. 76-78.

▼12 Elaine Hartwick, 'Reviewed by Elaine Hartwick: Review of David Harvey, Seventeen Contradictions', *Human Geography*, Vol. 8, No. 2, 2015, p. 80.

▼13 Susan M. Roberts, 'Reviewed by Susan M. Roberts: Review of David Harvey, Seventeen Contradictions', *Human Geography*, Vol. 8, No. 2, 2015, pp. 89-90.

▼14 Harvey, op. cit., p. 98.

▼15 Ibid., p. 96

盾、あるいは、そこにおいて共存する諸矛盾の多くの他の形態を避けたり隠したりすることではないからである。私の目的は、全体としての資本主義に対するわれわれの認識を改善することであり、そのために資本蓄積の論理がこの大枠の内部でどのように作用し、どのように作用できないかを解明することである。[16]

ハーヴェイのかつての言葉を引用すれば、「資本主義的秩序に先行する差異――人種や言語、ジェンダー、エスニシティ、宗教、前資本主義的な社会階級など――は〈……〉資本蓄積の保障を目標とする社会体制によって、吸収され、変形され、再構築されてきた」[17]。こうした多様性をはらむ歴史地理環境にある社会体制（資本主義）にあって、本書の目的は、その内部で営まれる資本の流通と蓄積という特殊な人間活動の諸矛盾を明らかにすることである。「資本蓄積というエンジンのなかで特に」資本主義からの「外的影響に対して脆弱な重要箇所」（二七頁）を指摘することは、この資本の内的諸矛盾の解明に関わるかぎりでしか行なわれていない。だが、だからといって、この認識論的限定は「資本主義」の現実の否定ではないのである。

「資本主義の終焉」の意味

「危機／恐慌（crisis）」は、資本の諸矛盾が相互に絡みあいながら、矛盾のいずれかが「絶対的矛盾」となり、「危機の震源地」にまで高まることで発生する。このハーヴェイの「危機／恐慌」論の考え方について、かつて伊藤誠（東京大学名誉教授、理論経済学）は「恐慌論の多原因的接近」と評した[18]が、〝資本の一七の矛盾〟の分析は、この「多原因」性がきわめて複雑なものであることを示唆している。だが、この文脈で見落とせないのは、ハーヴェイが「資本は、最終的にはそれ自体の内的諸矛盾の重みで崩壊するはずだ」という見解を批判している点である（二八九～二九一頁）。資本主義ないし資本は、「機械的故障」や「黙示録的終末」を迎えはしない。ひと言で言えば、ハーヴェイは資本主義の「自動崩壊」論を否定している。資本は、危機を次々とたらい回しにしながら、永遠に機能する可能性がある。

この「自動崩壊」論の否定は、二〇〇八年の金融危機以降語られている「資本主義の終焉」論と対比して考えられなければならない。たとえばポール・メイソン（イギリスのジャーナリスト兼ブロードキャスター）は、本書出版の翌二〇一五年に『ポスト資本主義《キャピタリズム》』を刊行した。彼によれば、「資本主義は複雑に適応するシステムであるが、適応能力が限界に達して」おり、「新しいテクノロジー」によって「資本主義以後の社会」が実現可能となっている。そしてメイソンは「資本主義以後の社会」への移行プロジェクトを述べるのだが、これは移行の問題を機械的な「自動崩壊」とは見なさない点では、本書の問題意識とも重なりあう。▼19

日本でも、たとえば水野和夫（法政大学教授、経済学）が、その評判となった著作『資本主義の終焉と歴史の危機』において、「資本主義」が「死期」に近づいていると指摘した。水野によれば、「フロンティ

▼16 Ibid., p. 98.

▼17 David Harvey, *Justice, Nature and the Geography of Difference*, Cambridge, Mass.: Blackwell Publishers, 1996, p. 320.

▼18 伊藤誠「日本語版解説：「資本の謎」の謎解きのために」（デヴィッド・ハーヴェイ『資本の〈謎〉——世界金融恐慌と21世紀資本主義』作品社、二〇一二年、三四七～三六七頁所収）。

▼19 ポール・メイソン『ポストキャピタリズム』（東洋経済新報社、二〇一七年）。ただし、メイソンは「資本主義以後の社会」を可能にする要因として、現代の情報技術の発展を強調しており、また「資本主義以後の社会」への移行の担い手を、情報技術に依拠して「階層制」に対抗する「ネットワーク化された個人」だとする。これは、いささか技術決定論的な論調である。また「危機の原因を探し出すために総じて一つの抽象的な原因に目を向け、実際に続いている構造的な変異を無視したことが、マルクス主義理論で混乱をもたらした」と述べているが、これは少なくとも「資本の諸矛盾」を分析するハーヴェイの「マルクス主義理論」とは異なっている。

ア」（ないし「周辺」）から「中心」が富を「蒐集《しゅうしゅう》」（あるいはハーヴェイ風に言えば「略奪」）するシステムが「資本主義」である。ところが、このシステムの実物投資のための「地理的・物的空間」において、その「フロンティア」の余地が失われることから、「交易条件の悪化」とともに「中心」の利潤率が下がり（とくに国債利回りに見られる「利子率」の低下に象徴される）、資本の自己増殖に制限がかけられてきている。他方、「電子・金融空間」に逃避し「レバレッジ」（負債）で利潤を極大化させる資本も、バブルの生成と崩壊を繰り返すだけとなる。その過程で「中心」では「中間層のための成長」も放棄されてきている（「新自由主義」政策）。そして「資本主義の終焉」の「ハード・ランディング」パターンとして、中国での過剰設備バブルの崩壊をきっかけとする長期の世界恐慌と内乱状態の到来を警告し、国家主導による巨大資本の規制によって、ゼロ成長、ゼロ金利、ゼロインフレの定常状態への「ソフト・ランディング」を推奨するのである。[20]

この著作は、理論的には、イマニュエル・ウォーラーステインやジョヴァンニ・アリギらの資本主義世界システム論に近い立場をとりつつ、現代の金融化、新自由主義化、新興国の台頭といった事象を論じている。興味深いのは、一方では実物投資の利潤率低下が、バブルをもたらす金融・資本市場へと貨幣を流入させ、他方では、過剰設備投資に起因する固定資本減耗の増大が雇用者報酬を圧迫するため、二〇一二年以降にとられた自由民主党・公明党連立政権の経済政策（「アベノミクス」）の「第一の矢」（金融緩和）も「第二の矢」（財政出動）も無効になると述べていることである。[21] この日本の経済事象の記述は、資本の複利的成長という「危険」な矛盾（第15章）――とくにその物質的困難と資本の寄生的略奪行為の昂進――という観点からも再考できよう。また日本政府も「資本主義の終焉」を認めて、「ゼロ成長社会」と「定常化社会」をめざすべきだと主張している点は、[22]「経済はゼロ成長に〈……〉収斂」（三九四頁）させるという、本書での反資本主義運動の長期的方針とも重なっている。しかも水野は、市場に資本配分を委ねるレーガン政権期の「新自由主義」政策が、労働分配率を引き下げる結果になったと指摘し、[23] さらには法人税の引き下げ一辺倒の日本の「新自由主義者」をも批判している。[24] この姿勢は、ハーヴェイの一貫した新自由主義批判とも関連する。こうした議論が、「資本主義の終焉」という名のもとに日本でも論議を呼んできたのである。

ただし、水野とハーヴェイとでは「資本主義の終焉」の分析や評価をめぐる違いもある。まず水野には、利潤率の低下を「交易条件の悪化」と結びつける傾向がある。[25] この流通論的把握は、まさに生産と流通の双方に貫徹する資本の内的論理とその諸矛盾を分析するという思考方法を欠いている。たとえば、資本における「疎外された社会的労働」（第5章）は言及されず、それとその表象との矛盾（第2章）も看過されている。

だが、それ以上に重要なのは、「資本主義の終焉」が――その「ハード・ランディング」という言い方でもって――世界恐慌と内乱状態になるのを不可避とする描き方である。[26] これは、まさに「自動崩壊」論を彷彿とさせ、本書での「ある種の危機から別の危機へと資本主義を向こう見ずに動かしつづけ」る資本の捉え方とは対照的である（三六九頁）。資本は、さまざまな危機のなかでも（環境破壊に際してすら）「惨事便乗型資本主義」をもたらすことで永続しうるかもしれない（三二九頁）。だからこそハーヴェイは、人間生活の再生産と資本の機能とにとって「危険な諸矛盾」[27] を、そのまま「致命的」な諸矛盾と名づけるのは差し控える（二九〇～二九一頁）。資本にとって「致命的」となるのは、資本を止める人間の政治的実践によるのであって、資本の活動そのものではない。

▼20 水野和夫『資本主義の終焉と歴史の危機』（集英社新書、二〇一四年）。
▼21 同前、一一二～一一三頁。
▼22 同前、二一三頁。
▼23 同前、二八～二九頁。
▼24 同前、一九四頁。
▼25 同前、一九～二五頁。
▼26 同前、一七九～一八五頁。

もう一つ。水野によれば、「資本主義の終焉」を（成り行きにまかせて「ハード・ランディング」させるのではなく）「ソフト・ランディング」させるとすれば、世界国家、あるいはG20などの国民国家の連合がその担い手になる。彼は、グローバル資本主義の暴走を止められるのは、原理的には世界国家であって、国民国家ではないとも述べている。だが現実的に考えれば、当面、世界国家など想定できないのだから、資本を規制するのは国家連合でしかないと判断し、国民国家の可能性にかけている[28]。だが、この方向へと国家を動かすのは誰なのか。水野は「市民社会や国民主権、民主主義」といった理念を擁護するが[29]、同時に「民主主義は価値観を同じくする中間層の存在があってはじめて機能する[30]」とも書いている。それでは「多くの人の所得が減少する中間層の没落[31]」がすでに起きているなかにあって、「民主主義」によって国家を、「資本主義の終焉」の「ソフト・ランディング」へと導くのは誰なのか。没落に抵抗する主体は、いかに形成されるのだろうか。

これに対してハーヴェイは、「革命運動が出現することによって、終わりなき資本蓄積が命じる発展経路が変わる」（二九一頁）ことこそが、資本にとって「致命的」な事態になるとする。「資本主義の終焉」があるとすれば、それは国家連合や世界国家ではなく、資本主義的国家権力（当然、日本国家も含む）の及ぶ規模《スケール》（ただし規模には、地域、都市、世界とさまざまなものがあり、国家の領土的範囲は、その一つでしかない）において闘争を繰りひろげる多様な反資本主義運動である。この運動の政治的実践によって、国家もはじめて資本の規制機関になりうる。そして、その運動を形成しうる資本の「危険」な矛盾こそが、資本の活動に並行して人々が経験する「普遍的疎外」あるいは「多様な疎外」である（第17章）。

矛盾に対して矛盾のない対応はない——多様な疎外経験、そして反資本主義運動の自己認識に向けて

かつて『資本の〈謎〉』（作品社、二〇一二年／原著二〇一一年）においてハーヴェイは、反資本主義運動の担い手を次のように述べていた。それは、資本主義的発展の袋小路と破局性を理解している「不満を抱

▼27　この「危険」性は、別の角度からも論じることができる。
たとえば本書は、資本主義の諸矛盾（あるいは「外部の出来事」）による「核戦争」という「ホロコースト」が資本主義に終局をもたらすかもしれないと述べている（二六、二七頁）。と同時に、資本の複利的成長（「危険な諸矛盾」の一つ）を回復させる適応行動の一つが「恐慌、戦争、災害に際して」の資本の「減価」でもあると指摘する（三〇八頁）。

これについてドン・ミッチェルは、「戦争」行為による破壊も資本の「創造的破壊」でありうるのであって、だからこそ「危険な矛盾」なのだとハーヴェイの主張を肯定する。そして資本の内的諸矛盾は、「人々の活動」と捉えられるべきだとし、われわれがハーヴェイを受けてなすべき次の仕事は、資本の諸矛盾が作用する「歴史的で地理的な人々が存在するメカニズム」の解明だとする。ところが最終的にはミッチェルは、ハーヴェイによる資本の内的諸矛盾の議論は、「存在論的必然性」のように読みとれてしまい、「現実の地理的編成の物質性」（本書での「資本主義」）を「無視」させかねないものだと結論づける（Don Mitchell, 'Reviewed by Don Mitchell: Review of David Harvey, Seventeen Contradictions,' *Human Geography*, Vol. 8, No. 2, 2015, pp. 81-84.）。

ミッチェルは、複利的成長に対する資本の適応に戦争行為が含まれることを強調しており、また認識論的限定による資本の分析だけでは「資本主義」全体は説明できないと述べる。このように解すかぎり、彼の主張は的確である。だが繰り返すが、ハーヴェイによる資本の内的論理の分析は、「資本主義」を「無視」することではない。

むしろ、二〇一七年現在、朝鮮民主主義人民共和国による核ミサイル開発危機（それ自体は反資本主義運動とは異なり資本だけからでは説明できない事態であり、むしろ「資本主義」全体を背景とする国家の領土的論理に影響された別種の「致命的」な人間活動だと解される）を目の当たりにしているわれわれが、本書から心にとどめおくべきことは、資本という特殊な人間活動が、軍産複合体の活性化だけでなく、限定的戦争状況でさえも（全面的核戦争でなければ）、その複利的成長の実現のために適応できる可能性があるという「危険」なのである。
▼28　水野、前掲書、一八六〜一八七頁。
▼29　同前、二〇二頁。

き疎外された人々」と、実際に「剥奪され略奪された人々」——この後者はさらに「資本ないし資本主義国家の指揮下にある労働過程において自己の創造的力の果実を奪われた人々」と「資本蓄積のための空間〈……〉をつくりだすために、自らの資産、生活手段へのアクセス権、自己の歴史、文化、さまざまな社交のあり方、を奪われた人々」に分類される——との広範な同盟である、と（同書、二九八〜三〇六頁）。これは具体的には、住宅の差し押さえなどで「略奪」の被害にあった人々から、「底辺への競争」を強いられる賃金労働者、資本主義の大量生産商品文化から疎外を経験してきた人々、資本主義の下での環境危機に脅威を覚える人々（たとえば福島第一原発事故によって今もなお避難している人たち）など、多岐にわたる人々の連合である。そこには「没落」する「中間層」と描かれる人々も当然、含まれているだろう。

ハーヴェイは、そうした多様な人々の「政治行動の基盤となりそれを活性化させるような、何かしらの触媒作用を持った概念」として、資本が——「労働」から「必要」（あるいは「自由」）の次元にまでわたって——もたらす多様な「疎外」を指摘する。そして、さまざまな「疎外」経験が「生みだす鬱積した力や怒りや失望」を「反資本主義的対抗勢力への実現へと向かわせること」が焦眉の政治的課題だとする（三五一〜三五三頁）。その課題が果たされたとき、「革命的人間主義」へと向かう運動の展望もはじめて見えてくる。

それゆえ「疎外」論の再考を提起する本書が、アルチュセールによる初期マルクスと後期マルクスとの「断絶」的把握を拒み、「革命的人間主義」の観点からマルクスを統一的に理解すべきだと主張する（三七七〜三七九頁）のも偶然ではない。ここで念頭に置かれているのは、現代の多様な社会運動の存在に対して、マルクス的な政治経済理解によって考えられる「政治的実践」への構想を提示することなのである。この主張は、マルクス主義的社会運動論を再考しようとする近年のマルクス派の若手の議論と共鳴する。たとえばローレンス・コックス（アイルランド国立大学メイヌース校上級講師、社会学者）とアルフ・ニルセン（ベルゲン大学准教授、社会学者）によれば、社会運動論的マルクス主義は、「活動家が自らの学習過程を開始する地点」、つまり「人間存在が世界と自分たち自身を経験すること、この経験を理解すること、この理解の発展のさせ方」を出発点とする。その際、彼らは「経験」概念を、「自分たちが住む特殊な世界において、いかにして自らの必要を――どのような種類のそれであろうと――実現できるかということについて知ること」とし、現実世界の実践的課題に対して向から「意識」の「苗床」だと規定する。[32] マルクス派は、この「経験」概念を再考することで、社会闘争とマルクス主義との関係性を問い直すべきだと言うのである。ハーヴェイであれば、「疎外」の多様な「経験」が反資本主義的実践の「苗床」となると言うのであろう。

その意味でハーヴェイは、まさに本書においても「実践的唯物論」者の立場を一貫させている。[33] だが、最後に注意しておこう。ハーヴェイは、過去のマルクス派の革命活動も、さらにはその他の社会闘争の実践も、自由と支配の矛盾からは逃れられなかったことを示唆している。

> 自由と解放を求めるあらゆる闘争が覚悟しなければならないのは、まさにその最初から、支配する覚悟を持った闘争に向かいあうということである。またこの闘争が認識しなければならないのは、その自由を維持する代償として、新旧いずれかの支配の回帰を永遠に警戒しつづけるということである。（二六八頁）

さらにハーヴェイは、次のようにも述べる。

▼30　同前、四二頁。
▼31　同前。
▼32　Laurence Cox and Alf Gunvald Nilsen, *We Make Our Own History: Marxism and Social Movements in the Twilight of Neoliberalism*, London: Pluto Press, 2014, pp. 6-7.
▼33　吉原直樹「解説」、デヴィッド・ハーヴェイ『ポストモダニティの条件』（青木書店、一九九九年、四六七～四七八頁所収）、四七四頁。

あらゆる人間主義的プログラムが世界を変革しようとするなら、進んで活用せざるをえない矛盾があるのだが、革命的人間主義が射抜くのは、この矛盾の核心である。革命的人間主義は次のことをはっきりと認める。多くの人々にとって幸福な未来を実現しようとしても、その展望は、一部の他の人々に不幸を命じざるをえないことから必ず完璧なものではなくなる。〈……〉われわれは、このような諸矛盾に対するこの非情な対処法を承服できないかもしれない。だが、革命的人間主義の実行者たちにある基本的な誠実さとその自己認識とは認めなければならない。(三八一頁)

「革命的人間主義」は、「暴力という選択肢」による「潜在的に危険な影響」に対して「ある種の哲学的な回答を提供しなければならないし、そのはじまりにあたって存在する悲劇を前にして一定の癒しをもたらさなければならない」(三八六頁)。

これらの矛盾は、活動や運動や闘争の「現場」であれば、さまざまな状況において直面するものである。反資本主義運動も、この諸矛盾から逃れることはできない。自由と支配の矛盾のなかで、他人との共同による「欠乏からの自由」をいかに達成するのか。さらには資本による非人間化に対する抵抗として革命的暴力が起こるなかにあって、いかにして人間性の回復に同時に取り組むのか。これらは何もマルクス＝レーニン主義的な前衛党型運動だけでなく、アナーキストやアウトノミア派も含むあらゆる社会運動に突きつけられる課題である。ハーヴェイの指摘は、政治的実践を志向する人々に対する非常に重い警句である。それゆえ大事なのは、反資本主義運動が、自らのうちにこれらの諸矛盾があることを自己認識することである。この自己認識があってはじめて、反資本主義運動は、真に資本主義的秩序にとって「致命的」なものになる。

したがって本書は、ハーヴェイが「これまで執筆したもののなかで最も危険な本」である。資本の諸矛盾は、人間の再生産にとって「危険」である。それは、「疎外」経験を介して反資本主義闘争が立ち上がることによって、資本にとっても「致命的」になる可能性がある。本書はこの「危険」を指摘する。だが、それだけではない。ハーヴェイは、この運動に関わろうとする人々に対しても、その現場において諸矛盾が存続し回帰するという「危険」を警告する。「矛盾に対して矛盾のない対応というものは存在しない」（三六九頁）。「反資本主義運動」が、この忠告を深く胸に刻み込み、明確な合理的根拠を自覚し、その方針を定めていくこと――これが本書の「最も危険」な提起ではないか。

訳者あとがき

訳者を代表して　**大屋定晴**

本書は、以下の著作の全訳である。David Harvey, *Seventeen Contradictions and the End of Capitalism*, London: Profile Books. 原著の書名は、そのまま訳せば『一七の矛盾と資本主義の終焉』となるが、日本語読者を念頭に、編集部と相談し邦題とした。

翻訳にあたって、英語版原著における明らかな誤記は、訳者の判断で適宜訂正した。英語版原著原注は、きわめて少なく、また間違いも散見された。これに対してドイツ語版（David Harvey, *Siebzehn Widersprüche und das Ende des Kapitalismus*, Berlin: Ullstein）、およびスペイン語版（David Harvey, *Diecisiete contradicciones y el fin del capitalismo*, Madrid: Traficantes de Sueños）では、原注の追記・修正が行なわれていた。そこで本書もこれらの版を参照して、原注をいくつか変更している。

さらに日本語読者向けに、訳注でもって、とくに政治経済学の文献を中心に邦訳の書誌情報を補った。英語版原著から翻訳するにあたって訳者が行なった訂正や異同については、必要最低限の範囲で本文中の［　］内や訳注において指摘したが、読者の便宜を考えて、その大半は本文中には明記しなかった。念のため、このあとがきの最後に本文内で明記できなかった原文との異同と訂正箇所を一覧にして書き出しておく（四二〇〜四二二頁）。

各章には区切りも小見出しもまったくなかったので、適当な箇所に内容に即した小見出しをつけた。また読者の読みやすさを考慮して、原著よりも改行を多くしている。

翻訳は各章の担当者がそれぞれ訳文をつくり、それらを大屋がまとめて、全体の点検、修正、訳語の統一を行なった。各章の分担は以下の通りである。

はじめに・序章――大屋定晴

第Ⅰ部　はじめに――大屋定晴

第1～7章――中村好孝

第Ⅱ部　はじめに――大屋定晴

第8章――色摩泰匡

第9章――大屋定晴

第10～11章――新井田智幸

第12～13章――大屋定晴

第14章――中村好孝

第Ⅲ部　はじめに――大屋定晴

第15～17章――新井田智幸

終章・おわりに――大屋定晴

引用・参考文献一覧――中村好孝

なお、これまで共にハーヴェイの著作の翻訳作業にたずさわってきた森田成也氏には、はじめに、序章、第1章、第2章、第3章、第9章の訳稿を見ていただき、非常に詳細で貴重な訂正意見をいただいた。それを受けて本書全体も大幅に翻訳し直したが、これが森田氏の巧みな翻訳に少しでも近づけたものとなったかは、ご批判を仰ぎたい。いずれまた共に仕事ができることを期待しつつ、何よりもまず本書に対する森田氏のご厚意に深く感謝申しあげたい。

また大屋弘美氏には、最後の仕上げに際して原稿全体に目を通してもらい、日本語表記について細かなご助言をいただいた。本当に心からお礼を申しあげる。

作品社の内田眞人氏には、遅々として進まぬ翻訳作業において叱咤激励をいただくとともに、校正段階では訳語や訳注について細かなご意見をいただいた。感謝するとともに、翻訳作業が予想外に長引きご心配をおかけしたことをお詫びしたい。

言うまでもないが、誤訳の責任はすべて訳者にある。

本書が、日本資本主義のあり方を問い直す一助となるだけでなく、改憲問題や原発再稼働を始めとして多岐にわたる現代日本の争点と「反資本主義運動」との接点を示唆するものとなることを期待したい。

二〇一七年九月二七日

［本文の訂正］

・四〇頁　一八行目　原文「債権者（mortgagee）」を、文脈から「ローン（mortgage）」と判断。

・六〇頁　一九〜二一行目　ゲゼルの引用文を、参照文献にそって一部訂正。

・八六頁　一五行目　原文「the barbarism the underpins the civilisation」を「the barbarism that underpins the civilisation」と判断し「文明の根底にある野蛮さ」と訳出。

・九〇頁　一二行目　原文「The trouble, however, it that …」を、スペイン語版などの参照の上で「The trouble, however, is that …」と判断し、「しかしながら困難は次のことにある」と訳出。

・一四〇頁　九行目　原文「（第12章参照）」を、文脈から「（第11章参照）」に訂正。

・一六五頁　二行目　原文「the Controller of the Currency」を「the Comptroller of the Currency」と判断し「連邦通貨監督庁」と訳出。

・一八四頁　九行目　原文「new forms of international competition though globalisation」をスペイン語版も参照して「new forms of international competition through globalisation」と解釈し、「グローバリゼーションの過程を通じた新たな国際競争」と訳出。

・二六四頁　八行目　原文「セオドア・ルーズヴェルト」を「フランクリン・ルーズヴェルト」に訂正。

・二九七頁　図表1　本文内容にあわせて、縦軸単位として「ドル」を挿入し、横軸数値を修正。

・三〇〇頁　一八行目　原文「〔かつてのイギリスでの〕一〇〇〇ビリオン（1,000 billion）」を誤記と判断し、「〔かつてのイギリスでの〕一兆《ビリオン》」に訂正。

・三〇四頁　図表2　英語版原著では本訳書二九七頁の箇所に図表1と並列されていたが、文脈から判断して、この頁に移動。

・三一五頁　五行目　原文の「エミール・ペレール」を参照文献にしたがい「イーザク・ペレール」に訂正。

・三六〇頁　一六行目〜三六一頁　三行目　ゴルツからの引用文を、参照文献にしたがい一部訂正。

・三六六頁　一一行目　ゴルツからの引用文を、参照文献にしたがい一部訂正。

［原注への追記ならびに訂正］

はじめに　▼1：参照頁「p. 540」を「p. 510」に訂正。

序章　▼2：英語版原著には原注なし。ドイツ語版脚注にしたがい追記。

第3章　▼2：英語版原著には原注なし。ドイツ語版脚注にしたがい追記。

第4章　▼5：英語版原著には原注なし。ドイツ語版脚注にしたがい追記。

第7章　▼1：英語版原著には原注なし。ドイツ語版脚注にしたがい追記。▼2：書誌情報にある出版社名を訂正。またドイツ語版脚注にしたがい一部削除。

第8章　▼10：参照文献にしたがい頁数追記。

第9章　▼4・▼6：英語版原著には原注なし。ドイツ語版脚注にしたがい追記。

第10章　▼1：参照頁「p. 44」を「p. 40」に訂正。▼2：参照文献にしたがい頁数追記。

第13章　▼1：英語版原著には次のように書かれている。「次の文献に引用されている。Samuel Bowles and Herbert Gintis, 'The Problem with Human Capital Theory: A Marxian Critique', *American Economic Review*, Vol. 65, No. 2, 1975, pp. 74-82.」。しかし、この文献を確認したところ、当該箇所にアダム・スミスの文章は引用されていない。ドイツ語版脚注にしたがい、参照文献をアダム・スミス本人のものに変更した。

第14章　▼9・▼10・▼11・▼12：ドイツ語版脚注にしたがい追記、訂正。また一部、本文中の注番号位置も修正。

第15章　▼14：英語版原著には原注なし。ドイツ語版脚注にしたがい追記。

第17章　▼4・▼6・▼7：英語版原著には原注なし。ドイツ語版脚注にしたがい追記。▼9・▼10・▼16：本文中の注番号の位置を変更。▼11：参照頁「p. 116」を「pp. 115-116」に訂正。▼13　参照パラグラフ「paragraph 192」を「paragraph 196」に訂正。

おわりに　▼6・▼8・▼9・▼10・▼12・▼13：英語版原著には原注なし。ドイツ語版脚注にしたがい追記。▼16：参照頁「p. 144」を「p. 233」に訂正。

Seabright P., (ed.), *The Vanishing Rouble: Barter Networks and Non-Monetary Transactions in Post-Soviet Societies*, London, Cambridge University Press, 2000.
Sen, A., *Development as Freedom*, New York, Anchor Books, 2000.［アマルティア・セン『自由と経済開発』石塚雅彦訳、日本経済新聞社、2000年］
Smith, Adam, *An Inquiry into the Nature and Causes of the Wealth of Nations*, Oxford, Clarendon Press, 1979.［アダム・スミス『国富論』水田洋訳、河出書房新社、1965年］
Smith, N., *Uneven Development: Nature, Capital and the Production of Space*, Oxford, Basil Blackwell, 1984.
——, 'Nature as Accumulation Strategy', *Socialist Register*, 2007, pp.19–41.
Stiglitz, J., *The Price of Inequality*, New York, Norton, 2013.［ジョセフ・E・スティグリッツ『世界の99％を貧困にする経済』楡井浩一・峯村利哉訳、徳間書店、2012年］
Storrs, C. (ed.), *The Fiscal Military State in Eighteenth Century Europe*, Aldershot, Ashgate, 2009.
Thomas, P., *The Gramscian Moment: Philosophy, Hegemony and Marxism*, Chicago, Haymarket Books, 2010.
Toffler, A., *The Third Wave: The Classic Study of Tomorrow*, New York, Bantam, 1980.［アルビン・トフラー『第三の波』徳岡孝夫監訳、中公文庫、1982年］
Veblen, T., *The Theory of the Leisure Class*, New York, Oxford University Press, 2009.［ソースティン・ヴェブレン『有閑階級の理論』高哲男訳、講談社学術文庫、2015年］
Wallerstein, I., Collins, R., Mann, M., Derluguian, G., and Calhoun, C., *Does Capitalism Have a Future?*, Oxford, Oxford University Press, 2013.
Whitehead, A. N., *Process and Reality*, New York, Free Press, 1969.［アルフレッド・ノース・ホワイトヘッド『過程と実在――コスモロジーへの試論』平林康之訳、みすず書房、1981-1983年］
Wolff, R., Moore, B., and Marcuse, H., *A Critique of Pure Tolerance: Beyond Tolerance, Tolerance and the Scientific Outlook, Repressive Tolerance*, Boston, Beacon Press, 1969.［ロバート・ポール・ウォルフほか『純粋寛容批判』大沢真一郎訳、せりか書房、1968年］
Wright, M., *Disposable Women and Other Myths of Global Capitalism*, New York, Routledge, 2006.

委員会訳、大月書店、1978-1994 年〕
——, *Karl Marx: Early Texts*, edited by David McLellan, Oxford, Basil Blackwell, 1972.〔カール・マルクス「ユダヤ人問題によせて」、『マルクス＝エンゲルス全集』第 1 巻、大内兵衛・細川嘉六監訳、大月書店、1959 年〕
——, *Grundrisse*, Harmondsworth, Penguin, 1973.〔カール・マルクス「1857-58 年の経済学草稿」、『マルクス資本論草稿集』①-②、資本論草稿集翻訳委員会訳、大月書店、1981-1993 年〕
——, *Capital*, Volume 1, Harmondsworth, Penguin, 1976.〔カール・マルクス、フリードリヒ・エンゲルス編「資本論　第 1 巻」、『マルクス＝エンゲルス全集』第 23 巻、大内兵衛・細川嘉六監訳、大月書店、1965 年〕
——, *Capital*, Volume 2, Harmondsworth, Penguin, 1978.〔カール・マルクス、フリードリヒ・エンゲルス編「資本論　第 2 巻」、『マルクス＝エンゲルス全集』第 24 巻、大内兵衛・細川嘉六監訳、大月書店、1966 年〕
——, *Capital*, Volume 3, Harmondsworth, Penguin, 1981.〔カール・マルクス、フリードリヒ・エンゲルス編「資本論　第 3 巻」、『マルクス＝エンゲルス全集』第 25 巻、大内兵衛・細川嘉六監訳、大月書店、1967 年〕
Meszaros, I., *Marx's Theory of Alienation*, London, Merlin Press, 1970.〔I・メサーロシュ『マルクスの疎外理論』三階徹・湯川新訳、啓隆閣、1975 年〕
Milanovic, B., *Worlds Apart: Measuring International and Global Inequality*, Princeton, Princeton University Press, 2005.
Mitchell, T., *The Rule of Experts: Egypt, Techno-Politics, Modernity*, Berkeley, University of California Press, 2002.
Myrdal, G., *Economic Theory and Underdeveloped Regions*, London, Duckworth, 1957.〔G・ミュルダール『経済理論と低開発地域』小原敬士訳、東洋経済新報社、1959 年〕
Naess, A., *Ecology, Community and Lifestyle*, Cambridge, Cambridge University Press, 1989.〔アルネ・ネス『ディープ・エコロジーとは何か——エコロジー・共同体・ライフスタイル』斎藤直輔・開龍美訳、文化書房博文社、1997 年〕
Nelson, A., and Timmerman, F. (eds.), *Life without Money: Building Fair and Sustainable Economies*, London, Pluto, 2011.
Norton, N., and Ariely, D., 'Building a Better America–One Wealth Quintile at a Time', *Perspectives on Psychological Science*, Vol. 6, 2011, p. 9.
Ollman, B., *The Dance of the Dialectic: Steps in Marx's Method*, Champagne, IL, University of Illinois Press, 2003.
Oxfam, 'The Cost of Inequality: How Wealth and Income Extremes Hurt Us All', *Oxfam Media Briefing*, 18 January 2013.
Peet, R., Robbins P., and Watts, M. (eds.), *Global Political Ecology*, New York, Routledge, 2011.
Piketty, T., and Saez, E., 'Top Incomes and the Great Recession', *IMF Economic Review*, Vol. 61, 2013, pp. 456–78.
Polanyi, K., *The Great Transformation: The Political and Economic Origins of Our Time*, Boston, Beacon Press, 1957.〔カール・ポラニー『大転換——市場社会の形成と崩壊』野口建彦・栖原学訳、東洋経済新報社、2009 年〕
Pope Francis, 'Apostolic Exhortation Evangelii Gaudium of the Holy Father Francis to the Bishops, Clergy, Consecrated Persons and the Lay Faithful on the Proclamation of the Gospel in Today's World', *National Catholic Register*, 15 December 2013.〔教皇フランシスコ『使徒的勧告——福音の喜び』日本カトリック新福音化委員会訳・監修、カトリック中央協議会、2014 年〕
Ratcliffe, R., *Revolutionary Humanism and the Anti-Capitalist Struggle*, distributed by the author, Beech Hill House, Morchard Bishop, EX17 6RF, 2003.
Reclus, E., *Anarchy, Geography, Modernity*, edited by John P. Clark and Camille Martin, Oxford, Lexington Books, 2004.
Reich, R., *The Work of Nations: Preparing Ourselves for 21st Century Capitalism*, New York, Vintage, 1992.〔ロバート・B・ライシュ『ザ・ワーク・オブ・ネーションズ—— 21 世紀資本主義のイメージ』中谷巌訳、ダイヤモンド社、1991 年〕
Rousseau, J.-J., *The Social Contract*, Oxford, Oxford University Press, 2008.〔ジャン＝ジャック・ルソー『社会契約論／ジュネーヴ草稿』中山元訳、光文社古典新訳文庫、2008 年〕
Sabin, P., *The Bet: Paul Ehrlich, Julian Simon, and Our Gamble over Earth's Future*, New Haven, Yale University Press, 2013.
Sassower, R., *Postcapitalism: Moving Beyond Ideology in America's Economic Crises*, Boulder, CO, Paradigm Publishers, 2009.
Schumpeter, J., *Capitalism, Socialism and Democracy*, London, Routledge, 1942.〔ジョセフ・シュムペーター『資本主義・社会主義・民主主義』中山伊知郎・東畑精一訳、東洋経済新報社、1995 年〕

Urban Revolution, London, Verso, 2012.［デヴィッド・ハーヴェイ『反乱する都市』森田成也ほか訳、作品社、2013 年］

——, *A Companion to Marx's Capital*, Volume Two, London, Verso, 2013.［デヴィッド・ハーヴェイ『〈資本論〉第 2 巻・第 3 巻入門』森田成也・中村好孝訳、作品社、2016 年］

Heidegger, M., *Discourse on Thinking*, New York, Harper Press, 1966.［マルティン・ハイデッガー『放下』辻村公一訳、理想社、1963 年］

Hill, C., *The World Turned Upside Down: Radical Ideas During the English Revolution*, Harmondsworth, Penguin, 1984.

Hudson, M., *The Bubble and Beyond*, Dresden, Islet, 2012.

Jacobs, J., *The Economy of Cities*, New York, Vintage, 1969.［ジェイン・ジェイコブズ『都市の原理』中江利忠・加賀谷洋一訳、鹿島出版会、2011 年］

Jay, M., *The Dialectical Imagination: A History of the Frankfurt School and the Institute of Social Research, 1923–50*, Boston, Ma, Beacon Press, 1973.［マーティン・ジェイ『弁証法的想像力――フランクフルト学派と社会研究所の歴史　1923-1950』荒川幾男訳、みすず書房、1975 年］

Katz, C., 'Vagabond Capitalism and the Necessity of Social Reproduction', *Antipode*, Vol. 33, No. 4, 2001, pp. 709–28.

Keynes, J.M., *The General Theory of Employment, Interest, and Money*, New York, Harcourt Brace, 1964.［ジョン・メイナード・ケインズ『ケインズ全集第 7 巻　雇用・利子および貨幣の一般理論』塩野谷祐一訳、東洋経済新報社、1983 年］

——, *Essays in Persuasion*, New York, Classic House Books, 2009.［ジョン・メイナード・ケインズ『ケインズ全集第 9 巻　説得論集』宮崎義一訳、東洋経済新報社、1981 年］

Klein, N., *The Shock Doctrine: The Rise of Disaster Capitalism*, New York, Metropolitan Books, 2009.［ナオミ・クライン『ショック・ドクトリン――惨事便乗型資本主義の正体を暴く』幾島幸子・村上由見子訳、岩波書店、2011 年］

Lefebvre, H., *The Production of Space*, Oxford, Basil Blackwell, 1989.［アンリ・ルフェーブル『空間の生産』斎藤日出治訳、青木書店、2000 年］

——, *Critique of Everyday Life*, London, Verso, 1991.［アンリ・ルフェーブル『日常生活批判』田中仁彦訳、現代思潮社、1968-1970 年］

Leiss, W., *The Domination of Nature*, Boston, MA, Beacon Press, 1974.

Lewis, M., *The Big Short: Inside the Doomsday Machine*, New York, Norton, 2010.［マイケル・ルイス『世紀の空売り――世界経済の破綻に賭けた男たち』東江一紀訳、文春文庫、2013 年］

McEvoy, A., *The Fisherman's Problem: Ecology and Law in the California Fisheries, 1850–1980*, Cambridge, Cambridge University Press, 1990.

Mackey, J., Sisodia, R., and George, B., *Conscious Capitalism: Liberating the Heroic Spirit of Business*, Cambridge, MA, Harvard Business Review Press, 2013.［ジョン・マッキー、ラジェンドラ・シソーディア『世界でいちばん大切にしたい会社――コンシャス・カンパニー』鈴木立哉訳、翔泳社、2014 年］

MacKinnon, C., *Are Women Human?: And Other International Dialogues*, Cambridge, MA, Harvard University Press, 2007.

McKinsey Global Institute, 'The World at Work: Jobs, Pay and Skills for 3.5 Billion People', *Report of the McKinsey Global Institute*, 2012.

Maddison, A., *Phases of Capitalist Development*, Oxford, Oxford University Press, 1982.［アンガス・マディソン『経済発展の新しい見方――主要先進国の軌跡』関西大学西洋経済史研究会訳、嵯峨野書院、1988 年］

——, *Contours of the World Economy, 1–2030 AD*, Oxford, Oxford University Press, 2007.［アンガス・マディソン『世界経済史概観――紀元 1 年-2030 年』政治経済研究所監訳、岩波書店、2015 年］

Malthus, T., *An Essay on the Principle of Population*, Cambridge, Cambridge University Press, 1992.［T・マルサス『人口論』斉藤悦則訳、光文社古典新訳文庫、2011 年、同『人口の原理［第 6 版］』（人口論名著選集 1）中央大学出版部、1985 年］

Mao Zedong, *Collected Works of Chairman Mao. Volume 3: On Policy, Practice and Contradiction*, El Paso, TX, El Paso Norte Press, 2009.［毛沢東『実践論・矛盾論』松村一人・竹内実訳、岩波文庫、1957 年］

Martin, R., *Financialization of Daily Life*, Philadelphia, Temple University Press, 2002.

Marx, K., *The Economic and Philosophic Manuscripts of 1844*, New York, International Publishers, 1964.［カール・マルクス「1844 年の経済学・哲学手稿」、『マルクス＝エンゲルス全集』第 40 巻、大内兵衛・細川嘉六監訳、大月書店、1975 年］

——, *Theories of Surplus Value*, Part 2, London, Lawrence and Wishart, 1969.［カール・マルクス「経済学批判（1861-1863 年草稿）」、『マルクス資本論草稿集』④－⑨、資本論草稿集翻訳

2003 年]
Eagleton, T., *Why Marx Was Right*, New Haven, Yale University Press, 2011.［テリー・イーグルトン『なぜマルクスは正しかったのか』松本潤一郎訳、河出書房新社、2011 年]
Edsall, T., 'No More Industrial Revolutions', *New York Times*, 15 October 2012.
Eisenstein, C., *Sacred Economics: Money, Gift and Society in the Age of Transition*, Berkeley, CA, Evolver Editions, 2011.
Engels, F., *The Condition of the Working Class in England*, London, Cambridge University Press, 1962.［フリードリヒ・エンゲルス「イギリスにおける労働者階級の状態」、『マルクス＝エンゲルス全集』第 2 巻、大内兵衛・細川嘉六監訳、大月書店、1960 年]
Fanon, F., *Toward the African Revolution: Political Essays*, New York, Grove Press, 1988.［フランツ・ファノン『アフリカ革命に向けて――フランツ・ファノン著作集 4』北山晴一訳、みすず書房、1984 年]
――, *The Wretched of the Earth*, New York, Grove Press, 2005.［フランツ・ファノン『地に呪われたる者』鈴木道彦・浦野衣子訳、みすず書房、1996 年]
Ford, M., *The Lights in the Tunnel: Automation, Accelerating Technology and the Economy of the Future*, USA, Acculant Publishing, 2009.［マーティン・フォード『テクノロジーが雇用の 75%を奪う』秋山勝訳、朝日新聞出版、2015 年]
Foster, J. B., *Marx's Ecology; Materialism and Nature*, New York, Monthly Review Press, 2000.［ジョン・ベラミー・フォスター『マルクスのエコロジー』渡辺景子訳、こぶし書房、2004 年]
Foucault, M., *The Birth of Biopolitics: Lectures at the College de France, 1978–1979*, New York, Picador, 2008.［ミシェル・フーコー『ミシェル・フーコー講義集成　第 8 巻　生政治の誕生――コレージュ・ド・フランス講義 1978-1979 年度』慎改康之訳、筑摩書房、2008 年]
Gesell, S., *The Natural Economic Order* (1916); http:www.archive.org/details/TheNaturalEconomicOrder.［シルビオ・ゲゼル『自由地と自由貨幣による自然的経済秩序』相田愼一訳、ぱる出版、2007 年]
Glyn, A., and Sutcliffe, R., *British Capitalism, Workers and the Profits Squeeze*, Harmondsworth, Penguin, 1972.［アンドリュー・グリン、ボブ・サトクリフ『賃上げと資本主義の危機』平井規之訳、ダイヤモンド社、1975 年]
Gordon, R., 'Is U.S. Economic Growth Over? Faltering Innovation Confronts the Six Headwinds', Cambridge, MA, National Bureau of Economic Research, 2012.
Gorz, A., *Critique of Economic Reason*, London, Verso, 1989.［アンドレ・ゴルツ『労働のメタモルフォーズ　働くことの意味を求めて――経済的理性批判』真下俊樹訳、緑風出版、1997 年]
――, *The Immaterial*, New York and Chicago, Seagull, 2010.
Gramsci, A., *The Prison Notebooks*, London, NLR Books, 1971.［アントニオ・グラムシ『ノート 22 ――アメリカニズムとフォーディズム』東京グラムシ会「獄中ノート」研究会訳、いりす、2006 年]
Greco, T., *The End of Money and the Future of Civilization*, White River Junction, VT, Chelsea Green Publishing, 2009.
Greider, W., *Secrets of the Temple: How the Federal Reserve Runs the Country*, New York, Simon and Schuster, 1989.
Habermas, J., *The Theory of Communicative Action. Volume 2: Lifeworld and System: A Critique of Functionalist Reason*, Boston, Beacon Press, 1985.［ユルゲン・ハーバーマス『コミュニケイション的行為の理論』河上倫逸ほか訳、未來社、1985-1987 年]
Hardt, M., and Negri, A., *Commonwealth*, Cambridge, MA, Harvard University Press, 2009.［アントニオ・ネグリ、マイケル・ハート『コモンウェルス――「帝国」を超える革命論』幾島幸子・古賀祥子訳、NHK 出版、2012 年]
Hart, K., 'Notes Towards an Anthropology of Money', *Kritikos*, Vol. 2, 2005.
Harvey, D., *Justice, Nature and the Geography of Difference* Oxford, Basil Blackwell, 1996.
――, *Spaces of Capital*, Edinburgh, Edinburgh University Press, 2002.
――, *A Brief History of Neoliberalism*, Oxford, Oxford University Press, 2005.［デヴィッド・ハーヴェイ『新自由主義――その歴史的展開と現在』渡辺治監訳、作品社、2007 年]
――, *Cosmopolitanism and the Geographies of Freedom*, New York, Columbia University Press, 2009.［デヴィッド・ハーヴェイ『コスモポリタニズム――自由と変革の地理学』大屋定晴ほか訳、作品社、2013 年]
――, *The Enigma of Capital*, London, Profile Books, 2010.［デヴィッド・ハーヴェイ『資本の〈謎〉――世界金融恐慌と 21 世紀資本主義』森田成也ほか訳、作品社、2012 年]
――, *Rebel Cities: From the Right to the City to the*

引用・参考文献一覧

Agamben, G., *State of Exception*, Chicago, Chicago University Press, 2005.［ジョルジョ・アガンベン『例外状態』上村忠男・中村勝己訳、未來社、2007 年］

Althusser, L., 'Contradiction and Overdetermination,' in *For Marx*, Harmondsworth, Penguin Books, 1969.［ルイ・アルチュセール『マルクスのために』河野健二・田村俶・西川長夫訳、平凡社ライブラリー、1994 年］

——, *The Humanist Controversy and Other Writings*, London, Verso, 2003.［ルイ・アルチュセール『哲学・政治著作集』第 2 巻、市田良彦ほか訳、藤原書店、1999 年。同『フロイトとラカン——精神分析論集』石田靖夫・小倉孝誠・菅野賢治訳、人文書院、2001 年］

Arendt, H., *Between Past and Future: Eight Exercises in Political Thought*, London, Penguin, 2009.［ハンナ・アーレント『過去と未来の間——政治思想への 8 試論』引田隆也・齋藤純一訳、みすず書房、1994 年］

Armstrong, P., Glynn, A., and Harrison, J., *Capitalism Since World War II: The Making and Breakup of the Great Boom*, Oxford, Basil Blackwell, 1991.

Arrighi, G., 'Towards a Theory of Capitalist Crisis', *New Left Review*, September 1978.

——, *The Long Twentieth Century*, London, Verso, 1994.［ジョヴァンニ・アリギ『長い 20 世紀—— 資本、権力、そして現代の系譜』土佐弘之監訳、作品社、2009 年］

——, *Adam Smith in Beijing*, London, Verso, 2007.［ジョヴァンニ・アリギ『北京のアダム・スミス—— 21 世紀の諸系譜』上野友也ほか訳、作品社、2011 年］

Arthur, W. B., *The Nature of Technology: What It Is and How It Evolves*, New York, Free Press, 2009.［W・ブライアン・アーサー『テクノロジーとイノベーション——進化／生成の理論』日暮雅通訳、みすず書房、2011 年］

Atkinson, T., and Piketty, T. (eds), *Top Incomes: A Global Perspective*, Oxford, Oxford University Press, 2010.

Baran, P., and Sweezy, P., *Monopoly Capital*, New York, Monthly Review Press, 1966.［ポール・バラン、ポール・スウィージー『独占資本——アメリカの経済・社会秩序にかんする試論』小原敬士訳、岩波書店、1967 年］

Becker, G., *Human Capital: A Theoretical and Empirical Analysis, with Special Reference to Education*, Chicago, University of Chicago Press, 1994.［ゲーリー・S・ベッカー『人的資本——教育を中心とした理論的・経験的分析』佐野陽子訳、東洋経済新報社、1976 年］

Bookchin, M., *The Philosophy of Social Ecology: Essays on Dialectical Naturalism*, Montreal, Black Rose Books, 1990.

Bourdieu, P., 'The Forms of Capital', in J. Richardson (ed.), *Handbook of Theory and Research for the Sociology of Education*, New York, Greenwood, 1986.

Bowles, S., and Gintis, H., 'The Problem with Human Capital Theory: A Marxian Critique', *American Economic Review*, Vol. 65, No. 2, 1975, pp. 74–82.

Braudel, F., *Capitalism and Material Life, 1400–1800*, London, Weidenfeld & Nicolson, 1973.［フェルナン・ブローデル『日常性の構造——物質文明・経済・資本主義 15-18 世紀』村上光彦訳、みすず書房、1985 年］

Braverman, H., *Labor and Monopoly Capital*, New York, Monthly Review Press, 1974.［ハリー・ブレイヴァマン『労働と独占資本—— 20 世紀における労働の衰退』富沢賢治訳、岩波書店、1978 年］

Buffett, P., 'The Charitable-Industrial Complex', *New York Times*, 26 July 2013.

Chandler, A., *The Visible Hand: The Managerial Revolution in American Business*, Cambridge, MA, Harvard University Press, 1993.［アルフレッド・D・チャンドラー Jr『経営者の時代——アメリカ産業における近代企業の成立』鳥羽欽一郎・小林袈裟治訳、東洋経済新報社、1979 年］

Clarke, S. (ed.), *The State Debate*, London, Macmillan, 1991.

Cleaver, H., *Reading Capital Politically*, Austin, University of Texas Press, 1979.

Cowen, Tyler, *The Great Stagnation: How America Ate all the Low-Hanging Fruit of Modern History, Got Sick, and Will (Eventually) Feel Better*, E-special from Dutton, 2011.［タイラー・コーエン『大停滞』池村千秋訳、NTT 出版、2011 年］

Debord, G., *The Society of the Spectacle*, Kalamazoo, Black & Red, 2000.［ギー・ドゥボール『スペクタクルの社会』木下誠訳、ちくま学芸文庫、

[翻訳者紹介]

大屋定晴（Oya Sadaharu）
北海学園大学経済学部教員。主な著書：『共生と共同、連帯の未来』（編著、青木書店）、『マルクスの構想力』（共著、社会評論社）、『グローバリゼーションの哲学』（共著、創風社）など。主な訳書：デヴィッド・ハーヴェイ『新自由主義』（共訳）、同『資本の〈謎〉』（共訳）、同『コスモポリタニズム』（共訳）、スーザン・ジョージ『アメリカは、キリスト教原理主義・新保守主義に、いかに乗っ取られたのか？』（共訳）、ジャイ・センほか『世界社会フォーラム――帝国への挑戦』（共訳。以上、作品社）ほか。

中村好孝（Nakamura Yoshitaka）
滋賀県立大学人間文化学部助教。主な著書：『社会学的想像力のために』（共著、世界思想社）、『「ひきこもり」への社会学的アプローチ』（共著、ミネルヴァ書房）など。主な訳書：ハーヴェイ『新自由主義』（共訳）、同『〈資本論〉入門』（共訳）、同『資本の〈謎〉』（共訳）、同『反乱する都市』（共訳）、同『コスモポリタニズム』（共訳）、同『〈資本論〉第2巻・第3巻入門』（共訳。以上、作品社）、テス・リッジ『子どもの貧困と社会的排除』（共訳、桜井書店）、ライト・ミルズ『社会学的想像力』（共訳、ちくま学芸文庫）など。

新井田智幸（Niida Tomoyuki）
東京経済大学専任講師。主な著書：『図説 経済の論点』（共著、旬報社）など。主な論文：「ヴェブレンの制度論の構造――人間本性と制度、制度進化」（東京大学『経済学研究』）、「制度変化理論と制度の多層性――「資本主義の多様性」論の発展に向けて」（東京大学『経済学研究』）ほか。主な訳書：デヴィッド・ハーヴェイ『資本の〈謎〉』（共訳、作品社）、デービッド・エジャトン『戦争国家イギリス』（共訳、名古屋大学出版会）など。

色摩泰匡（Shikama Yasumasa）
一橋大学大学院社会学研究科博士後期課程在学中。主な論文：「ヘーゲルの社会哲学――新自由主義への対抗の思想」（日本科学者会議『日本の科学者』）、「ヘーゲル『法哲学要綱』における「福祉行政」――社会的自由の導出論理」（一橋大学『一橋研究』）ほか。

［著者紹介］

デヴィッド・ハーヴェイ（David Harvey）

1935年、イギリス生まれ。ケンブリッジ大学より博士号取得。ジョンズ・ホプキンス大学教授、オックスフォード大学教授を経て、現在、ニューヨーク市立大学教授（Distinguished Professor）。専攻：経済地理学。現在、論文が引用されることが、世界で最も多い地理学者である。

2005年刊行の『新自由主義』は高い評価を得るとともに、アカデミズムを超えて話題となり世界的ベストセラーとなった。また同年、韓国で首都機能移転のため新たな都市"世宗"が建設されることになったが、その都市デザイン選定の審査委員会の共同議長を務めている。2008年には、『資本論』の講義を撮影した動画をインターネットで一般公開したが、世界中からアクセスが殺到し、現在の世界的なマルクス・ブームを巻き起こすきっかけとなった。この講義は『〈資本論〉入門』および『〈資本論〉第2巻・第3巻 入門』として刊行され、世界で最も読まれている入門書となっている。2010年刊行の『資本の〈謎〉』は、『ガーディアン』紙の「世界の経済書ベスト5」に選ばれている。現在、ギリシア、スペインから、中南米諸国、中東、中国や韓国まで、文字通り世界を飛び回り、研究・講演活動などを行なっている。

［邦訳書］

『新自由主義——その歴史的展開と現在』（渡辺治監訳、森田成也・木下ちがや・大屋定晴・中村好孝訳、作品社）

『資本の〈謎〉——世界恐慌と21世紀資本主義』（森田成也・大屋定晴・中村好孝・新井田智幸訳、作品社）

『反乱する都市——資本のアーバナイゼーションと都市の再創造』（森田成也・大屋定晴・中村好孝・新井大輔訳、作品社）

『コスモポリタニズム』（大屋定晴・森田成也・中村好孝・岩崎明子訳、作品社）

『〈資本論〉入門』（森田成也・中村好孝訳、作品社）

『〈資本論〉第2巻・第3巻 入門』（森田成也・中村好孝訳、作品社）

『パリ——モダニティの首都』（大城直樹・遠城明雄訳、青土社）

『ニュー・インペリアリズム』（本橋哲也訳、青木書店）

『ネオリベラリズムとは何か』（本橋哲也訳、青土社）

『ポストモダニティの条件』（吉原直樹監訳、青木書店）

『都市の資本論——都市空間形成の歴史と理論』（水岡不二雄監訳、青木書店）

『空間編成の経済理論——資本の限界（上・下）』（松石勝彦・水岡不二雄訳、大明堂）

『都市と社会的不平等』（竹内啓一・松本正美訳、日本ブリタニカ）

『地理学基礎論——地理学における説明』（松本正美訳、古今書院）など。

資本主義の終焉
——資本の 17 の矛盾とグローバル経済の未来

2017 年 11 月 20 日　第 1 刷発行
2020 年 10 月 25 日　第 5 刷発行

著者——————デヴィッド・ハーヴェイ

訳者——————大屋定晴、中村好孝、新井田智幸、色摩泰匡

発行者———和田 肇
発行所———株式会社作品社
〒 102-0072 東京都千代田区飯田橋 2-7-4
tel 03-3262-9753　fax 03-3262-9757
振替口座 00160-3-27183
http://www.sakuhinsha.com

編集担当——内田眞人
本文組版——有限会社閏月社
装丁————伊勢功治
印刷・製本—シナノ印刷(株)

ISBN978-4-86182-667-2　C0033

デヴィッド・ハーヴェイの著書

新自由主義
その歴史的展開と現在

渡辺治監訳
森田成也・木下ちがや・
大屋定晴・中村好孝訳

いかにして世界は、再編されているのか?

21世紀世界を支配するに至った新自由主義30年の政治経済的過程とその構造的メカニズムを世界的権威が初めて明らかにする

渡辺治《日本における新自由主義の展開》収載。

新自由主義とは、「市場の公平性」こそが「倫理」であり、国家・社会の機能のすべて、人間の行為のすべてを導くことができる指針である、という教義である。1970年代以降、小さな政府・民営化・規制緩和・市場の自由化などを旗印にして、先進国から途上国までグローバルに浸透していき、思想的にも現実的にも21世紀世界を支配するものとなった。では、新自由主義とは、どうして発生し、どのように各国政府に取り入られ、いかに各国民の同意をも取りつけていったのか?それは誰によって、誰のために推し進められてきたのか?そして世界をいかなるものに再編しているのか?本書は、世界を舞台にした30年にわたる政治経済史を追いながら、その構造的メカニズム、その全貌と本質を明らかにするものである。

デヴィッド・ハーヴェイの著書

資本の〈謎〉

世界金融恐慌と21世紀資本主義

森田成也・大屋定晴・中村好孝・新井田智幸 訳

なぜグローバル資本主義は、
経済危機から逃れられないのか？

《世界の経済書ベスト５》
（『ガーディアン』紙）

この資本の動きの〈謎〉を説き明かし、
恐慌研究に歴史的な１頁を加えた、世界的ベストセラー！
12カ国で翻訳刊行

『フィナンシャル・タイムス』
ハーヴェイは、驚くべき大胆さと詳細な分析によって、現在のグローバル経済の構造とその危機の〈謎〉を説き明かしていく。今後、歴史的な評価を得ていくであろう最重要文献である……

『ガーディアン』
なぜ経済危機が発生したのか？ 我々はどうしたらよいのか？ これが現在、経済書に求められている二大テーマである。〔……〕本書は、世界金融のメルトダウンを、キャピタル・フローの詳細な分析によって明らかにすることに成功している。

『インデペンデント』
現在の経済危機は、資本主義システムの内在的原因から発生しており、歴史的に周期的に訪れてきた構造的危機の最新段階である。では、今回の危機は、システム破綻に向かうのか？ または、さらなる跳躍への自己更新となるのか？ 本書は、経済恐慌の研究に、新たに歴史的な一頁を加えた。

デヴィッド・ハーヴェイの著書

Marx's Capital

〈資本論〉入門

森田成也・中村好孝訳

世界的なマルクス・ブームを巻き起こしているハーヴェイ教授の最も世界で読まれている入門書!　グローバル経済を読み解く『資本論』の広大な世界へ!

「現代社会とグローバリズムを読み解くための『資本論』」
（『ダイヤモンド』誌）

「精読に誘う『資本論』読破の友」
（『東洋経済』誌）

【著者デヴィッド・ハーヴェイの言葉】

『資本論』は、内容豊かで多様な次元をもった書物である。これまでの「マルクス主義」という言葉に付随する先入観や偏見を排して、マルクス自身の観点に立ち返って読むことによって、皆さんとともに『資本論』の広大な世界への旅に出かけてみたい。それが、現在のグローバル経済を読み解くのに、きわめて有効であることを納得していただけるだろう。（序章より要約）

デヴィッド・ハーヴェイの著書

経済的理性の狂気

グローバル経済の行方を〈資本論〉で読み解く

大屋定晴 監訳

グローバル資本主義の構造と狂気に迫る
“21世紀の資本論”

マルクスだったら、グローバル資本主義をどのように分析するか?
“現代のマルクス”ハーヴェイによるスリリングな挑戦……
(『ガーディアン』紙)

デヴィッド・ハーヴェイ「序章」より

マルクスが特に関心を寄せたのは、資本主義には強い危機／恐慌の傾向があると思われた、その理由である。

彼は1848年や1857年に恐慌を直接体験したが、これらは、戦争や自然の希少性や不作などといった外的衝撃に起因したものなのか?

それとも、破滅的崩壊が不可避となるような資本それ自体の仕組みでも何かあったのか?　この疑問は、依然として経済学的探究につきまとっている。

近年の世界金融危機以来、グローバル資本主義が嘆かわしい状態にあって、理解しづらい軌道をたどっていることを考えると、マルクスが何とかして解明せんとしたものを再検討することは、時宜にかなっているように思われる……。

ジャック・アタリの著書

21世紀の歴史

未来の人類から見た世界

林昌宏訳

「世界金融危機を予見した書」――ＮＨＫ放映《ジャック・アタリ 緊急インタヴュー》で話題騒然。欧州最高の知性が、21世紀政治・経済の見通しを大胆に予測した“未来の歴史書”。amazon総合１位獲得

新世界秩序

21世紀の“帝国の攻防”と“世界統治”

山本規雄訳

30年後、世界を支配するのは誰か？ 日本はどうすべきか？ 今後、帝国の攻防は激化し、ポピュリズム・原理主義が台頭し、世界は無秩序とカオスへと陥る。21世紀の新世界秩序を大胆に構想する！

国家債務危機

ソブリン・クライシスに、いかに対処すべきか？

林昌宏訳

「世界金融危機」を予言し、世界がその発言に注目するジャック・アタリが、国家主権と公的債務の歴史を振り返りながら、今後10年の国家と世界の命運を決する債務問題の見通しを大胆に予測する。

金融危機後の世界

林昌宏訳

世界が注目するベストセラー！ 100年に一度と言われる、今回の金融危機――。どのように対処すべきなのか？ これからの世界はどうなるのか？ ヘンリー・キッシンジャー、アルビン・トフラー絶賛！

未来のために何をなすべきか？

積極的社会建設宣言

＋積極的経済フォーラム 的場昭弘訳

私たちは未来を変えられる―― 〈長期的視点〉と〈合理的愛他主義〉による「積極的社会」実現のための17の提言。